PIRMIN HOTZ

ÜBER DIE GIER, DIE ANGST UND DEN HERDENTRIEB DER ANLEGER

PIRMIN HOTZ

ÜBER DIE GIER, DIE ANGST UND DEN HERDENTRIEB DER ANLEGER

Welche Anlagestrategien wirklich zu empfehlen sind und wie Sie Ihr Geld verlässlich investieren

FBV

Bibliografische Information der Deutschen Nationalbibliothek:
Die Deutsche Nationalbibliothek verzeichnet diese Publikation in der Deutschen Nationalbibliografie.
Detaillierte bibliografische Daten sind im Internet über http://dnb.dnb.de abrufbar.

Für Fragen und Anregungen:
info@m-vg.de

Originalausgabe, 5. Auflage 2024

Türkenstraße 89
D-80799 München
Tel.: 089 651285-0

Redaktion: Anne Büntig-Blietzsch
Korrektorat: Anja Hilgarth
Umschlaggestaltung: Karina Braun
Umschlagabbildung: Shutterstock.com/Inked Pixels
Satz: Zerosoft, Timisoara
Druck: GGP Media GmbH, Pößneck
Printed in Germany

ISBN Print 978-3-95972-296-4
ISBN E-Book (PDF) 978-3-96092-550-7
ISBN E-Book (EPUB, Mobi) 978-3-96092-551-4

Inhalt

Vorwort

An einem nasskalten Morgen im Frühjahr 1987 klingelte es an der Tür unserer Studentenwohngemeinschaft in St. Gallen. Zwar zeigte die Uhr schon 10 an, doch wir wurden an diesem Morgen regelrecht aus unserem Schlaf gerissen. Tagsüber akquirierten und betreuten wir Kunden der Investment Consulting St. Gallen, die ich gemeinsam mit einem Kommilitonen gegründet hatte und die auf die Beratung von Banken sowie die Verwaltung von privaten Vermögen spezialisiert war, in der Nacht arbeiteten wir an unseren Dissertationen und bereiteten uns auf Prüfungen vor. Den Schlaf gönnten wir uns oft in der Früh.

Es war ein jähes Erwachen an jenem Morgen, denn wir erwarteten in diesen Tagen die schriftliche Zustellung unserer Prüfungsergebnisse. Wer besteht, findet seine Noten mit der normalen Post in seinem Briefkasten. Wer durchfällt, hat die unrühmliche Ehre, die betrübliche Botschaft per eingeschriebenem Brief persönlich vom Postboten überreicht zu erhalten. Das Türklingeln verhieß also nichts Gutes. Zumindest einer von uns vier Studenten musste wohl durchgefallen sein. Mit müden Augen und im Pyjama öffnete ich die Tür und erwartete den Briefträger. Doch ich irrte mich. An der Tür stand Herr Schneider. Er war mein allererster Vermögensverwaltungskunde, der mich an diesem Morgen in meiner Studentenwohnung, die gleichzeitig auch als Domizil unserer Gesellschaft diente, zu einem Spontangespräch aufsuchte. Was für ein peinlicher Auftakt in meine Tätigkeit als Jungunternehmer: Kundenempfang im Pyjama!

Die Pyjama-Geschichte ist sicherlich eine der drolligsten Erfahrungen, die mein Leben als Vermögensverwalter prägten. In bleibender Erinnerung ist mir auch die wohl aussichtsloseste Akquisition, die ich je realisieren durfte. In den 1990er Jahren war ich geschäftlich häufig in Düsseldorf. Bei einem Feierabendbier an der längsten Theke der Welt unterhielt ich mich mit Felix, einem sympathischen Bankassistenten, der gerade sein Betriebswirtschaftsstudium beendet hatte. Felix war mit einer Münchenerin verheiratet, die jahrelang die Kinder einer bekannten deutschen Unternehmerfamilie betreut hatte. Obwohl wir uns nie getroffen und gesprochen hatten, gelang es dem ehemaligen Kindermädchen, mich der renommierten Familie als Vermögensverwalter zu empfehlen.

Die Ausgangslage für eine potenzielle Akquisition war derart unmöglich und chancenlos, dass es den erfolgreichen Abschluss dieser Geschichte eigentlich nur im Märchen geben konnte. Das Unmögliche wurde wahr: Das ehemalige Kindermädchen öffnete mir die Tür für eine erfolgreiche und fruchtbare Akquisition – die Unternehmerfamilie gehört seit vielen Jahren zu meiner treuen und lieben Kundschaft.

An unseren Schulen und Universitäten wird der professionelle Umgang mit Geld immer noch stiefmütterlich behandelt. Maturanden und Studenten erhalten zwar eine umfassende Schulung in Trigonometrie oder lernen die Geschichte der alten Griechen und Römer, von Vermögensanlagen haben sie aber kaum eine Ahnung. Spätestens, wenn eine Erbschaft ansteht, werden diese anlagetechnischen Analphabeten zu einem gefundenen Fressen für unseriöse Finanzberater. Dieses Buch wendet sich an einen breiten Kreis von interessierten Anlegerinnen und Anlegern und verknüpft Geschichten aus praktischen Erfahrungen, persönlichen Erlebnissen und wissenschaftlichen Fakten in einer hoffentlich unterhaltsamen und verständlichen Weise. Es soll kein lehrbuchmäßiges Fachbuch sein. Vielmehr ist es mir ein Bedürfnis, meine Überzeugungen und Erfahrungen in der Vermögensanlage, die ich im Verlauf meiner 35-jährigen Unternehmertätigkeit gewinnen konnte, auf den Punkt zu bringen.

> »Wenn Freiheit überhaupt etwas bedeutet, dann das Recht, anderen Leuten zu sagen, was sie nicht hören wollen.«
>
> **George Orwell**, britischer Schriftsteller (1903 – 1950)

In Anlehnung an das Zitat von George Orwell ist mir eine unabhängige und kompromisslose Meinung von fundamentaler Bedeutung. Sie ist durch kein Geld der Welt zu ersetzen. Ich schreibe Klartext, auch wenn dies einzelne Persönlichkeiten, die ich in diesem Buch mit Namen erwähne, nicht in Begeisterungsstürme versetzen wird. Es geht mir jedoch am Ende nie um einen »Angriff« auf spezifische Personen, sondern immer nur um die Sache. Ich gehe den Dingen auf den Grund und versuche, frei von Glaube und Hoffnung, Fakten zu schaffen. Diese Fakten und Beobachtungen im Finanzmarkt sind es, die mich faszinieren und gelegentlich an ein Haifischbecken erinnern, in welchem es von Zockern, Blendern und Abkassierern nur so wimmelt.

Bedanken möchte ich mich bei allen Beteiligten, die mich bei der Realisierung dieses Werks unterstützt haben. Ein besonderer Dank gebührt meinem Mitarbeiter Serge Koch, der mir bei der Erstellung der Grafiken kompetent zur

Seite stand, sowie Dr. Karl Arnold, der als mein »juristisches Gewissen« das Manuskript durchforstete. Mit dem Schreiben dieses Buches erfülle ich mir einen Lebenstraum. Diesen Lebenstraum widme ich meinen über alles geliebten Kindern Florian, Victoria und Désirée.

Pirmin Hotz

Meine erste Aktie: Flop mit Eastman Kodak

Im Herbst 1975 entdeckte ich im Alter von 15 Jahren auf dem Schreibtisch meines Vaters die *Finanz und Wirtschaft*. Es ist bis heute *das* Fachblatt der Schweizer Finanzelite für Börse und Wirtschaft. Sofort infizierte mich ein »Virus«. Die Welt der Unternehmen, Märkte und Börsenkurse faszinierte mich. Das renommierte Finanzblatt erscheint zweimal wöchentlich. Bis heute habe ich keine einzige Ausgabe verpasst. Als junger Gymnasiast sog ich Seite für Seite in mich auf und akkumulierte mein Wissen über die Finanzmärkte und interessante Aktien. Gleichzeitig kaufte ich mir Bücher. Dazu gehörten diejenigen berühmter Autoren wie der US-amerikanische Begründer des »Value Investing«, Benjamin Graham, oder die ungarische Börsenlegende André Kostolany. Geradezu gierig befriedigte ich meinen Durst nach Informationen und Wissen über die Börse. Schon nach einigen Monaten verstand ich mich als kleiner Kenner für die profunde Aktienanalyse. Nach intensiver Lektüre von Fachartikeln und Büchern über die Börse wusste ich genau, was wichtig war in der Selektion von Aktien. Oder zumindest war ich überzeugt davon, es zu wissen. Was sind teure und was sind günstige Aktien? Wie hoch ist die Bewertung des Börsenkurses im Verhältnis zum Gewinn? Wie entwickelt sich die Dividendenrendite? Ist die Bilanz des Unternehmens gesund? Wie erfolgreich sind dessen Produkte? Sind Innovationen in der Pipeline? Ist das Management kompetent? Ist die Firma eine Turnaround-Story? Steht der Aktienkurs weit unter dem je erreichten Höchst? Steht die Aktie vor einem charttechnischen Ausbruch nach oben? Mit diesen und anderen Fragen setzte ich mich tiefgehend auseinander. Ich lernte schnell und wusste Bescheid. Das war damals meine Überzeugung.

> »Es ist ein großer Vorteil im Leben, die Fehler, aus denen man lernen kann, möglichst früh zu begehen.«
>
> **Winston Churchill**, ehemaliger britischer Staatsmann und Premierminister (1874 – 1965)

Im Januar 1976 war es dann »endlich« so weit. Ich konnte es kaum erwarten, meine erste Aktie zu kaufen. An einem Wochenende studierte ich die *Finanz und Wirtschaft* und entdeckte darin einen Artikel, der mich von einem Unternehmen überzeugte, das ich schon seit geraumer Zeit auf dem Radar hatte und bei dem Aktienexperten einen »Turnaround« erkannten: das US-amerikanische Unternehmen Eastman Kodak, der weltweit führende Hersteller fotografischer Ausrüstung. Das damals kerngesunde Unternehmen wurde von Polaroid, dem Hersteller der ersten Sofortbildkameras, herausgefordert und erholte sich gerade von einem Zwischentief. Die Aktie schien mir nach Ankündigung eines deutlich verbesserten Ausblicks klar unterbewertet. Mit einem Einsatz von rund 1.000 Schweizer Franken war ich bereit, mich an der Börse als Investor zu betätigen. Das war damals knapp die Hälfte meiner gesamten Ersparnisse, die ich über lange Jahre aus Götti- und Gotte[1]-Geschenken auf die hohe Kante gelegt hatte. Am Montag, 12. Januar 1976, rief ich Joe Wyss, den Junior-Angestellten in der von meinem Vater gegründeten Anlagebank Zug[2], an und kaufte meine ersten Aktien. Zehn Aktien des Branchenprimus Eastman Kodak zum Einstandspreis von 103 Schweizer Franken. Nun war ich tatsächlich stolzer Miteigentümer eines Weltmarktführers!

Da es damals weder Internet noch Teletext noch irgendwelche anderen Möglichkeiten gab, um im Tagesverlauf den Kurs »meiner« Aktie zu verfolgen, lief ich jeden Abend von meinem Zuhause aus zur Bank, um dort im Schaufenster die ausgehängten aktuellen und per Telex übermittelten Kurse von Eastman Kodak zu verfolgen. Mit meinem Investment von zehn Aktien machte jede Veränderung von einem einzigen Franken 10 Franken Gewinn oder Verlust aus, was damals ziemlich viel Geld für mich war.

> »Drei Dinge treiben den Menschen zum Wahnsinn. Die Liebe, die Eifersucht und das Studium der Börsenkurse.«
>
> **John Maynard Keynes**, britischer Ökonom (1883 – 1946)

Es gab für mich nach all den umfassenden Analysen und Berichten kaum Zweifel: Die Aktie Eastman Kodak war unterbewertet und würde in den kommenden Monaten um mindestens 10 oder 20 Prozent steigen. Ich war nicht von der Gier getrieben. Mit einem Gewinn von 10 oder 20 Prozent wäre ich bereit gewesen zu verkaufen, den Gewinn zu realisieren und die nächste unterbewertete Aktie zu evaluieren. Umso schrecklicher war es für mich als Neo-Börsianer, in der Folge mitanschauen zu müssen, wie sich der Kurs nach meinem Kauf sukzessive nach unten bewegte. Wie oft stand ich frustriert vor dem Schaufenster der Anlagebank Zug, um festzustellen, dass ich gegenüber dem Vortag wieder Geld verloren hatte. Ich war enttäuscht und verärgert über mich, dass ich mich in meiner Analyse so täuschen konnte.

Wenige Monate nach meinem Kauf notierte Eastman Kodak, Gebühren eingerechnet, rund 8 Prozent unter meinem Einstand, und mein Verlust betrug bereits horrende 80 Schweizer Franken. Ich war ziemlich desillusioniert und am Boden zerstört. Zum Glück hatte ich eine liebe Mutter. Sie hatte derart Mitleid mit mir, dass sie mir meine zehn Aktien Eastman Kodak zum Einstandspreis abkaufte. Was für ein erbärmlicher Einstieg in meine Karriere als Börsianer!

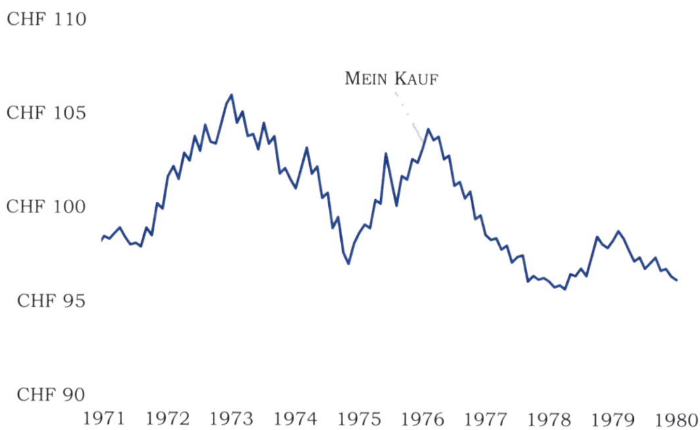

Grafik 1: Historischer Aktienkursverlauf von Eastman Kodak. *Quelle: Bloomberg. In Schweizer Franken.*

TEIL I
DIE EWIGE JAGD NACH DER MEHRRENDITE

1
Meine schicksalshafte Begegnung mit dem Broker von Merrill Lynch

Nach dem Tiefschlag mit Eastman Kodak dauerte es einige Monate, bis ich wieder Mut fasste, um weitere Aktien zu kaufen. Dies im Wissen, dass mir meine Mutter bei erneuten Flops nicht mehr aus der Patsche helfen würde. Allerdings bin ich ohne jeden Zweifel zur Erkenntnis gelangt, dass die Sache mit Eastman Kodak einfach Pech war. Ich war überzeugt, dass ich das mit zwischenzeitlich verbessertem Wissen über Börsen, Märkte und Unternehmen besser kann. So kaufte und verkaufte ich in meinen Teenager- und Studienzeiten eine große Anzahl Aktien und betrieb ein klassisches Stock Picking. Ab und zu gewann ich, ab und zu verlor ich. Dabei glaubte ich, besonders schlau vorzugehen, indem ich Kursgewinne von 10, 20 oder auch einmal 30 Prozent konsequent realisierte und nach neuen »Trouvaillen« suchte, bei denen ich Kurspotenzial ortete. Ich hielt mich an die Börsenweisheit: »Von Gewinnmitnahmen ist noch keiner arm geworden!« So habe ich über Jahre mein Aktienportfolio ständig umgewälzt und es mit den jeweils aussichtsreichsten Titeln bestückt. Die Kaufs- und Verkaufsabrechnungen legte ich fein säuberlich in Ordnern ab.

> »Oktober. Das ist einer der besonders gefährlichen Monate, um in Aktien zu spekulieren. Die anderen sind Juli, Januar, September, April, November, Mai, März, Juni, Dezember, August und Februar.«
>
> **Mark Twain**, amerikanischer Schriftsteller (1835 – 1910)

Natürlich war ich wie jeder Börsianer überzeugt, dass die Mehrheit meiner Entscheidungen erfolgreich und ich ein überdurchschnittlich guter Stock Picker sei. Als es mir an einem regnerischen Sonntagnachmittag in den frühen 1980er Jahren einmal langweilig war, wollte ich es genau wissen. Glatte drei Ordner füllten zwischenzeitlich die von mir innerhalb von rund fünf Jahren getätigten Börsengeschäfte. Akribisch addierte ich alle Gewinne und Verluste, die ich im Laufe eines halben Jahrzehnts akkumuliert hatte. Als ich unter dem Strich meine Gesamtbilanz resümierte, war ich irritiert und ernüchtert zugleich: Außer Spesen nichts gewesen! Meine Träume, als junger Mann ein erfolgreicher Börsianer zu sein, waren geplatzt.

Zwar schloss ich acht von zehn Börsengeschäften mit einem Gewinn ab, was eigentlich recht gut ist. Dumm aber für mich war, dass ein paar Käufe total in die Hosen gingen. So kaufte ich zum Beispiel Anteile des angeschlagenen kanadischen Ölunternehmens Dome Petroleum und war bei Ausverkaufspreisen von CAD 5 – in Blütezeiten stand sie bei CAD 100 – überzeugt, dass es nicht mehr tiefer gehen könne und die kanadische Regierung einen Konkurs um jeden Preis verhindern würde. Es kam anders. Dome Petroleum ging pleite. Das gleiche Schicksal ereilte mich mit der schweizerischen Gardisette, einer führenden Unternehmung in der Herstellung von Gardinen. Die wertlosen Zertifikate bewahre ich mir heute noch zu Hause als schmerzliches Andenken an diesen Flop auf. Jahrelang erlag ich den typischen Anlegerfallen wie Selbsttäuschung und Selbstüberschätzung, indem ich mir einbildete, wie gut meine Selektion von Aktien sei. Die vielen kleinen Gewinne hatte ich in meinem Erinnerungsvermögen überbewertet, die in der Anzahl zwar weniger zahlreichen, aber im Einzelfall größeren Verluste hatte ich verdrängt. Meine Überzeugung, ein erfolgreicher Stock Picker zu sein, war in den Grundzügen erschüttert.

Grafik 2: Gardisette Holding: Ein Totalverlust. *Quelle: Gardisette Holding AG Luzern.*

Während meines Studiums an der Universität St. Gallen vermittelte mir im Sommer 1986 ein Freund den Kontakt zu einem erfolgreichen Broker von Merrill Lynch. Dieser Broker erzählte mir, wie professionell im Hause Merrill Lynch

Anlagemanagement betrieben werde. Ich wusste natürlich, dass Merrill Lynch der weltweit führende Broker ist. Auch wusste ich, dass Merrill Lynch nur erstklassige und hochbezahlte Talente einstellt, welche für ihre Kunden herausragende Leistungen und Performance-Ergebnisse liefern müssen. Der Broker erklärte mir, dass man für ein erfolgreiches Stock Picking 24 Stunden am Tag am Markt sein und sehr schnell handeln müsse, wenn es gute Gelegenheiten gebe. So, wie ich es von meiner Studentenbude aus betreiben würde, könne das in einer schnelllebigen Welt nie und nimmer funktionieren. Der Broker von Merrill Lynch ließ mich selbstbewusst wissen, dass er für seine Kunden mit seinem schnellen und professionellen Handeln regelmäßig jährliche Renditen von 10 bis 30 Prozent erzielen würde. Manchmal würde er dieses Ziel aber schon in wenigen Wochen erreichen. Seine bevorzugten Anlageinstrumente waren Aktien und Optionen auf Aktienindizes. Die Begeisterung des Beraters schwappte rasch auf mich über, und ich träumte davon, bei ihm respektive beim weltweit führenden amerikanischen Broker investieren zu können. Und mein großer Traum, nach Beendigung meines Studiums einmal in New York, dem Finanznabel der Welt, für einen dieser Weltmarktführer – Goldman Sachs, Morgan Stanley oder Merrill Lynch – tätig zu sein, wurde immer greifbarer. Nur, wie sollte ich investieren? Als Student hatte ich gerade so viel Geld, um mir mein Studium, meinen Unterhalt und ein Auto zu finanzieren. Vom minimal geforderten Anlagevolumen bei Merrill Lynch war ich mit meinem Mikrovermögen Lichtjahre entfernt.

So kam es, dass ich die Geschichte von der Begegnung mit dem Broker von Merrill Lynch meinem Vater erzählte. Mit ihm habe ich in meiner Jugendzeit unzählige Stunden über die Börse, über Märkte und Titel gesprochen. Mein Vater war stets mein Freund und Sparringspartner, wenn es darum ging, Anlagemöglichkeiten oder eine unternehmerische Idee zu diskutieren. Ich ermunterte ihn, bei Merrill Lynch ein Wertpapierdepot zu eröffnen, das von dem erfolgreichen Broker betreut werden sollte. Mein Vater machte mit. Mit einem Betrag von 75.000 US-amerikanischen Dollars, was zu jener Zeit einem Gegenwert von rund 200.000 Schweizer Franken entsprach, stiegen »wir« ein. Mein Vater übertrug mir eine Vollmacht auf dieses Portfolio. Unser Berater von Merrill Lynch wurde beauftragt, alle anstehenden Transaktionen im Voraus bei mir absegnen zu lassen. Mein Vater beschränkte sich darauf, einmal im Monat über die laufende Performance unterrichtet zu werden.

Vier Wochen nach Auflage des Mandates war der Portfoliowert schon auf über 90.000 Dollar gestiegen. 15.000 Dollar Gewinn in einem Monat – was für ein Start! Mein Broker rief mich im Durchschnitt jeden zweiten oder dritten Tag in meiner Studentenwohnung in St. Gallen an und erklärte mir, was er kaufen oder verkaufen wolle. Vor allem handelte er mit Indexoptionen auf den US-amerikanischen Aktienmarkt. Dabei verkaufte er sogenannte Kaufoptionen, also Calls. Mein Berater spekulierte darauf, dass der Markt entweder seitwärts oder noch besser abwärts tendierte. Ich wusste natürlich ganz genau, dass der »nackte« Verkauf einer Kaufoption nicht ungefährlich ist, weil in dem Falle, dass der Markt steil nach oben tendiert, unbegrenzte Verlustrisiken lauern. Der Verkäufer einer Kaufoption hat dann nämlich die latente Verpflichtung, dem Käufer den Index zum vereinbarten Basispreis zu »liefern«[1]. Weil mein Broker von Merrill Lynch und sein Team rund um die Uhr präsent waren, vertraute ich darauf, dass er die Risiken jederzeit im Griff hätte. Die überwiegende Anzahl seiner Transaktionen ging in den ersten vier Wochen unserer Zusammenarbeit auch voll auf, und ich hatte wenig Zweifel, dass dies so weitergehen würde. Mein Broker arbeitete fantastisch. Meine hohen Erwartungen wurden sogar übertroffen. Stolz traf ich an einem Wochenende meinen Vater und berichtete ihm von den tollen Gewinnen. Natürlich freute er sich mit mir.

Die Wende kam prompt. Der US-amerikanische Aktienmarkt setzte im Herbst 1986 zu einer Rally an und die Kurse stiegen unaufhaltsam. Die Gewinne auf den Optionen änderten ihr Vorzeichen, und das Portfolio tauchte in Windeseile in die Verlustzone. Ich wurde nervös, denn ich stellte fest, dass durch den Hebeleffekt der Optionen ein Tagesverlust auf »meinem« Portfolio von 3 oder 5 Prozent nichts Außergewöhnliches war. Mittlerweile telefonierte ich täglich, manchmal mehrmals, mit meinem Berater von Merrill Lynch. Immer wieder erkundigte ich mich, ob mein Broker weiterhin von seiner Erwartung, dass der Markt überbewertet und eine Korrektur zu erwarten sei, überzeugt sei. Immer und immer wieder gelang es ihm, mich zu beruhigen.

Aber entgegen den Erwartungen meines Brokers von Merrill Lynch stieg der US-amerikanische Markt fast ohne Pause. Anstatt Baisse herrschte Hausse. Täglich erreichte der Dow Jones neue Höchstwerte und die leer verkauften Kaufoptionen wurden für den erforderlichen Rückkauf teurer und teurer. Bis im Spätherbst hatte sich der Portfoliowert halbiert. Es kam, dass ich in vielen Nächten kaum mehr Schlaf fand, und auch der Appetit auf Essen war weg. »Wie komme ich da wieder raus? Warum steigen die Kurse immer weiter und weiter?« Ich fühlte mich wie ein Roulette- oder Blackjack-Spieler im Casino. Ein imaginärer Croupier räumte unaufhaltsam meine Chips weg. Aussteigen oder weitermachen? Sitzen bleiben oder die Verluste realisieren und das bittere Spiel beenden?

»Der Anleger ist sein eigener schlimmster Feind.«

Benjamin Graham, amerikanischer Wirtschaftswissenschaftler und Begründer des Value Investing (1894 – 1976)

Ich reagierte so, wie es alle Spieler in dieser Situation tun. Ich spielte weiter und hielt mich an das Prinzip Hoffnung. Mein Broker war mehr denn je davon überzeugt, dass eine Korrektur des amerikanischen Aktienmarkts kurzfristig eintreten würde. Alle seine technischen Signale würden darauf hinweisen. Doch es kam, wie es kommen musste. Die kauffreudigen Marktteilnehmer ließen sich von unserem dringlichen Wunsch nach tieferen Kursen nicht beeindrucken und befeuerten die Börse weiterhin mit Kurssteigerungen. Keine drei Monate nach dem Start rief mich mein Berater an und teilte mir mit, dass er die Positionen schließen müsse, weil keine Deckung mehr vorhanden sei. Mein Vater müsse sofort frisches Geld einschießen, um im Geschäft bleiben zu können. Ansonsten sei das »Spiel« zu Ende. Ich war geschockt und sprachlos. Ohne mit meinem Vater Rücksprache zu nehmen, setzte ich dem Spuk noch am selben Tag ein Ende und beauftragte meinen Broker von Merrill Lynch, die Positionen zu schließen und die aufgelaufenen Verluste sofort zu realisieren.

So geschah es, dass von den ursprünglich investierten 75.000 Dollar am Ende noch knapp 2.500 übrig blieben. Das »Spiel« war aus. 97 Prozent Verlust in weniger als drei Monaten – ein Albtraum war wahr geworden. Nicht zu sprechen von den Tausenden von Dollar an Gebühren, die mein Berater zwischenzeitlich für sich und seinen Arbeitgeber abkassiert hatte. In dessen Kasse klingelte es ordentlich. Mit einer unendlichen Leere in meiner Magengegend verließ ich mein »Casino«. »Warum nur habe ich mich auf diesen Typen von Merrill Lynch eingelassen? Wie erzähle ich das meinem Vater?« Eigenes Geld zu verlieren wie mit Eastman Kodak ist schon schlimm genug. Aber das Geld des geliebten Vaters? Diesmal war mein Gefühl um Welten schlimmer. Doch ich hatte auch in diesem Fall Glück im Unglück. Mein Vater zog mich an seine Brust, tröstete mich und verlangte zwei Dinge von mir: »Erstens, konzentriere dich nun auf das Verfassen deiner Doktorarbeit, und zweitens, lerne etwas aus dieser Erfahrung!« Den väterlichen Rat nahm ich mir zu Herzen und setzte ihn in die Tat um. Es sollte das erste und gleichzeitig auch das letzte Mal in meinem Leben gewesen sein, dass ich »nur« wegen Geld nicht schlafen konnte. Die Erfahrung mit meinem Broker von Merrill Lynch hinterließ erste, aber tiefe Risse in meinem Bild von den »Helden der Wall Street« und prägte meine Einstellung zur Geldanlage bis in die heutige Zeit. Auch wenn mir das damals nicht so bewusst war: Die unguten Erfahrungen mit Merrill Lynch weckten meinen Kampfgeist. Ich wusste: Das kann ich besser. Es war wohl der Startschuss für meine unternehmerische Selbstständigkeit als Vermögensberater.

2
Stock Picking mit Staranleger Heiko Thieme von der Wall Street

Meine Dissertation[1] an der Universität St. Gallen verfasste ich auf dem Gebiet der Kapitalmarkttheorie. Über zwei Jahre beschäftigte ich mich auf wissenschaftlicher Basis mit der Frage, inwieweit Anleger und vor allem Anlageprofis in der Lage sind, mit ihren Prognosen den Markt zu schlagen. Dabei lernte ich in Anlehnung an ein Bonmot rasch, dass Prognosen äußerst unsicher sind, vor allem wenn sie die Zukunft betreffen. Nach meinen eigenen ziemlich ernüchternden Erfahrungen als Börsianer faszinierte und packte mich die wissenschaftliche Aufarbeitung der Frage, wie gut die Prognosen von Experten in der Praxis wirklich sind. Je länger ich mich in dieser Zeit mit der empirischen Forschung zur Prognosefähigkeit von Bankern, Analysten und Gurus befasste, desto klarer wurde mir, wie das Zauberwort im unsicheren Anlagegeschäft lautet: Diversifikation!

Die Zeit des Schreibens an meiner Dissertation nutzte ich, um mich als Praktiker erstmals unternehmerisch zu betätigen. Ich entwickelte praxisorientierte Seminare für Bankkader. Meine Spezialthemen waren »Praxis des modernen Portfoliomanagement« und »Einsatz von derivativen Finanzinstrumenten in der Praxis«. Zu meiner riesigen Freude gewann ich innerhalb von wenigen Jahren renommierte Banken wie die Privatbank Julius Bär, den Schweizerischen Bankverein[2], die Credit Suisse und die Dresdner Bank[3] als Kunden. In dieser intensiven Zeit legte ich das Fundament für meine berufliche Selbstständigkeit als Finanzberater und Vermögensverwalter.

Als Jungunternehmer wurde ich in dieser »embryonalen Phase« der Unternehmensentwicklung aufgrund meines spannenden Forschungsthemas angefragt, an der jährlich in Zürich stattfindenden Kapitalanlegertagung zu referieren. An dieser Tagung hingen jeweils eine große Anlegerschar und viele Banker sowie Versicherungsexperten aus dem In- und Ausland an den Lippen von Börsengurus, Top-Bankern und Chefökonomen. Von ihnen erwarteten sie Tipps und Trends für die Kapitalmärkte und in welche Anlagen im gerade angebrochenen Jahr bevorzugt investiert werden sollte. Fragen wie »Geht es mit den Aktien weiter nach oben, oder gibt es einen Einbruch?«, »Jetzt in Rohstoffe investieren und Gold kaufen?« oder »Steht die Weltwirtschaft vor einem Aufschwung?« waren Themen, die jeweils auf dieser hochkarätigen Konferenz heiß diskutiert wurden. Experten von Banken und Versicherungen, Finanzprofessoren und Gurus wie Dr. Marc Faber, Roland Leuschel, Jim Rogers oder Felix Zulauf reichten sich auf dieser Konferenz Jahr für Jahr die Hände. Es war eine große Ehre für mich, in diesem erlauchten Kreis einen Vortrag halten zu dürfen. Mit meinem Lieblingsthema »Strategie und Zufall an der Börse« wollte ich die prognosegierigen Anleger bewusst provozieren. Schließlich hatte ich ja zwischenzeitlich nicht nur leidvolle praktische Erfahrungen als Anleger gesammelt, sondern auch viele wissenschaftliche Erkenntnisse gewonnen. Meine zwei wichtigsten Botschaften waren im Grunde simpel:

1. Prognosen sind äußerst unsicher und taugen nichts, um das anstehende Jahr als Anleger zu planen.
2. Halte an deiner langfristigen Anlagestrategie fest und diversifiziere!

Vor mir referierte der in der Schweiz bestens bekannte und anerkannte Professor Erwin Heri, der wie ich ein glühender Anhänger von Aktien und ebenso ein Verfechter einer soliden Risikostreuung ist. Unsere Vorträge deckten sich dann auch in allen wesentlichen Punkten. Was das Publikum von uns aber nicht hörte, waren die »heißen Tipps« für das eben begonnene Jahr. Erwin, den ich schon in meinen jungen Jahren als Buchautor und Referent sehr respektierte und für seine überragende Sachkompetenz bewunderte, hält wie ich nicht viel von völlig unsicheren Finanzmarktprognosen, die sich gerade einmal auf einen Horizont von 12 Monaten beschränken.

Nach Erwin Heri und meiner Wenigkeit kündigte der Tagungsvorsitzende den nächsten Referenten an: Heiko Thieme, ein ehemaliger Manager der Deutschen Bank, der nach New York ausgewandert war und dort den American Heritage Fund[4] verwaltete. Dieser betrat als der eigentliche Star der Tagung die Bühne. Wie kein Zweiter füllte Heiko Thieme den großen Kongressraum. Wie kein Zweiter verstand er es, das Publikum mit lebendigen Geschichten und Episoden über Unternehmen, Manager, Politiker und die Ströme der Finanzmärkte in seinen Bann zu ziehen. Seine Storys versprühten und verkörperten eine große Prise Genialität. Eine Stunde Heiko Thieme war besser und unterhaltsamer als jedes Kino- oder Theaterspektakel. Er wirkte authentisch, überzeugend und in jeder Beziehung brillant. Wenn Heiko Thieme über ein – meistens ziemlich unbekanntes – Unternehmen referierte und von ihm schwärmte, geriet man ins Staunen. Mit klarer Stimme, größter Überzeugung und einem oft überschwänglichen Optimismus ließ der Star sein Publikum wissen, dass der von ihm analysierte Hersteller von Zahnbürsten um mindestens 50 bis 60 Prozent unterbewertet sei und dass sich die Aktie des von ihm durchleuchteten Produzenten von Industrierobotern innerhalb einer Jahresfrist mindestens verdoppeln würde. Heiko Thieme war ein überragender Verkäufer – er hätte auch einen alten Fiat als neuwertigen Rennboliden verkaufen können.

Der raumfüllende und geniale Rhetoriker Thieme trat vor das Mikrofon und eröffnete seinen Vortrag sinngemäß mit den markigen Worten, die ich nie mehr vergessen werde: »Meine sehr verehrten Damen und Herren, liebe Anlegerinnen und Anleger, sehr geschätzte Zuhörende. Was die Herren Professoren und Doktoren der Wirtschaftswissenschaften als meine Vorredner gerade zum Besten gaben, mag in der Theorie ganz wunderbar klingen, aber in der Praxis bringt Sie die Langeweile eines diversifizierten Portfolios natürlich nicht weiter. Geschätzte Damen und Herren, bitte nehmen Sie Papier und Bleistift, *ich* werde Ihnen jetzt sagen, welche zehn Aktien Sie für die nächsten 12 Monate kaufen sollten!« Auch ich nahm selbstverständlich Papier und Bleistift, um fein säuberlich die »heißen Tipps« von Heiko Thieme zu notieren. Es waren ausnahmslos Titel kleinerer Firmen, von denen ich in meinem bisherigen Leben noch nie etwas gehört hatte. Ich legte das Stück Papier mit meinen Notizen in mein Archiv. Exakt 12 Monate später nahm ich dieses Stück Papier wieder zur Hand, um Bilanz zu ziehen. Im Durchschnitt haben die von Thieme mit Überzeugung und Begeisterung empfohlenen Aktien innerhalb einer Jahresfrist einen Großteil ihres Wertes eingebüßt, während die Börse sich sogar leicht verbesserte. Ein absolutes Desaster. Ein Jahr später war Thieme nicht mehr Redner an dieser Konferenz. Er wurde durch einen neuen Guru ersetzt, der beim Publikum noch unverbraucht war und neue Begeisterung weckte.

3
Die nobelpreisgekrönte Portfolio-Theorie: Meine Erfahrungen als wissbegieriger Wissenschaftler

Das Erlebnis mit dem Guru Heiko Thieme hat meine eigenen Erfahrungen bestätigt und meine Überzeugungen als Anleger auf meinem weiteren Lebensweg geprägt. Wenn bei der »Bruchlandung« von Heiko Thieme zugegebenermaßen eine Portion Schadenfreude mitgespielt hatte, waren für mich die sich als Flops erweisenden, vollmundig empfohlenen Stock Picks des großen »Meisters« auch eine genüssliche Beruhigung, dass selbst die Stars der Branche nur mit Wasser kochen und offensichtlich auch nicht über eine Kristallkugel verfügen.

Praktische Erfahrungen als Investor, wenn auch teilweise schmerzliche, konnte ich in meiner Jugendzeit zahlreiche sammeln. Die Börse und die Kapitalmärkte haben mein Interesse regelrecht gepackt. Sie sind heute noch meine große Leidenschaft. Um ehrlich zu sein: Sie haben mir in jungen Jahren aber auch sämtliche Illusionen, mit nach meiner Überzeugung aussichtsreichen Anlageentscheiden schnell und viel Geld zu verdienen, regelrecht zerzaust. Während viele Investoren die bewundernswerte, aber naive Gabe haben, sich stets nur an ihre erfolgreichen Anlageentscheide zu erinnern und die verlustreichen auszublenden, war ich immer hart mit mir selbst. Ich war nicht bereit, mich selbst zu täuschen. Vom Virus, die eigenen Fähigkeiten stets schönzurechnen, war ich nicht infiziert. Es hätte mein Leben vielleicht einfacher, aber auf der Grundlage von ständiger Selbstüberschätzung kaum erfolgreicher gemacht. Das Ziel, ein erfolgreicher oder noch lieber einer der besten Anleger zu werden, habe ich aber natürlich trotz eher desillusionierender Erfahrungen in der Jugendzeit nicht aufgegeben.

Meine Passion für Börse und Kapitalmärkte motivierte mich als Doktorand der Hochschule St. Gallen (HSG), mich auch wissenschaftlich mit dem Thema der Prognostizierbarkeit von Börsenkursen zu beschäftigen. Als wissenschaftsinteressierter junger Mann wollte ich es genau wissen. Was sagt denn die Wissenschaft zur Prognostizierbarkeit von Aktienkursen, Zinsen, Devisen oder

Indizes durch all die Experten der Branche? Gelingt es den weltweit Tausenden und Abertausenden von Vermögensverwaltern, Analysten und Fondsmanagern, besser zu sein als der Marktdurchschnitt? Schlagen die hochbezahlten Geldmanager von Großbanken, Privatbanken, Versicherungsunternehmen oder Fonds tatsächlich die relevanten Vergleichsmärkte und Benchmarks, so wie sie es in ihren Hochglanzbroschüren und PowerPoint-Präsentationen gebetsmühlenartig versprechen? Und wenn diese fundamentalen Fragen tatsächlich mit einem »Ja« beantwortet werden können: Wie und mit welchen Anlagemethoden schaffen sie das? Schließlich die wichtigste Frage, die sich für mich persönlich stellte, war natürlich die: Kann ich diese Erfolg versprechenden Strategien auch selbst anwenden und damit reich werden?

> »Prognosen sagen viel über den Prognostiker und nichts über die Zukunft.«
>
> **Warren Buffett**, amerikanische Anlegerlegende und Orakel von Omaha, Nebraska

Über zwei Jahre beschäftigte ich mich intensiv mit unzähligen, weltweit verfügbaren Forschungsergebnissen namhafter Wissenschaftler und Professoren. In den 1980er Jahren gab es glücklicherweise bereits eine umfassende Literatur zum Thema der Prognostizierbarkeit von Aktien- und anderen Börsenkursen. Ich »kämpfte« mich durch höchst interessante Bücher und Wissenschaftsartikel. Rasch stellte ich fest, dass die Frage der Prognostizierbarkeit von Börsenkursen eng verknüpft ist mit der Frage, wie *effizient* ein Markt funktioniert. Dabei geht es um die Kernfrage, ob alle öffentlich verfügbaren Informationen schon in den aktuellen Börsenkursen enthalten sind oder nicht. Sollten nämlich die für die Kursentwicklung relevanten, öffentlich verfügbaren Informationen sehr rasch Eingang in die Börsenkurse finden, dann reagieren diese auf die Veröffentlichung neuer Informationen effizient. Im Hinblick auf die Prognostizierbarkeit von Börsenkursen wären diese Informationen, ob wir es wahrhaben wollen oder nicht, sodann nutzlos – weil sie zum Zeitpunkt ihrer Veröffentlichung bereits in den Börsenkursen enthalten wären. Mit dem Verfassen meiner Dissertation wurde mir schnell klar, welche Konsequenzen die bahnbrechenden und zwischenzeitlich nobelpreisgekrönten Arbeiten der Wissenschaftler Harry Markowitz, William Sharpe und Eugene Fama für die Praxis haben. Die Konsequenzen der Modernen Portfolio-Theorie für uns Praktiker sind gigantisch!

4
Die Charttechnik: Nichts als ein Placebo-Effekt

Die blitzgescheiten und analytisch messerscharfen Professoren der Modernen Portfolio-Theorie unterscheiden drei Formen der Markteffizienz. Die erste (schwache) Form der Markteffizienz untersucht die Frage, ob uns unser Wissen über die Vergangenheitsentwicklung von Börsenkursen dazu befähigt, die *zukünftige* Entwicklung der Kurse überdurchschnittlich gut vorauszusagen. Hierbei geht es um nichts anderes als die Frage nach dem Nutzen der sogenannten Charttechnik, auch als technische Analyse bekannt. Können wir mittels intelligenter Analyse der Vergangenheitsentwicklung des amerikanischen Aktienmarkts S&P 500, der Aktie Nestlé oder des Goldpreises deren zukünftige Entwicklungen mit erhöhter Wahrscheinlichkeit voraussagen? Können wir charttechnische Instrumente wie Widerstands- und Unterstützungslinien, Ausbruchsformationen oder Dreiecke *systematisch* – also statistisch signifikant und nicht nur rein zufällig – zum eigenen Vorteil nutzen, um damit besser zu sein als der Marktdurchschnitt respektive besser zu sein als die relevanten Benchmarks[1]?

Ich habe unzählige wissenschaftliche Untersuchungen zur Charttechnik gelesen. Leider muss ich Ihnen mitteilen, dass die Erkenntnisse niederschmetternd sind. Keine einzige, seriöse wissenschaftliche Untersuchung, die ich gelesen habe, kommt zum Schluss, dass die Charttechnik funktioniert. Sie bringt keinen systematischen Nutzen gegenüber der Alternative, auf diese zu verzichten und langfristig einfach den Markt abzubilden respektive einen Index zu kaufen. Das ist im Grunde mehr als erstaunlich, wenn man bedenkt, dass in der Bankenwelt unzählige hochbezahlte Charttechniker tagtäglich das Ziel verfolgen, mittels ihrer Analysen sich selber und insbesondere ihren Kunden einen Vorteil zu verschaffen. Sie vergeuden ihre Zeit.

Der Grund, warum dieses Spiel nicht funktioniert, ist einfach: Die Märkte funktionieren sehr effizient und die Kenntnis über die Kursentwicklung der Vergangenheit, welche allen Marktteilnehmern zugänglich ist, ist längst in den Börsenkursen enthalten. Die Information, was in der Vergangenheit war, bringt uns mit anderen Worten nicht weiter, was die Prognose der Zukunft anbelangt. Natürlich gibt es Zyklen. Aber jeder Zyklus folgt seinem eigenen Muster und die Kapitalmärkte reagieren aufgrund komplexer Einflussfaktoren jedes Mal anders.

> »Es ist nicht unsere Aufgabe, die Zukunft vorherzusagen, sondern uns auf sie vorzubereiten.«
>
> **Perikles**, führender Staatsmann Athens im 5. Jahrhundert v. Chr.

In meinen ersten Jahren als Bankenberater habe ich mit meinen Kursteilnehmern, die allesamt über eine lange Erfahrung als Kunden- und Anlageberater verfügten, verschiedentlich ein Experiment gemacht. Ich habe diesen Finanzexperten Charts von verschiedenen Börsenkursen vorgelegt. Dazu gehörten Charts von Aktien genauso wie solche von Indizes, Zinsen oder auch Gold. Ich bat »meine« Experten, die Kursentwicklung der vorgelegten Preischarts nach diversen »technischen« Kriterien zu untersuchen. Zu diesen Kriterien gehören unter anderem:

- *Unterstützungslinie:* Der Chartist geht davon aus, dass eine Aktie bei einem bestimmten Niveau Unterstützung erfährt und der Kurs zumindest dieses Niveau hält und nicht darunter fällt. Fällt der Kurs dann doch einmal unter die Unterstützungslinie, ist das gemäß Chart-Theorie ein Verkaufssignal.
- *Widerstandslinie:* Diese signalisiert dem Anleger, dass der Kurs einer Aktie bei einem bestimmten Niveau einen Widerstand erfährt. Wenn dieser Widerstand nach oben durchbrochen wird, geht der Chartist davon aus, dass ein deutlicher »Ausbruch nach oben« wahrscheinlich ist (Grafik 3).
- *Gleitende Durchschnitte:* Durchstößt ein Kurs auf dem Weg nach oben oder unten den Durchschnittswert der vergangenen 30, 60, 90 oder auch 180 Tage, wird das von den Charttechnikern als Kauf- oder Verkaufssignal interpretiert. Gleitende Durchschnitte funktionieren ähnlich wie ein Stop Loss[2]. Allerdings kostet diese Absicherung mit Gleitenden Durchschnitten jährlich um die 2 Prozent an Rendite gegenüber einem reinen »Buy-and-Hold-Aktienportfolio«, weil naturgemäß bei dieser Handelstechnik ein signifikanter Teil der Erholungsphase verpasst wird.[3] Man zahlt also quasi eine teure Versicherungsprämie, um periodisch bei Marktrückschlägen nicht im Markt investiert zu sein (Grafik 4).
- *Trendfolgeformationen (Momentum):* Chartisten gehen davon aus, dass Aktien, die in der jüngsten Zeit die erfolgreichsten waren, auch in naher Zukunft besonders erfolgreich abschneiden werden.

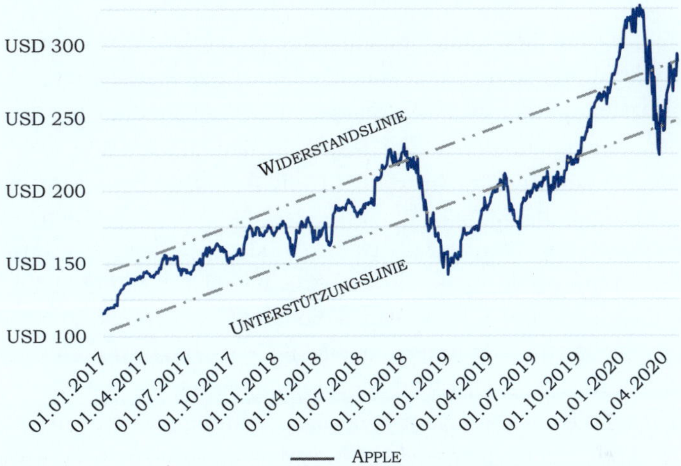

Grafik 3: Historische Aktienkursentwicklung von Apple. *Quelle: Bloomberg.*

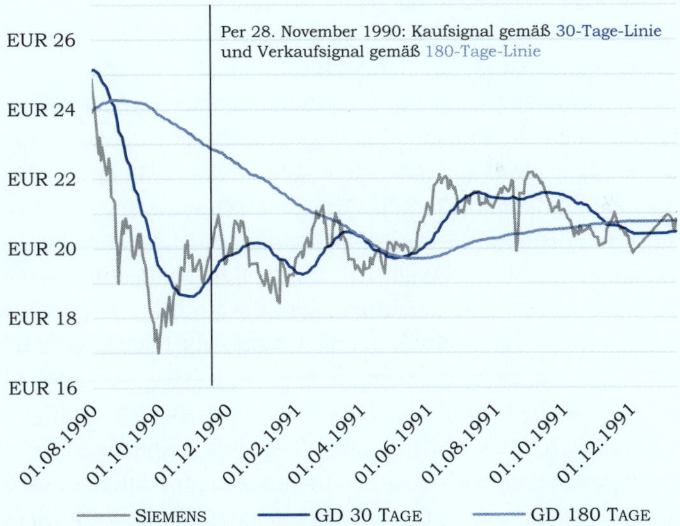

Grafik 4: Historische Aktienkursentwicklung von Siemens – Gleitende Durchschnitte. *Quelle: Bloomberg.*

Was ich bei diesen Feldversuchen mit Dutzenden von Bankpraktikern und Charttechnikern erfahren durfte, war erhellend und amüsant zugleich. Während ein Kursteilnehmer die Aktie Siemens mit dem Gleitenden Durchschnitt der 30-Tage-Linie analysierte und daraus eine Kaufempfehlung ableitete, kam eine Kursteilnehmerin exakt zum gegenteiligen Schluss (Grafik 4). Weil nämlich der Kurs der Aktie Siemens die 180-Tage-Linie wenige Wochen zuvor nach unten durchstoßen hatte, ortete die Dame ein klares Verkaufssignal für die Aktie. Wiederum andere Kursteilnehmer »arbeiteten« mit Unterstützungs- und Widerstandslinien, Kopf-Schulter-Formationen oder Dreieck-Konstellationen. Sie kamen jeweils zu völlig unterschiedlichen Handlungsempfehlungen. Fatal wirkte sich überdies aus, dass die einen Kursteilnehmer Chart-Bilder verwendeten, die sich auf die letzten 12 Monate bezogen, während andere ein historisches Kursbild von drei, sechs oder auch 24 Monaten für ihre Analyse verwendeten. Langfristig ausgerichtete Chartisten verwendeten sogar einen Betrachtungshorizont von fünf oder zehn Jahren. Es versteht sich von selbst, dass unterschiedliche Betrachtungszeiträume und damit völlig unterschiedliche Chartformationen auch zu ganz unterschiedlichen Interpretationen führen müssen. Von insgesamt 90 »getesteten« Kursteilnehmerinnen und Kursteilnehmern kam gut die Hälfte zum Schluss, die Aktie Siemens würde in den nächsten Wochen und Monaten den Markt schlagen, während knapp die Hälfte der Überzeugung war, Siemens würde gleich gut oder schlechter abschneiden als der Markt.

Bei anderen Charts von Aktien, Indizes, Devisen und Gold waren die Ergebnisse identisch. Kauf- und Verkaufsempfehlungen hielten sich so ziemlich die Waage, mit einem leichten Übergewicht für die Käufer. Besonders beeindruckt war ich bei diesem empirischen Experiment davon, mit welch unterschiedlichen Methoden meine Kursteilnehmer die Charts verschiedenster Börsenkurse analysierten. Eine nur schon im Ansatz einheitliche Verwendung der unterschiedlichsten Charttechniken war nicht zu erkennen. Jede und jeder analysierte die Vergangenheitskurse in einer Weise, wie sie oder er es eben sehen wollte. Damit bestätigten meine Kursteilnehmer eindrücklich, dass der Markt bezüglich der Verarbeitung von Vergangenheitskursen effizient funktioniert. Oder um es auf den Punkt zu bringen: Der Nutzen dieser Techniken für uns Anleger ist gleich null.

> »Wenn ein Experte sagt, dass es nicht möglich ist, holen Sie sich einen anderen Experten.«
>
> **David Ben-Gurion**, ehemaliger israelischer Ministerpräsident (1886 – 1973)

Es gibt zahlreiche Charttechniken, welche Prognosen über zukünftige Börsentrends ableiten. Ein Ziel dabei kann sein zu erkennen, *wann* ein Aktienkurs oder ein Aktienmarkt aus einem beobachteten Kursmuster »ausbricht«. Ein besonders amüsantes Signal dafür ist das sogenannte Hindenburg-Omen. Dessen Name stammt vom deutschen Luftschiff, dessen Wasserstofffüllung sich 1937 bei der Landung in Lakehurst, USA, entzündete. Damals kamen 36 Menschen ums Leben. Das Hindenburg-Omen signalisiert den Anlegern in Anlehnung an dieses Katastrophenereignis eine Marktkonstellation, welche auf fallende Kurse am Aktienmarkt hindeutet. Dabei müssen mehrere Warnsignale gleichzeitig leuchten, um den befürchteten Kurssturz zu bestätigen.

So wies der leitende Börsen-Journalist der renommierten *Neue Zürcher Zeitung* (*NZZ*) seine Leser über viele Jahre und mit hoher Persistenz immer wieder auf eine »günstige« Konstellation hin, in welcher das Hindenburg-Omen bestätigt wurde. Er berief sich dabei regelmäßig auf die Chart-Experten von Wellenreiter-Invest aus dem deutschen Oberursel. So titelte der Journalist am 16. August 2010 (Grafik 5): »Warnung vor kräftiger Kurskorrektur.« Dabei verwies er auf ein eingetretenes Hindenburg-Omen. Der Absturz der Aktienkurse blieb jedoch aus. Der Journalist blieb beharrlich. In der Zeitspanne vom 2010 bis 2019 erschienen mindestens zehn Artikel des Journalisten, in welchen dieser seine Leser auf die alarmierende Konstellation des Hindenburg-Omens aufmerksam machte. Aber offensichtlich konnten die Artikel weder Leserschaft noch Investoren genügend in Panik versetzen, um das Börsenunheil über diese hereinbrechen zu lassen. Denn nach Erscheinen fast *aller* Artikel stiegen die Aktienkurse weiter.

Seit der ersten Warnung vor einer kräftigen Korrektur am 16. August 2010 bis zu seiner letzten per Ende des Jahres 2019 hat der US-amerikanische Aktienmarkt (S&P 500) um satte 200 Prozent zugelegt. Offensichtlich gibt es auch beim Hindenburg-Omen keinerlei empirische Evidenz, dass das Signal den Anlegern einen Nutzen bringen würde. Im April 2018 hat der Journalist »seine Strategie« erweitert. Um seine beharrlich-pessimistische Haltung für den Aktienmarkt zu untermauern, verwies er auf das sogenannte »Todeskreuz«. Schneidet die 50-Tage-Linie die 200-Tage-Linie von oben nach unten, entsteht gemäß gewisser »Experten« ein Verkaufssignal, das »Todeskreuz«[4]. Der Begriff »Todeskreuz« mag spektakulär klingen und den einen oder anderen Anleger tatsächlich verängstigen. Wer will schon an der Börse den »Tod« riskieren? Doch auch dieses Signal hat prognostisch überhaupt keine Relevanz – aber es provoziert Börsenumsätze, über die sich bonushungrige Banker freuen.[5]

Grafik 5: Ein Jahrzehnt Hindenburg-Omen. *Quellen: Bloomberg und NZZ. In US-Dollar.*

Die gesamte Charttechnik ist nach meiner Überzeugung pseudowissenschaftlicher Hokuspokus. Den Anlegern bringt sie gar nichts. Am ehesten bringt sie vielleicht denjenigen Investoren etwas, die dem berühmten Placebo-Effekt unterliegen. Auch die vor über 200 Jahren vom deutschen Arzt Samuel Hahnemann entwickelte Homöopathie hat bekanntlich keine wissenschaftlich messbare, objektive Wirkung, weil sich kein einziges Molekül in ihrer Substanz nachweisen lässt. Aber weil Menschen an die Wirkung der Globuli und Tröpfchen glauben, tun den Kranken allein die Einnahme und der Glaube daran gut. Eine Grippe ist nämlich mithilfe der Homöopathie respektive mit Globuli schon nach einer Woche vorbei, und nicht erst nach 7 Tagen ohne deren Einnahme. Entscheidend ist bei dieser Selbsttäuschung einzig, dass der Patient von der Wirkung überzeugt ist.

Ähnlich verhält es sich in der Welt der Chartisten. Anleger, die die Charttechnik einsetzen, erinnern sich gerne an diejenigen Fälle, in denen sie »gewirkt« hat und sich das Kauf- oder Verkaufssignal als richtig herausstellte. Die Fehlsignale werden größtenteils vergessen, ignoriert oder der Fehler darin geortet, dass bei der Interpretation des Charts die falschen Schlüsse gezogen worden seien. Charttechnik wirkt wie Homöopathie oder Grander-Wasser, nämlich gar nicht. Es gibt keinen wissenschaftlichen Befund für alle diese Voodoo-Methoden – sie sind quasi-religiöse Glaubenssache.

In meinen Vorträgen vor Bankkadermitarbeitern habe ich mir jeweils den Spaß gemacht, den Chart aus Grafik 6 aufzulegen. Er zeigt die hohe Korrelation zwischen der Niederschlagsmenge in der Stadt Bern und der Kursentwicklung des US-amerikanischen Aktienmarkts in der Zeitperiode von 1890 bis 1940. Aus Sicht der Charttechnik ist die Implikation nun die folgende: »Liebe Anleger aus Amerika und der Welt, bitte ruft doch die Menschen in der schweizerischen Hauptstadt Bern an und fragt sie, wie ihr Wetter morgen sein wird. Ist Regen angesagt, steigen die Börsenkurse in New York, scheint hingegen die Sonne, fallen sie!«

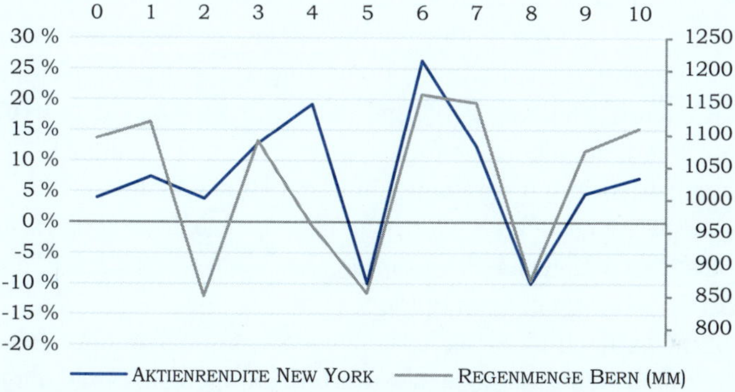

Grafik 6: Regenmenge in Bern und Aktienmarktentwicklung in New York – typischer Zehnjahresverlauf von 1890 – 1940. *Quelle: http://wiki.finanzfaq.com/thema/aktienkurse.*

> »Ich kann die Bahn der Himmelskörper berechnen, nicht aber, wohin eine verrückte Menge die Kurse treibt.«
>
> **Isaac Newton**, englischer Naturforscher (1643 - 1727)

Bei allem Humor: Ebenso gut könnten Sie natürlich auch Ihren Biorhythmus auf ein Blatt Papier abtragen und nach einer Aktie suchen, die rein zufällig über die letzten Monate oder Jahre einen ähnlichen Kursverlauf aufgewiesen hat. Ich garantiere Ihnen: Bei der Unmenge von Aktien, die weltweit gehandelt werden, werden Sie zweifellos eine Aktie finden, die zufällig für die Vergangenheit ein ähnliches Muster aufweist wie Ihr Biorhythmus. Würden Sie deshalb daraus schließen, dass Ihr *zukünftig* gemessener Biorhythmus den *zukünftigen* Kursverlauf der entsprechenden Aktie anzeigen wird? Nein, natürlich nicht. Das wäre Schwachsinn. Genau derselbe Schwachsinn ist es deshalb zu glauben, dass die aktuell in der Mode liegende Rocklänge der Damen oder der Ausgang des Super Bowls einen Einfluss auf die zukünftige Börsenentwicklung haben könnte, auch wenn der Zusammenhang rein zufällig über eine gewisse Zeit in der Vergangenheit gegeben war.

Während Sie nun vermutlich schmunzeln, wenn ich Ihnen diese amüsanten Geschichten erzähle, so muss ich Sie in allem Ernst vor den Haifischen der Finanzindustrie warnen: Genau nach diesem Muster laufen die gut geölten Marketing-Maschinerien vieler Banken und Vermögensverwalter ab, wenn sie ihre »innovativen« und modernen Produkte einem erlauchten Kundenkreis anpreisen. Mittels Hochleistungscomputer wird berechnet, welche Strategie für welche Zeitperiode in der Historie erfolgreich gewesen *wäre.* Welche Strategie hätte also, wenn sie für eine bestimmte Periode in der Vergangenheit angewendet worden *wäre,* herausragende Renditen abgeworfen? In den Verkaufsprospekten wird sodann mit lukrativen Renditen geworben. Dass diese hypothetisch berechneten Renditen allerdings nichts anderes als das Resultat einer fiktiven, vergangenheitsorientierten Strategie sind, steht für den Leser kaum sichtbar höchstens im Kleingedruckten oder in einer Fußnote. Was in der Vergangenheit allenfalls funktioniert *hätte,* hält in der Regel einem Praxistest, der die Zukunft betrifft, überhaupt nicht stand.

Wenn die Charttechnik tatsächlich pseudowissenschaftlicher Hokuspokus ist, stellt sich natürlich die Frage: Warum beschäftigen sich unzählige »Experten« in Banken und unabhängigen Research-Häusern tagtäglich mit Charts? Die Gründe sind meines Erachtens mannigfaltig. Erstens handelt es sich bei diesen Menschen um »Gläubige«. Sie glauben an ihre Sache und lassen sich davon nicht abbringen. Was die Wissenschaft zu sagen hat, ist ihnen egal. Zweitens sind viele Chartisten tatsächlich davon überzeugt, dass ihre Analysen einen Nutzen stiften. Sie können es aber nicht beweisen und wollen das auch nicht. Wie den Homöopathen gelingt es ihnen nur, anhand von willkürlich gewählten Einzelfällen von ihrem Erfolg zu berichten. Wissenschaftlich belegen können sie ihre »Erfolge« nicht. Diese Leute leben mit einer verzerrten Wahrnehmung der Realität. Aber sie fühlen sich wohl damit. Drittens gibt es diejenigen, die die Charttechnik als reines Marketing-Tool verwenden. Die gigantischen Marketingabteilungen in der Bankenwelt haben schließlich ein ganz großes Ziel: Mit ihren Kunden möglichst viel Ertrag zu generieren! Mittels der wundersamen Chart-Bilder gelingt es den Verkaufskünstlern an der Front in geradezu wundersamer Weise, Kunden für Käufe und Verkäufe aller Art zu motivieren. »Herr Meier, der Dow Jones hat gestern Nacht eine Widerstandslinie beim Indexstand von 23.500 Punkten nach unten durchbrochen. Das ist ein klares Verkaufssignal. Ich empfehle Ihnen, mindestens die Hälfte Ihrer Aktien umgehend zu verkaufen und bei tieferen Kursen wieder einzusteigen!« Es ist dann wie im Casino. Die Bank gewinnt mit ihren Gebühreneinnahmen immer. Ob die Verkäufe allerdings im Interesse des Kunden sind, ist den nach Bonus lechzenden Bankspitzen ziemlich egal. Hauptsache, das Geschäft läuft wie geschmiert und die Börsenumsätze sind hoch.

> »Dass der liebe Gott der Klugheit Grenzen gesetzt hat und der Dummheit nicht, das nehme ich ihm wirklich übel.«
>
> **Konrad Adenauer**, erster Kanzler der Bundesrepublik Deutschland (1876 - 1967)

Kennen Sie einen Anleger, der durch den Einsatz von Charttechniken nachhaltig reich geworden ist? Ich nicht. Aber ich kenne einige Leute, die es dank Charttechnik zu einem Guru-Status gebracht haben und nur deshalb reich geworden sind, weil ihnen unzählige »Gläubige« gefolgt sind und sie tolle Umsätze mit diesen machen konnten. Der US-Amerikaner Ralph Acampora ist so ein Typ. Er gilt als der »Godfather of Technical Analysis«. Klar, ab und zu hatten er und auch einige seiner Berufskollegen sogar recht mit ihren Prognosen, aber nur rein zufällig und niemals systematisch. Könnten nämlich die Charttechniker tatsächlich den Nutzen ihrer Arbeit schlüssig beweisen, so würden wohl längst alle Banken und Anlagespezialisten nach diesen Methoden und Signalen investieren.

Immer wieder habe ich Chartisten ermuntert und aufgefordert, mir ihr Können systematisch zu beweisen. Drei Chartisten haben im Laufe meiner beruflichen Laufbahn tatsächlich den Mut gehabt, mir den Beweis für das Funktionieren ihrer Chart-Signale erbringen zu wollen. Einer von ihnen war ein intellektuell herausragender Kopf – ein selbstständiger Finanzunternehmer mit Doktorhut, den ich in Frankfurt am Main aufsuchte. Dieser ehemalige Banker, der die Charttechnik mittels Einsatz von komplexen neuronalen Netzen zu perfektionieren versuchte, analysierte mit seinem Großrechner riesige Datenreihen auf Tagesbasis. Alle drei Experten habe ich gebeten, mir jeweils nach Auftauchen eines Signals, das zum Kauf oder Verkauf einer Aktie rät, eine Mitteilung zu schicken. Über Monate habe ich mir alle Transaktionen fein säuberlich notiert und schließlich ausgewertet, ob mit den resultierenden Kauf- und Verkaufsempfehlungen ein überdurchschnittlicher Ertrag im Vergleich zu einem repräsentativen Marktindex erzielt werden konnte. In allen Fällen galt:

Fehlanzeige! Selbst der mit neuronalen Netzwerken operierende Wissenschaftler aus »Mainhattan« musste die Segel streichen. Der Nutzen der Chart-Analyse erwies sich als inexistent. Nach Offenlegung meiner ernüchternden Auswertungen an die drei Probanden habe ich von diesen nie mehr etwas gehört. Aber ihr Business-Modell betrieben sie frisch und fröhlich weiter.

5
Fundamentalanalyse: Die Entzauberung der Prognosegurus durch die Wissenschaft

Die meisten Investoren begründen ihre Anlageentscheidungen nicht mit Charts, sondern mit ihrem umfassenden Marktwissen. Sie informieren sich über alles in der Welt, was für sie in der Auswahl der besten Wertpapiere von Nutzen sein kann. Dazu gehören zum Beispiel profunde Analystenberichte und -kommentare von Bankexperten zu Märkten, Unternehmen, Zinsen oder Devisen. Darüber hinaus bringt sich der weise Anleger mit Tages- und Fachzeitschriften auf den neusten Stand des Börsengeschehens. Profis bedienen sich zusätzlich der Börsennachrichtendienste von Bloomberg und Reuters, auf denen ständig wichtige neue Informationen über den Ticker rauschen.

Wenn Unternehmen oder Notenbankchefs börsenrelevante Nachrichten verkünden, gehen diese in unserer zunehmend hektischen Welt in Sekundenschnelle um den Globus. Auch neue Medien wie Facebook oder Twitter spielen in der heutigen Zeit für das Finanzmarktwissen zunehmend eine wichtige Rolle. Der börsenrelevante Tweet von Elon Musk am 7. August 2018 »Am considering taking Tesla private at 420 US-Dollar. Funding secured« bleibt in diesem Zusammenhang unvergessen. Und natürlich wollen informierte Anleger auch wissen, welche Meinungen und Empfehlungen Bankexperten und Börsengurus gerade zum Besten geben. Mit anderen Worten: Erfolgreiche Investoren wollen möglichst alles wissen, was für ihre Anlageentscheidungen von Nutzen ist. Aber sind diese hervorragend informierten Anleger damit auch in der Lage, besser zu sein als der Marktdurchschnitt? Schlagen diese den breiten Markt in systematischer Weise?

Die zweite, sogenannte mittelstarke Form der Markteffizienz geht nun genau der Frage nach, ob wir respektive umfassend informierte Börsenexperten mittels Kenntnis *aller öffentlich verfügbaren Informationen* in der Lage sind, besser zu sein als der Marktdurchschnitt beziehungsweise die für sie relevanten Vergleichsindizes. Die Frage ist also, ob wir mittels perfekter Kenntnis aller wesentlichen Informationen in der Lage sind, die maßgeblichen Benchmarks *systematisch* – statistisch signifikant und nicht rein zufällig – zu schlagen.

Die Frage, ob Börsenkurse bezüglich der zweiten, mittelstarken Form informationseffizient sind, mag Ihnen vielleicht akademisch vorkommen. Aber glauben Sie mir, hier geht es um die alles entscheidende Frage, ob Börsenprognosen von Profis etwas taugen oder nicht. Es geht um die für Anleger fundamentale Frage, ob es überhaupt sinnvoll ist, auf Propheten und Börsengurus zu hören. Es geht um die Frage, wie gut die Fähigkeiten der Experten, welche sich jeden Tag intensiv mit Unternehmen und Märkten beschäftigen, für das Stock Picking sind. Es geht um die Frage, welchen Nutzen neue Informationen, die wir von Bankanalysten, Börsenstars respektive aus den Quellen *aller* verfügbaren Medien erfahren, zum Zeitpunkt ihrer Veröffentlichung überhaupt noch haben. Anders ausgedrückt: Ist es in einer informationseffizienten Welt denkbar, dass zu dem Zeitpunkt, in welchem wir interessante Neuigkeiten zu Unternehmen und Märkten erfahren, deren Wirkung schon in den Börsenkursen verarbeitet ist und damit die Informationen für uns bereits nutzlos sind? Bringen uns alle unsere umfassenden Kenntnisse und Informationen überhaupt etwas, um den Aktienkurs eines Unternehmens, die Zinsen oder die Dollarkursentwicklung gegenüber dem Euro besser zu prognostizieren als die große Masse?

Dr. Daniel Kalt, Chefökonom und Chief Investment Officer der UBS, sagte in einem Interview der *NZZ* vom 10. Juli 2018, dass Momentum-, Kredit- oder auch Gewinnindikatoren Signale aussenden würden, die die Aktienquote der Wertpapierdepots ausgewählter Kunden sehr rasch von 80 bis auf 20 Prozent absinken ließen, um sie später ebenso rasch wieder anzuheben. Das lässt auf ein hohes Prognoseselbstvertrauen schließen. Was ist davon zu halten?

Als Doktorand habe ich mich in den 1980er Jahren intensiv mit Fragen der Prognosefähigkeit von Profis beschäftigt. Nach meinen ernüchternden Erfahrungen als jugendlicher Stock Picker war für meinen Werdegang mitentscheidend, was die Wissenschaft zur Prognosefähigkeit der am besten ausgebildeten und informierten Börsenkenner sagt, zu denen ich eines Tages zweifelsfrei gehören wollte. Ich hatte keine Lust, mich ein Leben lang selbst zu betrügen und mir einzubilden, ich sei ein überragender Börsianer, wenn ich es mir nicht beweisen kann. Ich hatte keine Lust, am Ziel festzuhalten, bessere Börsenprognosen zu machen als alle anderen, wenn die Wissenschaft zur Konklusion kommen sollte, dass dies niemand *systematisch* – also nicht rein zufällig – kann. Ich hatte keine Lust, ein noch so gut verdienender Banker zu werden, der mit teuren Hochglanzbroschüren seinen Kunden jeden Tag vorgaukelt, die besten Analysten zu beschäftigen und die besten Fonds der Welt anzubieten, wenn dies nicht stimmt und reiner Marketing-Lärm ist.

Also wühlte ich mich zwei Jahre lang durch Hunderte wissenschaftlicher Studien, die mir zur Verfügung standen. Studien von renommierten Professoren der Top-Universitäten dieser Welt, welche die Prognosefähigkeit unzähliger Banker, Vermögensverwalter und Fondsmanager untersuchten. Diese Wissenschaftler beschäftigen sich tiefgehend mit der Frage, ob Anlageexperten mit all ihrem umfassenden Wissen in der Lage sind, dauerhaft repräsentative Indizes respektive Benchmarks zu übertreffen. In der Fachsprache wird eine solche Über-Performance gegenüber den relevanten Vergleichsgrößen als Alpha bezeichnet. Schlägt beispielsweise ein Fondsmanager mit seinem »goldenen Händchen« seinen Vergleichsmaßstab, zum Beispiel den Weltmarktindex von MSCI, jährlich um 1 Prozentpunkt, beträgt das jährliche Alpha 1 Prozent. Liegt hingegen eine Unter-Performance vor, so spricht man von einem negativen Alpha.

> »Ich denke nie darüber nach, was die Börse machen wird. Ich weiß nicht, wie man die Börse oder die Zinsen oder die Konjunktur vorhersagen kann. Und ich habe keine Ahnung, ob die Börse in zwei Jahren höher oder tiefer stehen wird.«
>
> **Warren Buffett**, amerikanische Anlegerlegende und Orakel von Omaha

Ich will ehrlich mit Ihnen sein. Meine damaligen Erkenntnisse als wissenschaftshungriger Doktorand waren desillusionierend. Die absolut überwiegende Mehrheit der seriösen wissenschaftlichen Studien kommt zweifelsfrei zum Ergebnis, dass die Kapitalmärkte effizient bezüglich der zweiten, mittelstarken Form von Informationen sind.[1] Mit anderen Worten: Sobald Sie und ich wissen, dass Novartis ein revolutionäres Krebsmedikament entwickelt und erfolgreich getestet hat, hat der Kurs der Aktie bereits ein höheres Niveau erreicht und die positive Information verarbeitet respektive eskomptiert. Dasselbe ist der Fall, wenn die US-Notenbank Fed eine überraschende Zinserhöhung ankündigt. In dem Moment, in welchem die Ankündigung erfolgt, reagieren die Zinssätze, die Aktien- und auch die Devisenkurse in Bruchteilen von einer Sekunde. In einer global vernetzten und schnelllebigen Welt fließen relevante Informationen in Windeseile in die Börsenkurse ein. Im Moment der Veröffentlichung einer Information sind diese aus Börsensicht bereits veraltet.

Vor der Börseneröffnung am 19. März 2019 wurde das Urteil der Jury des Bundesgerichts für die Region Nordkalifornien im Fall Bayer bekannt, dass der Unkrautvernichter Roundup, welcher von der amerikanischen Tochtergesellschaft Monsanto produziert wird, ursächlich sei für die Lymphdrüsenerkrankung des 70-jährigen Edwin Hardeman. Dieses Urteil war verknüpft mit gigantischen potenziellen Schadenersatzforderungen in Milliardenhöhe. Daraufhin sackte der Kurs von Bayer bei Börseneröffnung ab (Grafik 7). Wenn wir nun glauben, wir könnten mit dieser Information nach der öffentlichen Verkündigung durch Bloomberg noch etwas anfangen, sind wir naiv. Die morgendliche Schockmeldung war umgehend im Kurs eingepreist und die Aktie pendelte sich auf tieferem Niveau ein. Bei diesem neuen Kurs sorgten gut informierte Käufer und Verkäufer dafür, dass es einen neuen Gleichgewichtspreis gab.

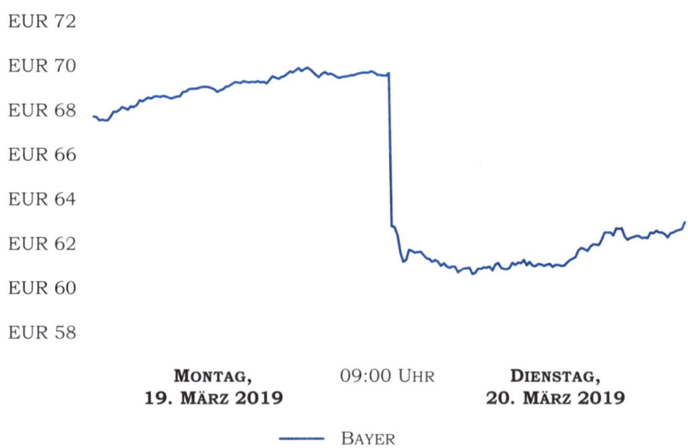

Grafik 7: Einpreisung öffentlicher Informationen. *Quelle: Bloomberg.*

Trotzdem tauchten nach dem Urteil unzählige »Experten« auf, die zu wissen glaubten, wohin die Aktie nun tendieren werde. Während die einen argumentierten, die Aktie habe auf das Gerichtsurteil überreagiert und sei nach einem Kurssturz von über 10 Prozent unterbewertet, argumentierten die andern, die Risiken für weitere Prozesse seien zu hoch, weshalb ein Ausstieg ratsam sei. Selbstverständlich wusste aber kein Experte, wie es nach diesem Urteil weitergeht. Die Information des Urteils ist faktisch mit ihrer Ankündigung, die einen schockartigen Kurssturz zur Folge hatte, für die Anleger nutzlos geworden.

Dasselbe gilt natürlich auch nach Verkündigungen von Gewinnwarnungen, Dividendenkürzungen oder neuen Markteinschätzungen. Es lohnt sich kaum mehr, sich mit diesen Informationen, so wichtig sie auch sein mögen, auseinanderzusetzen. Die Märkte reagieren rasch und äußerst effizient auf neue Informationen. Sich mit ihnen zu beschäftigen, ist aus prognostischer Perspektive pure Zeitverschwendung.

Ein großes Interesse, aus positiven oder auch negativen Neuigkeiten einen Nutzen zu ziehen, haben naturgemäß viele Banker. Sie motivieren ihre Kunden zu Transaktionen, die der Bank Gebühren generieren. Ob sie den Kunden die Story zum Kaufen oder zum Verkaufen von Bayer auf die Nase binden, ist dabei völlig egal. Hauptsache, es wird gehandelt und die Kommissionen fließen. Nicht selten habe ich erlebt, dass innerhalb desselben Bankinstituts gleich beide Storys »verkauft« wurden – je nachdem, was der Kunde gerade lieber hören wollte.

> »Ich lasse mir keine Prognosen erstellen, denn ich übergebe mich nicht gerne auf meinem Schreibtisch.«
>
> **Charlie Munger**, amerikanischer Value-Investor und Partner von Warren Buffett

Ich will Ihnen ein anderes Beispiel geben, warum ich überzeugt bin, dass der Analyse der fundamentalen Rahmenbedingungen und der daraus abgeleiteten Prognostizierbarkeit von Börsenkursen enge Grenzen gesetzt sind. Dabei geht es um den so wichtigen Begriff »Vertrauen«. Erinnern Sie sich an die Finanzkrise im Jahr 2008? Der Zusammenbruch von Lehman Brothers führte dazu, dass sich die Banken gegenseitig nicht mehr trauten. Das ganze Bankensystem geriet in erhebliche Turbulenzen. In der Folge fand ein eigentlicher Zusammenbruch des Vertrauens in die Zahlungsfähigkeit europäischer Staaten wie Griechenland, Italien oder Spanien statt. Selbst einige meiner Kunden, die üblicherweise in Krisen sehr besonnen reagieren, gerieten damals in Panik. Es herrschte Weltuntergangsstimmung. Das Vertrauen in Banker und Politiker, die Banken- und Schuldenkrise zu meistern, war entschwunden – die Börsen taumelten.

Als viele Marktteilnehmer mit dem Zusammenbruch der europäischen Staatengemeinschaft und des Euros rechneten und die Stimmung auf dem Nullpunkt war, sprach am 26. Juli 2012 der Präsident der Europäischen Zentralbank (EZB), Mario Draghi, an einer Investorenkonferenz in London die berühmten drei Worte »Whatever it takes«. Das war der Auftakt zu einer über Jahre anhaltenden Flutung der Märkte mit unlimitierter Liquidität zur Stabilisierung der völlig aus dem Ruder gelaufenen Unsicherheit der Investoren, welche in der jüngeren Geschichte der Finanzmärkte beispiellos ist. Auch wenn die damit verbundene Aufblähung der Notenbankbilanzen langfristig erhebliche Risiken birgt, so hat das entschlossene Handeln der europäischen, amerikanischen und japanischen Notenbankchefs die Märkte beruhigt und den Investoren das so wichtige Vertrauen zurückgebracht.

Kurios an dieser Geschichte ist, dass selbst viele Jahre nach diesen Worten des europäischen Notenbankchefs das Vertrauen der Marktteilnehmer noch immer vorhanden war, *obwohl* sich die Verschuldung der Problemstaaten fundamental weiter massiv verschlimmert hatte (Grafik 8) und auch die Bilanzen europäischer Banken immer noch sehr fragil waren.[2] Wer also in der Zeit zwischen 2009 und 2017 fortlaufend eine Analyse der fundamentalen Rahmenbedingungen der europäischen Staatengemeinschaft vornahm, kam ohne Zweifel immer zum selben Schluss: Alarmstufe rot! Fundamental war und blieb die Situation brüchig, weshalb viele Laien, Experten und Gurus die Hausse der Aktienmärkte in der Zeit von 2009 bis 2017 aus fundamental gut begründeter Angst schlicht verpassten. Fakt war ganz einfach, dass die Allmacht der Notenbanken das *Vertrauen* der Anleger zurückbrachte. Während die miserablen fundamentalen Rahmenbedingungen der klammen europäischen Staaten für die Börsianer in den Hintergrund rückten, rückten die verbesserten Ergebnisse der Unternehmen, die von den Zinssenkungen der Notenbanken profitieren konnten, in den Vordergrund. Stiegen die Aktienkurse nun *trotz* oder eben gerade *dank* der ausufernden Staatsverschuldung? Darüber ließe sich trefflich streiten – wir werden es wohl nie mit Sicherheit wissen. Was lernen wir daraus? Das *Vertrauen* der Marktteilnehmer hat einen wesentlichen Einfluss auf die Börsenentwicklung. Aber wer will sich schon anmaßen, von sich zu behaupten, er könne das Vertrauen und damit die teilweise irrationale Laune der Anleger prognostizieren? Ich kann es leider nicht, denn Irrationalität ist rational nicht prognostizierbar, sonst wäre sie nicht irrational.[3]

Und ich bin überzeugt: Auch der Chefökonom und Chief Investment Officer der UBS, Dr. Daniel Kalt, kann es nicht. Oswald Grübel, der einzige Mensch, der beide Schweizer Großbanken einmal als Chef leitete, brachte seine Selbstkompetenz an einer Investorenkonferenz in London in erfrischender Ehrlichkeit auf den Punkt. Zu Beginn des Jahres 2005 mahnte er zur Vorsicht und prophezeite, dass sich die Aktien im weiteren Verlauf bestenfalls seitwärts, eher aber sogar negativ entwickeln würden. Nachdem sie dann bis im Herbst um 30 Prozent zulegten, schwenkte Grübel um ins Lager der Optimisten. Auf die Frage, was er denn gedenke zu tun, falls er wieder falschliegen würde, sagte er in entwaffnendem Sarkasmus: »Sollten sich die Prognosen nicht bewahrheiten, werden wir für Sie bestimmt eine brillante Erklärung bereit haben.«[4]

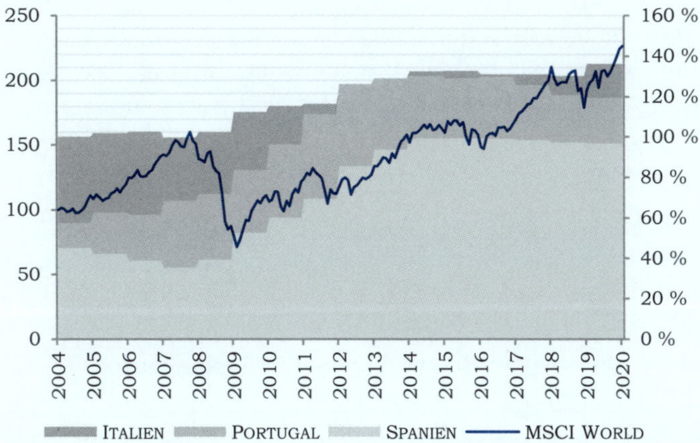

Grafik 8: Fulminante Börsenentwicklung trotz oder dank rekordhoher Staatsverschuldung? *Quellen: IMF World Economic Outlook Database; Bloomberg. MSCI World indexiert in US-Dollar (linke Skala), Staatsverschuldung in Prozent des BIP (rechte Skala).*

Wer ehrlich mit sich selbst ist und vor allem selbstkritisch gegenüber den eigenen Fähigkeiten als Börsianer, der wird sich den wissenschaftlich erhärteten Fakten nicht verschließen. Auch wenn es Ihnen und mir schwerfällt, die eigenen Grenzen der Prognostizierbarkeit von Börsenkursen anzuerkennen, ist es wichtig und notwendig, um zu verhindern, dass wir in unserem Leben Dummheiten beliebig oft wiederholen. Viele Anleger, ob Laien, Profis und ganz besonders von den Medien hochgejubelte Gurus, überschätzen ihre Prognosefähigkeit systematisch. Sie erfinden immer wieder neue Tricks, um sich selbst zu überlisten und sich einzubilden, sie hätten überdurchschnittliche Titelselektions- oder Timing-Fähigkeiten. Selbstkritisch und vor allem ehrlich getestet, analog zu einer Doppelblindstudie beim Test der Wirksamkeit von Medikamenten, haben sie sich nie. Ihre Anlageergebnisse können noch so schlecht sein: Wenn es schiefläuft, sind andere schuld, und sie bilden sich ein, dass natürlich nicht sie, sondern der »Markt« falschliegt.

Fragen Sie einmal 100 Anlageberater einer Bank oder 100 private Börsianer, ob sie sich zu den überdurchschnittlich guten oder überdurchschnittlich schlechten Investoren zählen. Es wird Ihnen vermutlich gehen wie mir, als ich mit 100 Finanzexperten genau diese Umfrage gemacht habe. Zwischen 70 und 80 Prozent der Befragten sehen sich als überdurchschnittlich gute Anleger. Natürlich ist das eine logische Unmöglichkeit. Viele Anleger kranken offensichtlich an einer fatalen Selbstüberschätzung. Das erinnert mich an Umfragen zur Selbsteinschätzung von Autofahrern, die zu ähnlichen Resultaten kommen.

Dazu kommt, dass man mit seiner Prognose manchmal selbst dann recht erhält, wenn sie sich eigentlich als falsch herausstellt. Erinnern Sie sich an die US-amerikanischen Wahlen im Jahr 2016? Die Investoren setzten auf Aktien und einen Sieg von Hillary Clinton, weil sie befürchteten, dass Donald Trump getreu seinem Motto »America first« die größte Volkswirtschaft der Welt in die geopolitische Isolation führen könnte, was dem globalen Wachstum schaden würde. Es kam anders: Donald Trump gewann die Wahlen, und nach einem wenige Stunden anhaltenden Kursrutsch setzten die Börsen zu einer lang anhaltenden Kurs-Rally an, die erst mit der Corona-Krise im Jahr 2020 gestoppt wurde. Für die glücklichen Investoren verhielt es sich damit ähnlich wie in der Mathematik, in der minus mal minus bekanntlich plus gibt: Die Prognose über den Wahlsieg war falsch, die Prognose über die Reaktion der Aktienmärkte als Folge dieses Wahlsiegs war falsch, doch die prognoseunfähigen Investoren waren mit ihren Anlagen goldrichtig positioniert – Glück gehabt! Zugegeben, ich gehöre auch zu ihnen. Ähnliches wiederholte sich nach dem Wahlkampf zwischen Donald Trump und Joe Biden im Jahr 2020. Das schlimmste Szenario, das Anleger nach der Entscheidung um den Einzug in das Weiße Haus befürchteten, war ein umstrittener Wahlausgang, der sich in die Länge ziehen und von juristischen Winkelzügen begleitet sein würde. Genau dieses Schreckensszenario trat dann ein, da Donald Trump seine Niederlage nicht akzeptierte. Was passierte an den Börsen? Statt eines von vielen erwarteten Kursrückschlags setzte eine Rally an den Märkten ein, die kaum jemand für möglich hielt.

Als Gründer einer unabhängigen Vermögensverwaltungsgesellschaft werde ich immer wieder gefragt, wie wir es denn schaffen würden, in der »Champions League« der Anlageexperten mitspielen zu können, ohne eine umfassende Anzahl von Analysten zu beschäftigen. Ich denke, diese Frage beantwortet sich von allein, wenn man sich demütig der eigenen Prognosekompetenzgrenzen und der hohen Effizienz der Kapitalmärkte bewusst ist.

Banken in aller Welt beschäftigen Tausende von Analysten, die rund um die Uhr vor ihren Bloomberg-Terminals sitzen und permanent die Weltwirtschaft sowie unzählige Unternehmen und Finanzprodukte analysieren. Trotzdem gelingt es den allermeisten nicht, eine überdurchschnittliche Performance für ihre Kunden zu liefern. Deshalb sehe ich keinen Sinn darin, Analysten zu beschäftigen, die eine aufwendige Studie über Roche oder Siemens verfassen, von welcher es weltweit schon 50 oder 100 gibt. Die 56. Studie über Siemens würde unseren Kunden keinen Mehrwert bringen. Unser überschaubares Team von Analysten hat deshalb primär die Aufgabe, die *Qualität* unserer Anlagen laufend zu überprüfen, nicht aber ständig kurzfristige Prognosen zu liefern, die in der Regel nichts taugen. Die meisten Bankanalysten folgen ohnehin einem Herdentrieb und geben prozyklische Empfehlungen ab. Die Highflyer werden in der Tendenz zum Kauf empfohlen, während Branchen und Titel, die gerade nicht in Mode sind, veräußert werden.

Nichtsdestotrotz ist es mir wichtig, für das Heer der Analysten eine Lanze zu brechen: Dank der Tausenden von Analysten, die weltweit beschäftigt sind, herrscht ein äußerst kompetitiver Wettbewerb um die besten und raschesten Informationen. Wenn sich weltweit 100 Analysten ständig mit der Aktie Apple befassen, ist sichergestellt, dass laufend faire Marktpreise für *alle* Investoren zustande kommen. Gäbe es hingegen keine oder nur sehr wenige Analysten, dann wären die Märkte nicht effizient – zum Nachteil einer breiten Investorenschaft. Die vielen Analysten sind also in gewissem Sinne Garanten für effiziente Märkte – auch wenn sie sich auf diese Weise bezüglich ihrer eigenen Prognosekompetenz selbst abschaffen.

Übrigens: Der legendäre Investor Warren Buffett verwaltete in der Berkshire Hathaway per Ende April 2020 ein Anlagevolumen von rund 450 Milliarden US-Dollar – mit insgesamt 25 Mitarbeitern. Gäbe es weltweit auch nur zwei oder drei Staranalysten, die wüssten, wann Hausse oder Baisse ist, welches die drei besten Titel des amerikanischen Markts sind und wie es in den kommenden Monaten an den Börsen weitergeht: Buffett hätte sie wohl für sehr viel Geld längst eingestellt!

> »Ich weiß nicht, wo die Börsen morgen, in einer Woche, in einem Monat oder in einem Jahr stehen – und wer behauptet, er wisse es, sollte sein Gehirn untersuchen lassen.«
>
> **Howard Marks**, amerikanischer Finanzexperte und Gründer von Oaktree Capital, Los Angeles

Ein großes Problem in der Finanzanalyse ist meines Erachtens, dass diese faktisch nicht unabhängig ist und mit ihr nicht zuletzt Marketing-Ziele der Banken verfolgt werden. Analysten befinden sich oft in einer Zwangsjacke, weil die Interessen der Kunden mit den Interessen der Bank kollidieren. Ich erinnere mich in diesem Kontext an einen besonders beeindruckenden Fall. Der Schweizer Christopher Chandiramani war ein angesehener Analyst und Fondsmanager der Credit Suisse. Er besuchte in den 1990er Jahren einige Male meine Ausbildungskurse in meiner Zeit als Bankenberater und Seminarleiter. Chandiramani fiel mir damals als kritischer Zeitgeist auf, der gute Fragen stellte und nachbohrte, wenn er etwas genau wissen wollte. Zur Jahrtausendwende verfasste er eine sehr kritische Analyse zur Finanzkraft der Swissair respektive SAirGroup, wie die schweizerische Fluggesellschaft damals hieß. Chandiramani zweifelte an der Überlebensfähigkeit des Unternehmens, das einst wegen dessen Finanzstärke als »fliegende Bank« bezeichnet wurde. Nach seinem kritischen Kommentar zur Lage der Swissair wurde Christopher Chandiramani im Juli 2000 gefeuert, trotz bester Qualifikationen, die ihm sein Arbeitgeber fast 20 Jahre lang attestiert hat. Pikant: Lukas Mühlemann, der im Jahr 2000 sowohl das Amt des Präsidenten des Verwaltungsrates als auch der Geschäftsleitung der Credit Suisse bekleidete, saß auch im Verwaltungsrat der SAirGroup – eine klassische Interessensverflechtung, wie sie in der Wirtschaft häufig vorkommt. Da stellt sich doch unweigerlich die Frage: Können und wollen Universalbanken oder große Privatbanken überhaupt kompromisslos unabhängige Analysen zu börsenkotierten Unternehmen liefern, wenn sie mit diesen dauerhaft in einer geschäftlichen Beziehung respektive wirtschaftlichen Abhängigkeit stehen? Ich bezweifle das sehr – keine Bank will einen großen Kunden mit einer kritischen Analyse vergrämen.

Der kämpferische Analyst Chandiramani ging schließlich vor das Zürcher Arbeitsgericht und erhielt 200.000 Schweizer Franken wegen »missbräuchlicher Kündigung« zugesprochen. Der Rest ist Geschichte: Am 2. Oktober 2001 ereignete sich das berühmte »Grounding« der Swissair, und deren Flugzeuge blieben am Boden. Die Swissair war pleite. Chandiramanis Befürchtungen hatten sich bewahrheitet.

6
Ob Affen oder Menschen Geld anlegen: Der Random Walk gilt!

Eigentlich wissen wir schon seit Jahrzehnten, dass wir gut daran tun, unsere Fähigkeiten an der Börse nicht zu überschätzen. Eines meiner Lieblingsbücher ist das 1973 erstmals erschienene Buch *A Random Walk Down Wall Street* von Burton Malkiel, einem berühmten US-amerikanischen Wissenschaftler. Er zeigt eindrucksvoll und auf wunderbare Weise auf, dass Börsenkurse einem Zufallspfad – also einem Random Walk – folgen und deshalb nicht prognostizierbar sind. Provokant äußert er die These, dass man Affen mit verbundenen Augen und mit Pfeilen auf die Seite der Aktienkurse einer Zeitung werfen lassen könnte, um sodann festzustellen, dass deren Titelselektion etwa gleich gut sei wie diejenige von Analysten und Börsenexperten. Das Bild ist köstlich und zutreffend zugleich. Während sich Affen auf Augenhöhe mit Staranalysten und Börsengurus messen, die ihrerseits von Anlegern gefeiert und von ihren Arbeitgebern mit üppigen Bonuszahlungen gefüttert werden, geben sich Affen mit ein paar Bananen zufrieden. Börsenkurse folgen einem Zufallspfad und sind damit nicht systematisch prognostizierbar – ist das nicht eine schreckliche Erkenntnis für uns Anleger?

Viele Kadermitarbeiter von Banken, welche meine Seminare über »Modernes Portfoliomanagement in der Praxis« besucht haben, konfrontierten mich regelmäßig und ziemlich verwirrt mit der Frage: »Dr. Hotz, wenn Sie nun aber sagen, die Börsenkurse würden einem Zufallspfad folgen, können wir dann, statt an der Börse zu spekulieren, nicht ebenso gut ins Casino gehen und Roulette spielen?« Diese Frage ist natürlich wichtig und richtig zugleich. Im Casino herrscht definitiv der Zufall, auf welche Zahl oder auf welche Farbe die Kugel fällt. Und natürlich war auch ich schon im Casino, um die Luft der großen und weiten Spieler-Welt zu schnuppern. Aber ist der Kauf von Aktien, deren Kurs einem Random Walk folgt, tatsächlich vergleichbar mit einem Casino-Besuch? Natürlich nicht!

Entscheidend ist nämlich folgender Gedanke: Nehmen wir der Einfachheit halber an, Sie spielen ausschließlich Roulette und setzen auf »Rot« oder

»Schwarz«, und es gibt keine Null.[1] Wenn Sie nun in Las Vegas am Roulette-Tisch sitzen und beispielsweise 10 Dollar auf »Schwarz« setzen, beträgt die Wahrscheinlichkeit, dass die Kugel auf »Schwarz« fällt und Sie Ihren Einsatz verdoppeln, exakt 50 Prozent. Umgekehrt beträgt Ihre Wahrscheinlichkeit, dass die Kugel auf »Rot« fällt und Sie Ihren Einsatz von 10 Dollar verlieren, ebenfalls 50 Prozent. Wenn Sie nun sehr lange am Tisch sitzen und immer mit 10 Dollar auf »Schwarz« oder »Rot« setzen, werden Sie auf Dauer weder gewinnen noch verlieren. Ihr erwarteter Gewinn respektive Verlust ist exakt null und Ihr tatsächlich erzielter Gewinn oder Verlust schwankt rein zufällig um diesen Wert. Das ist ein klassischer Random Walk. Ob Sie nach einer oder zwei Stunden Roulette-Spiel als Gewinner oder Verlierer aus dem Casino gehen, ist purer Zufall.

Es ist amüsant, Spielern beim Glücksspiel zuzuschauen. Wenn Sie schon einmal in einem Casino waren, wissen Sie, dass es auch dort Chartisten gibt. Das sind Spieler, die sich minutiös einen Abend lang notieren, wohin die Kugel fällt, und dann versuchen, daraus ein Muster respektive einen Trend abzuleiten. Und siehe da: Wie an der Börse gibt es auch beim Roulette unterschiedliche Interpretationen für ein und denselben »Kursverlauf«. Während die Antizykliker glauben, dass die Kugel nach sechsmal »Schwarz« mit hoher Wahrscheinlichkeit endlich auf »Rot« fallen müsste (»Nach so einer langen Serie muss doch endlich wieder ›Rot‹ kommen!«), glauben die Prozykliker das Gegenteil. Diese sind von einem »Schwarz-Trend« an diesem Abend überzeugt, der sich fortsetzen würde (»Heute Abend gewinnt ›Schwarz‹!«). Beides ist natürlich Quatsch! Die Kugel hat kein Gedächtnis und wird sich deshalb nicht an ein aufgezeichnetes Muster des Spielers halten, sodass die Wahrscheinlichkeit für »Schwarz« oder »Rot« bei jedem weiteren Wurf wieder exakt gleich hoch ist.

> »Der Vergleich von Banken mit dem Glücksspiel ist unfair. Nicht etwa gegenüber den Banken, sondern gegenüber den Spielkasinos. Bei Letzteren sind die Risiken kalkulierbar.«
>
> **Ermes Gallarotti**, Wirtschaftsredaktor der *NZZ*

Wie sieht das »Spiel« nun aus, wenn Sie anstelle eines Casinobesuchs Aktien kaufen? Die schlechte Nachricht lautet: Leider gilt der Random Walk auch am Aktienmarkt. Die wichtigere, umso erfreulichere Nachricht lautet nun aber: Im Unterschied zum Glücksspiel ist die mittlere zu erwartende Rendite nicht null oder sogar negativ, sondern *deutlich positiv!* Diese Überlegung ist von zentraler Bedeutung, wenn man die Börse verstehen will.

Aktien verkörpern unsere Wirtschaft und damit produktives Kapital, das langfristig einen Mehrwert abwirft. Der Wert von Aktien steigt langfristig. Aus der langen Historie wissen wir, dass Aktien eine durchschnittliche Rendite von 7 bis 9 Prozent pro Jahr abwerfen.[2] Das ist die Entschädigung dafür, dass wir unser Geld produktiven Unternehmen anvertrauen und uns den nicht immer angenehmen Markt- respektive Börsenschwankungen aussetzen. Wenn wir nun zu akzeptieren haben, dass auch für den Aktienmarkt der Random Walk gilt, dann heißt das deshalb in keiner Weise, dass wir an diesem langfristig ebenso nichts verdienen oder sogar verlieren würden wie bei einem Glücksspiel. Beträgt die langfristige jährliche Durchschnittsrendite mit Aktien konkret 8 Prozent, dann ist es allerdings ein reiner Zufall, ob wir in einem einzelnen Jahr 8, 12, 19, -3 oder auch -10 Prozent erzielen. Wir wissen aber mit sehr hoher Wahrscheinlichkeit respektive Sicherheit, dass wir mit Aktien auf Dauer eine klar positive und attraktive Rendite erzielen, die uns für unser kurzfristiges Risiko entschädigt. Beim Roulette-Spiel[3] oder auch beim Zahlenlotto[4] wird dieses Risiko nicht *systematisch* entschädigt – im Gegenteil, die allermeisten Menschen verlieren damit Geld. Es braucht dort reines Glück, um zu gewinnen. Am Aktienmarkt sind die Gewinne aber alles andere als Glück und alles andere als bloßer Zufall. Die hohe positive Performance am Aktienmarkt ist gelebte Realität und eine logische Folge von erfolgreichem Wirtschaften und produktivem sowie innovativem Wachstum. Nur die jährlichen *Abweichungen* von der langfristig positiven Rendite unterliegen dem berühmten Random Walk.

Das ist auch der Grund, warum so ziemlich alle Prognosen, die am Jahresende für das kommende Jahr gemacht werden, nicht einmal das Papier wert sind, auf dem sie stehen. Auch Profis, die sich täglich mit den Finanzmärkten beschäftigen, wissen nicht, was das nächste Jahr bringen wird. Aber wir wissen eines: Die im Durchschnitt zu erwartende und erzielende Rendite ist deutlich positiv und höchst erfreulich. Rationale Menschen, die Geld verdienen wollen, werden deshalb den Aktienmarkt niemals gegen das Roulette- oder Lotto-Spiel eintauschen – trotz Random Walk!

7
Die Portfolio-Theorie von Harry Markowitz in der Praxis: Ein »free lunch«!

Neben Burton Malkiel haben drei weitere amerikanische Wissenschaftler meine Tätigkeit als Vermögensverwalter entscheidend geprägt, welche allesamt für ihre Arbeiten mit einem Nobelpreis geehrt wurden. Es sind dies der Begründer der Portfolio-Theorie, Harry Markowitz, der Vater des Capital Asset Pricing Model, William Sharpe, und Eugene Fama, der Berühmtheit mit seinen bahnbrechenden Arbeiten im Bereich der Informationseffizienz der Kapitalmärkte erlangte.

Natürlich will ich Sie nicht mit mühseligen theoretischen Ausschweifungen langweilen. Es ist mir aber ein Anliegen, Ihnen die Essenz der Materie der drei Würdenträger und deren enorme Auswirkungen auf unsere praktische Tätigkeit als Anleger zu erläutern. Ich bin der festen Überzeugung, dass dieses Wissen unerlässlich ist, um langfristig an der Börse erfolgreich bestehen zu können und zu vermeiden, dass man selber Opfer der eigenen Überheblichkeit wird. Erstens haben die drei Wissenschaftler zweifelsfrei aufgezeigt und bewiesen, dass zumindest die liquiden Kapitalmärkte[1] informationseffizient und damit faktisch nicht prognostizierbar sind. Zweitens ergibt sich aus der unterstellten Prognoseunfähigkeit rein logisch die Forderung nach einer breiten Risikostreuung respektive Diversifikation der Anlagen.

Als ich an einem spätsommerlichen Nachmittag mit meinem Sohn Florian im Pool des im schönen Rioja-Weingebiet liegenden Hotels Marqués de Riscal schwamm und mit ihm wie so oft über Themen der Vermögensanlage diskutierte, erzählte er mir, er hätte mit seinem Ersparten Aktien von Teva gekauft. Da der weltweit führende Produzent von Generika mit erheblichen Problemen zu kämpfen hatte, befand sich die volatile Aktie auf einem Sinkflug. Obwohl Florian im Grundsatz antizyklisch und weit unter den Höchstständen gekauft hatte, stand er tief im Verlust – die Geschichte erinnerte mich an meine bittere Erfahrung mit Eastman Kodak. Dann kamen wir auf die Renditeerwartung für diese spezifische Aktie zu sprechen. Florian war der festen Überzeugung, dass die Renditeerwartung bei einem Risikopapier wie Teva deutlich höher liegen müsste als bei einem konservativen Dividendenpapier wie zum Beispiel Roche. Warum musste ich ihm widersprechen?

Ich möchte Ihnen den in der Vermögensanlage so wichtigen Zusammenhang von Rendite, Risiko und Diversifikation an einem einfachen Beispiel erläutern. Nehmen wir an, Ihr Vermögensverwalter offeriert Ihnen drei Anlagemöglichkeiten. Sie können Ihr Geld entweder in Nestlé *oder* in Swatch *oder* in den gesamten Schweizer Markt investieren, indem Sie ein Indexprodukt[2] kaufen. Wie würden Sie entscheiden?

Wenn wir respektieren, dass die Märkte schnell und effizient funktionieren, so werden wir die Nicht-Prognostizierbarkeit der einzelnen Titel und auch des Gesamtmarkts akzeptieren müssen. Das heißt nichts anderes, als dass wir für alle drei Anlagemöglichkeiten dieselbe Renditeerwartung – zum Beispiel 8 Prozent pro Jahr – zu unterstellen haben. Wenn wir nicht prognostizieren können, dann dürfen wir bezüglich der Renditeerwartung keinen Unterschied machen, ob wir nun Nestlé, Swatch oder den Gesamtmarkt kaufen. Würden wir einen Unterschied machen, müssten wir natürlich beweisen, dass wir auch wirklich über eine systematische Prognosekompetenz verfügen. Wie wir aber bestens wissen, wird dieser Nachweis nur den wenigsten von uns – wenn überhaupt – gelingen.[3]

Anders sieht es bei den Risiken aus. Anleger messen diese in der Regel mit der sogenannten Volatilität respektive Standardabweichung, welche die Schwankungen der Rendite um ihren Mittelwert ausdrückt. Diese Risiken sind im Zeitablauf wesentlich stabiler als die Renditen selbst. Titel wie Swatch, die in der Vergangenheit überdurchschnittlich hohe Schwankungen aufgewiesen haben, werden dies mit hoher Wahrscheinlichkeit auch in Zukunft tun – dies hängt mit dem zyklischen Geschäft des Uhrenherstellers zusammen. Umgekehrt ist Nestlé ein traditionell risikoarmer Titel. Die Wahrscheinlichkeit ist hoch, dass dessen Schwankungen und damit die Risiken auch in Zukunft unterdurchschnittlich hoch sein werden. Welche der folgenden drei Anlagemöglichkeiten würden Sie nun auswählen, wenn Sie sich für *eine einzige* entscheiden müssten (Tabelle 1)?

Die logische Entscheidung ist offensichtlich: Wer nicht prognostizieren kann, kauft den ganzen Markt respektive den SPI, da dieser bei gleicher Renditeerwartung ein Risiko aufweist, das tiefer liegt als fast alle oder sogar alle Aktien, die sich im Markt respektive im SPI-Index befinden. Vielleicht werden Sie sich fragen, wie das möglich ist, dass der Gesamtmarkt ein tieferes Risiko aufweisen kann als alle Einzeltitel, die sich in diesem befinden – intuitiv könnte man meinen, das Indexrisiko entspreche dem gemittelten Risiko aller im Index enthaltenen Einzelwerte. Die Antwort liegt ganz einfach in der Korrelation der Anlagen. Das lässt sich am Beispiel der Unternehmen Nestlé und Swatch, die völlig unterschiedliche Produkte produzieren, einfach zeigen. Wenn der eine Konzern schwächelt, kann es dem anderen gut gehen, und umgekehrt. Die Aktien der beiden Unternehmen bewegen sich *niemals* völlig gleichförmig. Weil dies zwischen diesen beiden und auch zwischen allen anderen Aktien im SPI so ist, entsteht ein *Diversifikationseffekt*, der den Anlegern einen unschätzbaren Nutzen stiftet. Und das Geniale daran ist: Diese Form der Risikoreduktion kostet den Anleger nichts – sie ist kostenlos! Das gilt natürlich auch bei einer Anlage in die Aktie Teva, wie mein Sohn inzwischen bestens weiß.

Kauf	**Renditeerwartung** (pro Jahr)	**Risiko** (Volatilität, respektive Standardabweichung)
Nestlé	8 %	18 %
Swatch Group	8 %	32 %
Swiss Performance Index	8 %	14 %

Tabelle 1. *Eigene Darstellung.*

> »Der Anleger sollte immer wie ein Investor agieren, nicht wie ein Spekulant. Geduld ist die oberste Tugend des Investors.«
>
> **Benjamin Graham**, amerikanischer Wirtschaftswissenschaftler und Begründer des Value Investing (1894 – 1976)

Bescheidene Anleger, die respektieren, dass ihre Prognosekompetenz sehr begrenzt ist, werden also diversifizieren und nicht in einen einzigen oder auch nur wenige Titel investieren. Das machen nur Anleger mit übersteigertem Selbstvertrauen, die sich bezüglich ihrer Prognosekompetenz systematisch überschätzen. Von der eigenen Prognosekompetenz geleitete Stock Picker kümmern sich nicht um die Risiken ihrer Anlagen, denn sie sind von ihrer Überzeugung getrieben, die *richtigen* Aktien auszuwählen.

Wer zu wissen glaubt, dass Swatch in den kommenden Monaten die beste der drei Anlagemöglichkeiten sein wird, braucht natürlich nicht zu diversifizieren. Er kauft ausschließlich Swatch. Die damit verbundenen hohen Risiken sind ihm schlicht egal. *Meine* Prognosekompetenz – und wohl auch diejenige praktisch aller Investoren, die nicht über Insiderwissen verfügen – lässt es leider nicht zu, *je* eine solche Entscheidung für einen einzigen oder auch nur wenige Titel zu fällen. Ich bevorzuge die diversifizierte Lösung – immer. Dies allein schon deshalb, weil ich von informationseffizienten Märkten überzeugt bin. Die relevanten Informationen zu den einzelnen Unternehmen werden laufend in deren Aktienkursen eskomptiert. Eine Aussage darüber, welches der beste Titel in Zukunft sein wird, ist nicht möglich. Deshalb ist eine solide Diversifikation eine zwingende Voraussetzung für eine langfristig erfolgreiche Vermögensanlage. Entscheidend ist dabei die wissenschaftlich unstrittige Erkenntnis, dass einerseits die Rendite eines diversifizierten Portfolios immer dem Durchschnitt der Renditen der Einzelanlagen entspricht, während das Risiko durch die Risikostreuung *immer* tiefer liegt als der Durchschnitt der Einzelrisiken. Oft ist es sogar so, dass das Risiko der risikoärmsten Aktie, die sich in einem Portfolio oder in einem Index befindet, höher ist als das Risiko des diversifizierten Portfolios oder Index selbst.[4]

Diese Erkenntnis ist, glauben Sie mir, von fundamentaler Bedeutung für uns Anleger. Sie besagt nichts anderes, als dass wir mit einer breiten Diversifikation unserer Anlagen kein »My« an prognostizierter Rendite verschenken, jedoch aufgrund der unterschiedlichen Korrelationseigenschaften der einzelnen Titel das Risiko systematisch senken.[5] Diversifikation ist somit der einzige wahre Risikosenker, der kostenlos zu haben ist. Wer diesen »free lunch« nicht annimmt, ist selber schuld. Diversifikation respektive eine systematische Risikostreuung ist der Baustein jeder erfolgreichen Vermögensverwaltung. Wer sie nicht befolgt, wird früher oder später bestraft. Und wie der Nobelpreisträger William Sharpe aufgezeigt hat, braucht es für eine solide Diversifikation eines Aktienportfolios nicht 500 oder 1.000 Titel. 25 bis 30 intelligent ausgewählte Aktien von multinationalen, erfolgreichen Unternehmen verschiedener Branchen genügen, um die titelspezifischen Risiken weitgehend wegzudiversifizieren, sodass das Portfolio primär noch dem Marktrisiko ausgesetzt ist (Grafik 9).[6]

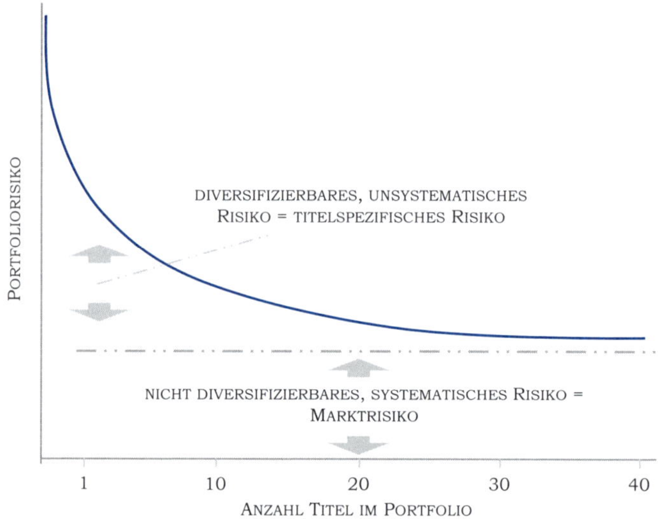

Grafik 9: William Sharpe – Diversifikation. *Eigene Darstellung. Quelle: Sharpe W. (1964). Capital Asset Prices: »A Theory of Market Equilibrium under Conditions of Risk«, Journal of Finance, S. 425–442.*

8
Martin Ebner: Wenn Stars für ihren Übermut bestraft werden

Dr. Martin Ebner war in der Schweiz *der* gefeierte Star der Bankenbranche in den 1980er und 1990er Jahren und galt in dieser Zeit als der Messias des Shareholder Value[1]. Mit der von ihm gegründeten BZ Bank revolutionierte er die Finanzbranche, setzte sich als Pionier für die Einführung einer Einheitsaktie ein und beteiligte sich als aktiver Investor an einigen Schweizer Traditionsunternehmen. Unvergessen bleiben seine »Angriffe« auf den Pharmakonzern Roche, die Schweizerische Bankgesellschaft, die Winterthur Versicherung, die Credit Suisse oder den Industriekonzern ABB. Der Milliardär und promovierte Ökonom Martin Ebner ist ein gewiefter Investor. Er analysiert seine Anlageziele sehr genau. Er weiß über seine Unternehmen, an denen er regelmäßig große Beteiligungen hält, Bescheid wie kaum ein Zweiter.

In seiner Blütezeit profitierte er auch von vielen Trittbrettfahrern, die immer das kauften, was Martin Ebner kaufte. Wenn der schweizerische »Gott der Aktienmärkte« eine Aktie anfasste, folgte ihm eine Herde von Anlegern fast blind. Es gab eine eigentliche »self-fullfilling prophecy« – die Kurse eines Unternehmens stiegen allein schon deshalb, weil alle wussten, dass Martin Ebner investierte. Was für ihn gut war, musste schließlich auch für unzählige Investoren, die seiner Fährte folgten, gut sein.

Ich hatte das Privileg, den frisch gebackenen Bankier Ebner gemeinsam mit seinem damaligen Kompagnon Dr. Ernst Müller-Möhl[2] Ende der 1980er Jahre einige Male zum Lunch zu treffen. Er ist eine äußerst beeindruckende Persönlichkeit mit fast unbeschränkten Ambitionen. Weggefährten berichteten in der damaligen Zeit, der Starbanker wolle den amerikanischen Großmeister Warren Buffett bezüglich der verwalteten Vermögen möglichst rasch überholen. An eine Diskussion mit Martin Ebner bei einem Lunch in Zürich erinnere ich mich besonders gut. Als ich ihm von meinen Erfahrungen als junger Börsianer und von meinen Überzeugungen als Vermögensberater berichtete, meinte er sinngemäß trocken: »Lieber Herr Hotz, eine breite Diversifikation der Anlagen ist etwas für Investoren, die nicht wissen, was sie kaufen wollen. In unserem

Hause analysieren wir die Unternehmen, in die wir das Geld unserer Kunden und auch das eigene investieren, in allen Details. Wenn wir unsere Arbeit richtig machen, brauchen wir nicht 20 oder 30 Titel, um die Risiken zu streuen. Wir kennen die Risiken unserer Unternehmen so genau, dass es absolut genügt, in einigen wenigen Positionen investiert zu sein. Wichtig ist aber, dass es die richtigen sind!«

Der Superstar der Branche wählte seine Worte so überzeugend, dass mein gerade gereiftes Weltbild einer soliden Diversifikation für einen Moment ins Wanken geriet. Mir war natürlich klar, dass ich mit einem gut diversifizierten Portfolio niemals die Chance haben würde, eine Auswahl von Aktien zu schlagen, die nur aus wenigen, aber eben den besten Aktien bestückt ist. So kam es, dass die Performance von Martin Ebner in den 1990er Jahren herausragend war. Seine Anlageleistung und seine Kompetenz wurden im ganzen Lande geachtet und bewundert. Der Messias Ebner zog durch das ganze Land und ermunterte die Menschen bis ins abgelegene Muotathal, wo viele Einwohner noch nie in ihrem Leben von Aktien gehört haben, sie sollten doch ihr Geld in »seine« Aktien respektive Visionen investieren. In der Folge überzeugte er eine große Zahl von Leuten, seinem Rat zu folgen.

> »Der Mensch hat dreierlei Wege, klug zu handeln: Erstens durch Nachdenken, das ist der edelste, zweitens durch Nachahmen, das ist der leichteste, und drittens durch Erfahrung, das ist der bitterste.«
>
> **Konfuzius**, chinesischer Philosoph (551 – 479 v. Chr.)

Dann kam die große Krise. Wir erinnern uns: Ab dem Jahr 2000 platzte die Blase der Internetaktien und am 11. September 2001 erfolgte der Terroranschlag in New York. Während der sogenannte Neue Markt und die Technologiebörse NASDAQ um bis zu 90 Prozent abstürzten, halbierten sich auch die Kurse des breiten Markts. Die Swissair musste am 2. Oktober 2001 ihr Grounding bekanntgeben. Die nationale Luftfahrtgesellschaft, neben Schokolade und Uhren das Heiligtum des Schweizer Unternehmertums, war am Ende. Es war der nackte Horror. Die heftige Kurskorrektur dauerte über zwei Jahre und endete erst mit der Entscheidung des amerikanischen Präsidenten George W. Bush, in den Irak einzumarschieren. Die Investoren rund um den Erdball wurden in einer Art durchgeschüttelt, wie es die meisten wohl noch nie erlebt haben. So auch Martin Ebner. Noch schneller als die Swissair lag der gewesene Milliardär innerhalb kürzester Zeit am Boden und musste von langjährigen Weggefährten gestützt werden. Dem hoch gebildeten Magier sind zwei elementare Fehler unterlaufen, die ihn im Haifischbecken der erbarmungslosen Finanzwelt zu Fall brachten:

1. Mangelnde Diversifikation,
2. Zu hohe Kredite respektive zu viel Leverage.

Während meiner Universitätszeit habe ich sehr viel gelernt, aber leider zwischenzeitlich wohl das meiste vergessen. Doch eines werde ich nie vergessen, nämlich das Gesetz des abnehmenden Grenznutzens. Dieses besagt nichts anderes, als dass uns das zweite Steak innerhalb eines einzigen Tages nicht mehr so gut mundet wie das erste. Und das dritte ist definitiv zu viel. Ich habe deshalb in meinem Leben noch nie einen Kredit aufgenommen, weder privat noch geschäftlich. Und einer soliden Risikostreuung meiner Anlagen bin ich mein ganzes Leben lang treu geblieben. Das mag zwar unspektakulär sein, aber nachhaltig.

Ich habe in meinem Leben viele Schicksale von Menschen verfolgt, die irgendwann alles Geld verloren haben. Sie scheiterten immer an denselben Fehlern. Entweder investierten sie in miserable Anlagen, waren schlecht diversifiziert oder hatten schlicht zu viel Schulden. Martin Ebner musste in der Blüte seiner Karriere und im dümmsten Moment seine so geliebten Aktieninvestments abstoßen, weil er von seinen Kreditgebern dazu gedrängt wurde. Schlimm für ihn war, dass die Herde, die ihm so lange gefolgt war, nun auf einmal auf ihm herumtrampelte, als er am Boden lag. In dem Moment, als gewisse Finanzmarktakteure nämlich realisierten, dass Ebner angeschlagen war, verkauften sie dessen Aktien leer[3] und stürzten ihn noch schneller in den Abgrund, um gleichzeitig für sich selbst einen ökonomischen Vorteil zu ergattern. So funktioniert das Spiel im Haifischbecken der Finanzvirtuosen – über Nacht kann der Jäger zum Gejagten werden![4]

9

Alle Jahre wieder: Guru- und Analysten-Prognosen für den Schredder

Seit Jahrzehnten amüsiere ich mich köstlich zu jedem Jahreswechsel über alle möglichen und unmöglichen Prognosen von Analysten, Chefökonomen, Anlagechefs und Gurus unserer Zunft. Jeder dieser Virtuosen weiß jeweils am besten, was das neue Jahr bringen wird, wie hoch die Performance von Aktien, Anleihen oder Gold ausfallen wird, welche Aktien die besten und welche Währungen stark oder schwach sein werden. Die einschlägigen Zeitungen sind voll von kristallkugelähnlichen Prognosen und Spekulationen über die Zukunft. Das war schon immer so. Nachfolgend ersehen Sie eine kleine Auswahl von Analystenprognosen, die im Laufe der Jahre Eingang in mein Archiv gefunden haben:

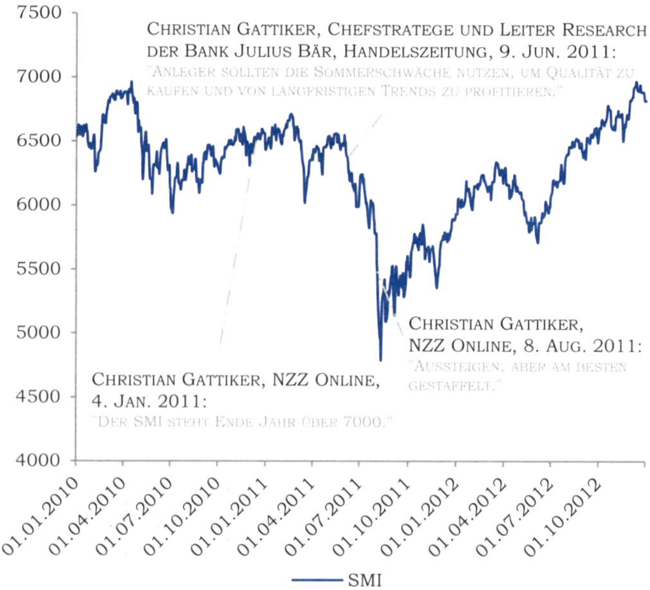

Grafik 10: Prognosen von Christian Gattiker. *Quellen: Bloomberg; Handelszeitung; NZZ; NZZ Online. Indexiert in Schweizer Franken.*

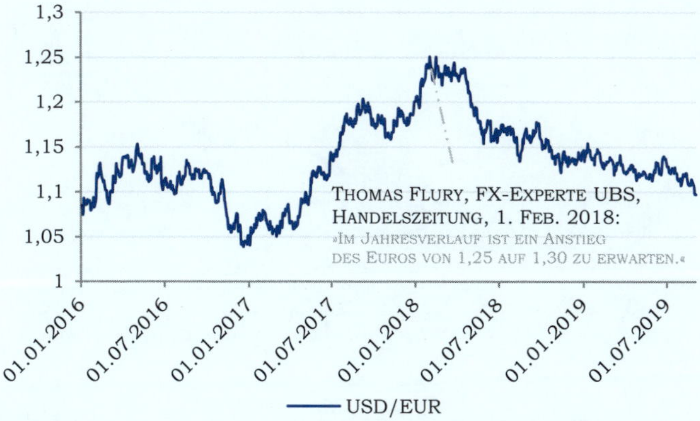

Grafik 11: Prognose von Thomas Flury. *Quellen: Bloomberg; Handelszeitung.*

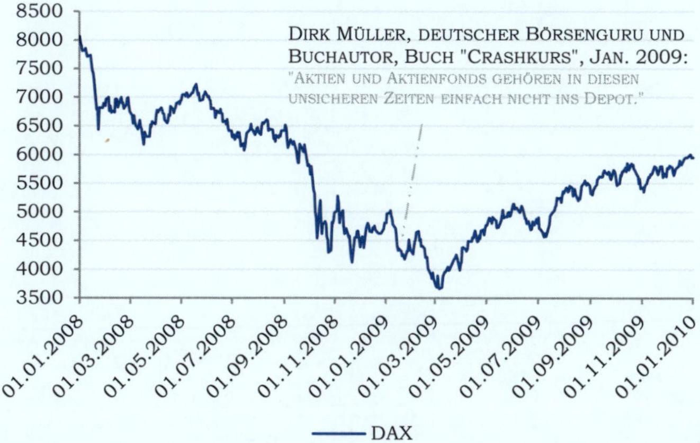

Grafik 12: Prognose von Dirk Müller. *Quellen: Bloomberg; Müller D., Crashkurs, Januar 2009. DAX indexiert in Euro.*

Grafik 13: Prognose von Felix W. Zulauf. *Quellen: Bloomberg; Focus-Money vom 11. Februar 2009. S&P 500 indexiert in US-Dollar.*

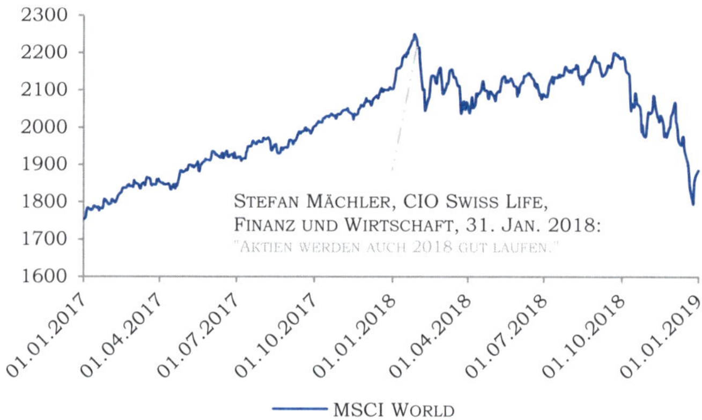

Grafik 14: Prognose von Stefan Mächler. *Quellen: Bloomberg; Finanz und Wirtschaft vom 31. Januar 2018. Indexiert in US-Dollar.*

Einer der ersten großen Gurus, die mich tief beeindruckten, war in den 1980er Jahren Michael Milken. Milken generierte Traumrenditen mit Hochzinsanleihen und galt als »The Junk Bond King«. 1986 »verdiente« er die astronomische Summe von 550 Millionen US-Dollar an Gehalt und Bonus. Der Markt kollabierte und Milken musste später wegen Betrug ins Gefängnis. Seither sind im Scheinwerferlicht der Medien viele Gurus auf- und wieder abgetaucht. Amüsant ist immer wieder festzustellen, dass es den Börsenexperten dieser Welt genauso leicht fällt, logische Argumente für steigende wie auch für fallende Märkte und Titel zu finden.

»Es gibt zwei Klassen von Börsenpropheten: Jene, die nichts wissen, und jene, die nicht wissen, dass sie nichts wissen.«

John Kenneth Galbraith, kanadisch-amerikanischer Ökonom (1908 – 2006)

Versetzen Sie sich gedanklich zurück in die Zeit der Finanzkrise. Nachdem einige Banken wie Northern Rock, Bear Stearns oder Lehman Brothers untergegangen sind oder wie die UBS und die Commerzbank vom Staat gerettet werden mussten, war die Angst der Anleger mit Händen zu greifen. Im Frühjahr 2009 herrschte Panik und Weltuntergangsstimmung. In dieser Phase war es einfach, Gründe zu finden, weshalb die Kurse weiter absacken würden – Rezessionsängste, Angst vor einem Kollaps des Bankensystems sowie Befürchtungen einer Zahlungsunfähigkeit europäischer Nationen machten die Runde. Gleichzeitig hatten antizyklisch eingestellte »Contrarians« gute Argumente, um zu erläutern, dass sich der Markt nach Rückschlägen von rund 50 Prozent in einer Übertreibungsphase befinden und zu Käufen einladen würde.

»Das Schlimmste ist überstanden.«

Richard »Dick« Fuld, ehemaliger Chef der Investmentbank Lehman, im Juni 2008 (kurz darauf ging die Bank in den Konkurs)

Dasselbe Dilemma zeigt sich bei der Beurteilung einzelner Titel. Es ist ein Leichtes, mit guten Gründen zu argumentieren, dass General Electric nach einer Halbierung des Aktienkurses aus antizyklischer Sicht ein klarer Kauf ist. Genauso leicht fällt es auch, all die Probleme aufzuzählen, mit denen General Electric spätestens seit der Jahrtausendwende zu kämpfen hat, und dass dieses einstige Vorzeigeunternehmen in einer großen Krise steckt, weshalb ein Verkauf des Titels zu empfehlen ist. Aber ganz ehrlich, das darf uns nicht wundern! Der Preis von General Electric entspricht zu jedem Zeitpunkt einem Gleichgewichtspreis, bei welchem sich Angebot und Nachfrage, also Käufer und Verkäufer, treffen. Es ist deshalb aus dieser Perspektive das Natürlichste der Welt, dass die Meinungen darüber, ob der Titel gerade ein Kauf oder eher ein Verkauf ist, geteilt sind. Wäre es nämlich nach einem Kursrückschlag von 50 Prozent absolut klar, dass der Titel unterbewertet ist, müsste er durch einen Nachfrageüberhang längst höher stehen. Wäre umgekehrt klar, dass General Electric die Probleme auch in Zukunft nicht meistern kann und tiefer in die Krise stürzt, müsste der Titel längst tiefer stehen, da er auch nach erfolgtem Kurssturz noch als überbewertet betrachtet werden müsste.

Man kann es deshalb so sehen: Wer überzeugt ist, dass seine Prognose, wie der US-amerikanische Aktienmarkt S&P 500 oder der schweizerische SPI im kommenden Jahr abschneiden wird, irgendeinen Wert hat, nimmt für sich in Anspruch, mehr zu wissen als die *Gesamtheit* aller Marktteilnehmer, welche den aktuellen Marktpreis bestimmt. Eine solche Einstellung zu haben, halte ich für arrogant. Wir wissen nichts darüber, wie der Aktienmarkt oder General Electric im kommenden Jahr abschneiden wird. Das ist, in aller Bescheidenheit, die ehrliche Sichtweise zu Prognosen in hoch liquiden Märkten. Diese sind zwar immer wieder interessant zu lesen – aber im Grunde für den Schredder.

> »Diverse Banken publizieren Prognosen, die auf die Kommastelle genau sagen, wie sich die Konjunktur im zweiten, dritten und vierten Quartal entwickeln wird. Wie zum Teufel wollen die das wissen?«
>
> **Howard Marks**, amerikanischer Finanzexperte und Gründer von Oaktree Capital, Los Angeles

Immer wieder werde ich auf die goldenen Aktienjahre als Vermögensverwalter angesprochen. Dazu gehören insbesondere die 1990er Jahre, aber auch die Jahre nach der Finanzkrise. »Dr. Hotz, das waren doch einfache Jahre als Vermögensverwalter – schließlich konnte man damals kaum etwas falsch machen, denn ganz im Kontrast zu den heute kaum mehr voraussehbaren Marktentwicklungen ging es in dieser Zeit eigentlich nur nach oben!?« Nein, diese Leute täuschen sich. Es ist dummes Geschwätz. Natürlich wusste ich jeweils erst *im Nachhinein*, dass ein hervorragendes Aktienjahr oder eine herausragende Aktienperiode hinter uns lag. *Im Nachhinein!* Im Vornherein wusste ich jeweils (leider) gar nichts. Ich habe noch nie zum Jahresbeginn auch nur im Entferntesten gewusst oder geglaubt zu wissen, wie das Aktienjahr werden würde. Ich habe noch nie zum Jahresbeginn gewusst, ob General Electric besser oder schlechter abschneiden wird als ABB. Und ich habe zum Jahresbeginn noch nie gewusst, ob die Zinsen in den kommenden 12 Monaten steigen oder fallen werden. *Noch nie!* In der Retrospektive sieht dann immer alles einfach aus.

Ich habe, ganz ehrlich, noch keinen einzigen Aktiencrash vorausgesehen. Weder den Schwarzen Montag vom 19. Oktober 1987, noch den ersten Irakkrieg 1990, noch die Russland-Krise 1998, noch die New-Economy-9/11-Krise 2001 bis 2003, noch die Finanzkrise von 2007 bis 2009. *Keinen!* Auch die Corona-Krise habe ich nicht kommen sehen, und ich werde wohl auch die nächste Krise nicht vorhersehen – zu meinem Leidwesen. Mein Erfolgsausweis in dieser Beziehung als »Guru« ist äußerst bescheiden. Immerhin: Den Hype mit den »Neuen Märkten« zur Jahrtausendwende habe ich konsequent nicht mitgemacht. Ich habe damals nie verstanden, wie im Wochenrhythmus unzählige Firmen an die Börse gebracht wurden, die bisher weder Umsatz noch Gewinn gemacht haben. Deren Geschäftsmodell stand in den Sternen, aber die Investoren hingen wie Gläubige an den Lippen der New-Economy-Gurus Frank Quattrone und Kurt Ochner. Im Haifischbecken der Finanzindustrie kassierten Banken und Banker kräftig ab, während mich einige Kunden verunsichert anriefen und fragten: »Dr. Hotz, sind Sie mit Ihrer konservativen Anlagestrategie eigentlich noch auf der Höhe der Zeit?« Als das Kartenhaus der New Economy nach der Jahrtausendwende zusammenkrachte und ins Bodenlose stürzte, bedankten sich meine Kunden für meine unsägliche Sturheit.[1]

> »Was haben wir daraus gelernt? Es gibt nichts Neues, außer dem, was vergessen wurde.«
>
> **Marie-Jeanne Bertin**, französische Modistin (1747 - 1813)

Was mich jeweils an Gurus ärgert, ist die Tatsache, dass sie entweder ein grässlich schlechtes Erinnerungsvermögen besitzen oder dieses konsequent negieren. Während und nach jeder Aktienkorrektur respektive -krise treten sie im Fernsehen, im Radio und in der gedruckten sowie der digitalen Presse auf und erzählen den Anlegerinnen und Anlegern großkotzig und voller Selbstsicherheit, dass sie diese Krise natürlich vorausgesehen hätten und es eigentlich völlig klar sei, dass sie kommen musste. Was für eine Arroganz! Keine Krise ist vorhersehbar. Und wenn sie jemand doch vorhergesehen hat, war es zumindest in den allermeisten Fällen reiner Zufall.

Natürlich erinnere ich mich an einige heftige Crashs, die in den vergangenen Jahrzehnten an den Finanzmärkten wüteten. Aber ich erinnere mich an noch viel mehr Crashs in derselben Zeit, die von allen möglichen Gurus herbeiprognostiziert wurden und *nicht* stattgefunden haben! Gurus leiden an Selbstüberschätzung, haben ein beschränktes Wissen über das eigene Unwissen und verdrängen ihre eigenen Prognoseflops. Seit vielen Jahren sammle ich Zeitungsberichte, in denen die Stars der Branche jeweils ihre Empfehlungen verkünden. Es ist ein amüsantes »Hobby«. Die Prognosen der Stars von Goldman Sachs, Merrill Lynch, JP Morgan Chase, Deutsche Bank, Morgan Stanley,

UBS oder Credit Suisse sind kaum treffsicherer als diejenigen eines Taxifahrers oder einer Hausfrau. Die Gurus der Branche liegen regelmäßig falsch mit ihren Voraussagen. Das ist völlig normal in effizienten Märkten. Das große Talent eines Gurus ist es nun aber, seinen Anhängern und gewissen Medien immer wieder ihre prognostischen »Volltreffer« in Erinnerung zu rufen – die unzähligen Fehlprognosen werden gerne vergessen. Dabei hilft die Tatsache, dass die Medien ein viel größeres Interesse haben, spektakuläre Untergangsapologeten zu interviewen und zu zitieren als Leute, die ganz unspektakulär den langfristigen Kauf von Qualitätsaktien empfehlen. Die Prognose des Weltuntergangs oder zumindest der Zusammenbruch der Börsen steigert das Leserinteresse. Dass die teilweise selbsternannten Gurus in mindestens acht von zehn Fällen danebenliegen, interessiert im Nachhinein niemanden mehr. Wenn ein Guru aber den Crash vom 19. Oktober 1987 vorausgesehen hat, lässt man dies die Anlegergemeinde auch 30 Jahre nach dem Ereignis noch gerne wissen.

> »Zuverlässigkeit kann auch darin bestehen, dass jemand regelmäßig versagt.«
>
> **Amintore Fanfani**, sechsmaliger italienischer Ministerpräsident (1908 – 1999)

Es gibt Experten, die können sich erstaunlich schnell nicht einmal mehr an ihre eigenen Prognosen erinnern. Einer von ihnen ist Dr. Burkhard Varnholt. Varnholt genießt in Anlegerkreisen den Nimbus eines Starökonomen und bekleidete während seiner Karriere als Anlageexperte verschiedene Top-Positionen bei Credit Suisse, Julius Bär und Sarasin. Am 4. Mai 2003 las ich wie immer an einem Sonntagmorgen die *NZZ am Sonntag.* Darin gab der damalige Investmentstratege der Credit Suisse ein Interview. In seiner ersten Frage wollte der Journalist wissen, wie Burkhard Varnholt die weiteren Aussichten an den Aktienbörsen beurteilt. Diese hatten sich eben gerade in der New-Economy-9/11-Krise halbiert. Dessen Antwort war prägnant und von Sorgen um die nahe Zukunft geprägt: »Schwache Wirtschaftsdaten in den Monaten Juni und Juli werden wieder fallende Notierungen bringen.« Der Finanzvirtuose ging also unzweifelhaft davon aus, dass die Börsen weiter an Terrain verlieren würden. An den Aktienmärkten passierte in der Folge das Gegenteil: Eine rund 20-prozentige Erholung bis in den Frühherbst 2003 setzte ein.

Am 7. September desselben Jahres las ich wie immer wiederum mit Interesse die *NZZ am Sonntag.* Erneut ließ sich Burkhard Varnholt interviewen. Gefragt, ob er von der markanten Erholung an den Märkten überrascht sei, antwortete dieser: »Nein. Für den Sommer hatten wir mit einem starken Aktienmarkt und einer Erholung des Dollar gerechnet.« »Nanu, meint der gute Mann das ernst?«, dachte ich sogleich und das frühmorgendliche Birchermüesli blieb mir buchstäblich im Halse stecken. Mit Experten, die Fehlprognosen fabrizieren, kann ich gut leben. Über Experten, die Fehlprognosen machen, ein löchriges Erinnerungsvermögen haben oder glauben, sie könnten die Leser einer seriösen Zeitung veräppeln, kann ich nur den Kopf schütteln.

Grafik 15: Prognosen von Dr. Burkhard Varnholt. *Quellen: Bloomberg; NZZ am Sonntag. SMI indexiert in Schweizer Franken.*

Was ich an gewissen Experten bewundere, ist ihre Beharrlichkeit. Sie lassen sich von ihren eigenen Fehlprognosen nicht beirren und verfügen über ein hohes Maß an Selbstvertrauen. In einem weiteren Interview in der *NZZ am Sonntag* vom 4. Februar 2007 antwortete Burkhard Varnholt auf die Frage der Journalistin, ob Anleger nach einem fulminanten Börsenboom nun Gewinne mitnehmen oder sogar zukaufen sollten: »Die Börse wird nicht nur 2007 boomen. Die Kursavancen werden noch ein paar Jahre länger anhalten.« Sie wissen es: Wenige Monate später erreichten die Aktienmärkte ihren Höhepunkt und krachten in der darauffolgenden Finanzkrise zusammen.

Acht Jahre später, am 16. April 2015, orakelte Varnholt sodann mit großem medialen Getöse in der *Handelszeitung*, nachdem der Schweizer Aktienmarkt SMI nach einer fulminanten Hausse bei über 9.000 Punkten notierte: »Die großen Indizes können sich noch deutlich steigern. Nicht in diesem Jahr, aber in den nächsten fünf Jahren. Es hört sich stolz an, wenn man sagt, der SMI könne auf 20.000 Punkte steigen. Doch das ist so.« Fünf Jahre später, am 16. April 2020, stand der SMI bei 9.440 Punkten – unwesentlich höher als fünf Jahre zuvor. Eine weitere Fehlprognose des Starökonomen. Ich frage mich allerdings, ob Varnholt dabei ein Anfängerfehler widerfahren ist. Der Swiss Market Index SMI ist nämlich ein reiner *Preisindex,* welcher die Dividendenzahlungen im Unterschied zum Swiss Performance Index SPI *nicht* einbezieht. Der SMI reflektiert also bloß die Wertveränderungen der Aktien, ohne die Dividendenzahlungen zu berücksichtigen. Eine Verdoppelung des SMI in nur fünf Jahren bedeutet sodann, dass allein die Aktienkurse *jährlich* um 15 Prozent zulegen müssten, um diese zu erreichen! Rechnet man darüber hinaus die Dividendenrendite von 3 Prozent mit ein, impliziert diese Prognose eine jährliche Performance von 18 Prozent – mehr als doppelt so viel wie in der langfristigen Vergangenheit. Eine wahrlich mutige Prognose des Experten, die sich erneut als Rohrkrepierer entpuppte.

> »Die Vorhersage von Crashs ist eine beliebte Disziplin, weil im Eintretensfall Guru-Status lockt und, wenn man falschliegt, keiner böse ist.«
>
> **Christian Gattiker**, Chefstratege und Leiter Research der Bank Julius Bär

Ein guter Bekannter von mir, den ich seit 30 Jahren kenne, persönlich sehr schätze und welcher ein brillanter Kopf und Analytiker der Finanzmärkte ist, ist Felix Zulauf. Er besitzt nicht nur in der Schweiz, sondern auch in den USA Guru-Status.[2] Es gibt nur wenige, die in der Lage sind, die globalen wirtschaftlichen und politischen Zusammenhänge in so prägnanter, brillanter und schonungsloser Art auf den Punkt zu bringen wie Felix. In den vielen Gesprächen, die ich mit ihm führen durfte, hat er mich mit seinem überragenden Wissen und seiner großen Erfahrung immer wieder tief beeindruckt. Als wir uns wieder einmal zu einem Lunch trafen, verlief die Diskussion wie fast immer bei unseren Treffen. In der Beurteilung der geopolitischen Probleme der Welt waren wir uns weitestgehend einig. Als es am Schluss aber darum ging, eine Prognose für die Aktienmärkte zu machen, war Schluss mit unserer Einigkeit. Während ich meine kurz- und mittelfristige Prognoseinkompetenz offen deklarierte, erklärte mir Felix mit einer selten gesehenen Mischung aus bewundernswertem Selbstvertrauen, bodenständiger Bescheidenheit sowie großem analytischen Sachverstand, wie er die weitere Entwicklung an den Finanzmärkten sehe. Seine gekonnt vorgetragenen Analysen klangen schlüssig, überzeugend und profund zugleich. In der Regel endete die Geschichte mit der Erwartung eines kolossalen Rückschlags an den Börsen – für welchen es in einer stets unsicheren, verschuldeten und kriegerischen Welt natürlich immer gute Argumente gibt.

Über viele Jahre habe ich zahlreiche seiner Prognosen gesammelt und fein säuberlich archiviert. Bei aller Brillanz meines Lunch-Partners und ohne dabei Anspruch auf Vollständigkeit oder Repräsentativität meiner Analysen zu erheben: In der überwiegenden Mehrzahl seiner pointierten Prognosen, die ich von ihm erfahren durfte, lag der Guru Felix falsch. Als notorischer Pessimist, der immer und immer wieder Marktrückschläge prognostiziert, hatte er natürlich auch ein entscheidendes Handicap: Langfristig steigen bekanntlich die Aktienmärkte – das ist kein guter Fundus für Dauerpessimisten.

Ganz ehrlich: Ich fahre mit meinem Paddelboot lieber flussabwärts von Basel nach Rotterdam als in umgekehrter Richtung gegen den Strom – auch wenn Letzteres für meine Fitness vielleicht besser wäre. Nachdem ich mich mit dem Guru zwei Stunden lang über unsere Anlageprinzipien ausgetauscht hatte, sagte ich einmal zu ihm: »Lieber Felix, weißt du eigentlich, dass du trotz Guru-Status nach wie vor kolossal unterschätzt wirst?« Felix schaute mich mit großen Augen fragend an und wusste natürlich, dass jetzt eine zynische Auflösung meiner Frage kommen musste. »Nein, wie kommst du denn darauf?«, fragte er mich. »Ganz einfach«, erwiderte ich, »Deine Fangemeinde und auch viele Medien berichten regelmäßig davon, dass du den berühmten Aktiencrash vom 19. Oktober 1987 und einige weitere Marktrückschläge vorausgesehen hast. Das ist zwar korrekt, aber doch maßlos untertrieben. Richtig ist doch, lieber Felix, dass du *jeden* Rückschlag an den Aktienmärkten treffsicher vorausgesehen hast!«. Eigentlich folgelogisch, nicht?

> »Eigenartigerweise sind die meisten Börsengurus Crash-Propheten. Hausse-Gurus gibt es nur wenige – den Weltuntergang zu predigen, erregt eben mehr Aufsehen.«
>
> **André Kostolany**, ungarischer Autor und Börsenlegende (1908 – 1999)

Ein in der Schweiz »gefeierter« Guru, der an Anlegerkonferenzen seine spaßigen und markigen Auftritte hat und die Säle mit nach Prognosen lechzenden Investoren füllt, ist Dr. Marc Faber alias »Dr. Doom«. Seit Jahrzehnten prognostiziert der charismatische Geschichtenerzähler den Weltuntergang, weshalb er wohl zu Recht nach diesem benannt wird. Vermögen für Kunden verwaltet er schon lange keine mehr. Er ist clever und lebt von seinem Börsenbrief »Boom, Gloom & Doom Report« sowie von seinen flapsigen Sprüchen in unterhaltsamen Auftritten, mit denen er happige Honorare generiert. Seine Shows genießen Kultstatus. Gurus wie Marc Faber leben von ihrem Ruf, Crashs prognostiziert zu haben. Wie viele andere Propheten hat aber wohl auch »Dr. Doom« viele Crashs mehr prognostiziert, die *nicht* stattgefunden haben. Hauptsache, ihre verängstigenden Thesen generieren Schlagzeilen und Sensationsmeldungen. Welcher Journalist interessiert sich schon für Experten, die während und nach Krisen an eine Erholung der Märkte glauben?

Im Spätsommer 2002 schrieb ich in der *NZZ* mitten in der New-Economy-9/11-Krise, dass die Märkte nach Rückschlägen von um die 40 Prozent deutlich unterbewertet seien.[3] Ich riet zu antizyklischen Aktienkäufen, ohne natürlich zu wissen, wann der richtige Zeitpunkt respektive wann der Boden erreicht ist. Kurz nach der Finanzkrise ließ ich in der Sonntagsausgabe der *NZZ* verkünden, dass wir »vor einem Jahrzehnt der Aktie« stehen würden.[4] Beide »Prognosen« trafen ein – ob zufällig oder nicht, bleibe dahingestellt. Mit solchen antizyklischen respektive optimistischen Prognosen werden (zum Glück!) keine Gurus geboren. Sie sind unspektakulär. Nur wer den Untergang prognostiziert, erklimmt Guru-Status. Manchmal reicht ein einziger Volltreffer, damit ihnen ihre »Jünger der Apokalypse« folgen. Dabei ist das Leben der Crash-Propheten im Grunde einfach. Sie müssen ihre Hypothese nur lange genug vertreten, sodass es nur eine Frage der Zeit ist, bis sie wieder einmal recht bekommen. Darüber hinaus werden sie erst noch als jemand zitiert, der schon frühere Crashs vorausgesehen hat. Vergessen wird dabei, dass Anleger, die dem Rat der Untergangspropheten folgen, kaum je investiert sind und damit am langfristigen Aufwärtstrend der Aktien nicht partizipieren. Ganz ehrlich, ich kann mir einfach nicht vorstellen, dass ein Vermögensverwalter, auch wenn es ein Guru ist, langfristig erfolgreich Kundengelder verwalten kann, wenn er mehrheitlich negativ für die Wirtschaft und vor allem für die Aktienmärkte ist.[5]

> »Untergangsapologeten, die vom Pessimismus leben und gar nicht so schlecht, empfinden jede Art von Zuversicht zwangsläufig als Existenzbedrohung.«
>
> **Bob Hope**, britisch-amerikanischer Schauspieler (1903 – 2003)

Einen repräsentativen Eindruck, wie treffsicher Gurus mit ihren Prognosen sind, liefert ein Guru-Zertifikat der UBS, das die Anlagestrategie ausgewählter Gurus so exakt wie möglich nachbildet. Seit Auflage im Oktober 2014 bis Ende April 2020 hat das Guru-Produkt gut 18 Prozent zugelegt, während der Vergleichsindex S&P 500 um über 56 Prozent avancierte (Grafik 16). Das sagt eigentlich alles über die Welt der Börsenprognostiker und Gurus.

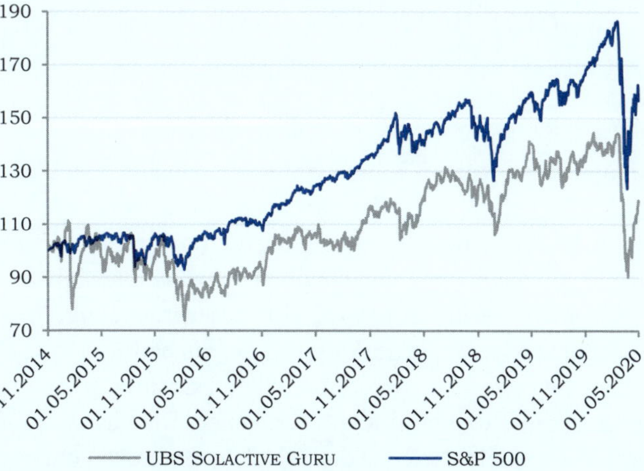

Grafik 16: Performance-Vergleich des UBS-Solactive-Guru-Zertifikats mit dem S&P seit Beginn. *Quelle: Bloomberg. Indexiert in Schweizer Franken.*

Jeder kann es versuchen, mit möglichst gewagten Prognosen Guru-Status zu erreichen. So auch Albert Edwards, Marktstratege bei Société Générale. Am 8. August 2017 verkündete er in einem Interview mit der *Finanz und Wirtschaft* einen baldigen massiven Einsturz der Börsenkurse: »Stimmen meine Annahmen, dann droht ein Absturz von 70 bis 80 Prozent. Oder anders ausgedrückt: Der Dow Jones Industrial könnte von heute 22.000 unter 7.000 Punkte fallen, der SMI von heute 9.000 auf unter 3.000 Zähler.« Man stelle sich vor, welch guruhaften Heldenstatus Edwards heute hätte, wäre seine Prognose eingetroffen. Diese erinnert an den passionierten Hobby-Fußballer, der orakelt: »Stimmen meine Annahmen, dann wird die Schweiz im Jahr 2022 in Katar mit einem Kantersieg von 7:0 Fußballweltmeister gegen Deutschland.« Die Eintretenswahrscheinlichkeit tendiert gegen null. Aber genau so werden Gurus geboren.

»Höre nie auf Gurus.«

Ralph Acampora, amerikanischer Börsenguru

10
Profis im Performance-Test: Was taugen Fondsmanager wirklich?

Zu Beginn des Jahres lese ich immer mit Interesse die Sonderbeilage »Anlagefonds« der *NZZ*. Diese zeigt die Performance eines großen Spektrums von Anlagefonds, die in der Schweiz vertrieben werden. Sie geben einen guten Überblick über die Anlageleistung der Fondsexperten. Die Kernfrage lautet dabei: Sind die Fondsmanager mit ihrer Expertise in der Lage, ihren Vergleichsindex, also ihre Benchmark, zu schlagen? Mein Geschäftspartner Dr. Thomas Hauser und ich haben die Performance-Daten seit dem Jahr 2007 aufgearbeitet und die Ergebnisse mit den relevanten Indizes verglichen. Die Resultate sind erhellend und ernüchternd zugleich, wie Sie der Tabelle entnehmen können.

Anlage	Vergleich	Rendite	Alpha
Aktien CH	Durchschnitt der Fonds	59,5 %	-25,5 %
	Benchmark: SPI	85,0 %	
Nebenwerte CH	Durchschnitt der Fonds	106,0 %	-18,8 %
	Benchmark: SPI S&M	124,8 %	
Aktien Welt	Durchschnitt der Fonds	20,8 %	-40,7 %
	Benchmark: MSCI World	61,5 %	
Nebenwerte Welt	Durchschnitt der Fonds	16,3 %	-76,1 %
	Benchmark: MSCI World S&M	92,4 %	
Aktien EmMa	Durchschnitt der Fonds	10,6 %	-23,7 %
	Benchmark: MSCI EmMa	34,3 %	
Anleihen CH	Durchschnitt der Fonds	21,4 %	-19,3 %
	Benchmark: Swiss Bond Index	40,7 %	
Anleihen Welt	Durchschnitt der Fonds	10,2 %	-8,9 %
	Benchmark: Citi WGBI	19,1 %	

Tabelle 2: Anlagefonds im Test. Zeitperiode 2007 bis 2019. *Eigene Berechnungen. Quelle: NZZ, Sonderbeilagen Anlagefonds von Januar 2008 bis Januar 2020.*

In *sämtlichen Anlagekategorien* liegt der Durchschnitt der Profis markant unter der Marktrendite. Somit wäre es massiv vorteilhafter gewesen, in ein kostengünstiges Indexprodukt zu investieren, als einen aktiven Anlagefonds zu erwerben. Offenbar ist es mit der Prognosefähigkeit der Fondsmanager bei Weitem nicht so gut bestellt, wie diese oft proklamieren. Dies gilt für die als effizient und liquide geltenden Märkte genauso wie für die weniger effizienten und liquiden Emerging Markets sowie die Aktien von Nebenwerten, die eigentlich prädestiniert wären für die Erzielung einer überdurchschnittlichen Performance. Mutmaßlich verhageln happige und oft versteckte Kosten die Performance-Ergebnisse der aktiven Fonds.[1] Aktivistische Fondsmanager verursachen mit ihren häufigen Transaktionen enorme Kosten, die unnötig sind.

Dazu kommt: Wenn Sie glauben, dass die erfolgreichen Fondsmanager von heute auch die erfolgreichen Fondsmanager von morgen sein werden, täuschen Sie sich. Gemäß einer Untersuchung, die sich auf den US-amerikanischen Markt und die Periode von 2012 bis 2017 bezieht, befanden sich von denjenigen Fonds, die zu Beginn im erfolgreichsten Quartil (25 Prozent der Gesamtstichprobe) vertreten waren, nach fünf Jahren noch weniger als ein Viertel davon bei den besten.[2]

Die Performance-Konsistenz der erfolgreichen Geldverwalter lässt offensichtlich zu wünschen übrig. Die Wahrscheinlichkeit ist klein, dass ein Fondsmanager, der in der Vergangenheit eine überragende Performance zeigen konnte, auch in Zukunft noch herausragend ist. Das ist im internationalen Kontext nicht anders und gilt selbst für berühmte Fonds wie den Magellan-Fonds von Fidelity. Der einst vom legendären Peter Lynch verwaltete Fonds war ab den späten 1970er Jahren ein weltweit bewunderter Leuchtturm der Anlagewelt. Auf dem Höhepunkt im Jahr 2000 erreichte der Aktienfonds ein Volumen von 115 Milliarden US-Dollar und war der größte seiner Branche. Dann aber versiegte das Glück und ein Großteil der Anleger zog das Geld ab. Die Gegenwart ist das eine, die Zukunft eine andere – die Starperformer von heute sind nicht selten die »Flopper« von morgen.

11

Gurus kenne ich nur aus dem Märchen – zum Glück sind die Märkte effizient!

Immer wieder treffe ich Menschen, die sich frustriert und ablehnend gegenüber effizienten Märkten äußern. Sie glauben, sie könnten sich als Anleger oder Anlageberater nur dadurch profilieren, indem sie mit ihren vermeintlich überragenden Prognosen systematisch eine überdurchschnittliche Performance erwirtschaften würden. Effiziente Märkte passen sodann nicht in ihr Weltbild. Persönlich sehe ich die Effizienz der Märkte jedoch völlig entspannt. Ich betrachte sie sogar als einen Glücksfall und großen Vorteil für uns Anleger. Überlegen Sie sich einmal, wer denn am meisten von potenziell ineffizienten Märkten profitieren würde. Von Märkten also, in denen die relevanten Informationen *nicht* vollständig in den Kursen enthalten sind. In diesen ineffizienten Märkten gäbe es jede Menge Aktien und Anleihen, die nach *objektiv messbaren* Kriterien entweder als über- oder unterbewertet bezeichnet werden könnten. Von diesen objektiv feststellbaren Über- und Unterbewertungen würden natürlich genau diejenigen Investoren profitieren, die aufgrund ihres Informationsvorsprungs in der Lage sind, die unter- und überbewerteten Titel zu identifizieren. Das wären wohl aber leider in aller Regel *nicht* Sie und ich! Vielmehr wären es Analysten von Banken, Fonds- oder Hedgefonds-Manager und generell Investoren, die sich sehr intensiv mit den entsprechenden Anlagen beschäftigen und sich sehr nahe am Marktgeschehen befinden. Das könnten auch Mitarbeiter des oberen Kaders eines Unternehmens sein, welche näher am Puls des eigenen Firmengeschehens sind als Sie und ich. Sie und ich würden, ineffiziente Märkte vorausgesetzt, gegenüber Anlegern, die über ein spezifisches Unternehmen besser informiert sind als wir, ständig im Hintertreffen sein. Wir würden regelmäßig von besser informierten Anlegern über den Tisch gezogen werden, weil sie mehr wissen als wir. Ineffiziente Märkte sind deshalb der Horror für 99 Prozent der Anleger und der perfekte Lottogewinn für das winzige 1 Prozent von Anlegern, das mehr weiß als alle anderen.

»Prognosen brauchen nicht zu stimmen, sie müssen nur korrigierbar sein.«

Helmut Schmidt, ehemaliger deutscher Bundeskanzler (1918 – 2015)

Grafik 17 zeigt einen Vergleich zwischen dem Index bekannter aktivistischer Anleger und dem US-amerikanischen Aktienindex S&P 500 für die Zeit vom 1.1.2008 bis zum 1.1.2020. Zu den prominentesten Aktivisten, die im Index vertreten sind, gehören Elliott, Icahn Associates, Third Point, Starboard Value, Cevian oder Silchester. Die langfristige Performance dieser »Staranleger« im Vergleich zum Aktienmarkt sieht alles andere als vorteilhaft aus. Das ist der beruhigende Beweis dafür, dass auch diese »Stars« mit effizienten Märkten zu kämpfen haben. Wie Sie und ich!

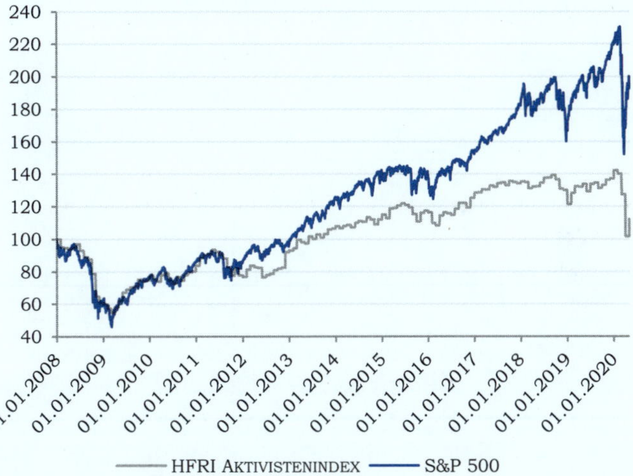

Grafik 17: Aktivistenindex im Vergleich mit dem S&P 500 in der Periode 2008 bis April 2020. *Quelle: Bloomberg. Indexiert in US-Dollar.*

Ein starker Beweis, wie effizient die Märkte auch für Staranleger sind, ist das Folgende: Im April 2016 verkaufte Carl Icahn für mehrere Milliarden Dollar Apple-Aktien zu einem Preis von rund 100 US-Dollar an Warren Buffett. Der eine Guru setzte auf den Tech-Weltmarktführer, der andere dagegen. Buffett entpuppte sich in diesem Fall als »Wettgewinner«, denn die Aktie von Apple entwickelte sich in den Folgejahren geradezu fulminant. Icahn hatte für diesmal das Nachsehen. Das ist gut und fair – in anderen Fällen war es wohl auch schon umgekehrt. Auch als professioneller Vermögensverwalter bin ich deshalb glücklich darüber, dass die Märkte effizient sind. Ich investiere sehr gerne in effiziente Märkte und weiß, dass ich in diesen fair behandelt werde. In diesen bin ich sicher, dass ich nicht von besser informierten Marktteilnehmern über den Tisch gezogen werde. Dasselbe gilt selbstverständlich auch für den Schornsteinfeger, den Studenten oder die Apothekerin, die sich an der Börse versuchen. Ihre Chance, eine überdurchschnittlich gute Aktie zu erwischen, ist wahrscheinlich etwa genau so groß wie für den professionellen Anleger.

Wer nun aufgrund der Effizienz der Märkte allerdings glaubt, damit würde es den Anlageberater gar nicht mehr brauchen, täuscht sich fundamental. Warum das so ist, werden Sie in diesem Buch noch ausführlich erfahren. Aber klar ist schon mal: Gut, dass es keine Gurus gibt – und wenn doch, dann höchstens im Märchen. Und auch diese kochen wohl nur mit Wasser.

12
Das Gedankengut von Harry Markowitz: Aktueller denn je!

Auch wenn es unzählige Banker, Fondsmanager und Prognosegurus nicht wahrhaben wollen: Die mittlerweile »uralte« Portfolio-Theorie der Wissenschaftler Fama, Markowitz und Sharpe ist in der heutigen Zeit aktueller denn je. Warum ist das so?

Informationen fließen heute *noch* schneller um die Welt, als dies in den 1960er oder 1970er Jahren der Fall gewesen ist. Damals wurden in Zürich die Aktien noch an einem Ring »à la criée« gehandelt. Per Zuruf kaufte ein Händler der Schweizerischen Bankgesellschaft beispielsweise 1.000 Aktien Nestlé von einem Händler des Schweizerischen Bankvereins.[1] Dieses System öffnete damals Tür und Tor für kundenschädigende Insidergeschäfte. Musste ein Händler im Auftrag eines Kunden eine größere Position Aktien eines Unternehmens kaufen, deckte er sich nicht selten kurz vor der Auftragserteilung persönlich mit Aktien ein, um danach von den steigenden Kursen zu profitieren, die aufgrund des großen Kaufauftrags zu erwarten waren. Diese Schummeleien gingen natürlich zulasten der Bankkunden und füllten die Taschen vieler Händler. Selbstverständlich waren die mit dem Informationsvorsprung der Händler einhergehenden ineffizienten Märkte nicht im Sinne der breiten Anlegerschar. Diese bezahlte zu viel, wenn sie kaufte, und erhielt zu wenig, wenn sie verkaufte.

Das Aufkommen elektronischer Börsen in den 1980er und 1990er Jahren brachte dann eine deutliche Verbesserung. Sie erhöhten die Transparenz für die Marktteilnehmer. Seither können Tausende in aller Welt verstreute Händler zeitgleich das aktuelle Angebot und die Nachfrage an den verschiedensten Börsen einsehen. Das macht den Markt für alle Börsianer kompetitiver, fairer und damit effizienter. Auch die klassische Arbitrage, also das risikolose Ausnutzen von offensichtlich bestehenden Preisunterschieden zwischen verschiedenen Börsen und Märkten durch clevere Händler, war damit weitestgehend Geschichte.

»Eine Investition in Wissen bringt immer noch die besten Zinsen.«

Benjamin Franklin, einer der Gründerväter der Vereinigten Staaten von Amerika (1706 – 1790)

Im Zeitalter von elektronischen Börsen, Internet, Twitter oder Facebook rasen neue, börsenrelevante Informationen in Bruchteilen von Sekunden um die Welt. Wenn ein Unternehmen einen Gewinneinbruch oder die US-Notenbank Fed eine überraschende Zinserhöhung vermeldet, dann reagieren die Börsenkurse in Zeiten des Hochfrequenzhandels augenblicklich und mit höchster Geschwindigkeit auf diese Ankündigungen.

Erinnern Sie sich an die Aufhebung der Kursuntergrenze des Euros gegenüber dem Schweizer Franken am 15. Januar 2015? Als die Mitteilung um 10:30 Uhr von Dr. Thomas Jordan, Präsident der Generaldirektion der Schweizerischen Nationalbank SNB, verlesen wurde, sackte der Swiss Performance Index SPI umgehend um 9 Prozent in die Tiefe und auch der Euro wertete sich schlagartig um bis zu 29 Prozent gegenüber dem Schweizer Franken ab. Der Markt reagiert extrem rasch und effizient auf solche und andere Nachrichten.

Es gibt nun Leute, die solche hektischen Ausschläge als völlig irrational beurteilen, was »Beweis« dafür sei, dass die Märkte gar nicht effizient seien. Sie argumentieren, dass es völlig unvernünftig sei, wenn die Aktie eines Unternehmens, ohne dass dieses etwas Börsenrelevantes verkünde, quasi von heute auf morgen mit einem Kursabschlag von 10 oder sogar 20 Prozent »bestraft« würde. Dies sei schlicht irrational, weshalb auch der Markt gar nicht effizient sein könne. Wer proklamiert, die liquiden Kapitalmärkte seien deshalb nicht effizient, unterliegt jedoch einem fundamentalen Denkfehler. Große Ausschläge an den Märkten sind nichts anderes als die Konsequenz großer Unsicherheit der Investoren. Hektik und Panik hat nichts mit Ineffizienz zu tun, im Gegenteil. Ineffizient wären die Märkte dann, wenn es lange dauern würde, bis sich diese Ängste und die damit zusammenhängenden eingetrübten Erwartungen in den Börsenkursen widerspiegeln. Heftige Reaktionen an den Märkten, seien sie positiv oder negativ, sind also gerade der *Beweis* hoher Effizienz in der Preisfindung von Börsenkursen.

Unternehmen sind heute gesetzlich verpflichtet, börsenrelevante Informationen mit einer Ad-hoc-Meldung sofort an die Öffentlichkeit zu bringen. Das macht den Markt fair und erhöht die Effizienz. Es müssen auch nicht, wie oft naiv behauptet wird, *alle* Marktteilnehmer gleichzeitig über sämtliche börsenrelevanten Informationen verfügen. Es genügt, wenn nur wenige gut informierte

Investoren aufgrund neuer Informationen sofort handeln und der Preis einer Aktie oder einer Anleihe diese Informationen blitzschnell verarbeitet respektive eskomptiert. Es müssen auch nicht, wie ebenfalls oft behauptet wird, alle Marktteilnehmer immer rational handeln. Denn was heißt schon rational? Für den einen ist es rational, von einer Aktie nach einem Kursrückgang von 20 Prozent dazuzukaufen, für den anderen ist es jedoch in derselben Situation rational, die Reißleine zu ziehen und zu verkaufen. Entscheidend für die Effizienz der Märkte und damit die Gültigkeit der Portfolio-Theorie ist einzig, dass neue Informationen umgehend in die Börsenkurse einfließen. Dies ist in der heutigen Zeit mehr denn je der Fall.

Unterstützend für die Annahme, dass heutzutage die Effizienz der Märkte besonders hoch ist und diese somit fair funktionieren, wirkt schließlich auch die Tatsache, dass das Ausschlachten von Insiderinformationen unter Strafandrohung verboten ist. Echte Insider würden naturgemäß am meisten von ihrem Wissen profitieren, wenn sie es zulasten des Durchschnittsanlegers ausschlachten könnten. Während aber früher Insidergeschäfte höchstens ein Kavaliersdelikt waren, sind sie heute nicht nur verpönt, sondern gesetzeswidrig.

> »Ein Ökonom ist ein Experte, der morgen wissen wird, warum das, was er gestern voraussagte, heute nicht eingetroffen ist.«
>
> **Evan Esar**, amerikanischer Humorist (1899 – 1995)

Wer behauptet, die Märkte seien nicht effizient respektive die wissenschaftlichen Erkenntnisse von Fama und Markowitz seien reine Theorie, gehörten in die Mottenkiste oder seien längst widerlegt, dem muss ich vehement widersprechen. Derjenige muss dann beweisen, dass die Märkte *systematisch* geschlagen werden können. Das gelingt aber, gerade in liquiden Märkten, nur den wenigsten. Und bei denjenigen, denen es tatsächlich gelingt, ist der Faktor Zufall nicht zu unterschätzen. Dazu folgende Überlegung: Unterstellen wir einfach einmal, dass für die meisten Anleger und Fondsmanager der Random Walk gilt. Sie besitzen keine überragenden prognostischen Fähigkeiten, und es ist reiner Zufall, ob sie in einem Anlagejahr den Markt schlagen oder nicht. Folglich beträgt die Chance, dass ein Anleger oder Fondsmanager in einem einzelnen Jahr den Markt schlägt, genau 50 Prozent.[2] Die Hälfte aller Fondsmanager schlägt sodann in einem einzelnen Jahr den Markt, während die andere Hälfte eine Unter-Performance ausweist. Wenn der Zufall waltet, wird nach zwei Jahren einer von vier Fondsmanagern sagen können, dass er den Markt in beiden Jahren geschlagen hat.[3] Nach fünf Jahren ist es einer von 32 Fondsmanagern, der es rein zufällig schafft, den Markt in jedem einzelnen Jahr zu schlagen. Er dürfte von der Anlegergemeinde bereits als Star gefeiert werden, obwohl er seine überragende Anlageleistung rein zufällig erzielt hat. Und selbst nach zehn Jahren wird einer von 1.024 Fondsmanagern sagen können, dass er in jedem einzelnen der zehn Jahre den Markt geschlagen hat.[4] Der in der Anlegergemeinde sicherlich als Superstar gefeierte Fondsmanager wird in seinen Marketing-Hochglanzbroschüren natürlich kaum offenbaren, dass er seine überragende Anlageleistung rein zufällig erzielt hat. Was lernen wir daraus?

Es gibt in der Anlegerwelt Zigtausende von Anlagefonds. Hunderte von ihnen schaffen über viele Jahre herausragende Anlageleistungen – rein zufällig. *Verfallen Sie deshalb nicht dem Irrtum, Ihren Vermögensverwalter oder Fondsmanager primär aufgrund seiner historischen Renditen auszuwählen.* Überragende historische Renditen von Anlagefonds sind in keiner Weise ein zuverlässiges Indiz dafür, dass diese auch in Zukunft überragend sein werden. So gesehen ist es im Haifischbecken der Finanzindustrie nicht wesentlich anders als am Roulette-Tisch. Kein rationaler Spieler wird dort nach siebenmal »Rot« auf die Idee kommen, dass beim nächsten Wurf der Kugel durch den Croupier die Wahrscheinlichkeit, dass diese erneut auf »Rot« fällt, höher einzuschätzen ist als die Wahrscheinlicht, auf »Schwarz« zu fallen.

> »Ich weiß, dass ich nichts weiß. Um diesen Unterschied bin ich wohl klüger als alle anderen.«
>
> **Sokrates**, griechischer Philosoph (469 v. Chr. – 399 v. Chr.)

Oft ist zu hören, dass die Erzielung einer überdurchschnittlichen Rendite in Märkten, die als wenig effizient gelten, einfacher sei als in effizienten. Deshalb würde sich aktives Management vor allem in Aktien kleiner Unternehmen (Small Caps) oder in Schwellmärkten (Emerging Markets) lohnen, welche weniger stark von Analysten abgedeckt werden. Wie anhand der Renditeergebnisse von Fonds aufgezeigt, lässt sich diese Sichtweise in der Realität allerdings nicht bestätigen. Im Durchschnitt lagen die Renditen der Fondsmanager von Aktien kleiner Unternehmen und auch von Schwellenmarktanlagen deutlich hinter ihrer Benchmark.[5] Ineffiziente Märke sind also alles andere als eine Grundlage und schon gar keine Garantie für eine überdurchschnittliche Performance. Jedoch sind ineffiziente Märkte ein Nährboden für Manipulation und Betrug.

Wenn ich von renditegeilen Performance-Jägern höre, dass der Rendite alles andere unterzuordnen sei, provoziere ich gerne, indem ich wie folgt reagiere: »Sie erwarten also in den kommenden Jahren von mir, in *jedem einzelnen Jahr* eine bestimmte Benchmark und selbstverständlich auch alle meine Konkurrenten zu schlagen? Das ist kein Problem für mich. Geben Sie mir doch einfach ein paar Millionen Ihres Vermögens in meine Verwaltung, und ich werde für Sie eine überragende Performance erzielen und Ihre Vorgaben sogar noch übertreffen!« Meine Gesprächspartner schauen mich dann mit großen Augen an und wollen natürlich wissen, wie ich das denn machen würde. »Ganz einfach: Ich nehme Ihr Geld und investiere es *gezielt* in illiquide Aktien sehr kleiner Unternehmen, die selten und nur mit dünnem Volumen gehandelt werden. Mit meinen Kaufaufträgen treibe ich dann ganz gezielt zwei oder drei illiquide Aktien von Unternehmen im Preis hoch. Damit sorge ich quasi *eigenständig* dafür, dass ›meine‹ Aktien steigen und ich eine überragende Performance ausweisen kann.«

Die Preise am Markt hochzutreiben, ist natürlich nicht seriös.[6] Genauso unseriös ist die daraus resultierende Performance – sie entspricht einer »self-fulfilling prophecy«. Die »überragende« Performance in ineffizienten Märkten ist dann nicht Ausfluss einer überragenden Anlageleistung, sondern nur die logische Konsequenz der Illiquidität meiner Anlagen. Leider wird dieser Trick im Geschäft mit illiquiden Aktien, zu denen auch viele Titel der Emerging Markets zählen, häufig angewendet. Zwei oder drei Jahre nach Auflegung eines entsprechenden Fonds wird mit einer beeindruckenden Performance geprahlt und geworben – mit den entsprechenden Gefahren für die Anleger. Wer nämlich in illiquiden Märkten tätig ist, hat spätestens dann ein Problem, wenn er verkaufen will oder muss. Nicht selten löst sich dann eine bisherige Über-Performance über Nacht in Luft auf, weil es Schwierigkeiten gibt, überhaupt einen Käufer zu finden. Ein Kurssturz ist die Folge. Es erstaunt deshalb nicht, dass die langfristige Performance der aktiven Fonds, die in illiquiden und möglicherweise ineffizienten Märkten tätig sind, im Vergleich zu einer entsprechenden Benchmark ernüchternd ausfällt.

Wer glaubt, in illiquiden und ineffizienten Märkten sei es einfacher, auf Dauer eine Über-Performance zu erzielen als in effizienten, täuscht sich gründlich. Dies entspricht jedoch der irrigen Meinung vieler Anleger und auch derjenigen einiger führender Pensionskassenberater der Schweiz.[7]

13
Die Wissenschaft und der Traum vom optimalen Portfolio: Bullshit in – Bullshit out

Ich erinnere mich noch gut, welchen Hype die Verleihung des Nobelpreises an die Wissenschaftler Harry Markowitz und William Sharpe im Jahr 1990 in der Bankenwelt ausgelöst hat. Kaum waren diese verkündet, wollte jede Bank unverzüglich von den bahnbrechenden Erkenntnissen der Portfolio-Theorie profitieren und diese in ihre Anlagepolitik einbauen. Wer wollte schon die neusten Forschungsergebnisse negieren und auf das Gedankengut von Nobelpreisträgern verzichten? Natürlich niemand.

Ich war in dieser Zeit bei zahlreichen Banken in der Schweiz, Deutschland und Österreich als Berater für das Themengebiet »Modernes Portfolio-Management in der Praxis« tätig und profitierte auch von dieser Euphorie. Selbstverständlich wollte jede Bank fortschrittlich sein und die neusten wissenschaftlichen Erkenntnisse zum Wohle ihrer Kunden in die Praxis umsetzen. Viele Banken beschafften sich deshalb umgehend eine Optimierungssoftware, welche in der Lage ist, die bezüglich Rendite und Risiko optimalen Portfolios zu errechnen. Kennt man die Renditen, Risiken und Korrelationen der verschiedenen Märkte, Aktien, Anleihen und Währungen, ist mit der auf den Erkenntnissen von Harry Markowitz basierenden Software problemlos die Effizienzlinie abzuleiten. Diese gibt an, mit welcher Portfoliozusammensetzung bei gegebenem Risikolevel die höchstmögliche Rendite erzielt werden kann.[1]

Die berühmte Effizienzlinie, auf der alle Markowitz-optimalen Portfolios liegen, ist im Grunde bestechend. Wer möchte seinen Kunden schon Portfolios empfehlen, die bezüglich Rendite-Risiko-Verhältnis *nicht* optimal sind? Die Optimierungssoftware, die auf den Erkenntnissen der nobelpreisgekrönten Modernen Portfolio-Theorie von Harry Markowitz beruht, war in den 1990er Jahren zum Maß aller Dinge geworden.

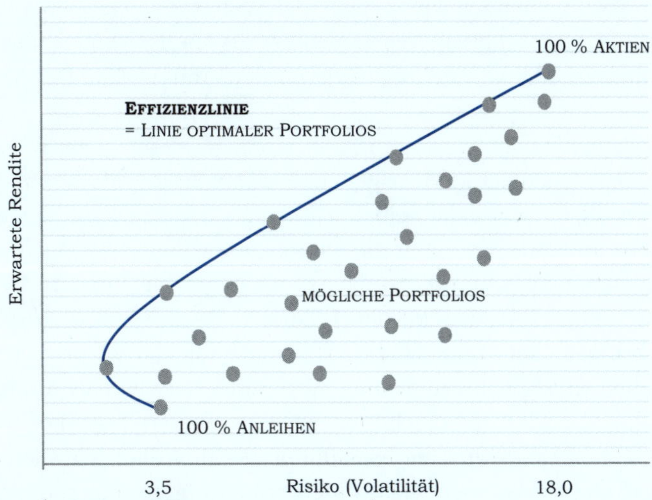

Grafik 18: Effizienzlinie. *Eigene Darstellung. Quelle: Markowitz, M. H. (1952). »Portfolio Selection«, Journal of Finance, Vol. 7, S. 77–91.*

Im Herbst 1991 rief mich ganz aufgeregt ein verantwortlicher Leiter der Vermögensverwaltung der renommierten Privatbank Julius Bär in Zürich an, für die ich über viele Jahre beratend tätig sein durfte. Er bat mich, ihn möglichst rasch zu treffen, was ich gerne tat. Er erklärte mir, dass seine Abteilung nach Anschaffung eines »Markowitz-Optimierers« alle historischen Daten in das System eingepflegt hätte, um sodann die optimalen Portfoliozusammensetzungen für die Kunden der Bank errechnen zu können. Leider sei es nun aber so, dass der Output ziemlich merkwürdige Portfoliozusammensetzungen zeigen würde, die gemäß Markowitz als »optimal« gelten sollten.

Ich fuhr sofort nach Zürich, um mir die »optimalen« Portfolios des Bankexperten zeigen zu lassen. In der Tat war die Zusammensetzung der »optimalen« Portfolios, unabhängig von der gewählten Risikoneigung, mehr als exotisch. So empfahl der »Optimierer« sowohl konservativen als auch sehr sportlichen Anlegern, ganz auf Schweizer Aktien zu verzichten, obwohl dies die Referenzwährung der betreffenden Kunden war. Stattessen riet der »Optimierer« zu sehr hohen Aktienanteilen in Japan. »70 Prozent der Aktienanlagen in Japan – das können wir als renommiertes Bankhaus unseren Kunden doch nicht ernsthaft zumuten, Dr. Hotz?«, fragte mich der Banker rhetorisch. »Nein, das können und dürfen Sie definitiv nicht«, sagte ich zu meinem Gesprächspartner. »Aber sagen Sie mir bitte«, fuhr ich fort, »wissen Sie denn eigentlich, was Sie da tun?«. »Wie meinen Sie das?«, fragte der Fachexperte von Julius Bär. »Was Sie hier tun, ist salopp gesagt nichts anderes als ›Bullshit in – Bullshit out‹«, sagte ich zu seiner Verwunderung in ziemlich schroffem Ton. Der Banker war konsterniert. Was ist passiert?

Die Privatbanker haben gemacht, was gerade in dieser Zeit der Nobelpreis-Euphorie die meisten der Branche gemacht haben: Einen »Markowitz-Optimierer« kaufen, historische oder selbst geschätzte Prognosedaten eingeben, die Kiste rattern und sich von dieser die optimalen Portfoliozusammensetzungen errechnen lassen. Dumm nur, dass keiner von ihnen auch nur im Ansatz begriffen hat, was der Kern der Portfolio-Theorie überhaupt besagt. Um es auf den Punkt zu bringen: Das wunderbare Gedankengut von Harry Markowitz, das die *Diversifikation respektive Risikostreuung* als zentrale Botschaft verkündet, wurde und wird heute noch missbraucht und missinterpretiert. Natürlich würde der legendäre Harry Markowitz nie in »optimierte« Portfolios investieren, deren Bewirtschaftung auf Un- oder Halbwissen basiert und die einen Anteil von 70 Prozent japanischer Aktien beinhalten.

> »Mit 50 promovierten Wissenschaftlern können Sie auf den Mond fliegen, aber nicht vorhersagen, wohin die Börsen laufen.«
>
> **Nassim Nicholas Taleb**, Professor für Risikoanalyse und Autor der Bücher »*Der Schwarze Schwan*« und »*Narren des Zufalls*«

Erinnern wir uns an folgende Kernaussagen, die von Harry Markowitz stammen:[2]

- Die Märkte sind sehr informationseffizient und deshalb nicht prognostizierbar.
- Vergangenheitsrenditen sagen nichts über die Zukunft aus.
- Weil wir die Zukunft nicht kennen, sollten wir gut diversifizieren.

Nur ganz wenige Anwender, welche die wissenschaftlichen Erkenntnisse eines Harry Markowitz in die Praxis umzusetzen versuchen, haben deren Kernelemente auch wirklich verstanden. Wer den »Optimierer« mit *Vergangenheitsrenditen* füttert und diesen fragt, welche Portfoliozusammensetzung er für die Zukunft empfiehlt, darf doch nicht überrascht sein, dass ihm dieser genau diejenigen Märkte und Titel vorschlägt, die in der *Vergangenheit* die höchsten Renditen aufgewiesen haben. Und das war in der Japan-Euphorie der 1980er Jahre exakt das Land der aufgehenden Sonne, also Japan! Dass dieser Markt auch in der *Zukunft* die besten Renditen ausweisen würde, war reine Spekulation. Vergangenheitsrenditen sagen wenig bis gar nichts über die Zukunft aus.

Genauso absurd ist es, »Optimierer« mit eigenen Schätzungen zu füttern, die nicht viel taugen. In unzähligen Banken und Gremien institutioneller Anleger, für die ich beratend tätig sein durfte oder immer noch bin, mache ich nichtsdestotrotz immer wieder dieselbe amüsante Erfahrung: Ein paar Anlageexperten sitzen in einem Raum und unterhalten sich darüber, wie hoch die erwarteten Renditen beispielsweise für den amerikanischen, deutschen oder schweizerischen Aktienmarkt in den kommenden zwölf Monaten sein werden. Selbstverständlich ist man sich in diesen kristallkugelsuchenden Diskussionen selten einig. Wer will denn schon wissen, ob der schweizerische Aktienmarkt im kommenden Jahr eine Rendite von -15, -8, 0, 3, 7, 10, 17 oder 28 Prozent abwirft? Natürlich weiß das keiner. Wenn ich dann feststelle, dass man sich im entsprechenden Expertengremium nach stundenlanger Diskussion auf eine sogenannte Consensus-Schätzung von beispielsweise 8,7 Prozent für den amerikanischen, 7,6 Prozent für den deutschen und 8,1 Prozent für den schweizerischen Markt einigt, muss ich immer in voller Lautstärke lachen. Wer die Problematik von »Optimierern« verstanden hat, weiß, dass diese auf unterschiedliche Renditeeingaben äußerst sensitiv reagieren. Der »Optimierer« nach Markowitz denkt kompromisslos logisch. Wenn wir ihm vorgaukeln, wir würden wissen, in welchem Markt es in *Zukunft* die höchsten Renditen zu erzielen gibt, dann wird er uns folgelogisch »beraten« und genau diese Anlagen vorzugsweise empfehlen. Das ist aber garantiert nicht im Sinne des geistigen Vaters der Portfolio-Theorie, Harry Markowitz. »Bullshit in – Bullshit out«, würde vermutlich auch er kommentieren.

Der Einsatz von »Optimierern« kann, richtig angewendet, Großartiges leisten. Man darf das Markowitz-Modell aber nicht durch Inkompetenz überlisten und aushebeln. Sonst resultieren absolut unbrauchbare Portfolios, die man keinem Kunden zutrauen kann. Das Risikoprämienmodell[3] des Nobelpreisträgers William Sharpe bildet eine ausgezeichnete Basis, um eine Optimierung von Portfolios logisch konsequent umzusetzen. Dabei zeigt sich, dass zwar auch die historischen Volatilitäten und Korrelationen von Aktien und Anleihen erheblichen Schwankungen unterworfen sind. Im Gegensatz zu den Renditen erweisen sich diese im Zeitablauf aber als erheblich stabiler.[4] Konkret bedeutet dies: Wenn wir nicht prognostizieren können, gibt es keinen logischen Grund, für den amerikanischen Aktienmarkt währungsbereinigt eine andere erwartete Rendite zu unterstellen als für den deutschen, den japanischen oder den schweizerischen. Insofern unterlag der Banker von Julius Bär dem Irrtum, dass er die historisch hohe Rendite des japanischen Aktienmarkts auf die Zukunft übertrug. Brauchbar für die Optimierung zukünftiger Portfolios sind aber am Ende einzig die historischen Risiken und Korrelationen, nicht aber die historischen Renditen. Die Blase des japanischen Aktienmarkts ist dann in der Folge prompt geplatzt und ins Bodenlose gestürzt.

Oft wird abschätzig über Professoren und Wissenschaftler gesprochen: »Das sind doch reine Theoretiker, aber von der Praxis haben sie keine Ahnung!«, heißt es. Im Zusammenhang mit der Materie der Portfolio-Theorie verhält es sich definitiv umgekehrt. Die allermeisten Geldmanager haben überhaupt keine Ahnung von dieser praxisrelevanten Wissenschaft. Es ist haarsträubend, wie Praktiker die wissenschaftlichen Erkenntnisse der honorigen Nobelpreisträger fehlinterpretieren. Ich gestehe Ihnen deshalb gerne: Ich habe nie ein Idol gehabt, das aus der Praxis kommt.[5] Wenn ich überhaupt Idole habe, dann finde ich sie in der Wissenschaft. Zu ihnen zählen Harry Markowitz, Eugene Fama, William Sharpe und Burton Malkiel. Es war mir deshalb stets von fundamentaler Bedeutung, dass meine Vermögensverwaltungstätigkeit nicht nur pragmatisch überzeugend ist, sondern auch den neusten wissenschaftlichen Erkenntnissen entspricht. Erstklassige Vermögensverwaltung auf Weltklasseniveau soll keine »Kaffeesatzleserei« sein, sondern solides Handwerk mit wissenschaftlichem Fundament.

14

Antizyklisch handeln: Zum Glück folgen Menschen einem Herdentrieb!

Es wird Sie vielleicht erstaunen, in welchen Zeiten ich mich als Vermögensverwalter am stärksten fühle. Nein, es sind nicht die Zeiten, in denen unsere Aktienperformance bei 20, 30 oder sogar 40 Prozent liegt, auch wenn ich mich gemeinsam mit unseren Kunden enorm über solch tolle Ergebnisse freue. Es sind auch nicht die Zeiten, in denen wir mit unserer Performance deutlich über den Benchmarks und vor unseren schärfsten Wettbewerbern liegen – da gehört ja immer auch etwas Glück dazu. Und es sind auch nicht die Zeiten, in denen wir den größten Nettoneugeldzufluss verzeichnen – so erfreulich dieser auch ist und zeigt, dass uns unsere Kunden weiterempfehlen und wir für diese gute Arbeit leisten. Glauben Sie mir – und das hat nichts mit Masochismus zu tun: Am stärksten fühle ich mich jeweils dann, wenn die Märkte so richtig heftig einbrechen.

In Börsenkrisen läuft unser Team jeweils zur Hochform auf. In angespannten Zeiten ist es naturgemäß immer eine besondere Herausforderung, Kunden über die aktuellen Ereignisse zu informieren, sie zu beruhigen und sie über die vorübergehend unbefriedigende Performance transparent zu unterrichten. Viele Anleger haben den natürlichen Reflex, dann aus Aktien aussteigen zu wollen, wenn die Wolken am Börsenhimmel am dunkelsten sind, es stürmt und die Kurse ständig neue Tiefstände erreichen. In Krisenzeiten gilt deshalb der Fokus nicht etwa der Akquisition von neuen, sondern der einfühlsamen Betreuung bestehender Kunden. Es ist ein schöner Erfolg, die bestehenden Kunden in Börsenbaissen, in denen negative Meldungen aus Tokio schon im Morgengrauen über das Radio auf diese hereinprasseln, davon zu überzeugen, ihre Aktien zu halten und nicht prozyklisch zu verkaufen.

In Hochform kommen wir in Zeiten von Börsenrückschlägen und -krisen aber auch deshalb, weil diese die größten Chancen an den Finanzmärkten überhaupt bieten. Wenn Aktienmärkte panikartig kollabieren, wechseln die Aktien von den schwachen zu den starken Händen. Börsenkrisen bieten kapitalkräftigen und liquiden Anlegern geradezu einmalige Chancen, um Aktien zu kaufen respektive bestehende Positionen antizyklisch zu erhöhen. Die Grundlage für die potenziell größten Gewinne von morgen wird in Krisenzeiten gelegt. Wer in diesen Zeiten »zuschlagen« kann, wird langfristig seine Performance deutlich steigern können. Die goldenen Zeiten der Aktionäre nähren sich also nicht, wenn die Konjunktur und die Aktien boomen, sondern wenn es donnert und die Märkte um 10, 20, 30 oder auch einmal 50 Prozent einbrechen.

Antizyklische Anleger haben während der New-Economy-9/11-Krise von Ende 2000 bis Frühjahr 2003, während der Finanzkrise von Ende 2007 bis Frühjahr 2009 und wiederum während der pandemischen Corona-Krise im Frühjahr 2020 die besten Chancen erhalten, um solide Aktienwerte mit einem erheblichen »Rabatt« zu kaufen. Was gibt es Schöneres, als in Krisenzeiten Aktien hervorragender Unternehmen wie Nestlé, Siemens oder Johnson & Johnson aufzustocken, die kurze Zeit vorher noch 20 oder 30 Prozent teurer waren?

In diesem Zusammenhang stelle ich immer wieder ein erstaunliches Paradoxon der Anleger fest. Während diese bei jedem einsetzenden Kleidersonderverkauf auf Rabattjagd gehen und von »Schnäppchen« profitieren, verlieren sie in Börsenbaissen jede Lust, Aktien zu kaufen. Aus rein psychologischer Perspektive mag das nachvollziehbar sein. In Krisenzeiten sind alle Zeitungen voll von Negativmeldungen, in den Nachrichtensendungen des Fernsehens dominiert die Kommentierung der neuen Tiefstände das Tagesgeschehen, und auch die modernen Medien verbreiten nur Angst und Schrecken. Wer will in einem solchen Umfeld schon Aktien kaufen? Allein, wer in solchen Phasen nicht den Mut hat, Aktien zu kaufen, vergibt gewaltige Chancen. Ich empfehle Ihnen deshalb, in Hausse-Zeiten genügend »Cash« zu halten, damit Sie in Krisenzeiten »zuschlagen« können.

> »Ob wir über Socken oder über Aktien reden: Ich mag es, Dinge zu kaufen, wenn sie heruntergesetzt sind.«
>
> **Warren Buffett**, amerikanische Börsenlegende und Orakel von Omaha, Nebraska

In bleibender Erinnerung habe ich die Pensionskasse eines börsennotierten Papierunternehmens. Mit meinem Team war ich damals zuständig für die Anlage der gesamten Vorsorgegelder. Vor der Jahrtausendwende hatte diese Kasse sehr komfortable Reserven, die während der New-Economy-9/11-Krise naturgemäß abschmolzen. Die nervös gewordenen Verantwortlichen luden mich im Januar 2003 zu einer eiligen Krisensitzung ein. Die Stimmung im Stiftungsratsgremium der Pensionskasse war angespannt. Der Vorsitzende forderte mich auf, umgehend etwas zu unternehmen, um ein weiteres Abschmelzen der Rendite und damit auch der Reserven zu verhindern. »Soll ich jetzt einen wesentlichen Teil der Aktien verkaufen, die in den letzten zwei Jahren etwa 35 Prozent ihres Wertes verloren haben?«, fragte ich ziemlich konsterniert in die Runde. »Ja, nur so können wir sicherstellen, dass wir unsere Verantwortung wahrnehmen, Herr Dr. Hotz!«, meinte der Vorsitzende. »Wenn wir weiter zuschauen und die Verluste noch größer werden, haben wir ein Problem«, stellte er weiter fest. Obwohl ich wusste, dass die rein rechnerische Risikofähigkeit der Kasse in der Krise erodiert war, kämpfte ich an dieser Sitzung wie ein Löwe für meine antizyklischen Überzeugungen – mit allen Argumenten, die ich in dieser kurzen und hektischen Diskussion aus dem Hut zaubern konnte. Aktien verkaufen, auf diesem Niveau, nach diesem Kurssturz? Das kam für mich nicht infrage. »Wenn wir verkaufen, haben wir keine Chance mehr, von einem über kurz oder lang zweifellos anstehenden ›Turnaround‹ zu profitieren«, machte ich klar. Ich legte alles in die Waagschale, was ich an Wissen und Erfahrung zu bieten hatte. Nach einer zweistündigen Sitzung schaffte ich das, woran ich zwischenzeitlich selber nicht mehr geglaubt hatte. Es gelang mir, das Gremium davon zu überzeugen, nicht nur von Aktienverkäufen Abstand zu nehmen, sondern im Gegenteil sogar in signifikantem Maße qualitativ hochwertige Aktien dazuzukaufen. Wir erhöhten nach der Krisensitzung die Aktienquote von moderaten 25 Prozent auf etwa 40 Prozent, was für eine Pensionskasse schon ziemlich sportlich ist. Auch wenn ich – und wohl auch die Mitglieder des Anlagegremiums – daraufhin noch einige Wochen zu leiden hatte, so wurde für mich daraus eine tolle Erfolgsgeschichte, die ich zu genießen wusste. Als die Nervosität mit dem Ausbruch des Zweiten Irakkriegs im März 2003 ihren Höhepunkt erreichte, ging es mit den Aktienkursen steil bergauf. Natürlich war dies nicht der Erfolg meiner Prognosefähigkeit, sondern vielmehr meiner Beharrlichkeit.

> »Bärenmärkte machen Anleger reich. Nur wissen sie es in diesem Zeitpunkt noch nicht.«
>
> **Shelby Cullom Davis**, Investmentbanker und ehemaliger US-Botschafter in der Schweiz (1909 – 1994)

Es gibt einen guten Grund, warum es sinnvoll ist, an der Börse antizyklisch zu agieren: der natürliche Herdentrieb des Menschen und der Anleger. Es ist schließlich nur menschlich, dann Aktienkäufe ins Auge zu fassen, wenn der Börsenhimmel heiter ist und folglich die Kurse hoch sind. In konjunkturellen Hochs und bei politischer Stabilität fällt es den Analysten von Banken, Fondsmanagern und Vermögensberatern naturgemäß leicht, ihre Produkte zu vermarkten und Aktien anzupreisen, auch wenn diese in jüngster Vergangenheit bereits um 50 Prozent gestiegen sind. Donnert es hingegen in der Welt, während die Konjunktur brachliegt, viele Unternehmen Gewinnwarnungen und alle Medien Hiobsbotschaften verkünden, dann ist psychologisch nachvollziehbar, dass kaum ein Anleger in solch angespannten Zeiten bereit ist, Aktien zu kaufen. Er könnte ja in ein fallendes Messer greifen! Und genau dies passiert nämlich *jedem* antizyklisch handelnden Investor. Weil keiner den optimalen Einstiegszeitpunkt respektive das optimale Timing während einer Krise kennt, kauft jeder Antizykliker in der Tendenz zu früh. Zumindest mir erging das immer so. Aber das »Leiden« in solchen Phasen war stets Nährboden und Teil des langfristigen Erfolgs unserer Kunden und auch meines persönlichen. Wir wissen zwar nie, *wann* es dreht, aber wissen jeweils, dass es immer nur eine Frage der Zeit ist, *bis* es dreht. Jeder noch so große Rückschlag in der Vergangenheit ist noch immer durch eine noch viel größere Erholung respektive Hausse in der Zukunft abgelöst worden. Wer geduldig und diszipliniert ist sowie seine Strategie konsequent durchzieht, wird über kurz oder lang belohnt werden. Weil wir den Tiefpunkt nicht kennen, ist antizyklisches Handeln kein kurzfristiger »free lunch«. Aber es ist zumindest ein »cheap lunch«.

Ich bin davon überzeugt, dass Übertreibungen oder Exzesse in Baisse-Zeiten heftiger ausfallen als jene in Hausse-Zeiten, weshalb es mir immer leichter gefallen ist, in Krisenzeiten von antizyklischen Zukäufen zu profitieren, als in einem Bullenmarkt von antizyklischen Verkäufen. Warum ist das so? Das hat zum einen logische und rational gut erklärbare Ursachen. So gibt es in der Hausse keinen *Zwang* zum Kauf von Aktien, der quasi eine selbstverstärkende Wirkung entwickelt und zu Übertreibungen führt. Aktienkäufe in der Hausse erfolgen in aller Regel ohne Not und damit stets auf freiwilliger Basis – selbst wenn sie von einer euphorischen Gier der Anleger getrieben sind. Deshalb bin ich überzeugt, dass selbst vermeintlich irrationaler Überschwang, wie er beispielsweise der potenziellen Blasenbildung rund um die Jahrtausendwende zugeordnet wird, eine reine Ex-post-Perspektive ist. Zwar kam ich damals zweifelsfrei zum Schluss, dass sich an den sogenannten Neuen Märkten eine Blase gebildet hatte. Dass auch die etablierten Märkte überbewertet sein würden, war mir im Jahr 2000 hingegen überhaupt nicht klar. Wäre dies damals so klar gewesen, frage ich mich: Woran hätte ich diese Blase erkennen können? Daran, dass die Bewertungen der Aktien zu hoch waren? Nein, daran erinnere ich mich noch allzu gut: Die Bewertungen der etablierten Aktien lagen damals im Normalbereich. Allerdings muss ich immer wieder schmunzeln, wenn gewisse

Kommentatoren aus *heutiger* Perspektive schreiben, die Aktienmärkte seien zu Beginn der Jahrtausendwende hoffnungslos überbewertet gewesen. Nur, der Haken dabei ist, dass man im *Nachhinein* für die Berechnung der Kurs/Gewinn-Verhältnisse der Jahre 2001 und 2002 die um rund zwei Drittel (!) eingebrochenen Unternehmensgewinne heranzieht und so fälschlicherweise folgert, dass im Jahr 2000 eine krasse Überbewertung bestanden haben soll. Das ist natürlich Mumpitz, denn niemand konnte im Jahr 2000 voraussehen, dass in den folgenden Jahren die Unternehmensgewinne einen derartigen Einbruch erleiden würden. Legte man damals nämlich die realistisch zu *erwarteten* Gewinne für die Jahre 2001 und 2002 zugrunde, bestand nach meiner Erfahrung und Überzeugung keinerlei Anlass, von einer exorbitanten Überbewertung der Märkte zu sprechen.[1]

Genauso war es auch in der Finanzkrise. Aus der Grafik 19, die am 17. Juni 2006 in der *Finanz und Wirtschaft* erschienen ist, entnehmen Sie, dass aus damaliger Sicht überhaupt kein Anlass bestand, Aktien als überbewertet zu beurteilen. Im Gegenteil: Sie waren gemäß dem Nachrichtendienst von Bloomberg mit einem Kurs/Gewinn-Verhältnis von rund 16 so günstig wie seit Langem nicht mehr. Entsprechend positiv gestalteten sich auch vor der Finanzkrise die Analysten- und Marktkommentare. Es gibt für mich keinen Zweifel: Eine Blase und damit das Ende einer Hausse kann nicht zuverlässig prognostiziert werden.

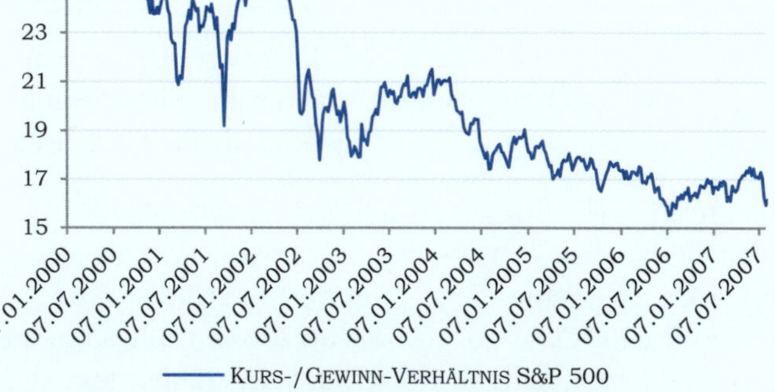

Grafik 19: Günstig bewertete amerikanische Aktien vor der Finanzkrise.
Quellen: Finanz und Wirtschaft vom 17. Juni 2006; Bloomberg.

Etwas einfacher gestaltet sich das Navigieren in der Baisse: Immer wieder werden private und institutionelle Anleger in Krisen regelrecht *gezwungen,* ihre Positionen im dümmsten Moment zu liquidieren. Dazu gehören zum Beispiel risikoaffine Privatinvestoren, die auf Pump spekulieren und ihre Aktien verkaufen müssen, um ihre Kredite sicherzustellen. Es sind aber auch institutionelle Anleger wie Versicherungsunternehmen und Pensionskassen, die in Krisenzeiten mit einer abgeschmolzenen Risikofähigkeit zu kämpfen haben und deshalb ihre Aktien verkaufen müssen. Es gibt also in der Baisse – und nur in der Baisse – für viele Anleger einen *Zwang,* zu Unzeiten verkaufen zu müssen. In der Börsen-Hausse gibt es keinen Zwang, kaufen zu müssen – wer gierig ist, kauft immer freiwillig.[2]

Dies allein führt nach meiner Überzeugung dazu, dass Übertreibungen der Börse in der Baisse ausgeprägter und sichtbarer ausfallen als in der Hausse. Dazu kommen psychologische Gründe, die eine Baisse zusätzlich verstärken. Wenn täglich oder sogar stündlich neue Horrornachrichten über Zeitungen, Internet, soziale Medien und Fernseher verbreitet werden, verlieren selbst viele Investoren, die im Grunde risikofähig wären, die Nerven. Sie halten die zunehmenden Kursverluste schlicht nicht mehr aus und werfen ihre Aktien auf den Markt – regelmäßig im dümmsten Moment. Es kommt zu einem sich selbst verstärkenden Teufelskreis.[3] Weil dem so ist, bieten sich in Börsenkrisen die größten Chancen für langfristig und antizyklisch agierende Investoren. Es sind immer wieder großartige Opportunitäten, die sich Investoren eröffnen, welche sich gegen den Herdentrieb der Anleger stemmen. Wenn es draußen blitzt und donnert, dann schlägt die Stunde der Hartgesottenen.

> »Die einzige Sache, die wir zu fürchten haben, ist die Furcht selber – namenlose unvernünftige Angst, die die nötigen Anstrengungen lähmt, um Rückzug in Vormarsch zu verwandeln.«
>
> **Franklin D. Roosevelt**, ehemaliger amerikanischer Präsident (1882 – 1945)

Ich erinnere mich noch allzu gut an die New-Economy-9/11-Krise von 2001 bis 2003 und an die Finanzkrise von 2007 bis 2009, in welchen die internationalen Aktienmärkte jeweils um die 50 Prozent einbrachen. Nachdem die Aktienkurse im Verlauf der Baisse 20, 30 oder 40 Prozent unter ihren ehemaligen Höchstkursen notierten, kauften wir für unsere Kunden und selbstverständlich auch mit unserem eigenen Geld systematisch Aktien zu, um die bestehenden Bestände im Einstandspreis zu verbilligen – antizyklisch. Diese Zeit war schrecklich und enorm nervenaufreibend. Kaum hatten wir gekauft, lagen die Kurse der Aktien wenige Tage oder Wochen später bereits wieder substanziell tiefer, als wir diese eben gekauft hatten. Es erschien mir manchmal so, als ob mein Geld, das ich gerade in mein Aktienportfolio investiert hatte, von einem Staubsauger eingesogen und vernichtet würde. Es war ziemlich frustrierend zu erleben, wie der Bestand meines Aktienportfolios innerhalb einer Monatsfrist an Wert einbüßte, obwohl ich in dieser Zeit substanzielle Mittel zur Aufstockung eingeschossen hatte. Und wenn sich dieses Frustrationserlebnis innerhalb von sechs oder zwölf Monaten mehrfach wiederholt, läuft auch der beharrlichste Antizykliker – zu denen ich mich zweifellos zähle – Gefahr, dass ihm die Puste ausgeht. Aber am Ende sind unsere Kunden und auch ich selbst für unsere Beharrlichkeit immer belohnt worden. Und wie!

Heute noch sehr präsent ist mir, dass ich während der Finanzkrise insgesamt sechs Mal Liquidität in mein Wertpapierportfolio geschüttet habe, um nach Rückschlägen meine bestehenden Aktienpositionen aufzustocken. Zum Zeitpunkt der Käufe war dies stets zu früh, denn die Baisse nahm kein Ende. Aber ich ließ nicht locker und verlor den Mut nicht. Ich hielt mich konsequent an mein Motto: Irgendwann wird der »Turnaround« einsetzen und die Aktien werden sich fulminant erholen. Oder aber die Welt geht tatsächlich unter – aber dann spielt es definitiv auch keine Rolle mehr, ob ich nun Aktien, Liquidität oder Gold halte. Die letzten Aufstockungen nahm ich Anfang März 2009 vor, als die Anspannung der Finanzkrise auf dem Siedepunkt war. In dieser kollektiven Depression fallen Aktienmärkte längst nicht mehr, weil es neue Hiobsbotschaften gibt. Sie fallen vor allem deshalb, weil die Leute *fürchten,* die Aktienmärkte würden auch am nächsten Tag weiter fallen, weshalb sie in Panik verkaufen. Solche Kettenreaktionen, die kaskadenartig enorme Verwerfungen auslösen, führen schließlich zu einem selbstzerstörerischen Prozess, einem »circulus vitiosus«. Die größte Gefahr, dass wir ins Elend stürzen, ist bekanntlich die, dass wir *glauben,* ins Elend zu stürzen. Wenn dann das Vertrauen der Investoren wegbricht, so brechen die Dämme wie von selbst. In solchen Zeiten setzt der Verstand vieler Menschen aus und sie sehen nur noch schwarz. Sie verlieren jede Hoffnung und wollen nichts anderes, als ihr Geld in Sicherheit bringen. Nachdem sie das getan haben, verlieren sie jede Chance, nach der Kapitulation der Kapitalmärkte beim Turnaround dabei zu sein.

Der Tiefpunkt der Börsen, die sich innerhalb von rund 18 Monaten etwa halbiert haben, wurde am 9. März 2009 erreicht. Dass dies der Tiefpunkt gewesen sein soll, wusste ich natürlich wie jeder auf diesem Planeten erst im Nachhinein. Obwohl ich bis zu diesem Zeitpunkt insgesamt rund 25 Prozent an neuen Mitteln in mein Portfolio geschüttet hatte, war dieses auf dem Tiefpunkt weniger wert als zu Beginn der Krise. Eine ziemlich frustrierende Erfahrung, zumal ich ausschließlich in Aktien bester Qualität investierte. Doch vom 9. März 2009 an ging es steil nach oben. Nicht nur an der Börse, sondern auch mit den Portfolios unserer Kunden, die sich wie mein eigenes fulminant nach oben bewegten. Der antizyklische Durchhaltewille wurde belohnt. Beachten Sie aber in solch spektakulären Phasen, die Disziplin und Mut erfordern, dies: Verfallen Sie nicht der Versuchung, Ihre Zukäufe auf die besonders stark eingebrochenen Titel zu beschränken, sondern halten Sie eisern an einer breiten Diversifikation Ihrer Anlagen fest. Einzelne Unternehmen können in schweren Krisen untergehen, ein gut diversifiziertes Portfolio von Qualitätsaktien aber nicht.[4]

> »Manchmal fallen Aktienmärkte 50 Prozent oder gar mehr. Doch langfristig sind Aktien die beste Wahl für jeden Anleger, der dazu nicht geliehenes Geld benutzt und seine Emotionen im Griff hat. Für alle anderen gilt: Nehmt Euch in Acht.«

Warren Buffett, amerikanische Anlegerlegende und Orakel von Omaha, Nebraska

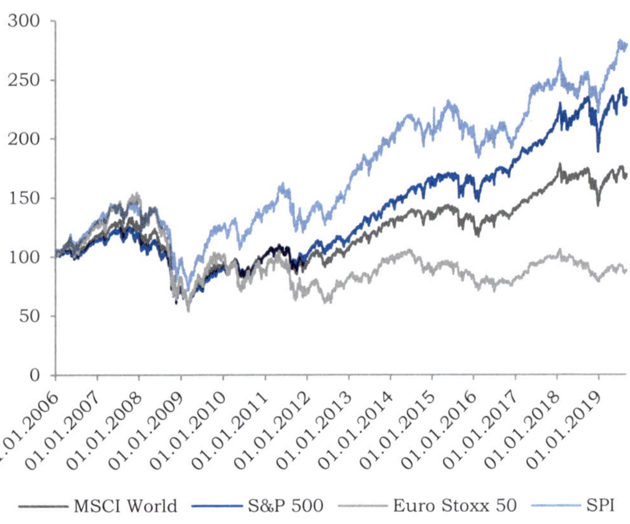

Grafik 20: Antizyklisches Anlegen in den Jahren 2008 und 2009 der Finanzkrise. *Quelle: Bloomberg. Indexiert in US-Dollar.*

Antizyklisches Anlegen in Krisenzeiten erfordert neben einer Portion Mut vor allem auch ein erforderliches Liquiditätspolster, das zur längerfristigen Verfügung steht. Dies verlangt Spardisziplin in guten Zeiten – viele Anleger haben nämlich die Tendenz, in Schönwetterperioden voll investiert zu sein. Das macht das antizyklische Investieren zu einer Herausforderung. Es ist deshalb kein Zufall, dass sich in Börsenbaissen leichter Verkäufer finden, die sich Sorgen um die Zukunft machen, als auf Anlage wartende antizyklische Investoren. Doch diese werden für ihren Mut belohnt, denn sie machen ihre erlittenen Verluste in der Zeit nach einer großen Krise rasch wieder wett.[5]

Wenn mich in der Zeit der Tiefstände im Frühjahr 2009 ein Kunde mit einem gemischten Portfolio (50 Prozent Aktien, 50 Prozent Anleihen) gefragt hat, bis wann ich glaube, dass die seit Beginn der Börsenkorrektur eingetretenen Verluste denn wieder wettgemacht seien, antwortete ich: »Gehen Sie vorsichtshalber von mindestens acht bis zehn Jahren aus.« Ich war mir ziemlich sicher, dass es nach der Finanzkrise etwa ein Jahrzehnt dauern würde, bis die alten Höchststände wieder erreicht sein würden. Doch wie so oft im Leben kam auch diesmal alles anders. Zur Freude unserer Kunden – und natürlich auch meines Teams – gelang es uns dank unserem eisernen antizyklischen Investieren, bereits drei Jahre nach dem Tiefpunkt der Finanzkrise wieder neue Höchststände in unseren Wertpapierportfolios zu erklimmen.[6]

Erfolgreiches Investieren erfordert gute Nerven und viel Geduld. Wer sich von der Hektik und den Ängsten des Tagesgeschehens anstecken lässt, hat schon verloren. Und vergessen Sie den optimalen Einstiegszeitpunkt. Keiner kennt ihn. Wer vor dem Tiefpunkt einer Krise nicht schon längst und damit im Grunde »zu früh« gekauft hat, wird erfahrungsgemäß auch nicht einsteigen, wenn der »Turnaround« einmal einsetzt. Dies einerseits deshalb, weil keiner weiß, *wann* der Tiefpunkt Realität ist – diesen kennen wir immer erst im Nachhinein, wenn es bereits zu spät ist. Andererseits reagieren in solch hektischen Börsenkrisen Aktienkurse extrem sensitiv auf jede neue Meldung. Tagesschwankungen von 2, 3 oder sogar über 5 Prozent sind dann keine Seltenheit. Es ist deshalb in dieser Extremphase leicht möglich, dass sich die Aktienmärkte innerhalb von wenigen Tagen um 10 Prozent von ihren Tiefständen lösen. Das war sowohl in der Finanzkrise als auch während der Corona-Krise im Jahr 2020 so. Die Wende zum Positiven ist in jeder großen Krise heftig.

Wichtig ist in diesem Zusammenhang zu wissen: In die Zeiten größter Unsicherheit und Panik fallen jeweils nicht nur zahlreiche extrem schlechte Börsentage, sondern auch einige extrem gute. Jede Krise mag verschieden sein, was Ursachen, Heftigkeit und Folgen anbelangt. In *einem* Punkt sind aber alle

Krisen gleich: Der Tiefpunkt ist genau dann erreicht, wenn die Nacht am dunkelsten, die Nachrichtenlage am düstersten ist und die Aussichten am trübsten sind. Es dreht, wenn alles schwarz aussieht – bloß ein Hauch weniger schwarz als ein Tag zuvor.

Die Börsen ändern ihre Richtung längst, *bevor* es die Realwirtschaft tut. Sie laufen der gelebten Welt nicht selten um Monate, manchmal sogar um ein bis zwei Jahre voraus. Das war schon während der Großen Depression der 1930er Jahre wie auch dem Zweiten Weltkrieg der Fall, als der Dow Jones im April 1942 den Tiefpunkt erreichte, lange bevor die alliierten Truppen den Spieß endgültig umdrehten.

Wenn Börsengurus in Krisenzeiten regelmäßig das Ende der Aktienkultur herbeireden, erinnert mich dies an die Titelgeschichte »Der Tod der Aktie«, die am 13. August 1979 im Wirtschaftsmagazin *Bloomberg Businessweek* erschienen ist. Aktien waren damals, über insgesamt 13 Jahre, kaum vom Fleck gekommen. Der Artikel malte ein düsteres Bild über die Zukunft der Aktie. Der Dow Jones schloss am Erscheinungstag des Beitrags bei 875 Punkten – ein geradezu exzellenter Einstiegszeitpunkt, wie sich später herausstellte. Wer in solchen Phasen der Agonie als Antizykliker nicht frühzeitig kauft, wird allein schon aus psychologischen Gründen auch auf deutlich tieferem Niveau nicht kaufen, denn die weiteren Börsenrückschläge und ein rasch steigendes Angstbarometer sind wie siamesische Zwillinge. Mit an Sicherheit grenzender Wahrscheinlichkeit ist deshalb auszuschließen, dass derselbe Investor, der bei Regenwetter seine Aktien aus Angst vor Kurseinbrüchen gerade erst verkauft hat, diese kurze Zeit später in einem tornadoartigen Gewitter zu tieferen Kursen wieder zurückkauft. Im Gegenteil: Er wird in dieser turbulenten Phase überglücklich sein, verkauft zu haben, und die Überzeugung einnehmen, dass alles noch viel schlimmer kommen wird. Auch nach dem oft überraschenden und heftigen Einsetzen des Turnaround wird er nach aller Wahrscheinlichkeit nicht kaufen. Er wird sich dann nämlich sagen: »Das ging jetzt aber etwas gar schnell nach oben. Ich warte nun mit Kaufen, bis wir wieder da unten sind, wo wir vor ein paar Tagen oder Wochen einmal waren.« Die Folge ist: Er wird nie kaufen. Solche psychologischen, menschlichen Phänomene werden von den Vertretern der Behavioral Finance[7] und in der Grafik 21 eindrücklich beschrieben. Merken Sie sich deshalb, wenn wieder einmal Krisenzeit herrscht: Nur Optimisten kaufen zu früh, Pessimisten kaufen nie!

Ein wichtiges Ziel in meiner interessanten Beratungstätigkeit ist, die Kunden in herausfordernden Zeiten zu motivieren, unseren Grundsätzen zu folgen und zu kaufen, wenn andere die Nerven verlieren und im dümmsten Moment den Bettel hinschmeißen. Dies ist sicherlich eine der größten Herausforderungen in meinem Job. Während ich als konservativer Vermögensverwalter in Boom-Zeiten Anleger davon überzeugen muss, ihren Risikoappetit im Zaum zu halten, so kämpfe ich in Aktienbaissen dafür, Ruhe zu bewahren und nach Möglichkeit sogar zuzukaufen.

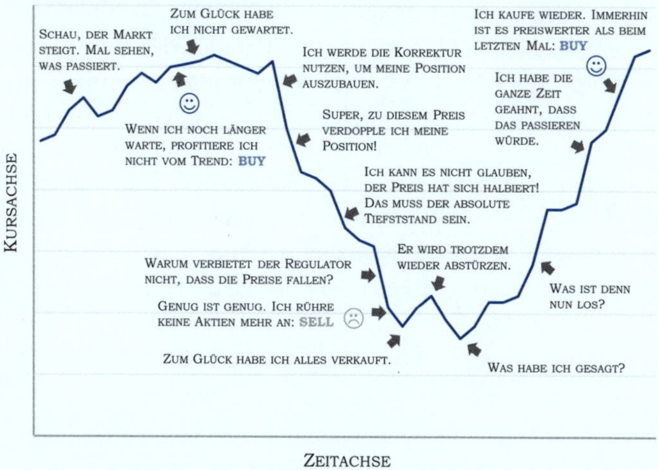

Grafik 21: So kurios handeln Anleger. *Quellen: BHFS Behavioral Solutions; Handelszeitung vom 24. Januar 2018.*

Es ist doch im Grunde schizophren: Am Black Friday rennen Menschenmassen in die Warenhäuser, um zum Beispiel ein paar schöne Schuhe mit einem Preisnachlass von 30 Prozent zu ergattern. Können Investoren jedoch plötzlich Aktien mit einem Rabatt von 30 Prozent kaufen, rennen sie in Angst und Panik davon. Anleger, die gerade eben noch bekräftigten, ihr Anlagehorizont betrage mindestens zehn Jahre, verkürzen diesen fast über Nacht auf wenige Tage oder sogar Stunden – ein irrationaler Kurzschluss, der nur psychologisch erklärt werden kann. Es ist paradox: Während es für gewisse Anleger auch in Krisenzeiten selbstverständlich ist, auf ihren Immobilienanlagen weiterhin an einem langfristigen Anlagehorizont festzuhalten, verkürzt sich dieser im Umgang mit ihren Aktienanlagen dramatisch. Es ist deshalb kaum ein Zufall, dass am Ende einer größeren Börsenkrise der Anteil der Bevölkerung, der Aktien hält, auf einem massiv tieferen Niveau liegt als vor der Baisse.[8] Für mich war das immer eine Motivation, dagegenzuhalten und potenziell »abtrünnige« Kunden mit Argumenten zu überzeugen.

»An der Börse neigen Anleger zu kurzen Anlagehorizonten, Häuser dagegen kaufen sie mit einem Anlagehorizont von 30 Jahren und mehr.«

Warren Buffett, amerikanische Anlegerlegende und Orakel von Omaha, Nebraska

Im Kontext des antizyklischen Handelns in Krisenzeiten spielt die strapazierte Psyche der Investoren eine wichtige Rolle. Wenn die Aktienmärkte einmal 20, 30, 40 oder sogar 50 Prozent eingebrochen sind, verliert eine zunehmende Schar von Anlegern selbst dann die Nerven, wenn sie eigentlich noch risikofähig wäre und nicht verkaufen müsste. Sie hält angesichts der dauernden Negativmeldungen die zunehmenden Verluste schlicht nicht mehr aus und wirft ihre Wertpapiere zu Unzeiten auf den Markt – dass dies zu Schleuder- respektive Ausverkaufspreisen erfolgt, nehmen diese Anleger in Kauf. Sie wollen einfach wieder ruhig schlafen können. In diesen Marktphasen wechseln unzählige Aktien von zittrigen zu starken Händen. Wenn dann der Börsenhimmel am dunkelsten ist, steigen die Risikoprämien[9] für die risikobereiten Aktionäre auf Höchstwerte. Das war auch während der Corona-Krise im Frühjahr 2020 nicht anders.

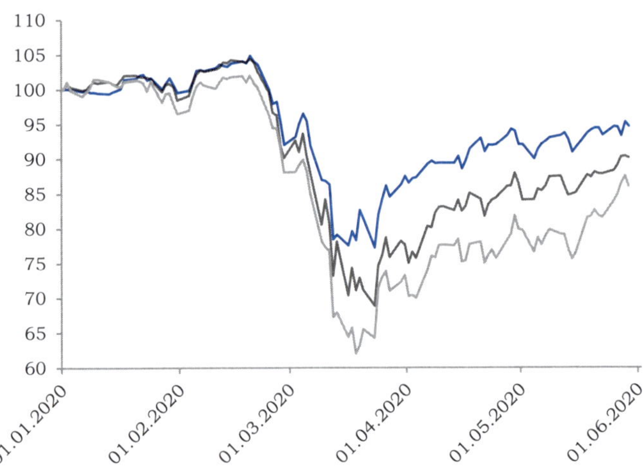

Grafik 22: Corona-Krise. *Quelle: Bloomberg. Indexiert in Schweizer Franken.*

Die weltweit grassierende Pandemie löste innerhalb von nur drei Wochen einen Börsensturz von durchschnittlich 35 Prozent aus. Viele Anleger verkauften im dümmsten Moment ihre Aktien – einige freiwillig, weil sie die Nerven verloren, andere unfreiwillig, weil sie zu hohe Kredite hatten. Vergleiche mit dem Ersten Weltkrieg von 1914 bis 1918 und der Weltwirtschaftskrise der 1930er Jahre wurden gezogen. In den Monaten März und April 2020 lagen die Nerven vieler Anleger blank. An den Börsen herrschte Angst und Panik. Es gab Aktienmarktkorrekturen von bis zu 10 Prozent – an einem einzigen Börsentag. Jüngere Anleger, die in den Jahren zuvor vor allem mit eher schwankungsarmen Märkten vertraut waren, lernten fast über Nacht Finanzgeschichte. Der Volatilitäts-Index VIX, der als prominentester »Angst-Indikator« bezeichnet wird, kletterte auf einen Stand von über 80, und nicht wenige Anleger verloren die Nerven – als die amerikanische Investmentbank Lehman im September 2008 pleiteging, befand sich das Angstbarometer auf demselben Niveau. Zum Vergleich: Im schwankungsarmen Jahr 2019 lag es im Durchschnitt bei gerade einmal 15.

Wer prozyklisch verkaufte und darauf setzte, die Aktien später wieder günstiger zurückzukaufen, erlebte wie in so mancher Krise eine große Enttäuschung. Die Erholung der Märkte setzte ein, als ein erster *Hoffnungsschimmer* aufflackerte, dass die Ansteckungskurve der Pandemie etwas abflachen, also etwas weniger steil nach oben schießen könnte.

»Markets stop panicking when policy makers start panicking.«

Mark Dittli, Chefredaktor der Online-Zeitung *The Market*, 30. März 2020

Wer verkauft hatte und auf den Zeitpunkt wartete, »bis sich der Börsenhimmel wieder etwas aufheitert«, kam zu spät. Das ist und war in jeder Börsenkrise so. Zudem waren nahe dem Tiefpunkt, der am 23. März 2020 erreicht wurde, nicht nur ein paar unvergessliche Negativtage mit Verlusten von bis zu 10 Prozent zu verzeichnen, sondern auch fulminante Positivtage mit Zuwächsen in ähnlicher Höhe. Allein am 24. März 2020 avancierte der Dow Jones um satte 11 Prozentpunkte – das beste Tagesresultat seit 1933. Zwischen dem 24. und dem 26. März haben die globalen Aktienmärkte innerhalb von nur drei Tagen um die 20 Prozentpunkte zugelegt. Wer aussteigt, verpasst in der Folge fast zwangsläufig auch die rasch einsetzenden positiven Gegenbewegungen. Die Börsen beginnen sich eben nicht erst dann von ihren Tiefstwerten zu erholen, wenn sich die Sonne wieder am Himmel zeigt, sondern schon dann, wenn während des Sturms anstelle von sechs Blitzschlägen pro Minute nur noch fünf auf uns niederdonnern. Antizykliker, die ihre Strategie nicht wegen der schlechten Stimmung an der Börse über den Haufen werfen, laufen in solchen Marktphasen zur Hochform auf.

15
Von der Anlagepolitik von Versicherungen und Pensionskassen lernen? Zweifel sind angebracht!

Versicherungsunternehmen gehören zu den mächtigsten Anlegern der Welt. Mit professionellen Teams verwaltet jeder Einzelne der großen Player wie die Allianz, AXA, Munich Re, Swiss Life, Swiss Re oder Zurich Insurance Gelder in dreistelliger Milliardenhöhe. Versicherungsunternehmen verfügen über einen äußerst langfristigen Anlagehorizont, der sie eigentlich prädestinieren würde, einen sehr hohen Aktienanteil zu besitzen. Aber ist dies in der Praxis auch tatsächlich so, wie man es erwarten würde oder sogar müsste?

Wer glaubt, die wissenschaftlichen Erkenntnisse eines Harry Markowitz seien bei den großen europäischen Versicherungsunternehmen längst angekommen und würden umgesetzt, täuscht sich. Wer als Laie einen Blick auf die Höhe der Aktienanteile der Versicherer wirft, ist erstaunt: Diese liegen typischerweise bei äußerst mageren 2 bis 5 Prozent der gesamten Kapitalanlagen.[1] 2 bis 5 Prozent! Regulatorisch ist den Versicherungsunternehmen ein maximaler Aktienanteil von 30 Prozent erlaubt.[2] Dass Versicherungsunternehmen, die über einen extrem langfristigen Anlagehorizont von Jahrzehnten verfügen, weniger als einen Zwanzigstel ihrer Gelder in der mit Abstand lukrativsten Anlagekategorie in Form von produktiven und innovativen Unternehmen halten, frappiert. Dieser verschwindend geringe Anteil hat naturgemäß kaum Einfluss auf die langfristige Performance. Er könnte fast ebenso gut null betragen, denn Anteile von unter 5 Prozent sind ziemlich irrelevant für die langfristige Entwicklung eines Vermögens. Dies ist weder im Sinne der Versicherten und Aktionäre der Gesellschaft noch im Sinne einer optimierten Anlagestrategie. Ehrlich gesagt, kann ich das Risikoverständnis der Versicherer nur schwer nachvollziehen.

So wunderte ich mich sehr, als der Anlagechef des Lebensversicherers Swiss Life, Stefan Mächler, in einem Interview folgende Aussagen machte: »Aktien sichern wir größtenteils gegen Kursschwankungen ab. Wir sind primär an den Dividendenerträgen interessiert«, um danach anzufügen: »Was ich hier neu gelernt habe, ist das langfristige Denken. Das hatte ich als Banker weniger.«[3] Nanu, wie passt denn die dauerhafte Absicherung kurzfristiger Schwankungen zu einem »langfristigen Denken«? Ich verstehe das nicht. Wenn ich langfristig denke, brauche ich die kurzfristigen Schwankungen nicht abzusichern.

Um es noch pointierter auszudrücken: Warum kaufen Versicherer überhaupt Aktien, die sie in der Folge absichern, um damit nicht nur sämtliche Risiken, sondern selbstverständlich auch sämtliche Gewinnchancen zu eliminieren? Da könnte man das Geld ebenso gut liquide halten.[4] Regelmäßig werden regulatorische Gründe angeführt, um dieses übervorsichtige Anlageverhalten der Versicherer zu rechtfertigen. So orientiert sich die Risikofähigkeit der Versicherer an Solvenz-Tests, die kurzfristig ausgerichtet sind. Was ich dabei nicht verstehe: Warum versuchen die hochrangigen Führungskräfte der Versicherungsindustrie nicht, diese aus meiner Sicht fragwürdigen regulatorischen Richtlinien mit gemeinsamen Kräften zu ändern? Mir geht einfach nicht in den Kopf, wie ein faktisch 100-jähriger Anlagehorizont zu einem Aktienanteil passt, der oft nicht höher als 2 Prozent ist. Darüber hinaus frage ich mich, ob sich beispielsweise eine Swiss Life mit ihren gewaltigen Immobilienbeständen, welche mit über 17 Prozent einen viel höheren Anteil am Gesamtportfolio ausmachen, im Vergleich zu Aktien so viel sicherer fühlen kann.[5] Ich habe meine Zweifel: So betrug im Frühjahr 2020 das Immobilienengagement der Swiss Life rund 35 Milliarden Schweizer Franken – das Dreifache der Börsenkapitalisierung. Das sind gewaltige Hebelkräfte, die bei einem privaten Immobilienbesitzer wohl niemals durchgehen würden. Darüber hinaus dürfte seit Corona der Wert von teuren Einkaufsmeilen nachhaltig unter Druck gekommen sein. Die Swiss Life ist einer der größten, wenn nicht der größte Besitzer von Immobilien an der Zürcher Bahnhofstraße, die von einer Veränderung des Einkaufsverhaltens der Konsumenten besonders stark betroffen sein dürfte.

Apropos Swiss Life: Eine meiner spektakulärsten und gleichzeitig skurrilsten Begegnungen, die ich im Laufe meines Berufslebens mit führenden Exponenten der Schweizer Finanzindustrie je hatte, trug sich im Jahr 2009 zu. Mit einem Schreiben an den damaligen CEO der Swiss Life, Bruno Pfister, teilte ich diesem meine Überzeugung mit, dass die Aktienquote der Swiss Life mit 1,2 Prozent viel zu tief sei. Diese lag sogar deutlich tiefer als die Quote von risikobehafteten Anleihen oder Hedgefonds, was ich nicht verstehen konnte. Darüber hinaus teilte ich dem Konzernchef höflich meine Meinung mit, dass ich den jüngst erfolgten Kauf des Finanzberatungsunternehmens AWD durch Swiss Life als Flop beurteilen würde. Der Lebensversicherer kaufte AWD, welcher von gewissen Medien wegen seiner aggressiven Verkaufsmethoden auch als »Drückerkolonne« bezeichnet wurde, vom umtriebigen deutschen Finanzunternehmer Carsten Maschmeyer. Mein kritisches, aber höfliches Schreiben an den verantwortlichen CEO veranlasste diesen, mich zu einem Gespräch nach Zürich einzuladen.

Die Zeit, die mich der Konzernchef bei unserer Verabredung warten ließ, überbrückte ich mit einem Gespräch mit dem Concierge, der mich in der Eingangshalle der Swiss Life empfing. Ich werde dieses Gespräch mit dem freundlichen Herrn an der Empfangstheke nicht mehr vergessen. Nachdem ich ihm erzählt hatte, was der Grund für das Treffen mit seinem obersten Chef sei, sagte er zu mir in freudigem und beherztem Ton: »Herr Hotz, das finde ich wirklich großartig, dass Sie unserem CEO die Meinung sagen. Ganz ehrlich, ich bin hier zwar nur der kleine Portier, aber ich besitze gesunden Menschenverstand. Ich bin diesem Carsten Maschmeyer zweimal persönlich begegnet. Diesem Kerl würde ich nicht trauen und bei ihm respektive seinem Unternehmen keine 100 Franken investieren!« Hoppla! Ich war ziemlich erstaunt und überrascht, wie offen der Concierge seine Meinung äußerte. Dann fügte er an: »Wissen Sie, Herr Hotz, jetzt kann ich endlich offen meine Meinung kundtun. In drei Monaten werde ich nämlich pensioniert!«

Dann wurde ich, notabene mit 25-minütiger Verspätung, von der persönlichen Assistentin des Konzernchefs in dessen Büro gebracht – weitere fünf Minuten Wartezeit. Endlich trat Bruno Pfister herein, setzte sich auf seinen Stuhl, ohne mich richtig zu grüßen, blickte auf meinen Brief, der auf seinem Schreibtisch lag, um dann vorwurfsvoll anzumerken, was mich denn antreibe, ihm diesen kritikbehafteten Brief zu schicken. Meine bereits leicht erhöhte Nervosität erreichte in diesem Moment ihren Höchstwert, worauf ich ebenfalls mit starker Stimme entgegnete: »Lieber Herr Pfister, ich danke Ihnen ganz herzlich für Ihre wertvolle Zeit, die Sie mir freundlicherweise für ein konstruktives Gespräch über Anlagepolitik und AWD-Kauf der Swiss Life zur Verfügung stellen. Wenn Sie mich aber heute im Stile eines Oberst im Generalstab nur deshalb nach Zürich beordert haben, um mir die Leviten zu lesen, so können wir unser Gespräch nullkommaplötzlich beenden.«

Die Stimmung war gereizt, das anschließende Gespräch kurz und die Frustration wohl auf beiden Seiten des Tisches hoch. Meine Wahrnehmung war die, dass der Konzernchef an meiner Meinung gar nicht interessiert war. Vielmehr wollte er mir zu verstehen geben, dass er meinen kritischen Brief als Anmaßung betrachtete. Dazulernen wollte er schon gar nicht – er war von seiner Meinung vorbehaltlos überzeugt. Leider! Denn nur wenige Jahre nach dem Kauf der AWD musste Swiss Life den Goodwill von AWD in dreistelliger Millionenhöhe abschreiben. CEO Pfister wäre vermutlich gut beraten gewesen, frühzeitig die sensible Wahrnehmung seines zwischenzeitlich pensionierten Concierge zu erkunden.

Im Grunde negieren Versicherungsunternehmen und wohl auch deren Aufsichtsbehörden die grundlegenden Erkenntnisse, die seit der Geburt der Portfolio-Theorie eigentlich längst bekannt sein müssten. Eine zentrale Erkenntnis aus den Forschungen von Markowitz und seinen Mitstreitern ist nämlich die: Das risiko- respektive schwankungsärmste Portfolio, das Sie aus Aktien und Anleihen zusammenstellen können, ist nicht etwa das Portfolio, das zu 100 Prozent aus Anleihen bestückt ist, wie vielleicht intuitiv vermutet werden könnte. Der Diversifikationseffekt zwischen Anleihen und Aktien sorgt nämlich dafür, dass das risikoärmste Portfolio einen Aktienanteil von immerhin rund 15 Prozent aufweist.[6] Das liegt bekanntlich daran, dass die Kursentwicklung von Anleihen und Aktien nicht gleich gerichtet ist.[7]

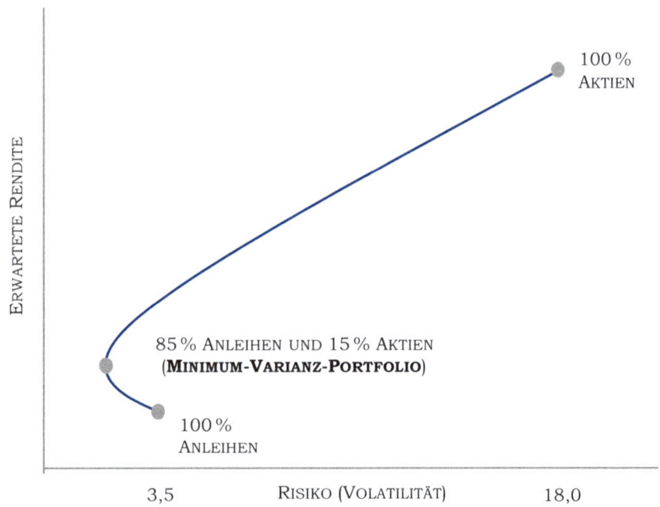

Grafik 23: Risikominimales Portfolio. *Eigene Berechnung und Darstellung. Quelle: Markowitz, M. H. (1952). »Portfolio Selection«, Journal of Finance, Vol. 7, S. 77–91.*

Aufgrund des Diversifikationseffekts zwischen Anleihen und Aktien ist ein reines Anleiheportfolio demnach selbst in einer kurzfristigen *Jahresbetrachtung* riskanter einzuschätzen als ein Portfolio, das zu rund 85 Prozent aus Anleihen und zu 15 Prozent aus Aktien besteht. Dieser Zusammenhang müsste eigentlich schon intuitiv einleuchten. Wer sein Wertpapierportfolio nämlich überwiegend oder sogar ausschließlich in Anleihen oder anleiheähnliche Konstrukte packt, investiert in ein Klumpenrisiko.[8] Der Anleger ist dann primär abhängig von der Zinsentwicklung und profitiert kaum vom wertvermehrenden Unternehmertum der Wirtschaft.

Im Kontrast zu diesen für die Praxis äußerst relevanten Erkenntnissen aus der Wissenschaft halten die europäischen Versicherer mit ihren riesigen Milliardenvermögen notorisch viel zu tiefe Aktienanteile. Warum ist das so? Wie erwähnt haben Versicherungsunternehmen ein regulatorisches Problem, das eine langfristig optimale Verwaltung ihrer Gelder mit wesentlich höheren Aktienanteilen verunmöglicht. So muss die Assekuranz den Anlagehorizont ihrer Anlagen auf denjenigen ihrer Verpflichtungen abstimmen, was mit dem Kauf von Anleihen naturgemäß einfacher gelingt als mit Aktien, die im Gegensatz zu Anleihen nicht über einen definierten Rückzahlungstermin verfügen. Darüber hinaus müssen Versicherungsunternehmen Verluste bei Aktien sofort erfolgswirksam abschreiben, während für Anleihen andere Regeln gelten. Treten bei diesen Verluste ein, so erfolgt häufig keine erfolgswirksame Abschreibung, weil davon ausgegangen wird, dass die Anleihe am Ende der Laufzeit zu 100 Prozent zurückbezahlt wird.[9]

Dazu kommt, dass selbst illiquide und intransparente Anlagen wie Private Equity, Private Debt, Infrastruktur oder Hedgefonds Vorteile gegenüber börsengehandelten Aktien haben, da sie nicht täglich gehandelt und typischerweise zu einem vermeintlich stabilen Schätzwert verbucht werden. Diese Ungleichbehandlung der kurzfristigen Risikobeurteilung ist meines Erachtens absurd. Sie bevorzugt Anleihen, Immobilien und illiquide Anlagen gegenüber liquiden und transparenten Aktien und kostet langfristig Rendite.

Ohne an dieser Stelle vertieft auf die komplexen regulatorischen Rahmenbedingungen einzugehen, mit denen Versicherer zweifellos zu kämpfen haben, bin ich überzeugt: Gäbe es diese aus meiner Sicht weitgehend fragwürdigen regulatorischen Fesseln nicht, müssten die Aktienanteile der Versicherungsindustrie unter Zugrundelegung eines fast unendlichen Anlagehorizonts wohl eher bei 40, 50 oder gar 80 Prozent anstelle von kaum sichtbaren 2 bis 5 Prozent liegen. Ein Vergleich mit angelsächsischen Versicherungsunternehmen zeigt, dass es auch anders geht. Diese halten viel weniger Anleihen und viel mehr Aktien als die europäische Assekuranz. Dass damit auch viel höhere Renditeerwartungen einhergehen, versteht sich von selbst.

Was die Anlageverantwortlichen von Versicherungen mit ihrer suboptimalen Anlagestrategie jährlich an Milliardenbeträgen zulasten der Versicherten verschenken, ist ein Ärgernis. Statt in verstärktem Maß in Aktien zu investieren, werden Anleihen mit einer Laufzeit von 20, 30, 50 oder sogar 100 Jahren gekauft. Wer sich dabei einbildet, das Marktrisiko solcher »Langläufer« sei tiefer als dasjenige von Aktien, unterliegt einem fundamentalen Irrtum. Allein die Zinssensitivität dieser Anleihen ist gewaltig. Da der Zinstrend seit den 1980er Jahren eigentlich nur eine Richtung kannte, nämlich südwärts, sind sich viele Investoren der Risiken von lang laufenden Anleihen schlicht nicht mehr bewusst. Wenn der Zinstrend aber einmal dreht, wird das die zinssensitiven Vermögen von Versicherungsunternehmen regelrecht zerzausen – mit den entsprechenden Folgen.

Darüber hinaus beinhalten Schuldpapiere mit derart langen Laufzeiten nicht zu unterschätzende Bonitätsrisiken. In Europa haben Belgien, Frankreich, Irland, Italien, Österreich und Spanien 100-jährige Anleihen – sogenannte Methusalem-Anleihen – emittiert. Nie und nimmer würde ich in solche Papiere investieren. Versicherer haben hingegen Anreize, solche Anleihen zu kaufen, weil deren Erwerb regulatorisch als »risikolos« taxiert wird, was reduzierte Eigenmittelanforderungen zur Folge hat. Während also Aktien aufgrund ihrer kurzfristigen Schwankungen regulatorisch als hoch riskant eingestuft werden, gelten 100-jährige italienische Anleihen quasi als risikolos. Das ist aus meiner Sicht paradox. Meine Ansicht bezüglich der regulatorischen Auflagen und der Anlagepolitik der Versicherer ist schließlich ganz einfach die: Entweder gilt bezüglich Risikomessung und -beurteilung das *Marktwertprinzip für alle Anlagen* (also beispielsweise auch für 100-jährige Staatsanleihen und Immobilien), oder die verwendeten *Bewertungsmodelle*, welche die teilweise hohen Marktschwankungen gewisser Anlagen glätten oder sogar ausblenden, gelten für *alle* Anlagen, inklusive Aktien. Wenn Aktien in den Risikomodellen der Versicherer gegenüber 100-jährigen Anleihen nicht derart krass benachteiligt würden, wie das heute der Fall ist, befänden sich deren Aktienanteile auf einem signifikant höheren Niveau. Die Bewertungsmodelle der Versicherer haben ihre eigene Logik. Für mich ergeben sie keinen Sinn.

Wie sieht es mit den Pensionskassenvermögen aus? Halten wenigstens die verantwortlichen Geldmanager unserer Vorsorgevermögen Aktienanteile, die dem langen Anlagehorizont gerecht werden? Schließlich verfügen Pensionskassen in aller Regel ebenso wie die Versicherungsunternehmen über einen fast ewigen Anlagehorizont. Allerdings haben auch Pensionskassen regulatorische Fesseln zu akzeptieren. So darf zum Beispiel in der Schweiz der Anteil an Aktien die Höhe von 50 Prozent nicht überschreiten – es sei denn, es wurde bei der entsprechenden Aufsichtsstelle eine Ausnahmeregelung beantragt. Immerhin: Die Aktienanteile der schweizerischen Pensionskassen liegen mit durchschnittlich rund 30 Prozent[10] wesentlich höher als bei den Versicherungsunternehmen. Das ist sicherlich erfreulich.[11] Trotzdem stellt sich die Frage, warum die durchschnittlichen Aktienanteile bei Pensionskassen nicht noch deutlich höher liegen. Aufgrund ihres langfristigen Anlagehorizonts bin ich der Überzeugung, dass eine gesunde Pensionskasse[12] mindestens 40, 50 oder gar 80 Prozent in Aktien investieren sollte. Warum die Geldmanager unserer Vorsorgegelder aber bei Weitem nicht den gesetzlich möglichen Rahmen von 50 Prozent ausschöpfen, halte ich für fragwürdig.

Was sind die Gründe, dass sich Pensionskassen trotz ihres fast unendlichen Anlagehorizonts mit einem eher bescheidenen Aktienanteil von 30 Prozent begnügen? Die regulatorischen Auflagen können als Grund nur bedingt herhalten. Nach meiner Überzeugung liegt das Hauptübel in der fragwürdigen Risikofokussierung der Pensionskassenverantwortlichen auf das Jahresende. In den Kapiteln 18 und 19 werde ich darlegen, warum *kurzfristige* Risikomaße wie die Volatilität für die *langfristige* Verwaltung von Vermögen zu kurz greifen und zu suboptimalen Ergebnissen führen. Mitverantwortlich für diese kurzfristige Optik ist wohl auch die Tatsache, dass die Pensionskassenverantwortlichen permanent mit umfangreichen monatlichen Risikoberichten »berieselt« werden. Das führt automatisch zu einem viel zu kurzfristigen Denken und Handeln. Wer ständig mit Risiko- und Performanceanalysen eingedeckt wird, fühlt sich dadurch gerade in hektischen Börsenzeiten fast zwangsläufig verunsichert und will als Verantwortungsträger möglichst keinen Fehler machen. Als Konsequenz resultiert eine übervorsichtige Anlagepolitik. Lassen wir uns nämlich von den teilweise heftigen kurzfristigen Schwankungen vereinnahmen, so verlieren wir den Blick auf die langfristig optimale Vermögensanlage. Das geht am Ende zulasten der Versicherten, weil dies unser Vorsorgesystem jedes Jahr Milliardenbeträge kostet.

Robin Matthias, Partner des renommierten Beratungsunternehmens McKinsey, kommt in einer Studie[13] zum Schluss, dass schweizerische Vorsorgewerke im Vergleich zum Ausland in der langfristigen Performance deutlich zurückliegen. Dadurch seien den Kassen allein innerhalb eines Jahrzehnts zwischen 50 und 95 Milliarden Schweizer Franken entgangen.

Aus meiner persönlichen Optik ist klar, wo der Hebel angesetzt werden müsste: Langfristig müssten die regulatorischen Gegebenheiten reformiert werden, sodass Versicherungen und insbesondere Pensionskassen 70 bis 80 Prozent Aktien halten können.[14] Beispielhafter Leuchtturm ist für mich der Norwegische Staatsfonds, der mit einem Gegenwert von rund 1.000 Milliarden Schweizer Franken weltweit der größte seiner Art ist. Per Ende April 2020 waren 71 Prozent in Aktien, 26 Prozent in Anleihen und knapp 3 Prozent in Immobilien investiert. In der Corona-Krise wurde sogar entschieden, die Aktienquote zulasten von Anleihen weiter aufzustocken.

Handeln Versicherungen und Pensionskassen wenigstens antizyklisch und erhöhen bei Rückschlägen an den Märkten konsequent den Aktienanteil, wie man es eigentlich von professionellen institutionellen Anlegern erwarten könnte oder sogar müsste? Mitnichten! Wer nämlich glaubt, es seien primär die Hausfrauen und Taxifahrer, die in Krisenzeiten im dümmsten Moment ihre Aktien verschleudern, täuscht sich. Diejenigen Anleger, die es eigentlich am besten wissen müssten und unzählige Anlageprofis beschäftigen, agieren am meisten prozyklisch: Es sind die Versicherungsunternehmen. Sie haben aufgrund ihrer fragwürdigen regulatorischen Gegebenheiten ein virulentes Problem. Verluste im operativen Geschäft oder auch auf den Kapitalanlagen führen naturgemäß dazu, dass ihr Eigenkapital in Krisenzeiten abschmilzt. Versicherungstechnisch gesprochen bedeutet dies eine Verschlechterung der Solvabilität respektive Eigenmittelausstattung. Was das wiederum in Zeiten von Börsenbaissen für die Kapitalanlagen von Versicherungsunternehmen heißt, ist einfach zu erklären: Der Regulator zwingt die Versicherer in Krisenzeiten, Risiken abzubauen, weil weniger Eigenkapital vorhanden ist, um Anlagerisiken aufzufangen. In der Folge verkaufen die großen Versicherungsgesellschaften Teile ihrer Aktienbestände notabene immer prozyklisch zu Unzeiten. Erst wenn sich das operative Geschäft und auch der Börsenhimmel längst wieder aufgehellt haben und sich die Solvabilität verbessert hat, erhöhen sie ihre Aktienquoten wieder – prozyklisch.

Das zeigen auch die Fakten der letzten großen Krisen: In der New-Economy-9/11-Krise mussten der internationale Sachversicherer Zurich Insurance ebenso wie der Lebensversicherer Swiss Life gleich mehrfach mit Kapitalinfusionen »wiederbelebt« werden. In der Finanzkrise wiederum war der Rückversicherer Swiss Re auf einen Notkredit von Warren Buffett angewiesen, um eine existenzbedrohende Situation abzuwenden. In ihrer bilanziell angeschlagenen Lage mussten die Versicherer ihre Risiken respektive Aktienquoten zu Unzeiten in völlig prozyklischer Weise gegen null herunterfahren. Während der Corona-Krise im Frühjahr 2020 wiederholte sich die Geschichte des prozyklischen Verhaltens der Versicherer. So hat beispielsweise die Swiss Life ihre Aktienquote inmitten des Börsensturms von netto 4,1 auf noch 2 Prozent per Ende März reduziert.[15] Das ist zweifellos fatal für die langfristige Performance eines Großanlegers. Zynisch könnte man deshalb sagen, dass gewisse Versicherer in Börsenbaissen die wahren Hausfrauen oder Taxifahrer sind. Im Gegenzug kaufte die Swiss Life wenige Monate nach ihren prozyklischen Aktienverkäufen das größte Shopping-Center der Schweiz, das im Jahr 1975 von Globus, Jelmoli und Migros eröffnete Glattzentrum in Wallisellen.[16] Manch einer fragte sich: Wie kann man ausgerechnet in Zeiten von Corona und Online-Shopping ein Shopping-Center kaufen?

> »Der Aktienmarkt ist der einzige Markt, vor dem die Leute weglaufen, wenn dort ein Ausverkauf stattfindet.«
>
> **Martin D. Sass**, unabhängiger Vermögensverwalter, New York

Ein Großteil der Verantwortlichen von Pensionskassen handelt in Krisenzeiten besonnen. Insbesondere Kassen, die in guten Zeiten genügend Reserven bilden, sind dann in der Lage, im Sinne eines »Rebalancing« Aktien antizyklisch dazuzukaufen. Das ist vorbildlich und professionell. Pensionskassen hingegen, die diese Reservebildung in Schönwetterphasen vernachlässigen und keine ausreichenden Sicherheitspolster anlegen, werden in Baissezeiten aufgrund ihrer eingeschränkten Risikofähigkeit respektive ihres abgeschmolzenen Deckungsgrades gezwungen, ihre Aktienquote prozyklisch und damit zu Unzeiten abzusenken.

So sagte Marco Bagutti, Leiter der Kapitalanlagen der Stiftung Auffangeinrichtung BVG, im Nachgang zur Corona-Krise dies: »Daher mussten wir in der derzeitigen Krise eine ganz massive Risikoreduzierung vornehmen, sonst könnten wir die Kapitalgarantie nicht gewährleisten.«[17] Bagutti, ein anerkannter Experte des schweizerischen Pensionskassengeschäfts, begründet dieses prozyklische Verhalten mit der vom Gesetzgeber verordneten Kapitalgarantie, die die Stiftung zu tragen habe. Die Begründung mag einleuchten. Für mich bleiben trotzdem Fragen offen. Warum stellt man fragwürdige Kapitalgarantien, die in Zeiten von Negativzinsen kaum einen Sinn ergeben, nicht auf den Prüfstand oder schafft sie am besten gleich ab? Warum kauft man überhaupt Aktien, wenn diese in einer Krise zu einem äußerst unglücklichen Zeitpunkt prozyklisch verkauft werden müssen?

Gefördert wird ein prozyklisches Verhalten auch von gewissen Consultants des Pensionskassengeschäfts, die aus Angst vor der eigenen Verantwortung zu einer tendenziell (zu) konservativen und eher prozyklischen Anlagestrategie raten. Dass dies zulasten der Performance einer Pensionskasse geht, weil von einer Börsenerholung nur noch unterdurchschnittlich profitiert werden kann, versteht sich von selbst.[18] Ich habe deshalb meine Zweifel, ob institutionelle Anleger wie Pensionskassen und Versicherungsunternehmen trotz ihres großen und hochqualifizierten Mitarbeiterbestandes unter dem Performance-Strich tatsächlich professioneller sind und erfolgreicher abschneiden als gut informierte Privatanleger.

Zu meinen Studentenzeiten wäre ich zweifellos überzeugt gewesen, dass dem so ist. Meine seither gemachten Erfahrungen zeigen jedoch ein etwas anderes Bild. Viele Privatanleger managen ihr Vermögen professioneller als etliche Institutionelle. Private Anleger stehen nicht unter dem Druck regulatorischer Einschränkungen, sind frei von Consultants und können rascher entscheiden, wie sie sich zum Beispiel in Krisenzeiten verhalten wollen. Sie sind Inhaber und Entscheidungsträger über ihr Vermögen in einer Person und sind in der Lage, die Aktienquote konsequent antizyklisch zu steuern. Das ist bei institutionellen Anlegern schwieriger. Entscheidungsträger von Pensionskassen und Versicherungen entscheiden für Milliardenbeträge, die *nicht* ihnen gehören. Aufgrund dieser enormen Verantwortung wollen sie gerade in Krisenzeiten möglichst nichts falsch machen. Dies führt aber unweigerlich zu einem prozyklischen und langfristig suboptimalen Anlageverhalten. Ich wehre mich deshalb vehement gegen das Pauschalurteil »Institutionelle Anleger legen Geld professionell an, private eher laienhaft«. Mein Blick in die Praxiswelt zeigt oft das Gegenteil.

Daher mein Rat: Wenn Versicherungsunternehmen, auf Pump finanzierte Superreiche wie Oligarchen oder von Schlaflosigkeit geplagte Pensionskassenmanager verkaufen *müssen* oder aufgrund der nicht mehr auszuhaltenden Vermögensschmelze verkaufen *wollen:* Kaufen Sie!

16
Warum Sie nicht in langweilige Indexanlagen investieren sollten – ein Plädoyer für aktives Anlegen

Um es vorwegzunehmen: Indexanlagen bieten Investoren eine ausgezeichnete Möglichkeit, auch kleinere Wertpapiervermögen kostengünstig und äußerst effizient zu diversifizieren. Wer beispielsweise über ein Vermögen von 100.000 Schweizer Franken verfügt, welches er langfristig in Aktien anlegen möchte, dem empfehle ich mit großer Überzeugung die Anlage in Indexfonds respektive in sogenannte ETF (Exchange Traded Funds). Diese börsengehandelten Fonds beinhalten in ihrer reinen Form[1] alle Aktien eines entsprechenden Aktienmarkts oder zumindest wesentlicher Teile davon. Die Auswahl dieser Aktien lehnt sich an einen repräsentativen Index und ist in der Regel nach deren Kapitalisierung gewichtet. Die weltweit wichtigsten Anbieter der mittlerweile gigantisch großen ETF-Industrie sind BlackRock (iShares), Deutsche Bank (Xtrackers), Société Générale (Lyxor), Vanguard und Amundi.

Was sind die Vorteile passiv verwalteter Indexprodukte? Es sind die folgenden:

- Sie sind kostengünstig. Selbst Privatinvestoren zahlen für einfache ETF-Produkte nicht mehr als eine jährliche Gebühr von 0,2 bis 0,3 Prozent.
- Die Diversifikation von ETFs ist ausgezeichnet, denn sie enthalten eine hohe Anzahl von Einzeltiteln.
- Die Rendite von Indexanlagen entspricht in der Regel der Indexrendite, abzüglich der jährlich anfallenden ETF-Kosten. Damit ist das Abweichungsrisiko dieser Produkte zu einem entsprechenden Vergleichsindex minimal.
- Wer indexiert investiert, schlägt die meisten aktiven Manager. Das liegt allein schon am Umstand, dass passives Anlegen wesentlich kostengünstiger ist als aktivistisches Anlegen.
- Indexiert anlegen ist bequem und delegiert die Verantwortung über die Performance an den »Markt«. Anleger, die passiv anlegen, müssen sich nie für ihre Entscheidungen rechtfertigen. Im Gegenteil: Wenn die Börsenkurse fallen, ist

der »Markt« schuld – wenn sie steigen, klopfen sich die Investoren dann aber gerne auf die Schulter und loben sich für die erfreuliche Performance.

»Es ist sicherer, mit der Mehrheit falschzuliegen, als alleine recht zu haben.«

John Kenneth Galbraith, kanadisch-amerikanischer Ökonom (1908 – 2006)

Nach meinen Ausführungen zur Prognosefähigkeit von Anlageprofis, zur Effizienz der Märkte sowie zur zweckmäßigen Risikostreuung von Anlagen würde nun eigentlich so ziemlich alles dafür sprechen, ein uneingeschränktes Loblied auf das passive Indexieren zu singen. Gibt es nach all dem Gesagten überhaupt noch überzeugende Argumente für das aktive Anlegen? Ohne Wenn und Aber ist meine Antwort darauf klar: Ja, die gibt es! Zwar verbindet mich mit dem passiven respektive indexierten Anlegen die tiefe Überzeugung, dass langfristig und transaktionsarm anzulegen ist. Dennoch gibt es bestechende Gründe, von einer passiven Indexierung der Anlagen abzusehen. Ich will Ihnen meine wichtigsten Argumente nennen:

Wer glaubt, indexiertes Anlegen bedeute, keine aktiven Entscheidungen treffen zu müssen, irrt fundamental. So ist wissenschaftlich unstrittig, dass rund 80 bis 90 Prozent der Rendite und des Risikos unserer Vermögensallokation durch deren Struktur bestimmt wird.[2] Die Frage also, welcher Prozentsatz des Vermögens in Qualitäts- und Ramschanleihen, Aktien, Immobilien, Währungen, Schwellenmarktanlagen, Hedgefonds, Strukturierte Produkte, Infrastruktur-Fonds, Private Equity oder in Gold angelegt werden soll, ist von absolut überragender Bedeutung für die zukünftigen Renditen und Risiken Ihres Vermögens. Branchen- und Einzeltitelentscheidungen tragen vielleicht 10 Prozent zum Ergebnis bei. Die fundamental wichtige Entscheidung über die Gesamtstruktur ist aber immer eine *aktive* Entscheidung. Sie kann weder delegiert noch passiviert werden. Da Index-Anleger oft der Illusion verfallen, sie müssten eigentlich gar keine aktiven Entscheidungen mehr fällen, wird in der Folge die wichtigste Entscheidung über die Anlagestruktur regelmäßig stiefmütterlich behandelt respektive vernachlässigt. Passive Anleger setzen sich der latenten Gefahr aus, die Auswahl der Indexfonds zwar perfekt zu orchestrieren, aber an der viel wichtigeren Strukturfrage zu scheitern. Um es deshalb in aller Deutlichkeit auf den Punkt zu bringen: *Passives Anlegen in der reinen Form gibt es nicht – die wichtigsten Entscheidungen, die Sie als Investorin oder als Investor zu fällen haben, sind immer aktive Entscheidungen –, auch wenn Sie passiv investieren!*

»Passiv investieren heißt nicht, dass man das Gehirn abschalten kann.«

Erwin Heri, Professor für Finanzmarkttheorie an der Universität Basel und Verfasser zahlreicher Fachbücher

Indexiertes Investieren führt inhärent zu einer prozyklischen Anlagepolitik, was auf Dauer viel Performance kostet. So repräsentierte der japanische Aktienmarkt am Ende des Booms der 1980er Jahre über 50 Prozent des Weltmarktindexes[3]. Damals galt Japan als weltweites Wirtschaftswunder und war sozusagen das China von heute. Wer sich – wie sehr viele damals – vom Japan-Virus anstecken ließ und als konsequenter Indexierer den Hype mitgemacht hat, musste beim anschließenden Kollaps des japanischen Markts eine eigentliche Kernschmelze seines Vermögens erdulden. Der japanische Nikkei-225-Index sackte um 80 Prozent in die Tiefe. Mehr als 30 Jahre später notiert dieser weit unter seinem am 29. Dezember 1989 erreichten Allzeithöchst von 38.916 Punkten. Ich erinnere mich noch gut an diese Zeit. Viele Anlageberater haben damals ihre Kunden mit einem viel zu hohen Gewicht an japanischen Aktien vom anfänglichen Glück ins Unglück gestürzt.[4] Dasselbe Phänomen wiederholte sich zur Jahrtausendwende mit der New-Economy-Bubble. Es war eine völlig verrückte Zeit. Jede »Tech-Bude«, selbst wenn sie kaum Umsätze machte und nur Verluste produzierte, ging Ende der 1990er Jahre an die Börse. Es herrschte eine eigentliche Goldgräberstimmung für alles, was irgendwie mit Technologie, Medien und Telekommunikation in Verbindung stand. Wer indexiert investierte, hielt unweigerlich einen hohen Anteil Technologiewerte im Portfolio. Unzählige Firmen dieser sogenannten TMT-Branche stürzten nach Erreichen stratosphärischer Höhen mit großem Getöse ab – die meisten landeten im Konkurs. Ganz ehrlich, ich kenne keinen Investor, der am Ende mit diesen spekulativen Anlagen Geld verdient hat – außer natürlich die Unternehmensgründer selbst und die Banken, die diesen Schrott an die Börse gebracht haben. Gibt es heute ähnliche Gefahren respektive Klumpenrisiken am Aktienmarkt? Natürlich gibt es die! Der US-amerikanische Aktienmarkt repräsentiert über die Hälfte der Weltmarktkapitalisierung. Wer konsequent passiv indexiert, hält somit ein großes Klumpenrisiko in den Vereinigten Staaten. Mit Verlaub: Amerika ist ein interessantes Anlageland und es befinden sich viele tolle Unternehmen dort, in die ich gerne investiere. Aber die Hälfte meines Aktienvermögens? Niemals! Ich mag allein schon aus Risikogründen keine Klumpenrisiken.

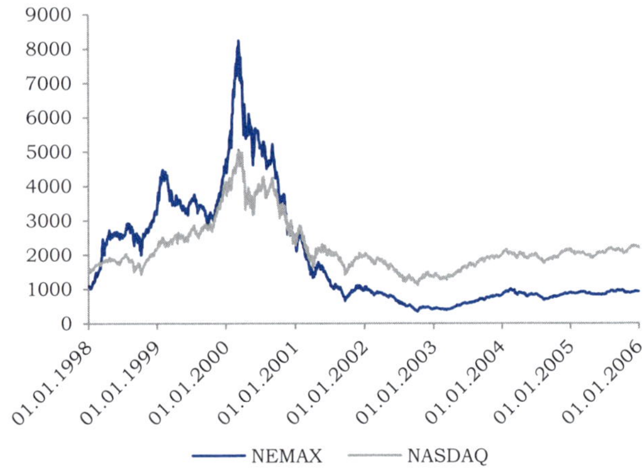

Grafik 24: Der Absturz der Technologiebörsen zur Jahrtausendwende. *Quelle: Bloomberg. In US-Dollar.*

Wer indexiert investiert, riskiert, auch innerhalb der Länder Klumpenrisiken einzugehen. So herrschte am Ende der 1960er und zu Beginn der 1970er Jahre in den USA ein riesiger Boom nach Aktien großer Marken. Die sogenannten Nifty-Fifty-Aktien, zu denen zum Beispiel Coca-Cola, Eastman Kodak, IBM, Johnson & Johnson, McDonald's, Pfizer, Polaroid, Procter & Gamble oder Walt Disney gehörten, bedeuteten für Anleger ein klassisches Klumpenrisiko. Die Bewertung dieser Aktien schoss in luftige Höhen – es war üblich, dass die Kurse das 50-Fache des Gewinns repräsentierten. 1972 endete die Euphorie und die Kurse stürzten ein. Im Jahr 2020 bestand erneut ein erhebliches Klumpenrisiko am US-amerikanischen Aktienmarkt. Allein das Gewicht der fünf Aktien von Amazon, Alphabet (Google), Apple, Facebook und Microsoft betrug im August 2020 knapp 50 Prozent des gesamten NASDAQ 100, 23 Prozent des S&P 500 und über 14 Prozent der gesamten Weltmarktkapitalisierung. In Helvetien repräsentierten zur selben Zeit die drei Titel Nestlé, Novartis und Roche über 50 Prozent der gesamten Kapitalisierung des schweizerischen Aktienmarkts. Wohlgemerkt: Das sind drei hervorragende Unternehmen und deren Aktien befinden sich seit Jahrzehnten in unseren Kundenportfolios und selbstverständlich auch in meinem eigenen. Aber mit über der Hälfte des Gewichts des ganzen Schweizer Markts? Niemals! Kein Unternehmen ist gegen einen großen Unfall gefeit. Das zeigt auch die Historie dieser drei Titel eindrücklich. Wir erinnern uns an den Großbrand in Schweizerhalle, der 1986 den Pharmakonzern Sandoz[5] und dessen Aktionäre folgenschwer traf, oder den Babymilchskandal

(»Nestlé tötet Babys«), der 1974 den Nahrungsmittelkonzern Nestlé mit einem enormen Vertrauensverlust erschütterte. Wer darüber hinaus vor der Finanzkrise in die Indexschwergewichte UBS und CS investierte, sah sich in den Folgejahren mit einem Wertverlust von weit über 80 Prozent konfrontiert.

Auch der deutsche Aktienindex DAX ist vor prozyklischen Klumpenrisiken nicht gefeit. Am 18. November 1996 kam die Aktie der Deutschen Telekom, die damals vom Starmanager Ron Sommer geleitet wurde, an die Börse. Mit diesem Börsengang wurde in Deutschland ein neues Zeitalter eingeläutet: die Geburt der Volksaktie. Die Begeisterung und das Interesse der Deutschen für die sogenannte T-Aktie war enorm und geradezu geschichtsträchtig. Der Emissionspreis betrug 28,50 Deutsche Mark, was in Euro umgerechnet 14,57 entspricht. Im Zuge der erwähnten TMT-Euphorie kletterte die Aktie bis am 6. März 2000 auf euphorisierte 103,50 Euro. Das war das Allzeithoch der damals überschwänglich gefeierten T-Aktie. Mit dem Platzen der Internet-Bubble stürzte auch die Aktie der Deutschen Telekom ab. Wer damals seine Aktienanlagen über den DAX passiv abbildete, hat diese irrationale Übertreibung in prozyklischer Weise voll mitgemacht. Noch dramatischer ist die Geschichte von Volkswagen. Das Automobilunternehmen aus Wolfsburg war während der Finanzkrise im Oktober 2008 vorübergehend das wertvollste Unternehmen der Welt, weil der überall bewunderte, aber übermütig gewordene Chef von Porsche, Wendelin Wiedeking, und Trittbrett fahrende Spekulanten den Aktienkurs von VW in absurde Höhen trieben. Als der Aktienkurs kurzzeitig über 1.000 Euro notierte, hatte Volkswagen ein Gewicht von rund 30 Prozent im DAX. Das Abenteuer einer Übernahme misslang und die Aktien kollabierten um bis zu 75 Prozent. Indexorientierte Anleger haben diesen Unsinn fast blind mitgemacht.

Kurios ist indexiertes Anlegen auch in Japan. So ist der Nikkei 225, der japanische Aktienindex, von sehr starker Bedeutung für Anleger in aller Welt. Dieser ist wie der amerikanische Dow Jones ein Preisindex, weshalb nicht etwa diejenigen Aktien mit der größten Börsenkapitalisierung, sondern diejenigen mit dem höchsten Aktienkurs das stärkste Gewicht einnehmen. Aufgrund dieser Tatsache repräsentierte Ende 2019 der Bekleidungskonzern Fast Retailing mit einem Aktienkurs von rund 63.000 Yen ein Gewicht von 9 Prozent im Nikkei 225 und war damit der mit Abstand am stärksten gewichtete Titel im Index, obwohl er bezüglich Marktkapitalisierung nur gerade knapp unter den 30 größten Unternehmen Japans stand. Das ist nicht nur kurios, sondern anlagetechnisch absurd.

Wer indexiert anlegt, verhält sich häufig inkonsequent und widersprüchlich. So investiert eine typische schweizerische Pensionskasse in Anlehnung an die vielbeachteten Indizes der Privatbank Pictet 37,5 Prozent ihres Aktienanteils im

Inland und 62,5 Prozent im Ausland.[6] Mit dieser Allokation handelt sie aber extrem aktiv, denn die Schweiz hat im Weltmarktindex gerade einmal ein Gewicht von rund 3 Prozent. Vom Schweizer Anteil von 37,5 Prozent fließt dann gut die Hälfte, also rund 20 Prozent des gesamten Aktienbestandes, einzig in gerade einmal drei Titel. Diese Entscheidung erfolgt zwar passiv, aber führt naturgemäß zu einem erheblichen Klumpenrisiko in den Titeln Nestlé, Novartis und Roche. Auf diese Weise wird faktisch ein vermeintlich passives Anlagekonzept ad absurdum geführt, weil aktive und passive Entscheidungen vermischt werden. Wer *wirklich* indexiert investieren will, muss konsequenterweise auch auf Länderstufe passiv anlegen – mit einem Gewicht von rund 3 Prozent für Schweizer Aktien.

> »Der Konsens ist oft Nonsens.«
>
> **Praktikus**, vielbeachtetes Sprachrohr der *Finanz und Wirtschaft*

Klumpenrisiken und Prozyklizitäten gibt es auch im Anleihenmarkt. Wenn Sie passiv respektive indexiert investieren, kaufen Sie vor allem die Schuldenkönige dieser Welt. Hoch verschuldete Länder wie die Vereinigten Staaten von Amerika und Japan sowie europäische Problemstaaten wie Italien oder Spanien haben das größte respektive hohes Gewicht in den relevanten Bond-Indizes.

Land	Anteil in Prozent
Vereinigte Staaten von Amerika	40,02
Japan	15,49
Frankreich	5,52
Vereinigtes Königreich	4,96
Deutschland	4,77
China	4,08
Italien	3,60
Kanada	3,22
Spanien	2,44
Supranational	1,90
Niederlande	1,50
Australien	1,41
Südkorea	1,21
Andere	9,88

Tabelle 3: Länderallokation des Bloomberg Barclays Global Aggregate Bond Index. *Quelle: Bloomberg vom 10. Februar 2020.*

Es ist absurd: Wer am meisten Schulden macht, hat das größte Gewicht im Index. Geradezu bizarr mutet dann an, wenn in diesem Zusammenhang von einer Gewichtung nach »Marktkapitalisierung« gesprochen wird. Vielmehr handelt es sich dabei nämlich um eine ziemlich kuriose Art der »Schuldnergewichtung«. Es stellt sich unweigerlich die Frage: Wollen Sie ausgerechnet den größten Schuldenmachern der Welt am meisten Geld leihen? Ich will das definitiv nicht, im Gegenteil: Lieber leihe ich mein Geld an Schuldner, die wenig Schulden haben – und damit ein kleines Gewicht im Index. Darüber hinaus hat sich im Laufe der Jahre und im Zuge der immensen Geldflutung durch die Notenbanken eine schleichende Verschlechterung der sich in den Indizes befindlichen Schuldnerqualitäten ergeben, wie Grafik 25 zeigt. Wer indexiert investiert, macht diesen Qualitätsverlust und die damit zwangsläufig verbundene Risikoerhöhung oft blind mit. Dazu kommt, dass Anleihen, die aufgrund einer Rating-Verschlechterung unter das vom Fondsreglement verlangte Minimum-Rating fallen, konsequent verkauft werden müssen. Das führt wiederum zu einer prozyklischen Handlungsweise. Das automatisierte Kippen solcher Anleihen aus dem Index führt nämlich nicht selten zu einem Preissturz der entsprechenden Anleihen, weil alle Fondsmanager gleichzeitig zum Ausgang rennen und in einem illiquiden Markt kaum Käufer zu finden sind. Das wirkt sich zum Nachteil der Fondseigner aus. Besser wäre wohl, Ruhe zu bewahren und einen besseren Verkaufszeitpunkt abzuwarten.

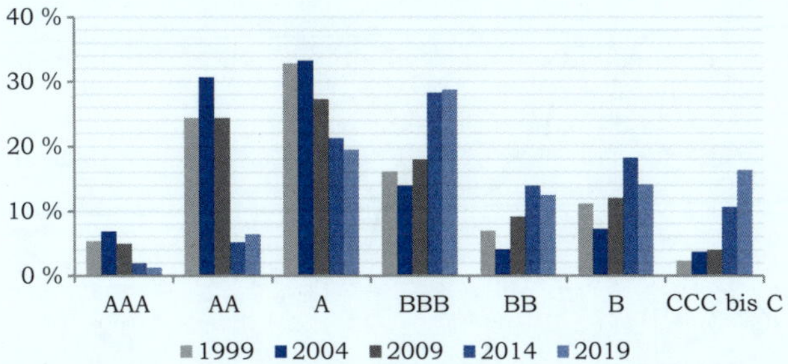

Grafik 25: Schuldverteilung europäischer Kreditnehmer – ein schlechtes Omen für den nächsten Kreditausfallzyklus. *Quelle: Finanz und Wirtschaft, Sonderbund Institutionelles Anlegen, März 2020, Seite 3.*

Indizes auf Anleihen sind auch inhärent prozyklisch, was die Zinsänderungsrisiken betrifft. Bis zum Jahr 2020 sind die weltweiten Zinsen über drei Jahrzehnte fast ohne Unterbrechung gefallen. Inhaber von Zinsprodukten konnten aufgrund dieser historisch beispiellosen Zinserosion happige Kursgewinne einstreichen. In der Folge haben viele Unternehmen und staatliche Institutionen die Zinstiefphase der letzten Jahre genutzt, um am Kapitalmarkt möglichst lang laufende Kredite aufzunehmen. Deren markante Verlängerung der Kreditfazilitäten hat naturgemäß dazu geführt, dass auch die Duration[7] der in den Bond-Indizes enthaltenen Anleihen deutlich angestiegen ist. Konkret erhöhte sich die Duration des Swiss Bond Index SBI Total (mit Bonitäten von AAA bis BBB) von rund 5 im Jahr 2008 auf über 7,5 im Jahr 2020 (Grafik 26). Die Käufer erwerben damit Anleihen mit einer durchschnittlichen Laufzeit von rund 7,5 Jahren. Das entspricht einer Erhöhung des Zinsänderungsrisikos um sage und schreibe 50 Prozent innerhalb eines Jahrzehnts. Wer seine Anleihen passiv nach den gängigen Indizes ausrichtet, wird folglich bei einem spürbaren Zinsanstieg sein blaues Wunder erleben. Tja, und auch diese Geschichte endet mit einer bizarren Feststellung: Wer glaubt, mit Anlagen in Anleihen-ETFs werde passiv investiert, täuscht sich. Die schleichende Erhöhung der Duration um 50 Prozent ist nämlich eine höchst *aktive* Entscheidung. Kurioserweise wird diese Entscheidung aber nicht etwa von den Investoren selbst, sondern von den Anleihensschuldnern gefällt. Es ist also sozusagen eine *aktive* Entscheidung passiver Investoren, die von Dritten (den Schuldnern) für diese gefällt wird. Dies gefällt mir als unabhängig denkender Anleger ganz und gar nicht.

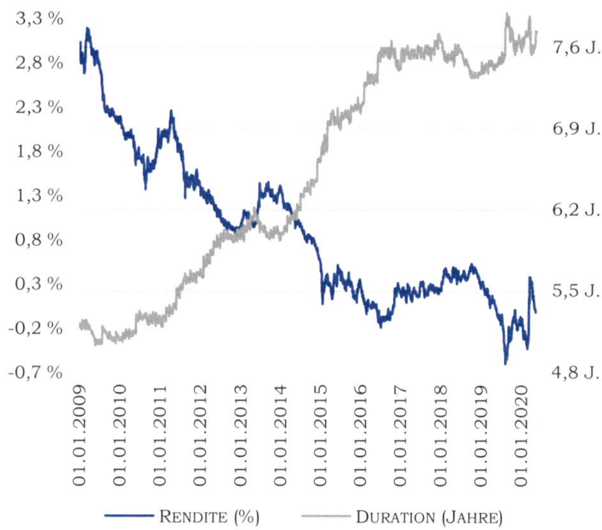

Grafik 26: Swiss Bond Index – Duration. *Quelle: SIX Online, SBI Domestic, Mai 2020.*

Wenn Sie indexiert investieren, kaufen Sie alles, was an der Börse gehandelt wird – auch jeden Schrott. Es gibt Aktien und Anleihen von Unternehmen oder auch Staaten, in die Sie ganz einfach schon aus Gründen nicht vorhandener Qualität nicht investieren sollten: Dazu gehören beispielsweise Unternehmen, die ein zweifelhaftes Geschäftsmodell haben, von inkompetenten Managern geführt werden, über notorisch zu wenig Eigenmittel verfügen oder elementarste Nachhaltigkeitskriterien verletzen. Ich will aus Prinzip nicht Eigentümer von Unternehmen sein, die Waffen oder Nukleartechnologie an Schurkenstaaten liefern, die Menschenrechte mit Füßen treten oder mit denen ich mich generell nicht identifizieren kann. In der Schweiz kamen Aktien von Unternehmen wie Mondobiotech (das Unternehmen gab vor, die Welt der seltenen Krankheiten revolutionieren zu wollen; seit 2016 ist die Nachfolgegesellschaft Relief Therapeutics an der Schweizer Börse kotiert), A Small World (eine Art Facebook für Reiche) oder Blackstone[8] an die Börse, an welcher sie im Grunde gar nichts verloren haben – ein jämmerlicher Deal für passive Anleger, die kritiklos in faktische »Nonvaleurs« investieren. Solche Anlagen will ich nicht haben. Ebenso wenig will ich Gläubiger der hochverschuldeten Griechen sein, deren Zahlungsfähigkeit ständig von der Unterstützung der Europäischen Union respektive deren Zentralbank EZB abhängt. Auch will ich keine Anleihen der Schuldenkünstler aus dem Belpaese oder der Deutschen Bank haben. Letztere sieht sich seit Jahren mit Tausenden von Rechtsfällen konfrontiert und verfügt über eine bedrohlich tiefe Eigenmitteldecke. Wenn Sie passiv investieren, investieren Sie automatisch auch in solche und viele andere Schuldner, deren Qualität zumindest fragwürdig ist.

> »Konformität ist der Gefängniswärter der Freiheit und der Feind des Wachstums.«
>
> **John F. Kennedy**, 35. amerikanischer Präsident (1917 - 1963)

Ich genieße es, Miteigentümer vieler toller Unternehmen zu sein. Es ist ein wunderschönes Gefühl, das Auto an einer Tankstelle von Shell oder BP vollzutanken und gleichzeitig zu wissen, dass die Kosten von meinen Dividenden bezahlt werden. Beim Gang durch den Supermarkt werden meine Einkäufe für den täglichen Bedarf von meinen Beteiligungspapieren des Nahrungsmulti Nestlé »gesponsert«. Das betrifft sowohl meinen morgendlichen Nesquik-Drink, meinen Wasserkonsum von Henniez, Perrier, San Pellegrino oder Vittel als auch die Gewürzmischung von Maggi, mit welcher ich mein Steak würze. Mit Aktien von Apple finanziere ich mein iPhone und mit Dividendenpapieren der Swisscom meine Telefonrechnung. Wenn ich krank bin, decke ich mich mit pharmazeutischen Produkten von Novartis, Roche oder Johnson & Johnson ein, an denen ich ebenfalls beteiligt bin. Ich bin stolzer Besitzer einer umfassenden Anzahl Aktien von Unternehmen, die mein tägliches Leben mit ihren Produkten bereichern und verbessern. Das bin ich als Besitzer von Indexprodukten nicht. Vielleicht werden Sie nun einwenden, dass ich über einen ETF *faktisch* auch an diesen Unternehmen beteiligt sei und es deshalb unter dem Strich ökonomisch dasselbe wäre, ob ich nun Besitzer von Anteilen eines Index-Fonds oder Inhaber einzelner Aktien sei. Da mögen Sie rein rational gesehen recht haben. Ökonomisch mag der Unterschied tatsächlich irrelevant sein. Psychologisch betrachtet gibt es für mich aber einen großen Unterschied. Während ich mit dem Kauf einer Aktie von Nestlé *wirklich* Inhaber des Unternehmens werde und damit auch entsprechende Mitspracherechte an der Generalversammlung erwerbe, habe ich nach dem Kauf eines Indexprodukts überhaupt keinen direkten Bezug zum Nahrungsmittel-Multi. Als Inhaber eines ETF bin ich weder eingetragener Aktionär von Nestlé, noch habe ich Mitspracherechte. Dabei stört mich zusätzlich, dass meine Stimmrechte bei Indexprodukten ausgerechnet von Banken wahrgenommen werden, die nicht selten schon selber daran kranken, ihre eigenen Geschäfte nicht im Griff zu haben. Meine Stimmrechte will ich nicht an einen Banker delegieren. Das würde ich ja schließlich auch als politisch interessierter Stimmbürger nicht tun.

> »Übereinstimmung ist kein Garant für Wahrheit – ich habe mit vielen Schafen gesprochen. Sie wissen, dass sie in die falsche Richtung laufen. Sie wollen die Richtung aber nur ändern, wenn sie sicher sind, dass ihnen der Rest der Herde folgt.«
>
> **George Soros**, amerikanischer Investor und Philanthrop

Bei vielen Indexprodukten lauern verdeckte Risiken. Werden nämlich Wertpapierleihe (Securities Lending)[9] oder Derivate (»synthetische ETF«) eingesetzt, entstehen nicht zu unterschätzende Gegenparteirisiken. Ich empfehle Ihnen, solche Risiken konsequent auszuschließen. Die Wahrscheinlichkeit, dass eine Bank in Konkurs gerät, mag zwar generell klein sein. Aber sie ist auch nicht zu vernachlässigen. Das wissen wir spätestens seit der Finanzkrise, in welcher Lehman Brothers unterging. Die Inhaber von Produkten mit Kapitalgarantie von Lehman mussten bitter bluten. Die von Lehman emittierten Produkte wurden selbst dann wertlos, wenn sie von einer Bank mit Staatsgarantie, zum Beispiel derjenigen der Luzerner Kantonalbank, vertrieben wurden.[10] »Garant« für die Kapitalgarantie war Lehman, auch wenn dies nur im Kleingedruckten der Marketingdokumentation des Staatsinstituts stand.

Wenn Sie also, aus welchen Gründen auch immer, in Fonds oder andere Anlageprodukte investieren wollen: Stellen Sie sicher, dass der Fonds Ihr Geld auch wirklich physisch anlegt, keine Wertpapierleihe betreibt, keine Derivate einsetzt und kein Gegenparteirisiko besteht. Ansonsten tragen Sie, vermutlich unbewusst, neben dem allgemeinen Marktrisiko auch noch das Bankrottrisiko Ihrer Bank. Das Schlimmste, was in einem solchen Fall passieren kann, ist dann dies: Der Wert der im Indexprodukt enthaltenen Aktien steigt, aber Ihre Bank, die das Produkt emittiert hat, geht in Konkurs. Sie verlieren alles – ein Albtraum für jeden Anleger.

Dem früheren Konzernchef der UBS, Luqman Arnold, ist genau dieses desaströse Malheur passiert. Nach seiner gipfelstürmenden Bankkarriere machte er sich mit seiner Beteiligungsgesellschaft Olivant selbstständig. Über diese schnürte Arnold just vor der Finanzkrise ein maßgebliches Paket an UBS-Aktien, welches stattliche 2,78 Prozent der gesamten Börsenkapitalisierung der Großbank umfasste. Dann brach das Unheil gleich in doppeltem Sinne über Luqman Arnold herein. Zuerst erlitt der ehemalige Konzernlenker während der Finanzkrise enorme Verluste auf seinem riesigen Bestand an Aktien seines früheren Arbeitgebers. Und dann hatte Arnold diese Aktien notabene genau zu dem Zeitpunkt über Securities Lending an Lehman Brothers ausgeliehen, als diese am 15. September 2008 pleiteging. Dumm gelaufen: Das ganze UBS-Aktienpaket verschwand im tiefen Loch der Lehman-Konkursmasse![11] Ausgerechnet dem früheren UBS-Konzernchef sind offensichtlich Anfängerfehler im Anlagegeschäft passiert. Erstens stellte die Aktie UBS in seiner Beteiligungsgesellschaft ein enormes Klumpenrisiko dar – als ehemaliger Boss unterlag er womöglich der Illusion, die Zukunft des UBS-Aktienkurses besonders gut prognostizieren zu können. Er glaubte wohl nicht an effiziente Märkte. Zweitens setzte er sich mit der Wertpapierleihe, die ihm ein bisschen Zusatzrendite hätte sichern sollen, dem unbegrenzten Gegenparteirisiko von Lehman Brothers aus. Die Kombination der beiden Anfängerfehler wirkte sich für Luqman Arnold »tödlich« aus.

Meinerseits erinnere mich noch gut an die erste große Krise dieses Jahrtausends, als sich in den Jahren 2001 bis 2003 die Märkte schon einmal halbierten. Aufgrund einer Börsenerosion, die insbesondere die Großbank Credit Suisse in Schwierigkeiten brachte, haben wir damals alle unsere Depotbanken, auf denen unsere Kundenvermögen lagen, angewiesen, die in dieser Zeit übliche und ohne

Rücksprache mit den Depotinhabern automatisiert praktizierte Wertpapierleihe unverzüglich und für alle Ewigkeit einzustellen. Damals wurden wir belächelt. Ob wir es denn ernsthaft für möglich halten würden, dass eine Großbank wie die Credit Suisse untergehen könne, wurden wir gefragt. Ja, wir hielten das für möglich. Wir blieben stur und sind es bis heute geblieben. Spätestens seit dem Jahr 2008, als die UBS staatlich gerettet werden musste, verstehen unsere Banker, warum wir gerne auf diese marginalen Zusatzerträge aus der Wertpapierleihe verzichten. Die Inkaufnahme von Klumpen- respektive Gegenparteirisiken können und wollen wir unseren Kunden schlicht nicht zumuten. Viele Banken betreiben die Wertpapierleihe noch heute im großen Stil, ohne sich offensichtlich Sorgen zu machen – oft mit Kunden, die sich der Risiken kaum bewusst sind.[12] Nichts gelernt aus der Vergangenheit? Lassen Sie sich deshalb nicht von ETF-Produkten der BlackRock-Tochter iShares oder von Vanguard blenden, wenn diese mit ultragünstigen Gesamtgebühren von jährlich 0,1 Prozent oder sogar weniger für einen Aktienfonds werben. Es besteht die Gefahr, dass die kaum kostendeckenden Gebühren mit Zusatzerträgen aus der Wertpapierleihe erhöht werden.

> »Nichts ist so schwer, wie sich selbst nicht zu betrügen.«
>
> **Ludwig Josef Johann Wittgenstein**, österreichisch-britischer Philosoph (1889 – 1951)

Es besteht kein Zweifel, dass es durchaus gute Gründe gibt, passiv zu investieren. Insbesondere bei Wertpapierportfolios, die deutlich weniger als 1 Million Schweizer Franken/Euro an Vermögen aufweisen, sind kostengünstige ETFs gut geeignet, um eine effiziente Umsetzung der Anlagestrategie sicherzustellen. In diesem Sinne ist für mich völlig unverständlich, weshalb Banken aus purem Eigennutz vor allem überteuerte aktive Fonds verkaufen, anstatt kosteneffizient im Sinne des Kunden zu handeln. Nach wie vor sind diejenigen Banken, die ihren Retail-Kunden ETF-Anlagen empfehlen, eine kleine Minderheit. Anstelle günstiger ETF-Indexfonds werden bevorzugt aktive und hochmargige Fonds in die Portfolios der Kunden gelegt. Wie aufgezeigt birgt das Indexieren aber zahlreiche Nachteile, weshalb es für vermögende Anleger mit Wertpapierportfolios, die die Millionengrenze überschreiten, geeignetere Wege gibt, um diese optimal zu bewirtschaften. Dabei geht es nach meiner Überzeugung in einer optimierten Vermögensanlage nicht darum, sich zwischen den polarisierenden Stilen »aktiv« und »passiv« zu entscheiden. Vielmehr geht es darum, aus beiden Welten die besten Elemente herauszufiltern und sie zu verschmelzen. In Teil V werde ich mich dazu ausführlich äußern.

TEIL II

ANLAGEN, DIE SIE MIT BESTEM GEWISSEN ERWERBEN KÖNNEN

17
Fokus auf die wichtigen Anlageentscheidungen, nicht auf die irrelevanten Details

Die Frage, die mich am meisten nervt, wenn ich mich im Kreise meiner Freunde bewege, ist wohl die: »Pirmin, was ist dein heutiger Anlagetipp? Welche Aktie kannst du mir zum Kauf empfehlen?« Ehrlich gesagt, solche Fragen widern mich an. Erstens will und kann ich sie nicht beantworten, weil es den sicheren Tipp niemals gibt und langfristig nur ein gut diversifiziertes Portfolio den gewünschten Erfolg bringt. Und zweitens entlarvt es den Fragesteller dahingehend, dass er null Wissen hat von einer seriösen Vermögensverwaltung. Jeder, der eine gewisse Ahnung von diesem Geschäft hat, weiß, dass es keine heißen Tipps gibt. Ich wechsle dann jeweils schnell das Thema und lenke das Gespräch auf das gerade so herrliche Wetter oder das anstehende Champions-League-Fußballspiel zwischen Bayern München und Real Madrid.[1]

Wenn Sie Ihr Vermögen langfristig erfolgreich anlegen wollen, dann konzentrieren Sie sich in einem ersten Schritt auf die *wirklich* relevanten Entscheidungen. Es nützt Ihnen gar nichts, wenn Sie zwar ein hervorragender Stock Picker sind, aber einen viel zu tiefen Aktienanteil halten. Und es nützt Ihnen gar nichts, wenn Sie die Kosten für die Depotführung und die Transaktionskosten bei Ihrer Hausbank gegen null drücken, aber gleichzeitig ein miserables Timing bei Ihren Anlagen besitzen oder Ihre Performance durch lausige, margenträchtige Anlageprodukte verhagelt wird.

Dies sind nach meiner Überzeugung die zwei wichtigsten Fragen, mit denen Sie sich im Zusammenhang mit Ihren Vermögensanlagen *tiefgehend* auseinandersetzen sollten:

- In welche Anlagekategorien will ich überhaupt investieren?
- Welchen Prozentsatz meines Vermögens lege ich in den einzelnen Anlagekategorien an?

Wissenschaftlich betrachtet ist unstrittig: Mit der Beantwortung dieser beiden Fragen entscheiden Sie zu rund 80 bis 90 Prozent darüber, wie sich Ihr Vermögen bezüglich Rendite und Risiko in Zukunft verhalten wird. Sie sind matchentscheidend für Ihre finanzielle Prosperität. In den nachfolgenden Kapiteln werden wir uns kritisch mit der Frage beschäftigen, welche Anlagekategorien hinsichtlich einer langfristig erfreulichen Wertentwicklung am besten geeignet sind. Darüber hinaus werden wir diskutieren, welche Kriterien für die Festlegung der optimalen Höhe Ihrer Vermögenswerte entscheidend sind. Sie werden sehen: Der Länge Ihres Anlagehorizonts kommt bei der Bewirtschaftung Ihres Vermögens eine entscheidende Bedeutung zu.

18
Renditen und Risiken von Aktien, Anleihen und Cash im Langzeitvergleich: Alles spricht für Aktien!

Die weltweite Perspektive von 1900 bis 2019

Außerordentlich seriöse Renditevergleiche auf weltweiter Basis liefern die Professoren Elroy Dimson, Paul Marsh und Mike Staunton von der renommierten London Business School. Sie geben einen hervorragenden Überblick über die langfristige Entwicklung von Aktien, Anleihen und Liquidität (Geldmarktanlagen). Die Grafik 27 zeigt die historische Realrendite der drei Anlagekategorien für ein gut diversifiziertes Weltmarktportfolio, das aus den wichtigsten 23 Ländern zusammengesetzt ist.[1] Damit die Daten auf weltweiter Basis vergleichbar sind, berechnen die drei Gelehrten die Renditen in der Referenzwährung des US-Dollar auf *realer* Basis, also *nach* Abzug der entsprechenden Inflation. Die von Dimson, Marsh und Staunton berechneten, realen Performance-Ergebnisse für die Periode von 1900 bis 2019 – also für eine Zeitperiode von 120 Jahren – sind die folgenden[2]:

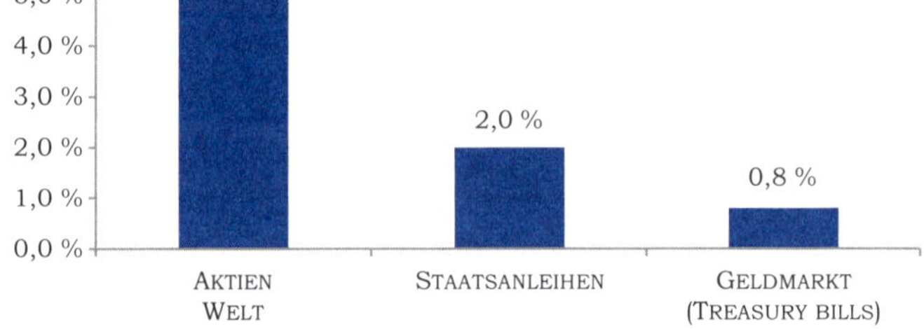

Grafik 27: Annualisierte Realrenditen nach Anlageklassen von 1900 – 2019.
Quelle: Dimson, E., Marsh, P. & Staunton, M., Credit Suisse Global Investment Returns Yearbook, 2020. In US-Dollar.

Die Ergebnisse sind beeindruckend und sprechen für sich. Während Aktionäre eine jährliche *Realrendite* von 5,2 Prozent erzielen konnten, strichen die Besitzer von Staatsanleihen gerade einmal eine teuerungsbereinigte Rendite von 2,0 Prozent ein. Was für ein markanter Unterschied! Wer sein Geld seit Beginn des 20. Jahrhunderts dauerhaft in Geldmarktanlagen hielt, musste sich mit einer kümmerlichen Realrendite von 0,8 Prozent begnügen. Das reichte zwar, um die Teuerung zu übertreffen, aber natürlich nicht, um das Kapital real substanziell zu vermehren.

Wenn Sie sich nun den Performance-Unterschied der drei wichtigsten liquiden Anlagealternativen auf lange Sicht bewusst machen wollen, ist es hilfreich, den Zinseszinseffekt in Erinnerung zu rufen. Angenommen, Ihre Urgroßeltern haben sich zu Beginn des Jahres 1900 entschieden, je 1.000 US-Dollar in Aktien, Anleihen und den Geldmarkt zu investieren. Die damals eröffneten Portfolios wurden über Generationen unangetastet an Sie weitergereicht. Im Wissen, dass die durchschnittliche jährliche Teuerung 3,5 Prozent betrug, ergeben sich auf nomineller Basis (vor Abzug der Teuerung) für die Zeit von 1900 bis 2019 folgende jährlichen Durchschnittsrenditen:[3]

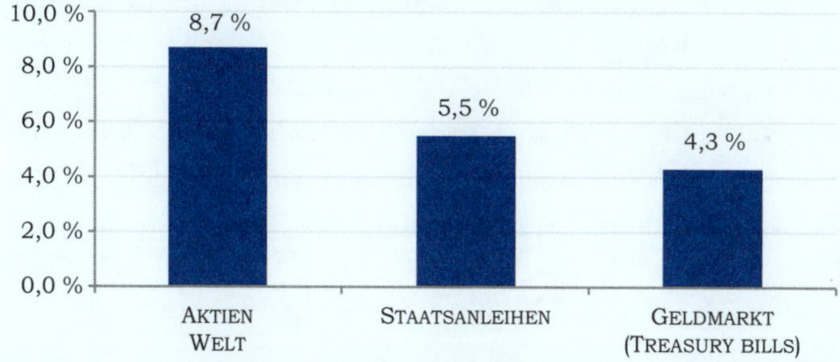

Grafik 28: Annualisierte Nominalrenditen nach Anlageklassen von 1900 – 2019. *Quelle: Dimson, E., Marsh, P. & Staunton, M., Credit Suisse Global Investment Returns Yearbook, 2020. Die Nominalrenditen ergeben sich aus der Summe der Realrenditen und jährlicher Teuerung. In US-Dollar.*

Was, schätzen Sie, ist mit Zins und Zinseszins nach 120 Jahren aus den ursprünglichen Anlagen Ihrer Urgroßeltern geworden? Auch wenn Sie das Resultat kaum für möglich halten mögen – die Rechnung ist eine einfache:

- **Aktien:** $1.000 \times 1{,}087^{120} = 22.261.031$ USD
- **Anleihen:** $1.000 \times 1{,}055^{120} = 617.014$ USD
- **Geldmarkt:** $1.000 \times 1{,}043^{120} = 156.357$ USD

Die Differenzen sind gewaltig. Aus den 1.000 US-Dollar, die in Aktien investiert wurden, entwickelte sich ein fast unglaubliches Vermögen von über 22 Millionen US-Dollar. In Form von Anleihen erhalten Sie von Ihren Vorfahren gerade einmal etwas mehr als 600.000 US-Dollar – was ja im Grunde auch nicht so schlecht ist. Aber Ihr Aktienvermögen ist glatt um das 36-Fache stärker gestiegen. Das Geldmarktvermögen erhöhte sich auf gut 150.000 US-Dollar. Ein großer Teil des Zuwachses war hier allein schon erforderlich, um die Teuerung aufzufangen. Apropos Teuerung: Nachfolgend sehen Sie, wie sich das jeweilige Anfangsvermögen innerhalb der Frist von 120 Jahren *real,* also teuerungsbereinigt, erhöht hat:

- **Aktien:** $1.000 \times 1{,}052^{120} = 438.418$ USD
- **Anleihen:** $1.000 \times 1{,}02^{120} = 10.765$ USD
- **Geldmarkt:** $1.000 \times 1{,}008^{120} = 2.602$ USD

Ist das nicht verrückt? Über die 120 Jahre konnte mit Geldmarktanlagen die reale Kaufkraft gerade einmal etwas mehr als verdoppelt werden. Mit Anleihen erfreuen Sie sich als Erbin oder Erbe bereits über eine gut zehnfache Kaufkraft, die Ihre Vorfahren mit den 1.000 US-Dollar einmal hatten. Und mit Aktien? Wenn ich mich nicht fundamental verrechnet habe, dann hat sich die ursprüngliche Kaufkraft der Anfangsinvestition von 1.000 US-Dollar real um das 438-Fache aufgewertet. Mit anderen Worten: Während im Jahr 1900 mit 1.000 US-Dollar – einem heutigen Geldwert von 62.000 US-Dollar entsprechend – eine Familie ein Jahr lang ernährt werden konnte, reicht das zwischenzeitlich mit Aktien angesparte Vermögen nun satte 438 Jahre lang – Freude herrscht im Hause der Erben![4]

> »Investieren sollte sein, wie Farbe beim Trocknen oder Gras beim Wachsen zuzuschauen. Wer Aufregung will, nimmt sein Geld und geht nach Las Vegas.«
>
> **Paul A. Samuelson**, amerikanischer Wirtschaftsnobelpreisträger (1915 – 2009)

Vielleicht werden Sie nun einwenden: »Wer investiert denn schon über 120 Jahre – das ist doch unrealistisch!« Die Kritik ist nicht ganz unberechtigt. Kein Mensch eröffnet ein Sparkonto oder ein Aktiendepot in der Absicht, damit einen über 100-jährigen Anlagehorizont anzupeilen. Trotzdem darf ich Ihnen aus meiner Erfahrung in der Beratung großer Familienvermögen berichten, dass diese oft genau auf diese Weise entstehen. Wenn nämlich Vermögen über Generationen weitergegeben werden, was gerade bei uns sparsamen Schweizern, aber auch bei den nicht weniger sparsamen Deutschen und Österreichern nicht selten vorkommt, häufen sich im Laufe der Jahrzehnte erstaunliche Vermögen an, wenn sie in Aktien angelegt sind. Es müssen auch gar nicht zwingend 100 Jahre oder länger sein, während denen Sie Ihr Geld arbeiten lassen müssen. Aktiensparer können im Vergleich zu Anleihensbesitzern auch schon nach zehn oder 20 Jahren ein signifikant höheres Endvermögen erwarten.

Der Grund dafür, dass auf lange Sicht die angesparten Aktienvermögen viel höher liegen als diejenigen von Staatsanleihen oder Geldmarktanlagen, liegt in der höheren Rendite der Dividendenpapiere. Die drei Professoren Dimson, Marsh und Staunton haben die Mehrrendite von Aktien gegenüber Geldmarktanlagen und Staatsanleihen für die lange Frist von 1900 bis 2019 auf weltweiter Basis sowie für 23 ausgewählte Länder errechnet (Grafik 29).

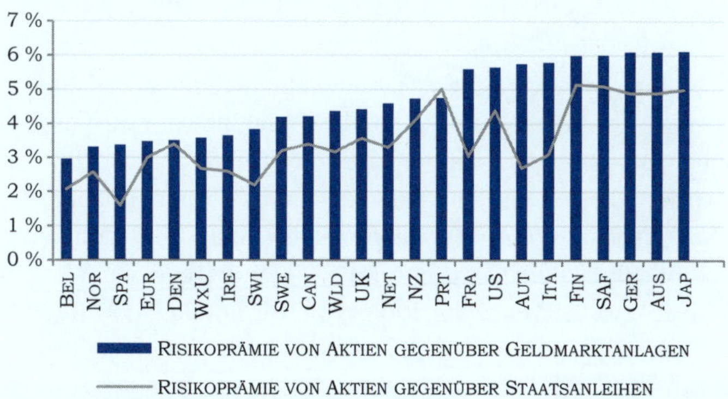

Grafik 29: Annualisierte weltweite Risikoprämien von Aktien; Periode 1900 – 2019. *Quelle: Dimson, E., Marsh, P. & Staunton, M., Credit Suisse Global Investment Returns Yearbook, 2020.*

Die Mehrrendite respektive Risikoprämie von Weltmarktaktien gegenüber Geldmarktanlagen betrug über 120 Jahre durchschnittlich 4,3 Prozent und gegenüber Weltmarktanleihen 3,2 Prozent. In Ländern wie den Vereinigten Staaten von Amerika, Deutschland und Japan lagen die Risikoprämien sogar höher, während sie in der Schweiz unterdurchschnittlich ausfielen. Es sind exakt diese auf Jahresbasis gar nicht so hoch anmutenden Renditedifferenzen, die auf lange Sicht über den berühmten Zinseszinseffekt zu gigantisch divergierenden Endvermögen zwischen den drei Anlagekategorien führen.

Apropos Zinseszinseffekt: Wenn Sie die Wahl zwischen zwei Alternativen haben, wofür würden Sie sich entscheiden? Sie bekommen entweder ein Jahr lang jede Woche 10.000 Schweizer Franken ausbezahlt oder aber in der ersten Woche 1 Rappen und dann in jeder Woche das Doppelte der Vorwoche – also, 1, 2, 4, 8 Rappen et cetera, bis ein Jahr respektive 52 Wochen vorbei sind. Intuitiv würden Sie sich vermutlich dafür entscheiden, ein Jahr lang jede Woche 10.000 Schweizer Franken zu erhalten, um nach einem Jahr 520.000 Schweizer Franken in der Tasche zu haben. Es wäre definitiv der falsche Entscheid, denn im Falle des Rappenbezugs addiert sich Ihr gesamtes Guthaben nach einem Jahr auf die sagenhafte Summe von rund 45.000 Milliarden Schweizer Franken (45 Billionen Schweizer Franken) – selbst ein Jeff Bezos, ein Bill Gates oder ein Warren Buffett würden im Vergleich zu Ihnen als eigentliche Finanzzwerge dastehen.

Die schweizerische Perspektive von 1926 bis 2019

Am Beispiel des schweizerischen Markts wollen wir uns im Folgenden nicht nur mit den langfristigen Renditen, sondern auch mit den Risiken von Aktien und Anleihen beschäftigen.[5] Die renommierte Genfer Privatbank Pictet veröffentlicht jährlich die relevanten Daten. Der Betrachtungshorizont beginnt mit dem Jahr 1926, sodass die Auswertungen einen guten und vor allem repräsentativen Überblick über die Chancen und Risiken helvetischer Wertpapiere liefern.[6] Die Grafik 30 zeigt, was aus 100 Schweizer Franken geworden ist, die zu Beginn des Jahres 1926 wahlweise in den schweizerischen Aktien- oder Anleihenmarkt investiert wurden.

Die Zahlen sind imposant. Aus 100 Schweizer Franken, die zu Beginn des Jahres 1926 in Aktien investiert worden sind, hat sich nach 94 Jahren ein stattliches Vermögen von über 123.000 Schweizer Franken aufgebaut. Die jährliche Durchschnittsrendite beträgt satte 7,9 Prozent. Wer im Jahr 1926 hingegen 100 Schweizer Franken in schweizerische Anleihen investiert hat, verfügte am Ende des Jahres 2019 über ein Vermögen von vergleichsweise mageren gut 5.000 Schweizer Franken – was einer jährlichen Rendite von 4,3 Prozent entspricht. Was für ein Unterschied zum Endvermögen der Aktionäre! Wer schließlich seine 100 Schweizer Franken auf einem Bankkonto deponierte, welches jeweils die Teuerung von 2 Prozent im Jahresdurchschnitt verzinste, muss sich nach langen Jahren mit einem bescheidenen Kapital von gerade einmal 625 Schweizer Franken zufriedengeben. Während sich also der Einsatz mit Aktien *nominell* mehr als vertausendfacht hat, hat er sich mit Anleihen gerade einmal verfünfzigfacht und mit einer Kontoanlage versechsfacht. Egal, ob wir das nun auf Anleihen oder eine Kontoanlage beziehen: Im Vergleich zu Aktien sind festverzinsliche Anlagen in der Langzeitperspektive ein ziemliches Desaster.

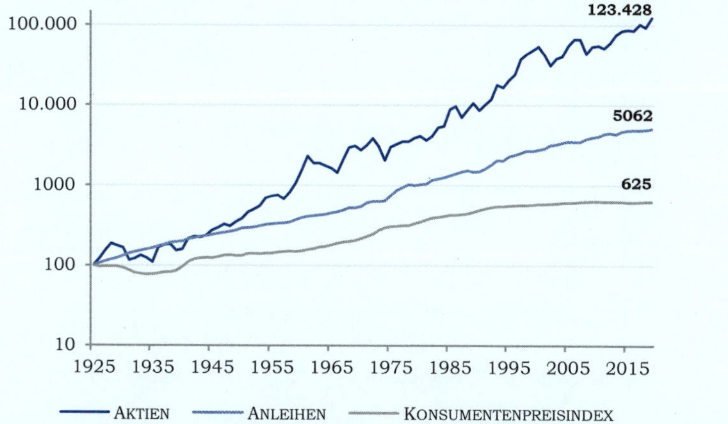

Grafik 30: Nominelle Wertentwicklung von Schweizer Aktien und Anleihen von 1926 bis 2019. *Quelle: Pictet, Die Performance von Aktien und Obligationen in der Schweiz (1926–2019), 2020.*

»Der Pessimist ist der einzige Mist, auf dem nichts wächst.«

Heiko Thieme, deutscher Finanzexperte

Was ist nun real respektive teuerungsbereinigt aus der ursprünglichen Anlage von 100 Schweizer Franken geworden? Die Grafik 31 veranschaulicht die reale Wertentwicklung von Aktien und Anleihen.

Real hat sich die Anfangsinvestition von 100 Schweizer Franken, die in Aktien investiert wurde, bis zum Ende des Jahres 2019 auf fast 20.000 Schweizer Franken, also um etwa das 200-Fache, erhöht. Im Vergleich dazu erhöhte sich die Anlage in Anleihen real nur gerade um das 8-Fache. Das sagt alles aus über das langfristige Renditepotenzial von Aktien und Anleihen. Während die jährliche Realrendite für Aktien bei 5,78 Prozent liegt, beträgt diese bei Anleihen 2,25 Prozent. Daraus ergibt sich eine jährliche Risikoprämie respektive Mehrrendite von Aktien gegenüber Anleihen in der Höhe von äußerst attraktiven 3,53 Prozent.[7] »Tja, das ist schön und gut«, werden Sie nun vielleicht sagen und möchten wissen, wie es denn mit den Risiken bestellt ist. Sind Aktien im Vergleich zu Anleihen nicht nur deutlich chancen-, sondern auch risikoreicher?

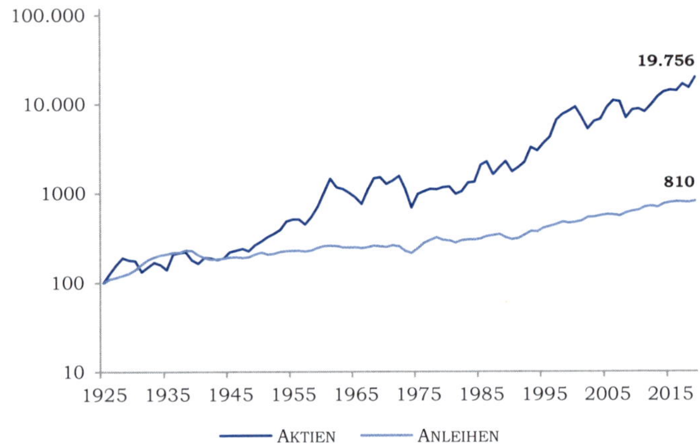

Grafik 31: Reale Wertentwicklung von Schweizer Aktien und Anleihen von 1926 bis 2019. *Quelle: Pictet, Die Performance von Aktien und Obligationen in der Schweiz (1926–2019), 2020.*

»Aktien sind entscheidend, um eine reale Rendite erzielen zu können. Woher sollen sonst die Renditen kommen – etwa von den Staatsanleihen?«

Iain Stewart, Anlageexperte bei BNY-Mellon, New York

In der Verwaltung von Vermögen werden die Risiken von Anlagen typischerweise mit den Schwankungen der Renditen gemessen, die Sie im Verlauf der Jahre erdulden müssen. Natürlich will ich Sie nicht langweilen mit Begriffen wie Volatilität oder Standardabweichung. Sie sind aber wichtig, um zu verstehen, wie informierte private und institutionelle Investoren die Risiken an den Anlagemärkten wahrnehmen. Ich will Ihnen diese gängigen Risikomasse konkret anhand der historischen Entwicklungen des schweizerischen Aktien- und Anleihenmarkts erläutern:[8]

	Aktien	Anleihen	Aktien	Anleihen
	Nominal		Real	
Rendite (Arithmetisches Mittel)	9,73 %	4,33 %	7,65 %	2,38 %
Risiko (Standardabweichung)	20,19 %	3,67 %	19,92 %	5,10 %
Größter Wertverlust	-34,05 %	-3,99 %	-37,83 %	-10,93 %
(Jahr)	2008	1989	1974	1973
Größte Wertzunahme	61,36 %	16,58 %	56,58 %	14,87 %
(Jahr)	1985	1975	1985	1976
Korrelation	0,23		0,25	

Tabelle 4: Renditen und Risiken von Schweizer Aktien und Anleihen von 1926 bis 2019: Auf kurze Frist sind Aktien enorm riskant! *Quelle: Pictet, Die Performance von Aktien und Obligationen in der Schweiz (1926–2019), 2020.*

Während die durchschnittliche jährliche Rendite für Aktien gut 9,7 Prozent betrug, errechnet sich für diese ein Risiko von rund 20 Prozent. Dieses wird ausgedrückt durch die Volatilität respektive die Standardabweichung und misst die Streuung der Renditen um ihren Mittelwert, welcher 9,73 Prozent beträgt. Die Volatilität respektive Standardabweichung von 20,19 Prozent bedeutet konkret Folgendes: In rund zwei Dritteln aller Jahre seit 1926 lag die effektive Rendite des schweizerischen Aktienmarkts innerhalb der Bandbreiten:

- 9,73 plus 20,19 = 29,92 Prozent
- 9,73 minus 20,19 = -10,46 Prozent

In rund zwei von drei Jahren lag die effektive Rendite von Aktien somit innerhalb der Bandbreite von plus 29,92 und minus 10,46 Prozent. In einem von drei Jahren fiel sie entweder höher als plus 29,92 Prozent aus *oder* aber tiefer als minus 10,46 Prozent. Das wiederum bedeutet, dass der schweizerische Aktienmarkt im Durchschnitt jedes sechste Jahr mit einer zweistelligen Minusrendite abschloss, aber auf der anderen Seite auch in jedem sechsten Jahr eine Zunahme von 30 Prozent oder mehr aufwies. Die durchschnittliche Rendite von jährlich 9,73 Prozent war damit zwar äußerst attraktiv, aber die Risiken in Form von Renditeschwankungen in den einzelnen Jahren waren offensichtlich enorm. Die Tabelle 5 bestätigt die Erkenntnisse.

Jährliche Durchschnittsrendite Aktien Von 1926 bis 2019	9,73 %*
Anzahl Jahre mit einer Rendite:	
Unter -10 Prozent	15
Unter 0 Prozent	29
Über +10 Prozent	43
Über +20 Prozent	27
Über +30 Prozent	12
Bestes Jahr (1985)	61,4 %
Schlechtestes Jahr (2008)	-34,1 %

Tabelle 5: Streuung der Schweizer Aktienrenditen von 1926 bis 2019 (94 Jahre).
Quelle: Pictet, Die Performance von Aktien und Obligationen in der Schweiz (1926–2019), 2020.
*Arithmetisches Mittel, welches die Performanceeigenschaften aus kurzfristiger jährlicher Optik betrachtet.

In 29 von 94 Jahren fielen die Renditen von schweizerischen Aktien negativ aus – fast jedes dritte Anlagejahr endete folglich mit einem Verlust. In 15 Jahren resultierte eine Rendite, die tiefer lag als -10 Prozent – etwa in jedem sechsten Anlagejahr war dies der Fall. Andererseits endete fast jedes dritte Aktienjahr mit einem Gewinn, der 20 Prozentpunkte übertraf. In jedem achten Jahr überstieg die Rendite sogar die Marke von 30 Prozentpunkten. Richtet man sich als Anleger nach der in der Finanzbranche gelebten Unsitte, den Fokus der Rendite- und Risikobetrachtungen auf ein Jahr zu legen, ist der Fall glasklar: Die Risiken von Aktienanlagen sind enorm. Negative Jahre mit 10, 20 oder auch gelegentlich über 30 Prozent Verlust sind schmerzhaft und reißen tiefe Löcher in die Wertpapierportfolios der Anleger. Wer will so etwas schon erleiden? Natürlich niemand, auch Sie und ich nicht. Deshalb gilt unzweifelhaft: Wenn Sie Ihren Blick für Aktienrisiken auf ein Jahr beschränken, dann dürfen Sie keine Aktien halten. Basta! Sollten Ihnen diese heftigen und nicht prognostizierbaren Schwankungen von Aktien nämlich auf den Magen schlagen, sind Sie schlicht nicht befähigt, Aktien zu besitzen. Aber dann sollten Sie sich gleichzeitig auch eingestehen, dass Sie auf die attraktive langfristige Rendite von Aktien mangels Risikowilligkeit oder -fähigkeit verzichten müssen[9]. Eine zu kurzfristige Risikooptik führt aber am Ende immer zu suboptimalen Anlageentscheidungen, wie wir in Kapitel 19 erfahren werden.

Wie hoch sind nun mit Blick auf eine jährliche Perspektive die Risiken von Schweizer Anleihen? Während die durchschnittliche jährliche Rendite für Anleihen 4,33 Prozent (wiederum handelt es sich hierbei um das arithmetische Mittel) betrug, errechnet sich für diese ein Risiko respektive eine Volatilität von 3,67 Prozent. In rund zwei Dritteln aller Jahre seit 1926 lag die Rendite des schweizerischen Anleihenmarkts somit innerhalb der folgenden Bandbreiten:

- 4,33 plus 3,67 = 8,00 Prozent
- 4,33 minus 3,67 = 0,66 Prozent

Es ist offensichtlich: In der kurzen Frist sind Anleihen wesentlich weniger schwankungsanfällig als Aktien. Auf nomineller Basis, also nicht inflationsbereinigt, resultierte gemäß den Datenreihen von Pictet »nur« in neun von 94 Jahren ein Verlust. Während also Aktien in rund jedem dritten Jahr den Anteilseignern Verluste bescheren, trifft dies bei Anleihen nur in etwa jedem zehnten Jahr zu. Und während bei Aktien auch einmal Verluste von 20 oder 30 Prozent möglich sind, kann bei Anleihen ein Jahresverlust von mehr als 5 Prozent schon als Extremereignis bezeichnet werden.[10]

Überraschen mag ein Blick auf die *Realrenditen* in den betrachteten 94 Einzeljahren. Während mit Aktien in 32 Jahren eine negative Realrendite akzeptiert werden musste, waren es bei Anleihen mit 31 Jahren kaum weniger! Anleihensbesitzer mussten offensichtlich genauso wie Aktionäre fast in jedem dritten Jahr mit einer realen Vermögenseinbuße rechnen.

> »Sparsamkeit ist eine Tugend, die man vor allem an den Vorfahren schätzt.«
>
> **Werner Schneyder**, österreichischer Kabarettist, Autor und Schauspieler (1937–2019)

Zusammenfassend ist die Faktenlage aber klar: Wer auf die langfristigen Renditen schaut, setzt auf Aktien. Wer jedoch deren kurzfristigen Risiken respektive Renditeschwankungen scheut, priorisiert Anleihen. Im Folgenden möchte ich Ihnen aufzeigen, warum langfristig Aktionäre mit Dividendenpapieren nicht nur aus Renditeperspektiven, sondern auch aus *Risikoüberlegungen* den sichereren Weg einschlagen als Inhaber von Anleihen.

19
Sind Aktien wirklich risikoreicher als Anleihen?

Es entspricht einem fast gottgegebenen Grundsatz der Branche, die Berechnung und Ausrichtung der Risiken von Anlagen auf das Volatilitätsmaß zu reduzieren. In der Konsequenz führt das dazu, dass der Blick einseitig auf die *jährlichen* Renditen und deren Schwankungen in den einzelnen Anlagekategorien ausgerichtet ist. Das ist allerdings eine verkürzte Sicht und führt unweigerlich zu suboptimalen Entscheidungen, weil das auf Jahresbasis ausgerichtete Risiko- und Anlageverhalten eine langfristig sinnvolle Anlagepolitik verhindert. Sowohl private als auch institutionelle Anleger sind deshalb gut beraten, nicht nur ihre Anlagestrategie, sondern auch ihre Risikomessung einer langfristigen Betrachtung zu unterziehen. Nicht die sture Fokussierung auf die kurze Frist von einem Jahr sollte der relevante Zeithorizont für die Messung von Risiken sein, sondern ein Zeitraum von fünf, zehn, 20 oder gar 50 Jahren, in welchem das Vermögen des Anlegers auch tatsächlich zur Anlage zur Verfügung steht. Damit soll das wichtige Ziel der Investoren erreicht werden, ihre *Anlageentscheidungen nicht auf eine irrelevante Jahresbasis, sondern auf ihren effektiven Anlagehorizont auszurichten.*

> »Es ist leider eine weit verbreitete Idiotie, Volatilität mit Risiko gleichzusetzen.«
>
> **Warren Buffett**, amerikanische Anlegerlegende und Orakel von Omaha, Nebraska

Im Zentrum der nachstehend darzulegenden Risikoüberlegungen steht sodann nicht die Volatilität, welche auf die kurze Frist eines Jahres beschränkt ist, sondern vielmehr das Risiko, über eine längere Zeit eine bestimmte durchschnittliche Minimalrendite (Hürde), die ein Anleger auf seinem investierten Vermögen erwartet oder eine Pensionskasse zur Ausrichtung zukünftiger Leistungen an die Versicherten benötigt, zu verfehlen. Wie ist folglich das Risiko von Anleihen und Aktien zu beurteilen, wenn sich dieses auf die Wahrscheinlichkeit bezieht, über eine Zeitperiode von einem, drei, fünf, zehn oder 20 Jahren Verluste zu erleiden oder eine geforderte Zielrendite von beispielsweise 4 Prozent zu unterschreiten? Dieses Risiko ist nach meiner Überzeugung langfristig wesentlich aussagekräftiger und relevanter als die auf die kurze Frist ausgerichtete Volatilität. Das langfristige Risiko, eine jährliche Durchschnittsrendite zu verfehlen, wird auch als Ausfallwahrscheinlichkeit (*shortfall risk*) bezeichnet.

Ausgehend von den von Pictet für die Zeitperiode von 1926 bis 2019 errechneten historischen Rendite- und Risikoergebnissen[1] entnehmen Sie in den nachfolgenden Grafiken das maßgebende Risiko, ein bestimmtes Renditeziel innerhalb ausgewählter Zeiträume zu verfehlen.

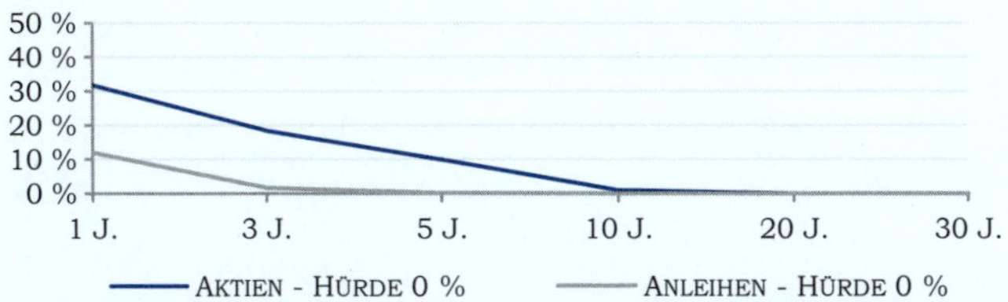

Grafik 32: Ausfallwahrscheinlichkeit bei einer jährlichen Mindestrendite von 0 Prozent (Rendite Aktien 9,7 Prozent, Anleihen 4,3 Prozent). *Eigene Berechnungen. Quelle: Pictet, Die Performance von Aktien und Obligationen in der Schweiz (1926–2019), 2020.*

Wenn Sie mit Aktien eine Mindestrendite fordern, die 0 Prozent per annum nicht unterschreiten soll, dann haben Sie mit einem sehr kurzen Anlagehorizont von einem Jahr ein erhebliches Risiko, dieses Ziel zu verfehlen. Die Wahrscheinlichkeit, mit Aktien in einem einzigen Jahr unter der Nulllinie zu landen, beträgt 32 Prozent (Grafik 32). Mit anderen Worten: Fast in jedem dritten Jahr müssen Aktionäre in der langen Frist eine Negativrendite verkraften.

Auf Jahresbasis betrachtet sind Anleihen klar risikoärmer als Aktien. Die Wahrscheinlichkeit, in einem einzelnen Jahr eine Negativrendite ertragen zu müssen, beträgt bei diesen gerade einmal 12 Prozent. Nur in knapp jedem achten Jahr mussten somit Inhaber von Anleihen Verluste einstecken. Das war primär dann der Fall, wenn steigende Zinsen zu Kursverlusten bei den festverzinslichen Anlagen führten.[2]

Offensichtlich nimmt die Wahrscheinlichkeit, mit Aktien eine minimale jährliche Durchschnittsrendite von 0 Prozent zu verfehlen, mit zunehmendem Zeithorizont ab. Wenn Sie Ihr Geld drei Jahre in Aktien investiert haben, betrug Ihr Risiko, Verluste zu erleiden, noch 18 Prozent. Knapp jede fünfte Dreijahresperiode war somit mit Verlusten verbunden. Auch bei einem Anlagehorizont von fünf Jahren betrug das Risiko, in dieser Zeitperiode einen Verlust zu erleiden, immer noch beachtliche 10 Prozent. Dagegen lag das Risiko, mit Anleihen über drei Jahre Verluste zu erleiden, bei vergleichsweise bescheidenen 2 Prozent. Bei einem Anlagehorizont von mindestens fünf Jahren gab es seit 1926 mit Zinspapieren keine einzige Verlustperiode.

Es besteht kein Zweifel: Wenn Sie das Ziel anstreben, mit Ihren Anlagen möglichst keine Verluste zu erleiden, ist das Anlegen in Anleihen bis zu einem Anlagehorizont von fünf bis zehn Jahren deutlich konservativer als in Aktien. Spätestens ab einem Anlagehorizont von zehn Jahren ist aber die Aktie nicht nur renditemäßig wesentlich attraktiver, sondern auch nicht mehr risikoreicher als die Anleihe. Das ist eine sehr wichtige Erkenntnis für uns Anleger. Man kann es nämlich auch so formulieren: Selbst wenn wir eine sehr konservative Erwartung an die anzustrebende Minimalrendite haben und primär das Ziel verfolgen, Verluste zu vermeiden, ist die Aktienanlage ab einem Anlagehorizont von zehn Jahren im Vergleich zu Anleihen nicht mehr riskanter – aber gleichzeitig wesentlich chancenreicher!

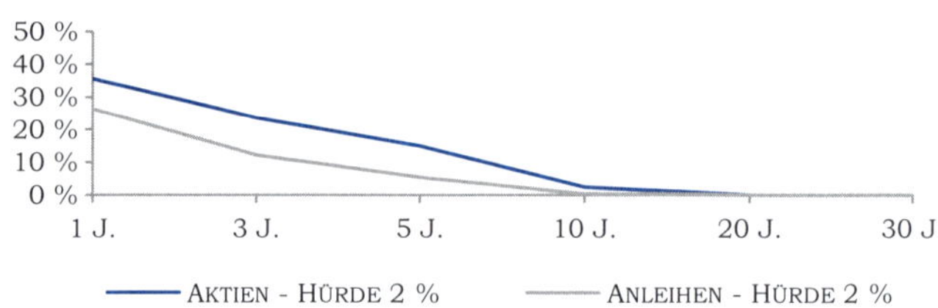

Grafik 33: Ausfallwahrscheinlichkeit bei einer jährlichen Mindestrendite von 2 Prozent (Rendite Aktien 9,7 Prozent, Anleihen 4,3 Prozent). *Eigene Berechnungen. Quelle: Pictet, Die Performance von Aktien und Obligationen in der Schweiz (1926–2019), 2020.*

Als konservativer Anleger oder konservative Anlegerin ist gut vorstellbar, dass Sie nicht nur Verluste vermeiden, sondern eine Rendite von mindestens 2 Prozent anvisieren wollen. Die zentrale Frage, die sich in diesem Zusammenhang stellt, ist die folgende: Welchen minimalen Anlagehorizont sollten Sie haben, damit Aktien bei dieser Mindestrenditeerwartung *nicht* riskanter sind als Anleihen?

Das Anlegen in Aktien ist mit einer Minimalrenditeerwartung von 2 Prozent bis zu einem Anlagehorizont von gegen zehn Jahren riskanter als in Anleihen (Grafik 33). Die Differenzen sind aber im Vergleich zur 0-Prozent-Hürde kleiner. Ab einem Anlagehorizont von zehn Jahren sind auch bei dieser Optik Aktien nicht riskanter als Anleihen. Das Risiko, mit Aktien auf Sicht von mindestens zehn Jahren die minimale Durchschnittsrendite von jährlich 2 Prozent zu verfehlen, sinkt wie bei den Anleihen gegen null.

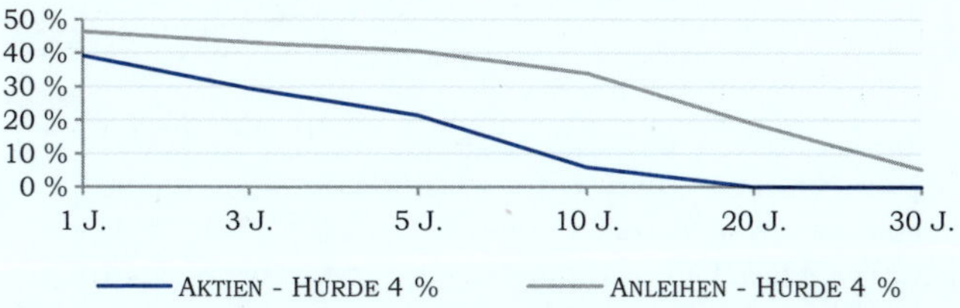

Grafik 34: Ausfallwahrscheinlichkeit bei einer jährlichen Mindestrendite von 4 Prozent (Rendite Aktien 9,7 Prozent, Anleihen 4,3 Prozent). *Eigene Berechnungen. Quelle: Pictet, Die Performance von Aktien und Obligationen in der Schweiz (1926–2019), 2020.*

Jetzt wird es spannend. Ich kenne kaum Anleger, weder private noch institutionelle, die nicht mindestens eine Rendite von 4 Prozent pro Jahr auf ihren Wertpapieranlagen erwarten. Wie hoch ist nun in Abhängigkeit des Anlagehorizonts das Risiko, diese Mindestrendite mit Anleihen oder Aktien zu verfehlen?

Bereits bei einem nur einjährigen Anlagehorizont ist das Risiko, die geforderte Mindestrendite von 4 Prozent zu verfehlen, bei Aktien mit 39 Prozent kleiner als bei Anleihen, die in 46 Prozent der Jahre an dieser Hürde scheiterten (Grafik 34). Bei einem Anlagehorizont von zehn Jahren beträgt das Ausfallrisiko mit Aktien gerade noch 5 Prozent. *Nur gerade jede zwanzigste Zehnjahresperiode endete somit für die Aktionäre mit einer tieferen jährlichen Durchschnittsrendite als 4 Prozent.* Über 20 Jahre betrachtet gab es überhaupt keine einzige Periode, in der mit Aktien die Hürde von 4 Prozent *nicht* übertroffen wurde. Ganz im Gegensatz zu den Anleihen: Bei diesen betrug das Risiko des Scheiterns bei einem Horizont von zehn Jahren hohe 31 Prozent. Fast in jeder dritten Zehnjahresperiode resultierte für die Inhaber von Anleihen somit eine jährliche Rendite, die unterhalb von 4 Prozent lag. Selbst bei einem sehr langen Horizont von 20 Jahren beträgt das Ausfallrisiko immer noch 15 Prozent.

Es ist offenkundig: Wenn Sie eine Rendite von jährlich mindestens 4 Prozent erwarten respektive in der Vergangenheit erwarteten, dann *mussten Sie nicht nur aus Renditegründen, sondern auch aus Risikoüberlegungen Aktien kaufen – unabhängig davon, wie lange ihr Anlagehorizont war.* Das Risiko, die erwartete Mindestrendite von 4 Prozent mit Anleihen zu verfehlen, war in jedem Fall größer als mit Aktien.

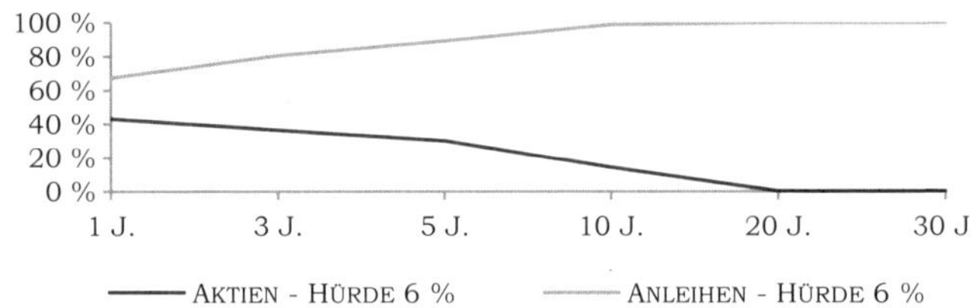

Grafik 35: Ausfallwahrscheinlichkeit bei einer jährlichen Mindestrendite von 6 Prozent (Rendite Aktien 9,7 Prozent, Anleihen 4,3 Prozent). *Eigene Berechnungen. Quelle: Pictet, Die Performance von Aktien und Obligationen in der Schweiz (1926–2019), 2020.*

Wer möchte denn nicht mindestens 6 Prozent pro Jahr verdienen? Die Frage wird wohl kaum ein Anleger verneinen. Als rationaler Investor möchte man diese Rendite aber mit kontrollierten Risiken erzielen. Wie sind die Risiken des Scheiterns bei der Erwartung einer minimalen Rendite von 6 Prozent in Bezug auf Aktien und Anleihen zu beurteilen?

Wenig überraschend ist wohl, dass es mit Anleihen, die im Durchschnitt eine Rendite von 4,3 Prozent abwarfen, kaum möglich ist, die Hürde von 6 Prozent zu schaffen (Grafik 35). Bei einem einjährigen Anlagehorizont wird diese Rendite in fast 70 Prozent der Jahre verfehlt. Je länger darüber hinaus der Anlagehorizont ist, desto sicherer wird man mit festverzinslichen Anlagen an der hohen Hürde von 6 Prozent scheitern. Mit Aktien, die im Durchschnitt der Jahre 9,7 Prozent Rendite abwarfen, war die Hürde von 6 Prozent realistischerweise zu schaffen. Als Anleger müssen wir uns aber bewusst sein, dass selbst mit Aktien das Ausfallrisiko bei einem Anlagehorizont, der weniger als zehn Jahre umfasst, recht hoch ist. Bei einem Anlagehorizont von zehn Jahren beträgt das Risiko, an der Hürde von jährlich 6 Prozent zu scheitern, noch 13 Prozent. Etwa jede achte Zehnjahresperiode brachte also für die Aktionäre eine jährliche Durchschnittsrendite unterhalb von 6 Prozent. Das wäre beispielsweise der Fall gewesen, wenn Sie zum Ende des Jahres 2000 in Aktien investiert hätten und danach innerhalb eines Dezenniums zwei monumentale Krisen durchlaufen mussten.

Was sind nun die wichtigsten Erkenntnisse für Sie als Anlegerin oder Anleger? Wenn Sie einen Anlagehorizont von rund zehn Jahren oder länger haben, ist es egal, ob Sie sich in Ihrer Anlagementalität als konservativ oder aggressiv bezeichnen. Es ist egal, ob Sie mit Ihren Anlagen eine minimale Durchschnittsrendite von 0, 2, 4 oder 6 Prozent erwarten. Sie sollten ihr Geld vornehmlich in Aktien anlegen. Wenn Ihr Anlagehorizont – weil Sie das Kapital recht bald zum Beispiel für einen Wohnungskauf benötigen – jedoch weniger als ein Jahrzehnt umfasst und Ihre Renditeerwartung nicht mehr als 2 Prozent beträgt, sind Anleihen klar konservativer als Aktien. Allerdings: Wenn Ihr Anlagehorizont sehr kurz ist, also beispielsweise ein Jahr, Sie aber – für die kurze Frist vielleicht etwas gierig – eine Mindestrendite von 4 oder 6 Prozent erwarten, sind Aktien aus Risikoüberlegungen gegenüber Anleihen wiederum zu bevorzugen.[3]

Die vorstehenden Erkenntnisse sind für Ihre Vermögensentscheidungen von fundamentaler Bedeutung. Sie bilden die Basis für die Entscheidung, wie hoch der Aktien- und Anleihenanteil in Ihrem Vermögen sein soll. Damit verbunden ist unzweifelhaft das zukünftige Schicksal Ihres Vermögens in Bezug auf die so wichtigen Komponenten Risiko und Rendite. Ich vermute, dass sehr viele Banker und Vermögensberater nicht allzu viel Ahnung von diesen Zusammenhängen haben. Vergessen Sie die Volatilität und die kurzfristigen Marktschwankungen, wenn Sie über einen längeren Anlagehorizont verfügen und Ruhe und Geduld besitzen. Aktien sind langfristig nicht nur deutlich attraktiver als Anleihen, sondern unter den hier dargelegten Perspektiven sogar weniger riskant.

Dass Aktien *langfristig* weniger riskant sind als Anleihen, lässt sich auch anhand des Schwankungsrisikos schlüssig erklären. Die Balken in der Grafik 36 zeigen die Schwankungsbreiten der Renditen von Aktien (blau) und Anleihen (grau), bezogen auf die Historie des schweizerischen Aktienmarkts seit 1926 und in Abhängigkeit des Anlagehorizonts. Die Grafik beantwortet die Frage, wie hoch die höchste und die tiefste jährliche Rendite war, die Sie mit Aktien oder Anleihen in einer bestimmten Zeitspanne erzielen konnten respektive erleiden mussten. Das rentabelste Jahr für Aktionäre war 1985, welches 61,4 Prozent Rendite brachte. Mit Anleihen wurde die höchste Rendite mit 16,6 Prozent im Jahr 1975 erzielt. Das schlechteste Ergebnis mit Aktien resultierte mit -34,1 Prozent im Jahr 2008, während mit Anleihen der größte Verlust mit -4,0 Prozent im Jahr 1989 entstand.

Das Fazit ist auch aus dieser Perspektive klar: Wenn Sie Ihr Geld nur für ein einziges Jahr investieren wollen oder können, weil Sie dieses danach für Ihren Lebensunterhalt brauchen oder eine Wohnung kaufen möchten, ist das *Schwankungsrisiko* schlicht zu groß, um Aktien zu kaufen. Wenn Ihr Anlagehorizont 2 Jahre beträgt, wird der blaue Balken, der das Schwankungsrisiko der jährlichen Renditen von Aktien abträgt, bereits schmaler. Die Extremwerte bleiben aber hoch. Interessant und eine Bestätigung der bisherigen Erkenntnisse ist Folgendes: Bei einem Anlagehorizont von 10 Jahren gestaltete sich das schlechteste aller möglichen Dezennien mit Aktien nur noch marginal unvorteilhafter als das schlechteste Jahrzehnt mit Anleihen.[4] Wenn Sie den Anlagehorizont weiter auf rund 20 Jahre ausdehnen, gab es seit 1926 keinen einzigen Einstiegszeitpunkt, der Ihnen tiefere Renditen mit Aktien als mit Anleihen bescherte – selbst dann nicht, wenn Sie im dümmsten aller dummen Zeitpunkte investiert haben. *Fazit: Wenn Sie Ihr Geld in Aktien anlegen, sollten Sie für diesen Teil Ihres Vermögens einen Anlagehorizont von etwa 10 Jahren oder länger unterstellen, um mit sehr hoher Wahrscheinlichkeit annehmen zu können, dass Sie besser fahren als mit Anleihen.*

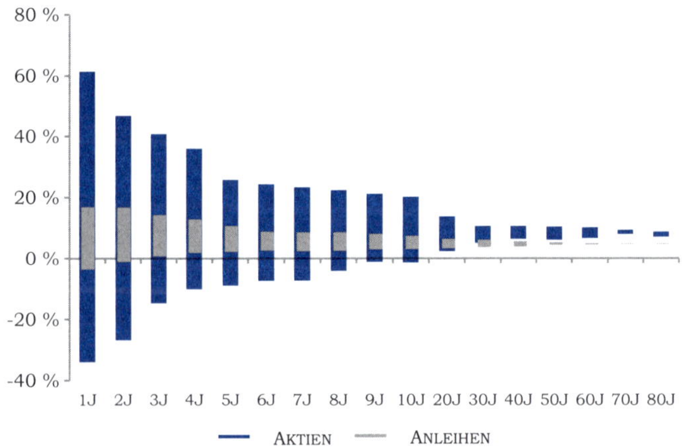

Grafik 36: Streuung der Jahresrendite in der langen Frist von 1926 bis 2019. *Eigene Berechnungen. Quelle: Pictet, Die Performance von Aktien und Obligationen in der Schweiz (1926–2019), 2020.*

Vielleicht werden Sie nun einwenden, dass dies doch alles Vergangenheitsbetrachtungen seien, die mit der Zukunft wenig zu tun hätten. In der Tat: Die historische Rendite für Anleihen lag bei 4,3 Prozent. In einem Umfeld historischer Tiefzinsen lässt sich aber mit an Sicherheit grenzender Wahrscheinlichkeit annehmen, dass solche Renditen in den kommenden Jahren und Jahrzehnten zumindest mit erstklassigen Zinspapieren nicht mehr erreichbar sein werden[5]. Auch die Aktionäre werden sich wohl in einer Phase kaum existierender Zinsen und tieferer Wirtschaftswachstumsraten im Vergleich zur Historie an tiefere Renditen zu gewöhnen haben. Die Erzielung einer jährlichen Rendite von 9,7 Prozent im arithmetischen Mittel ist in Zukunft kaum mehr realistisch. Es stellen sich sodann folgende Fragen: Welche Renditeerwartungen sind für die Zukunft überhaupt noch realistisch? Wie hoch sind darauf basierend die Chancen und Risiken, mit Anleihen oder Aktien eine bestimmte Renditeerwartung zu erreichen, zu übertreffen respektive zu verfehlen? Ich erachte diese Frage für Anleger mit einer längerfristigen Optik als äußerst bedeutsam.

Wichtig ist mir die Vorbemerkung, dass ich im Folgenden nicht eine *subjektive Renditeprognose* stellen will, sondern eine möglichst *objektive Ertragserwartung* herleiten möchte, die auf dem Risikoprämienmodell des Nobelpreisträgers William Sharpe beruht. Ausgangspunkt ist der risikolose Zinssatz. Per Mitte 2020 stand dieser sowohl für schweizerische als auch für deutsche Staatsanleihen bei rund -0,5 Prozent. Wer im Jahr 2020 Bundesanleihen kaufte, konnte demnach mit einer Rendite von -0,5 Prozent rechnen. Ausgehend von dieser risikolos zu erzielenden Rendite kann gemäß Risikoprämienmodell die entsprechende Renditeerwartung für Aktien abgeleitet werden. In der Zeitperiode von 1926 bis 2019 rentierten Aktien auf arithmetischer Basis 9,7 und Anleihen 4,3 Prozent, woraus sich eine Risikoprämie von 5,4 Prozent errechnet. Inwieweit diese Risikoprämie in Zukunft höher oder tiefer ausfallen wird, ist reine Spekulation. Die Logik spricht dafür, diese Risikoprämie als zwar unsichere, aber plausibelste Annahme für die längerfristige Zukunft zu unterstellen. Beträgt die risikolose Rendite von Anleihen -0,5 Prozent und die Risikoprämie 5,4 Prozent, so errechnet sich eine Renditeerwartung für Aktien in Höhe von 4,9 Prozent. Persönlich halte ich diese Renditeerwartung für eher konservativ, denn allein die Gewinnrendite (Gewinn pro Aktie dividiert durch den Kurs der Aktie) schweizerischer und deutscher Aktien betrug per Mitte 2020 über 5 Prozent. Unterstellen wir, dass unsere Volkswirtschaft und damit auch die Gewinne der Unternehmen in Zukunft weiter wachsen werden, so könnte ebenso gut von einer jährlichen Renditeerwartung von 6 oder 7 Prozent ausgegangen werden. Die nachfolgenden Szenarien und Berechnungen stelle ich nun aber konsequent auf das Risikoprämienmodell von William Sharpe ab, welches eine Renditeerwartung für Aktien von jährlich 4,9 Prozent ermittelt.

Wir erinnern uns: Für die Periode von 1926 bis 2019 gab es keinen Zweifel, dass in der Frist von bis zu etwa zehn Jahren das Risiko, mit Aktien Verluste zu erleiden, klar höher ist als mit Anleihen. Trifft diese Feststellung auch noch dann zu, wenn im Kontext kaum mehr existierender Zinsen die Renditeerwartungen sowohl für Aktien als auch für Anleihen deutlich tiefer liegen? Aufgrund der skizzierten Renditeannahmen und in Abhängigkeit des unterstellten Anlagehorizonts des Anlegers betrachten wir nun die *zukünftigen* Chancen und Risiken von Aktien (Renditeerwartung 4,9 Prozent) sowie Anleihen (Renditeerwartung -0,5 Prozent), eine bestimmte Minimalrendite zu übertreffen respektive zu verfehlen.[6]

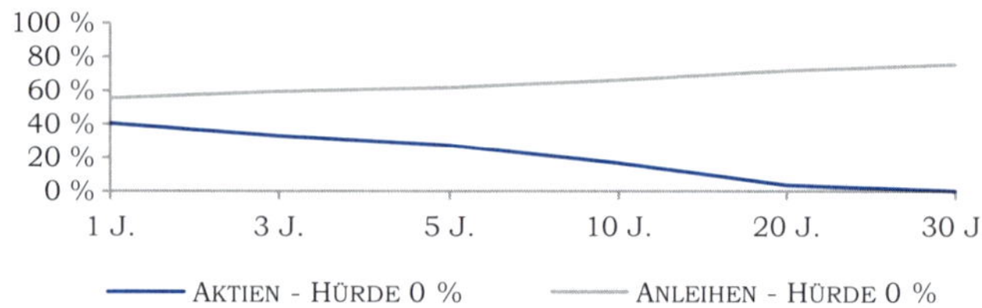

Grafik 37: Ausfallwahrscheinlichkeit bei einer jährlichen Mindestrendite von 0 Prozent (Renditeerwartung Aktien 4,9 Prozent, Anleihen -0,5 Prozent). *Eigene Berechnungen. Quelle: Pictet, Die Performance von Aktien und Obligationen in der Schweiz (1926–2019), 2020.*

Das Risiko des Scheiterns an der 0-Prozent-Hürde liegt bei einem Jahreshorizont für Anleihen bei 55 Prozent, während es für Aktien bei »nur« 40 Prozent angesiedelt ist (Grafik 37). Das mag intuitiv erstaunen. Die Erklärung, warum aus heutiger Sicht das Risiko von Anleihen selbst in der kurzen Frist höher einzuschätzen ist als das von Aktien, ist die: Weil die Renditeerwartung für Anleihen bei niedrigen -0.5 Prozent liegt, ist die Wahrscheinlichkeit, in Zukunft an der im Grunde bescheidenen Hürde von 0 Prozent zu scheitern, im Vergleich zur Vergangenheit deutlich gestiegen. Bei Zinsniveaus früherer Zeiten von 3,5 oder sogar 7 Prozent war die Wahrscheinlichkeit, mit Anleihen Verluste zu erleiden, naturgemäß sehr viel kleiner als in einem Niedrigzinsumfeld. Dass darüber hinaus bei einem längeren Anlagehorizont Aktien eine höhere Sicherheit als Anleihen bieten, um Verluste zu vermeiden, liegt auf der Hand. Bei einem Anlagehorizont von zehn bis 20 Jahren sind Verluste mit Aktien fast ausgeschlossen – ganz im Gegensatz zu den Anleihen, bei denen die Ausfallwahrscheinlichkeit mit Zunahme des Zeithorizonts sogar ansteigt. Was lernen wir daraus? Wer konservativ ist und das primäre Ziel verfolgt, auf die kurze Frist eines Jahres möglichst Verluste zu vermeiden, tut dies mit Aktien auf sicherere Weise als mit Anleihen. Das ist in der Tat eine frappierende und für Anhänger von Anleihen, die sich einbilden, sie seien konservative Anleger, frustrierende Perspektive.

Auch in Zeiten kaum existierender Zinsen streben viele Anleger eine Rendite von mindestens 2 Prozent pro Jahr an, um ihr Kapital nach Inflation, Steuern und Gebühren real zu erhalten.[7] Wie groß ist nun das Risiko des Scheiterns an dieser Hürde für Aktien und Anleihen, wiederum in Abhängigkeit des Anlagehorizonts des Anlegers? Für die Käufer von Anleihen sind die Fakten niederschmetternd. Das Risiko, die Minimalrendite von 2 Prozent bei einem Anlagehorizont von fünf bis zehn Jahren zu verfehlen, liegt bei rund 94 respektive 99 Prozent (Grafik 38). Es ist somit in der langfristigen Zukunft ein geradezu chancenloses Unterfangen, mit qualitativ erstklassigen Anleihen ein im Grunde bescheidenes Renditeziel von 2 Prozent zu erreichen oder zu übertreffen.

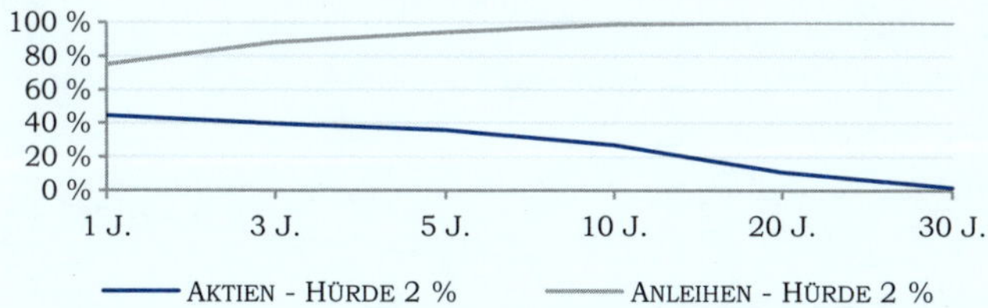

Grafik 38: Ausfallwahrscheinlichkeit bei einer jährlichen Mindestrendite von 2 Prozent (Renditeerwartung Aktien 4,9 Prozent, Anleihen -0,5 Prozent). *Eigene Berechnungen. Quelle: Pictet, Die Performance von Aktien und Obligationen in der Schweiz (1926–2019), 2020.*

»Die größte Gefahr im Leben ist, dass man zu vorsichtig wird.«

Alfred Adler, österreichischer Arzt und Begründer der Individualpsychologie (1870 - 1937)

Ganz im Kontrast zu Inhabern von Anleihen liegt das Risiko des Scheiterns für Aktionäre, die zehn Jahre Geduld haben, bei vergleichsweise bescheidenen 27 Prozent. Mit anderen Worten: Nur etwa in jeder vierten Zehnjahresperiode riskieren Sie mit Aktien, Ihr jährliches Renditeminimalziel von 2 Prozent zu verfehlen.

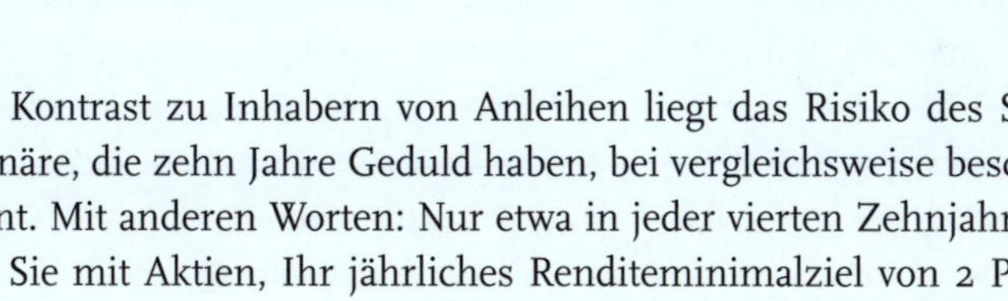

Grafik 39: Ausfallwahrscheinlichkeit bei einer jährlichen Mindestrendite von 4 Prozent (Renditeerwartung Aktien 4,9 Prozent, Anleihen -0,5 Prozent). *Eigene Berechnungen. Quelle: Pictet, Die Performance von Aktien und Obligationen in der Schweiz (1926–2019), 2020.*

Mit den unterstellten Renditevorgaben ist es mit Anleihen unabhängig vom Anlagehorizont offensichtlich so gut wie unmöglich, ein minimales Renditeziel von jährlich 4 Prozent zu erreichen (Grafik 39). Das geht nur mit Aktien. Um mit diesen ziemlich sicher zu sein, dass Sie die Hürde von 4 Prozent übertreffen werden, sollte Ihr Anlagehorizont naturgemäß genügend lang sein, denn selbst bei einem Anlagehorizont von zehn Jahren beträgt die Ausfallwahrscheinlichkeit noch immer 42 Prozent.

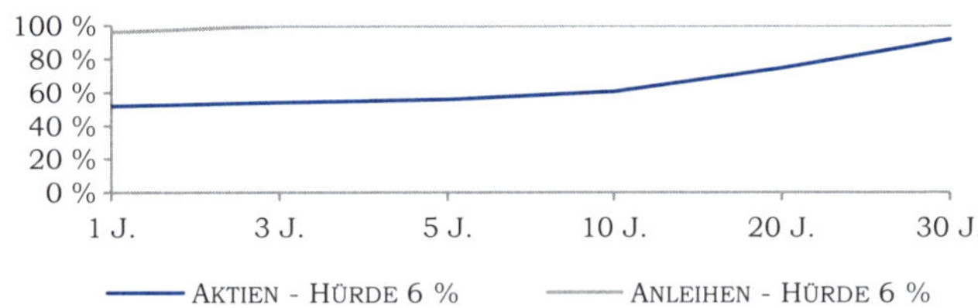

Grafik 40: Ausfallwahrscheinlichkeit bei einer jährlichen Mindestrendite von 6 Prozent (Renditeerwartung Aktien 4,9 Prozent, Anleihen -0,5 Prozent). *Eigene Berechnungen. Quelle: Pictet, Die Performance von Aktien und Obligationen in der Schweiz (1926–2019), 2020.*

Die Renditehürde von 6 Prozent zu schaffen, ist mit qualitativ hochwertigen Anleihen, unabhängig vom Anlagehorizont, natürlich eine Illusion. Das Risiko, an dieser Hürde zu scheitern, ist aber auch mit Aktien extrem hoch. Bei einem Anlagehorizont von zehn Jahren beträgt das Risiko des Scheiterns 61 Prozent und nimmt mit der Länge des Zeitraumes weiter zu.

Vielleicht werden Sie sich fragen, weshalb ich so großen Wert auf die vorstehenden Berechnungen lege. Schließlich handelt es sich dabei ja »nur« um Wahrscheinlichkeitsrechnungen. In der Tat ist das so. Wie die Realität in Zukunft aussehen wird, wissen wir nicht. Aber ganz ehrlich: Treffen wir wichtige Entscheidungen unseres Lebens nicht sehr oft aufgrund von Prognosen, die auf Wahrscheinlichkeiten basieren? So planen wir eine Bergwanderung vor allem dann, wenn die Wahrscheinlichkeit für gutes Wetter hoch und das Risiko eines Gewitters tief ist. Und wenn wir krank sind, werden wir uns für jene Therapieform entscheiden, die die höchsten Chancen auf eine Heilung verspricht. Alle unsere Versicherungen basieren auf Wahrscheinlichkeitsannahmen. Je wahrscheinlicher ein nicht erhofftes Ereignis wie ein Diebstahl-, Feuer- und Wasserschaden oder ein Autounfall Realität werden kann, desto teurer wird die zu zahlende Versicherungsprämie sein, um dieses zu versichern. Genau so funktioniert auch das Anlagegeschäft. Dabei will ich mich vergewissern, mit welcher Strategie respektive mit welcher Anlage ich die höchste Wahrscheinlichkeit habe, in Zukunft erfolgreich zu sein. Eine endgültige Sicherheit wird es aber nie geben. Wir sollten uns deshalb darauf fokussieren, unsere *Chancen und Risiken zu optimieren.* Die vorstehenden Berechnungen geben uns wichtige Hinweise, wie wir unsere Anlageentscheidungen treffen sollten.

Auf die Gefahr hin, dass Sie mich für verrückt erklären: *Wenn Sie Ihr Risiko als Risiko definieren, in Zukunft eine bestimmte Mindestrendite von 0, 2, 4 oder 6 Prozent zu verfehlen, gibt es kein Szenario, in welchem Anleihen risikoärmer sind als Aktien.* Das mag überraschen, wenn man die Fakten nicht kennt. Aber es ist die nackte Realität. Unabhängig vom Anlagehorizont und unabhängig vom Minimalrenditeziel sind Aktien in dieser Risikobetrachtung *immer* konservativer als Anleihen.[8] Deshalb sprechen nicht nur Rendite-, sondern auch Risikoüberlegungen für hohe Aktienanteile in den Portfolios. Wenn ich an unsere Vorsorgegelder denke, deren Schwankungsrisiken von den Consultants üblicherweise mit der Volatilität gemessen werden, möchte ich an dieser Stelle mit Nachdruck feststellen: Die Gleichsetzung von kurzfristiger Volatilität als (langfristiges) Risiko ist ein Denkfehler, der unser Vorsorgesystem noch teuer zu stehen kommen wird.

Wenn Sie in einem Umfeld von kaum existierenden Zinsen ziemlich sicher sein wollen, eine Mindestrendite von beispielsweise 3 oder 4 Prozent zu übertreffen, brauchen Sie einen Anlagehorizont von mindestens zehn, besser aber sogar einen von 20 Jahren. Das war in früheren Jahren anders. Mitte der 1990er Jahre lagen die Zinsen selbst im Niedrigzinsland Schweiz bei über 7 Prozent. Die Geldmarktzinsen notierten bei 9 Prozent. Da lag es auf der Hand, dass das Risiko, eine Mindestrendite von 4 Prozent mit Festzinsanlagen zu verpassen, unabhängig vom Anlagehorizont gegen null tendierte. Aber, liebe Investorinnen und Investoren: Diese Zeiten dürften wohl endgültig oder zumindest für längere Zeit vorbei sein. Beschränken Sie den Fokus Ihrer Risikobetrachtungen auf keinen Fall auf die Jahresbasis. Der Lärm an den Börsen und die damit zusammenhängende Volatilität machen Sie nur nervös. Denken Sie mit Geldern, die Sie für Ihr tägliches Leben nicht benötigen, in Zeiträumen von zehn, 20 oder sogar 30 Jahren. Das gilt übrigens selbst für ältere Menschen, die ihr Vermögen dereinst an die nächste Generation vererben werden. Im Kontrast zur gängigen Meinung bin ich nämlich der Überzeugung, dass vermögende Senioren für den Teil ihrer Ersparnisse, den sie für ihr Leben nicht brauchen und diesen an die nächste Generation weitervererben wollen, einen sehr langen Anlagehorizont aufweisen.

Was sind die Lehren? Wenn Sie Ihr Risiko, in Zukunft eine bestimmte Mindestrendite von beispielsweise 2 oder 4 Prozent zu verfehlen, minimieren wollen, soll-

ten Sie Ihr Geld mit hoher Priorität in Aktien anlegen. Weshalb bei dieser Faktenlage Versicherungskonzerne eine Aktienquote von vielleicht 3 Prozent und schweizerische Pensionskassen eine solche von 30 Prozent halten, ist mir schleierhaft. Aufgrund des sehr langen Anlagehorizonts, den Versicherungsunternehmen und Pensionskassen haben, bin ich der Überzeugung, dass sich diese einen Aktienanteil von gegen 80 Prozent leisten sollten und könnten. Ja, Sie haben richtig gelesen: 80![9]

20

Die grössten Börseneinbrüche seit dem Zweiten Weltkrieg – und wenn mich die grossen Aktien-Crashs erfassen?

Vielleicht werden Sie an dieser Stelle denken: »Der Hotz ist als großer Anhänger von Aktien ein unerschütterlicher Optimist. Er lässt völlig außer Acht, dass sich Aktienmärkte zwischenzeitlich auch einmal halbieren können und es dann extrem lange dauern kann, bis die Verluste wieder aufgeholt sind.« Bin ich naiv oder will ich partout die zweifellos hohen Risiken, die mit Aktien verbunden sind, negieren? Ich kann Sie beruhigen: Ich habe schon mehrere große Crashs erlebt und habe mit meinem Aktienportfolio ebenso gelitten wie meine geschätzten Kunden.

Der erste Crash, der mich hart getroffen hat, fand am 19. Oktober 1987 statt. Damals betreute ich als frischgebackener Jungunternehmer aus meiner St. Galler Studentenwohnung meine ersten drei Privatkunden. Der Dow Jones sackte am Schwarzen Montag um sagenhafte 22,6 Prozent ab. Innerhalb kurzer Zeit fielen die weltweiten Aktienmärkte um gut ein Drittel. Neben weiteren herben Baissen habe ich primär die New-Economy-9/11-Krise der Jahre 2000 bis 2003 sowie die Finanzkrise der Jahre 2007 bis 2009 in prägender Erinnerung.

Für diejenigen, die bei Aktien weniger an die langfristig herausragenden Chancen, sondern primär an die »fürchterlichen« kurzfristigen Risiken denken, habe ich nachstehend aufgelistet, welche dramatischen Auswirkungen die größten Börseneinbrüche seit dem Zweiten Weltkrieg für uns Anleger hatten. Dabei betrachte ich einen repräsentativen Schweizer Investor, welcher rund ein Drittel seines Aktienportfolios im eigenen Land und zwei Drittel international anlegt.[1] Im Zusammenhang mit den monumentalsten Krisen der jüngeren Finanzgeschichte stellen sich nachstehend folgende Fragen:

- Wie groß waren die maximalen Verluste des Anlegers, vom ursprünglichen Hoch- bis zum anschließenden Tiefpunkt betrachtet, und wie lange dauerte diese Baisse, bis der Tiefpunkt erreicht war?

- Wie lange dauerte es, bis der Anleger seit dem Tiefpunkt sämtliche Verluste wieder aufgeholt hatte? In der Fachsprache redet man vom Wiedererreichen der sogenannten »high water mark«, also dem Hochpunkt, von dem aus die Baisse begann.
- Wie lange dauerte schließlich die ganze Baisseperiode vom Beginn bis zu ihrem Ende?

	Beginn Abwärtsbewegung	**Dauer** Abwärtsbewegung	**Tiefst**	**Ende**	**Dauer** bis Ausgangswert	**Wann**	**Dauer** Total
1	Jun 07	22 Mte	-59,1 %	Mär 09	46 Mte	Jan 13	68 Mte
2	Mär 00	37 Mte	-51,2 %	Mär 03	43 Mte	Sep 06	80 Mte
3	Dez 72	25 Mte	-49,9 %	Dez 74	70 Mte	Okt 80	95 Mte
4	Sep 87	4 Mte	-34,4 %	Dez 87	21 Mte	Sep 89	25 Mte
5	Feb 20	1 Mte	-34,3 %	Mär 20	5 Mte	Aug 20	6 Mte
6	Jun 90	4 Mte	-23,8 %	Sep 90	8 Mte	Mai 91	12 Mte
7	Feb 62	8 Mte	-23,3 %	Sep 62	63 Mte	Dez 67	71 Mte
8	Jul 98	3 Mte	-22,3 %	Sep 98	3 Mte	Dez 98	6 Mte

Tabelle 6: Die größten Börseneinbrüche seit dem Zweiten Weltkrieg. *Eigene Berechnungen. Quelle: MSCI. Stand 30.04.2020. In Schweizer Franken.*

Die Tabelle müsste wohl auch die größten Aktienskeptiker beruhigen. Sie zeigt Folgendes:

- Die größte Aktienbaisse seit dem Zweiten Weltkrieg war die Finanzkrise in den Jahren 2007 bis 2009. In der Extremperspektive vom Höchst- zum Tiefpunkt tauchten die weltweiten Aktien um fast 60 Prozent. Das war klar das Schlimmste, das ich je erlebt habe. Es fand eine eigentliche »Aktienschmelze« statt, in der die Investoren jedes Vertrauen verloren hatten. Es herrschte Angst und Panik. Viele vermögende Privatinvestoren mussten damals ihre Aktien wegen zu hoher Kredite, Pensionskassen wegen eines abgeschmolzenen Deckungsgrades und Versicherungen wegen zu geringer Eigenmittel im dümmsten Moment verkaufen oder zwangsverkaufen. Darüber hinaus verloren viele Anleger auf Tiefständen die Nerven und warfen ihre Aktien aus Angst vor einem weiteren Kurszerfall auf den Markt. Die historische

Baisse dauerte 22 Monate, bis der Tiefpunkt erreicht war. Selbst für konservative Investoren, die Aktien niemals auf Kredit kaufen und über einen langfristigen Anlagehorizont verfügen, war das eine harte und einschneidende Zeit. Im Frühjahr 2009 bereitete ich meine Kunden darauf vor, dass es diesmal wohl etwa zehn Jahre dauern würde, bis diese horrenden Verluste wieder aufgeholt sein würden. Doch es kam anders. Als Optimist war ich dieses Mal viel zu pessimistisch. Bereits nach 46 Monaten, also weniger als vier Jahre nach Erreichen des Tiefpunktes im März 2009, war alles wieder wettgemacht, und Anleger mit einem gut diversifizierten Aktienportfolio erreichten einen neuen Höchststand. Obwohl ich als hartgesottener Antizykliker überzeugt war, dass die Korrektur maßlos übertrieben war, habe ich die rasche Rückkehr zum früheren Höchststand bei Weitem unterschätzt. Bereits im Januar 2013 befanden sich die Anleger, welche die Nerven behalten hatten, wieder auf dem bisher erreichten Höchststand vom Juni 2007. Für geduldige Aktionäre war der größte Crash seit dem Zweiten Weltkrieg nach wenigen Jahren bereits vergessen und damit Geschichte. Wer den Mut und das Geld hatte, in dieser Baisse antizyklisch nachzukaufen, hat natürlich noch rascher wieder neue Höchststände erreicht als hier berechnet.

- Die zweitgrößte Krise seit dem Zweiten Weltkrieg betraf die New-Economy-Blase und die 9/11-Geschehnisse. Zwischen März 2000 und März 2003 halbierten sich die Aktienmärkte. Die Baisse war zwar nicht ganz so heftig wie die Finanzkrise, aber dauerte gut ein Jahr länger. Die Aufholzeit zum ursprünglichen Höchststand war mit 43 Monaten ähnlich lang. Im September 2006 hatten die Aktionäre die zwischenzeitlich erlittenen Verluste wieder wettgemacht.
- Auch in den Jahren 1972 bis 1974, der Zeit der ersten Ölkrise und der darauffolgenden schweren Rezession, halbierten sich die Aktienkurse. Die anschließende Erholung bis zum vorangehenden Höchststand dauerte mit knapp sechs Jahren überdurchschnittlich lange, wobei auch diese Frist überschaubar ist. Mit 95 Monaten, also knapp acht Jahren, umfasst die Ölkrise der 1970er Jahre die längste Dauer vom Start des Abschwungs bis zu dem Zeitpunkt, in welchem das bisherige Allzeithoch wieder übertroffen wurde.[2]
- Der berühmte Aktiencrash vom 19. Oktober 1987 war zwar in seiner Intensität heftig, wurde aber bereits nach weniger als zwei Jahren wieder wettgemacht.
- Die Corona-Krise ließ die weltweiten Aktienmärkte im Frühjahr 2020 innerhalb von weniger als einem Monat um gegen 35 Prozent einbrechen. Im August 2020, also nur fünf Monate nach Erreichen des Tiefststandes, wa-

ren die Verluste wieder wettgemacht und die erdbebenartigen Verluste des Frühjahrs waren vergessen.

- Der Zweite Golfkrieg zu Beginn der 1990er Jahre brachte Aktienverluste von knapp 24 Prozent. Bereits acht Monate nach Erreichen der Tiefstände waren sie ausgelöscht.
- Die Kuba-Krise zu Beginn der 1960er Jahre verursachte Aktienverluste von ebenfalls rund 24 Prozent. Es brauchte mit gut fünf Jahren verhältnismäßig lange, bis sie wettgemacht war.
- Extrem schnell lösten sich die gut 20 Prozent Kursverluste in Luft auf, die im Zusammenhang mit der Russland-Krise im Jahr 1998 entstanden. Drei Monate nach der Baisse war der Kursverlust Geschichte.

Was lernen wir aus dieser langen Historie? Folgende Erkenntnisse erscheinen mir wichtig:

- Fürchten Sie sich nicht vor Krisen, auch nicht vor großen. Mit etwas Geduld werden sie schnell vergessen sein.
- Nach größeren Börsenkorrekturen befinden sich die Aktienmärkte in einer Übertreibungsphase. Zwar wissen wir nicht, wann der Tiefpunkt erreicht sein und der Markt drehen wird. Es lohnt sich jedoch, ruhig zu bleiben und die Nerven zu behalten.
- In großen Krisen wechseln Aktien von den schwachen zu den starken Händen. Ich versichere Ihnen: Die starken Hände werden auf Dauer gewinnen.
- Wenn Sie in Krisenzeiten Liquidität haben, die Sie längerfristig nicht benötigen, investieren Sie diese genau dann in Aktien, wenn die Nacht am dunkelsten ist.
- Der Wissenschaftsautor Nassim Taleb bezeichnet in seinem Buch »*The Black Swan*«[3] extrem seltene Ereignisse als sogenannte Schwarze Schwäne. Dabei weist er zu Recht darauf hin, dass Börsenverwerfungen zum einen nicht prognostizierbar sind und sie zum anderen häufiger vorkommen, als es statistisch eigentlich zu erwarten wäre.[4] Allerdings bin ich der Meinung, dass der Begriff »Black Swan« inzwischen fast schon inflationäre Verwendung findet. So haben Marktbeobachter auch die Corona-Krise als »Black Swan« betitelt. Mit Verlaub: Soll denn jetzt jeder Börsenrückschlag, der 20 Prozentpunkte übersteigt, quasi als Jahrhundertereignis deklariert werden, das es eigentlich gar nicht hätte geben dürfen? Das ergibt meines Erachtens keinen Sinn. Börseneinbrüche von 20, 30 oder auch mehr Prozent sind Ereignisse, die immer mal wieder vorkommen. Als »Black Swan« würde ich

am ehesten das bezeichnen, was unsere Vorfahren während der Großen Depression der 1930er Jahre erlebt haben. Damals stürzte der US-amerikanische Aktienmarkt um 89 Prozent in die Tiefe. Seit Beginn der Baisse am 3. September 1929 dauerte es knapp 15 Jahre, bis der alte Höchststand wieder erreicht wurde – was angesichts der dramatischen Verluste erstaunlich kurz ist.

- Es gibt Kritiker, welche den japanischen Aktienmarkt gerne als Beispiel zitieren, um die langfristig hohen Risiken der Aktienanlage zu »beweisen«. So stand der japanische Aktienmarkt auch 30 Jahre nach seinem per Ende 1989 erreichten Höchststand noch weit hinter diesem zurück. Dieser Tatbestand ist aber in keiner Weise ein Argument dafür, dass Aktien auch über eine Frist von 20 oder 30 Jahren riskant und verlustreich sein können. Vielmehr ist das jämmerliche Dasein der japanischen Börse über mehrere Jahrzehnte ein Votum dafür, dass sich internationale Diversifikation nicht nur empfiehlt, sondern sogar aufdrängt.

> »Schlechte Nachrichten sind der beste Freund mutiger Investoren; ich fühle mich am besten, wenn die Aktienkurse fallen, weil ich dann noch mehr zukaufen kann.«
>
> **Warren Buffett**, amerikanische Anlegerlegende und Orakel von Omaha, Nebraska

Wenn die Verluste in großen Krisen Realität werden, gibt es sofort wieder überall Propheten, die darüber orakeln, wie lange die Krise denn diesmal dauern könnte. Diskutiert wird, ob die Börsen und die Konjunktur einen L-, U-, V- oder W-artigen Verlauf nehmen würden. Natürlich ist das reine Kaffeesatzleserei. Niemand weiß, wie lange es dauert, bis die Verluste jeweils wieder wettgemacht sind. Aufgrund der Geschichte lässt sich aber sicherlich sagen, dass es in der Regel einige wenige Jahre dauert, bis die alten Höchststände wieder erreicht sind. Sicher ist auch, dass die nächste Krise nur eine Frage der Zeit ist, denn nach der Krise ist immer auch vor der Krise. Nur weiß niemand, wie viel Zeit dazwischen liegt, während der eine ausgeprägte Börsenhausse mit neuen Höchstständen zu ernten ist.

21
Die Mär von der längsten Aktienhausse der Geschichte – wann ist denn eigentlich Hausse, wann Baisse?

Wie in Kapitel 20 aufgezeigt, dauerten auch die heftigsten Börseneinbrüche seit dem Zweiten Weltkrieg nie länger als zwei oder drei Jahre – oft dauerte die Baisse sogar nur wenige Monate. Wie lange dauert nun aber eine Aktienhausse?

Die Beantwortung dieser Frage gestaltet sich naturgemäß viel schwieriger. Streng genommen dauert eine Aktienhausse nämlich ewig. Das liegt ganz einfach daran, dass Aktien langfristig steigen. Wenn Sie einen sehr langfristigen Chart betrachten, der 20, 30, 50 oder sogar 100 Jahre (siehe dazu Grafik 30, Seite 129) abdeckt, zeigt der Kursverlauf – trotz einiger Unterbrechungen in Form von Korrekturen und Crashs – nur in eine Richtung: Nach oben! In einem langfristig steigenden Aktientrend sind deshalb neue Höchststände ein Stück Normalität. Das ist auch der Grund, warum es antizyklischen Anlegern viel schwerer fällt, in Haussen zu verkaufen, als in Baissen dazuzukaufen. In einer noch so großen Baisse wissen Sie, dass es nur eine Frage der Zeit ist, bis es zur erlösenden Trendwende kommt. In der Hausse ist die Ungewissheit, wann es zur Trendwende kommt, viel größer. Haussen können lange dauern. Sehr lange.

Baissiers, die das Ende einer Hausse jeweils sehnlichst herbeibeten, kann eine fast »ewig« dauernde Hausse geradezu in die Verzweiflung treiben. Dies illustriert die Zeit nach der Finanzkrise eindrücklich. Im März 2009 erreichten die Dividendenpapiere ihren Tiefpunkt. Zwei Jahre nach dem Tiefpunkt hatten sich die weltweiten Aktienmärkte bereits wieder fulminant erholt. Diese Entwicklung kommentierte der Leiter der Börsenredaktion der *NZZ* im Jahr 2011 wie folgt: »Da die US-Aktienmärkte ohnehin derzeit auf allen Zeitebenen erheblich ›überkauft‹ sind, ist eine Konsolidierung oder gar eine Korrektur in der Nähe der Allzeithochs wahrscheinlich.«[1] Gemäß Marktexperten lief bereits zu dieser Zeit eine der größten Rallys der Geschichte. Wer konnte es dem Wirtschaftsredakteur und vielen Marktbeobachtern verübeln, dass sie nach dieser markanten Erholung der Märkte eine Verschnaufpause respektive Korrektur an den Börsen erwarteten? Es kam dann so: Im Verlauf des Jahres 2011 gab es zwar tatsächlich eine Korrektur an den internationalen Aktienmärkten, doch die Hausse setzte sich in den Folgejahren noch verstärkt fort (Grafik 41).

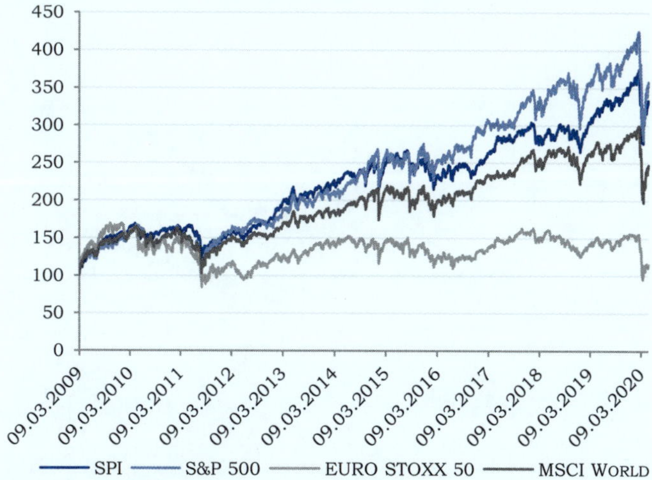

Grafik 41: Börsenentwicklung seit März 2009. *Quelle: Bloomberg. Zeitperiode 9. März 2009 bis 30. April 2020. Indexiert in Schweizer Franken.*

Wenn Sie die globale Aktienmarktentwicklung relevanter Indizes in der Referenzwährung Schweizer Franken seit ihrem Tiefstand am 9. März 2009 bis zum 30. April 2020 – der Rückschlag der Corona-Krise im Frühjahr 2020 ist somit in dieser Zeitperiode enthalten – betrachten, so sind die erzielten Renditen in der Tat imposant. So hat der Schweizer Aktienmarkt (SPI) in den rund elf Jahren seit Erreichen des Tiefpunktes um rund 229 Prozent zugelegt (siehe dazu Tabelle 7), was einer langfristig eindeutig »zu hohen« jährlichen geometrischen Rendite von 11,2 Prozent entspricht – die jährliche geometrische Rendite von Schweizer Aktien seit 1926 beträgt gemäß Pictet bekanntlich »nur« 7,9 Prozent. Während der US-amerikanische Aktienmarkt bei einer Durchschnittsrendite von 12,1 Prozent sogar mehr als 250 Prozent zugelegt hat, fällt die Performance von jährlich 1,4 Prozent bei europäischen Aktien bescheiden aus. Überzeugend ist schließlich die Performance des Weltmarktindexes MSCI World, welcher in der entsprechenden Zeitspanne um 148 Prozent zugelegt hat, was einer Jahresrendite von 8,5 Prozent entspricht. Hohe Renditen seit dem Erreichen des Tiefpunktes in der Finanzkrise waren Anlass zur Aussage vieler Experten, dass Aktien spätestens seit den Jahren 2011/12 deutlich überbewertet seien. Allerdings unterlagen die Protagonisten dieser These einem fundamentalen Irrtum, weshalb die meisten von ihnen die fulminante Erholung der Märkte wohl verpasst haben.

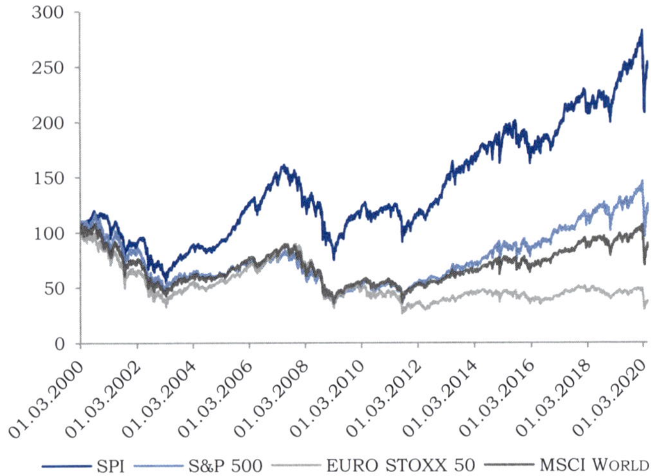

Grafik 42: Börsenentwicklung seit März 2000. *Quelle: Bloomberg. Zeitperiode 1. März 2000 bis 30. April 2020. Indexiert in Schweizer Franken.*

Wir erinnern uns: Das erste Jahrzehnt des laufenden Jahrtausends brachte zwei Verwerfungen historischen Ausmaßes. Sowohl während der New-Economy-9/11-Krise (2001 bis 2003) als auch während der Finanzkrise (2007 bis 2009) gab es eine veritable Kernschmelze, in der sich die Aktienkurse zweimal in kurzer Zeit halbierten (Grafik 42). Zwei solche Ereignisse innerhalb eines Jahrzehnts stellten ein Novum in der modernen Finanzgeschichte dar. In dieser nervenaufreibenden Zeit nährte sich die Baisse im Sinne eines Teufelskreises wie von allein. Je mehr Verkäufer zum Ausgang drängten, desto mehr Verkäufer rückten nach, um die Kurse in den Keller zu schicken. Das führte schließlich zu einer kolossalen Übertreibungsphase, die im Frühjahr 2009 ihren Höhepunkt erreichte. Die hohen jährlichen Durchschnittsrenditen der Aktien im Jahrzehnt nach der Finanzkrise waren deshalb nicht primär die Konsequenz einer übertriebenen Börsenhausse, sondern vor allem eine *Gegenreaktion auf die übertriebenen Korrekturen der Börsen in den Jahren zuvor.* Zu diesem Schluss kommt unweigerlich, wer den Startzeitpunkt der Renditeberechnung nicht unmittelbar nach der Finanzkrise, sondern *vor* die beiden Börsenkrisen, also auf die Jahre 2000 (Start: 1.3.2000) und 2008 (Start: 1.6.2007), legt.

Index	**SPI**			**S&P 500**			**Euro Stoxx 50**			**MSCI World (DM)**		
Währung	**CHF (in %)**			**USD (in %)**			**EUR (in %)**			**USD (in %)**		
Ab	Index	Whg.*	in CHF	Index	Whg.*	in CHF	Index	Whg.*	in CHF	Index	Whg.*	in CHF
01.03.00	148,1	0,0	148,1	111,2	-41,5	23,4	-44,1	-34,2	-63,2	51,1	-41,5	-11,7
p.a. in %			**4,6**			**1,0**			**-4,8**			**-0,6**
01.06.07	53,7	0,0	53,7	89,6	-21,5	48,8	-35,7	-36,0	-58,9	26,3	-21,5	-0,9
p.a. in %			**3,4**			**3,1**			**-6,7**			**-0,1**
09.03.09	228,7	0,0	228,7	330,5	-16,7	258,8	61,8	-27,6	17,1	198,1	-16,7	148,4
p.a. in %			**11,2**			**12,1**			**1,4**			**8,5**

Tabelle 7: Performance verschiedener Aktienindizes per 30. April 2020 mit Startzeitpunkt vor oder nach Krisen. *Eigene Berechnungen. Quelle: Bloomberg vom 30. April 2020. Referenzwährung Schweizer Franken.*
* Währungsveränderung

Bei Betrachtung der Renditen seit Start der beiden Börsenkrisen fallen diese in sich zusammen und die Feststellung einer überhitzten Lage an den Aktienmärkten relativiert sich (Tabelle 7). Aus der »längsten Aktienhausse der Geschichte« wird bei differenzierter Betrachtung eine ziemlich normale Börsenentwicklung, die sich primär durch temporär hohe Kursschwankungen von der Normalität unterscheidet. Wer zu Beginn der New-Economy-9/11-Krise (Anfang März 2000) oder der Finanzkrise (Anfang Juni 2008) Schweizer Aktien gekauft hatte, erzielte seither im Durchschnitt der Jahre eine Rendite von ziemlich moderaten 4,6 beziehungsweise 3,4 Prozent. Eine Anlage in amerikanische Aktien brachte noch tiefere Renditen von 1,0 respektive 3,1 Prozent. Während Anleger, die vor den beiden großen Krisen den Weltindex kauften, seither praktisch ein Nullsummenspiel erlebten, haben Investoren, die auf europäische Aktien setzten, ihre seither erlittenen Verluste noch lange nicht kompensiert. Sie liegen tief in der Verlustzone. Bei nüchterner Betrachtung konnte somit auch rund zehn Jahre nach der Finanzkrise nicht undifferenziert von der längsten Aktienhausse der Geschichte gesprochen werden. Es ist viel mehr eine Frage des Blickwinkels.

Wer sich an die Weltuntergangsstimmung erinnert, die während der Finanzkrise im Frühjahr 2009 herrschte, nachdem Banken wie Dominosteine umkippten, kann ohnehin nur den Kopf schütteln, wenn aus heutiger Sicht gewisse »Experten« berichten, die langjährige Hausse hätte schon in dieser verrückten Zeit ihren Anfang genommen. Der Begriff Hausse passt nämlich nicht so recht zu der Krisenstimmung, die noch lange nach Erreichen der Tiefstwerte herrschte. Die Geschichte von der »längsten Aktienhausse der neueren Geschichte« ist deshalb bei Lichte betrachtet eher eine Fata Morgana. Wer an diese Geschichte glaubte, hat falsche Entscheidungen getroffen und seine Aktien wohl viel zu früh verkauft.

> »Börsengewinne sind Schmerzensgeld – erst kommen die Schmerzen, dann das Geld.«
>
> **André Kostolany**, ungarischer Autor und Börsenlegende (1906 – 1999)

Was lernen wir daraus? Sie kennen sicherlich das Sprichwort: »Traue keiner Statistik, die du nicht selbst gefälscht hast.« Je nachdem, wie, was und ab wann Sie messen, werden Sie mit unterschiedlichen Resultaten völlig verschiedene Schlüsse ziehen. Abhängig davon, was Sie »beweisen« wollen, stellen Sie Ihre Zahlen so oder anders zusammen. Und überhaupt: Die ganze Diskussion, ob wir uns nun gerade in einer Hausse oder in einer Baisse befinden, halte ich ohnehin für ziemlich obsolet. Wie definiert sich denn eigentlich eine Hausse, und wie eine Baisse? Das Gros der Marktbeobachter sieht den Markt dann in einer Hausse, wenn er von einem vorangehenden Tiefpunkt um mindestens 20 Prozent zugelegt hat. Umgekehrt befinden wir uns nach dieser Lesart dann in einer Baisse, wenn die Börsen vom früheren Höchststand um mindestens 20 Prozent korrigiert haben. Darüber, ob diese Definition sinnvoll ist, kann man sich genüsslich streiten, wie die Börsenentwicklung während der Corona-Krise im Frühjahr 2020 wieder einmal eindrucksvoll aufgezeigt hat.[2]

Alle drei Indizes zeigten im Verlauf des Pandemieausbruchs zwischen dem 9. und 12. März 2020 unzweifelhaft eine Baisse an (Grafik 43, graue Pfeile). Der Tiefpunkt der Börsen wurde in Zürich und New York am 23. März erreicht. Dann erfolgte innerhalb von nur drei Tagen eine historische Gegenbewegung. Als erstmals Hoffnung aufkam, dass man weltweit das Corona-Virus unter Kontrolle bringen könnte, schnellte der Dow Jones allein am Dienstag, 24. März, um 11 Prozentpunkte nach oben. Innerhalb von nur drei Tagen, also zwischen dem 24. und 26. März 2020, rückten der Dow Jones und der DAX jeweils um knapp 20 Prozentpunkte vor. Endgültig das »Bärenterritorium« verlassen und in eine neuerliche Hausse-Periode umgeschwenkt haben die drei Märkte im Verlauf des Aprils (blaue Pfeile) – die Rendite seit dem Tiefstand übertraf in dieser Phase die Hürde von 20 Prozentpunkten bereits wieder. Beziehen wir nicht nur Tagesschlusskurse ein, sondern auch Intraday-Kurse, so haben der Dow Jones und der DAX streng genommen bereits im Verlauf des 26. März auf

Hausse umgeschwenkt – kurioserweise zu einem Zeitpunkt, an dem die Nerven unzähliger Investoren blank lagen. Was hatten wir nun eigentlich in dieser hektischen Zeit im Frühjahr 2020: Baisse oder Hausse? Die Antwort auf diese Frage ist meines Erachtens völlig irrelevant. Der langfristige Trend langfristig attraktiver Aktien ist steigend, und zwischenzeitliche Korrekturen sind Kaufgelegenheiten.

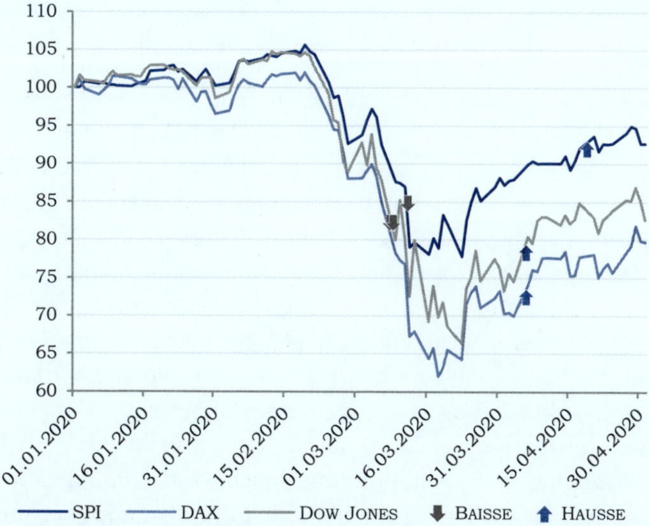

Grafik 43: Baisse und Hausse in der Corona-Krise. *Quelle: Bloomberg. Zeitperiode 1. Januar 2020 bis 30. April 2020. Indexiert in Schweizer Franken.*

22
Liquidität und Anleihen als Ruhekissen für das tägliche Leben

Wie in diesem Buch aufgezeigt, schlagen die auf kurze Frist unsicheren Aktien die Anleihen auf Dauer um Welten. Investoren, die aus den Erträgen oder Beständen ihrer Wertpapieranlagen leben wollen oder müssen, brauchen jedoch einen genügend hohen Anteil an Liquidität oder Anleihen, um die entsprechenden Bedürfnisse zu sichern. Pensionäre, die aus ihrem Ersparten die Ferien finanzieren wollen, oder ein Ehepaar, das seinen Kindern das Studium an der Universität ermöglichen möchte, tun dies vorzugsweise aus laufenden Erträgen und kurzfristig sicheren Vermögensbeständen. Das ist mit Liquidität und Anleihen leichter planbar als mit Aktien. *Es ist deshalb durchaus sinnvoll, alle Ausgaben, die mittelfristig vom Ersparten abfließen werden, in qualitativ hochwertigen, sicheren Anleihen anzulegen oder in einer sicheren Bank auf dem Konto zu halten.* Da darf es keine Kompromisse geben. Gelder, die Sie innerhalb der kommenden fünf, acht oder sogar zehn Jahre mutmaßlich für bestimmte Zwecke benötigen – für den Erwerb einer Wohnung oder eines Hauses, für einen Bootskauf, für Urlaubsreisen oder die Anschaffung eines Autos –, sollten Sie möglichst in sicheren Anleihen anlegen oder liquide halten. Planen Sie dabei auch Reserven ein, damit Sie auf der sicheren Seite sind. Es wäre nämlich mehr als ärgerlich, wenn Sie im dümmsten Moment, also beispielsweise mitten in einer Börsenkrise, Aktien oder sogar illiquide Immobilien verkaufen müssten, um Ihre längst geplanten oder planbaren Ausgaben zu decken. Das darf unter keinen Umständen passieren. Dieser Grundsatz gilt selbstverständlich auch in Zeiten einer Tiefzinsphase. Natürlich ist es ärgerlich, wenn wir mit erstklassigen Anleihen oder mit dem Geld auf dem Konto kaum mehr einen Zins erhalten. Trotzdem dürfen wir uns nicht von den Verlockungen der höheren Aktien- oder Immobilienrenditen verleiten lassen. Das könnte sich rächen.

Ich kenne Anleger, die zwar sehr vermögend sind, für den Großteil ihres Vermögens über einen langen Anlagehorizont verfügen und sich aufgrund ihrer Risikofähigkeit im Grunde einen sehr hohen Aktienanteil leisten könnten, die aber ganz einfach nicht »aktienfähig« sind. Das sind Investoren, die die teilweise hohen Schwankungen und Verwerfungen an den Aktienmärkten emotional nicht aushalten können. Das hat wenig mit Rationalität, sondern viel mehr mit weichen, psychologischen Faktoren zu tun. Ich habe viel Verständnis für diese Leute und respektiere deren Ängste und Verunsicherungen, auch wenn ich das persönlich völlig anders sehe. Aber es bringt diesen Menschen nichts, wenn sie von ihren Beratern in eine objektiv zwar sinnvolle Struktur gedrängt werden, um sodann in Nächten, die auf rabenschwarze Börsentage folgen, im durchgeschwitzten Pyjama von Albträumen geplagt zu werden. Diese risikoaversen Investoren ziehen es vor, möglichst nie Geld zu verlieren, als langfristig ihr Kapital signifikant zu mehren.[1] Ein Anleger soll sich wohlfühlen mit seiner Anlagestrategie, und zwar in guten wie in schlechten Zeiten. Alles andere führt nur zu Enttäuschungen und schwierigen Diskussionen zwischen Investoren und deren Beratern. Sichere Anleihen von Schuldnern mit erstklassiger Bonität sind deshalb durchaus ein Ruhekissen für Anleger, die entweder vom bestehenden Teilvermögen zu leben haben oder aber ganz einfach ruhig schlafen wollen, weil sie die Kursschwankungen der Aktien nervös machen.

> »Der Schlüssel zum Erfolg liegt in der Liquidität. Wenn du nicht genug hast, kannst du auch niemandem ans Bein pinkeln.«
>
> **Michael Douglas alias »Gordon Gekko«**, skrupelloser Investmentbanker in »*Wall Street*«

Wussten Sie übrigens, dass Anleihen eigentlich nur eine »halbe« Anlageklasse sind? Dem ist wirklich so. Anders als bei Realwerten wie Aktien oder Immobilien stellen Anleihen nämlich kein Nettovermögen dar. Dies aus dem einfachen Grund, dass *jedem* Gläubiger einer Anleihe ein Schuldner derselben Anleihe gegenübersteht. Netto betrachtet ergibt sich sodann kumuliert auf allen weltweit vorhandenen Anleihen – ganz im Unterschied zu Aktien oder Immobilien, die *Real*kapital darstellen – eine Nullposition. Vielleicht erklärt das, dass ich persönlich kein großer Anhänger von Anleihen bin. Anleihen der einen sind die Schulden der anderen.

23
Und wenn die Welt zusammenbricht? Hände weg von Anleihen und Cash!

In großen Börsenkrisen hatte ich hin und wieder mit Investoren zu tun, die Horrorszenarien malten. Sie rechneten mit dem Schlimmsten. Eine der Fragen, die in Zeiten fast unaufhörlich erodierender Börsenkurse an mich herangetragen werden, lautet: »Aber Herr Hotz, was machen wir, wenn die Aktienmärkte weiter kollabieren und den größten Teil ihres Wertes verlieren sollten? Wäre es dann nicht besser, in sicheren Anleihen investiert zu sein oder das Geld liquide auf dem Bankkonto zu halten?« Ich kann die Ängste dieser Anleger bestens nachvollziehen. In turbulenten Phasen gibt es Momente, in denen eine verbreitete Furcht herrscht, die Welt könnte tatsächlich untergehen. Nach einem zweijährigen Kurssturz an den weltweiten Börsen – ausgelöst durch das Platzen der New-Economy-Bubble und 9/11 – standen wir zu Beginn des Jahres 2003 kurz vor dem Ausbruch des zweiten Irakkriegs. Die Nerven hochrangiger Politiker wie des amerikanischen Präsidenten George W. Bush oder des britischen Premiers Tony Blair lagen blank, genauso wie diejenigen führender Wirtschaftskapitäne. Im Frühjahr 2007 wiederholte sich die Geschichte im Kontext der Finanzkrise mit der zweiten Kernschmelze der Aktienkurse innerhalb eines Jahrzehnts. Das war definitiv zu viel für viele Aktieninvestoren. Der Bevölkerungsanteil, der überhaupt noch willens war, in Aktien investiert zu sein, sank auf einen Tiefpunkt. Zahlreiche, einst potente internationale Banken und Versicherungen wie Lehman Brothers, Bear Stearns, Merrill Lynch, UBS, ABN Amro oder AIG waren faktisch bankrott oder mussten staatlich gerettet werden. Dass in solch düsteren Marktphasen, in denen die Aktien aufgrund der Panik der Investoren an einem einzigen Tag um drei, fünf oder mehr Prozent an Wert verlieren, Untergangsängste aufkommen, ist nur menschlich. Aber will ich in solchen Zeiten, in denen Großbanken wie Dominosteine fallen, wirklich einen Großteil meines Vermögens auf meinem Bankkonto halten? Nein, ich will das auf keinen Fall. Banken sind mir als Gegenpartei in großen Krisen schlicht zu riskant. Das hat uns in jüngerer Zeit die Finanzkrise wieder gelehrt. Wer weiß, ob einige Großbanken die Corona-Krise überlebt hätten, wenn nicht die führenden Notenbanken der Welt Billionen von Dollar an zusätzlicher Liquidität in die Märkte gepumpt hätten. Ich bin mir sicher, dass einige namhafte Banken auch in einer nächsten großen Krise wieder in existenzielle Notlagen geraten werden. Das ist im Grunde nicht erstaunlich, wenn man sich der nach wie vor dünnen Eigenmitteldecke von 4 oder 5 Prozent bewusst ist, die viele Großbanken halten. Das ist eindeutig zu wenig, um eine große Krise ohne schlaflose Nächte zu überstehen.

> »Dass die Menschen gierig, ängstlich oder töricht handeln, ist vorhersehbar, die Reihenfolge nicht.«
>
> **Warren Buffett**, amerikanische Anlegerlegende und Orakel von Omaha, Nebraska

Überhaupt kann ich Leute, die in schweren Krisen ihre Aktien verkaufen und stattdessen in vermeintlich sichere Festzinsanlagen flüchten, in keiner Weise verstehen. Mit einem gut diversifizierten Aktienportfolio ist man in der Geschichte der Menschheit noch nie untergegangen. Noch nie! Ganz im Gegensatz zu Anleihen, von denen viele private Investoren wie auch Versicherungen und Pensionskassen glauben, sie seien sicher und »unzerstörbar«. Zu Unrecht! Möchten Sie wissen, wie oft ausgewählte Länder seit dem 14. Jahrhundert pleitegegangen sind? Hier sind die Fakten:[1]

- Spanien: 13 Mal
- Deutschland: 8 Mal
- Frankreich: 8 Mal
- Österreich: 7 Mal
- Portugal: 6 Mal
- Griechenland: 6 Mal

Sind das Eigenschaften von sicheren Schuldnern? Ich wage es zu bezweifeln. In ganz großen Krisen gehen hoch verschuldete Staaten Bankrott, weil die Steuererträge vieler ebenfalls angeschlagener Unternehmen wegbrechen. Das trifft auch für viele Banken und Versicherungen zu, deren Verpflichtungen nach einer größeren Kernschmelze der Vermögenswerte plötzlich nicht mehr gedeckt sind.[2]

Es mag vielleicht überraschend klingen, wenn ich sage: Wer wirklich Angst hat, dass die Welt zusammenbricht und Aktienkurse vorübergehend den Großteil ihres Wertes verlieren, dem empfehle ich erst recht, Aktien von soliden

Unternehmen zu kaufen und zu halten. Ganz einfach deshalb, weil er damit die besten Chancen hat, nach der Krise wieder hochzukommen. Mit Schuldpapieren in Form von Anleihen oder auch Geldmitteln auf dem Konto einer Bank riskieren Anleger in solchen Krisen, dass diese wertlos werden. Menschen in Deutschland mussten dies rund um die Zeit der beiden Weltkriege leidvoll erfahren. Während der beiden Währungsreformen in den Jahren 1924 und 1948 haben sie all ihre Ersparnisse verloren respektive wurden diese »weginflationiert«. In monumentalen Krisen übertreffen die Risiken von Anleihen diejenigen von Aktien bei Weitem. Wer sein Geld in solchen Zeiten in Aktien angelegt hatte, musste zwar zwischenzeitlich herbe Verluste einstecken. Diese waren aber nach einer Depression oder nach Kriegen im Zuge einer wirtschaftlichen Erholung rasch wieder wettgemacht – Schuldpapiere gehen unter, während sich Aktien wie Phönix aus der Asche erheben. Das gilt natürlich auch nur für gut diversifizierte Aktienportfolios, denn selbstverständlich gibt es in großen Krisen auch Unternehmen, die untergehen. Aber die Menschen wollen danach wieder arbeiten, produktiv und erfolgreich sein – das tun sie in Unternehmen, deren Aktien von einer wiedergewonnenen Prosperität profitieren. Ich bin deshalb immer wieder verwundert, wenn sich Investoren in heftigen Krisen zulasten ihres Aktienanteils einen höheren festverzinslichen Anteil wünschen, um wieder ruhiger schlafen zu können. Mit festverzinslichen Anlagen in großen Krisen ruhig schlafen? Eigentlich ist das eine gewisse Form von Geschichtsverweigerung.

> »Das Einzige, was man aus Erfahrungen lernt, ist die Erkenntnis, dass man nichts aus Erfahrungen lernt.«
>
> **André Maurois**, französischer Schriftsteller (1885 – 1967)

Die Schuldenlast von Ländern wie Frankreich, Griechenland, Italien, Portugal oder Spanien ist rekordhoch. Auch um die hochverschuldeten Nationen USA und besonders Japan[3] steht es alles andere als rosig. Solange die amerikanische Notenbank Fed, die europäische Zentralbank EZB und die japanische Notenbank BoJ die Schuldenkönige quasi mit Gratisgeld am Leben erhalten, steht das Kartenhaus. Wenn Inflation aber doch wieder einmal zu einem ernst zu nehmenden Thema werden sollte und die Zinsen zu steigen drohen, dann gute Nacht. In diesem Szenario möchte ich weder große Bestände an Staatsanleihen besitzen noch ein signifikantes Gegenparteirisiko bei einer Großbank haben. Auch viele Versicherungen, die mit ihren gewaltigen Vermögensbeständen den

Marktturbulenzen in erhöhtem Maß ausgesetzt sind, sind dann gefährdet. Auf eine Rettung durch den Staat, also auf ein weiteres »too big to fail« respektive »bail out« zu wetten, ist nicht mein Ding – lieber setze ich auf eigenverantwortliches Handeln.

> »Hoch verschuldete Ökonomien, vor allem solche, bei denen eine kontinuierliche Prolongierung kurzfristiger Schulden nur vom Marktvertrauen gestützt wird, überleben solche Schuldentürme nur selten langfristig, insbesondere wenn die Schulden unkontrolliert wachsen. Dieses Mal mag zwar alles anders erscheinen, meistens wird bei einer eingehenden Betrachtung jedoch deutlich, dass nichts anders ist als sonst.«
>
> **Carmen M. Reinhart** und **Kenneth S. Rogoff**,
> Ökonomieprofessoren an der Harvard University, in ihrem Buch
> *»Dieses Mal ist alles anders – Acht Jahrhunderte Finanzkrisen«*

Im Grunde ist es doch skurril und paradox gleichermaßen, wenn in Krisenzeiten notorische Untergangsapologeten auf der einen Seite aus Furcht vor einer langjährigen Depression zum Ausstieg aus Aktien gesunder Unternehmen wie Johnson & Johnson, Nestlé oder Siemens raten, um anschließend das reichlich vorhandene Geld bei überschuldeten Banken und Staaten in »Sicherheit« zu bringen, deren Politik, Politiker und Notenbanker sie so vehement anprangern – ein ziemlich eigenartiges Sicherheitsverständnis. Mit Verlaub: Glauben diese Negativisten denn allen Ernstes daran, dass deutsche oder schweizerische Bundesanleihen und Kontoeinlagen bei führenden Großbanken einen Kollaps weiter Teile Europas, Japans oder sogar Amerikas überstehen würden? Daran glaube ich nicht. Perspektivlosigkeit ist kein zukunftstragendes Geschäftsmodell, weshalb ich mir sicher bin: Gerade in Zeiten, in denen Medienleute, Analysten und Investoren apokalyptische Szenarien verkünden, bieten Aktien und darüber hinaus vielleicht noch ein Bauernhof in Neuseeland eine höhere Sicherheit als Festzinsanlagen. Und glauben Sie mir: Sollte die Welt doch einmal untergehen, dann spielt es definitiv keine Rolle, ob Sie mit Anleihen, Aktien, Immobilien oder mit Gold untergehen.

24
Immobilien – interessantes Realkapital, oft überschätzt

Wie Aktien gehören Immobilien zu den Realwerten. Es besteht für mich kein Zweifel: Immobilien sind nach Aktien die zweitrentabelste Anlagekategorie, die es gibt. Ich kenne zahlreiche Exponenten der Branche, die mit sogenanntem Betongold sehr reich geworden sind. Im Kontrast zu börsengehandelten Aktien ist es bei Immobilien allerdings wesentlich schwieriger, aussagekräftige Renditezahlen zusammenzutragen. Es gibt kaum Studien, in denen die langfristige Rendite von Immobilienanlagen seriös aufgearbeitet wurde. Eine Ausnahme bildet die Analyse der renommierten Professoren Elroy Dimson, Paul Marsh und Mike Staunton von der London Business School, welche den Zeitraum von 1900 bis 2017 abdeckt. Für elf repräsentative Länder der Welt[1] haben sie die Entwicklung von Wohneigentum aufgearbeitet. Deren aufwendige Analyse lässt den Schluss zu, dass die langfristige Realrendite von globalen Wohnimmobilien mit jährlich 2,4 Prozent etwas höher liegt als diejenige von Staatsanleihen, welche 2,0 Prozent betrug. Sie liegt aber deutlich tiefer als diejenige von Aktien, welche in der langen Frist real 5,2 Prozent rentierten.

Aktien global (in USD):	5,2 Prozent
Wohnimmobilien global (in lokaler Währung):	2,4 Prozent
Langfristige Staatsanleihen (in USD):	2,0 Prozent
Geldmarktanlagen (in USD):	0,8 Prozent
Gold (in USD):	0,7 Prozent

Tabelle 8: Langfristige Realrenditen der wichtigsten Anlageklassen – Zeitraum 1900–2017. *Quellen: Dimson, Marsh & Staunton, 2020; Gerd Kommer Invest; NZZ, 10. April 2019.*

Aufgrund meiner langjährigen Beobachtungen und Erfahrungen tendiere ich in Übereinstimmung mit den englischen Professoren zur Überzeugung, dass die langfristigen Renditen von Immobilien zwischen denen von Aktien und Anleihen angesiedelt sind – im Zweifelsfall aber klar näher bei den Anleihen.

Wir erinnern uns: Während die jährliche Rendite von Schweizer Aktien in der Zeit von 1926 bis 2019 nominal 7,9 Prozent betrug, warfen Anleihen nominal 4,3 Prozent ab. In Analogie zu den Studien von Dimson, Marsh und Staunton gehe ich davon aus, dass die Nominalrenditen schweizerischer Immobilienanlagen etwas höher als diejenigen von Anleihen gelegen haben – 5 Prozent dürften der Realität nahekommen. Bringt man davon die langfristige Teuerung in Abzug, so lässt sich die von den Gelehrten ermittelte jährliche Realrendite von 2,4 Prozent für Wohnimmobilien durchaus plausibilisieren.

Zugegeben, das mag eine ziemlich rudimentäre Berechnung sein. Je nachdem, ob Sie Immobilienanlagestiftungen von Pensionskassen, Immobilienfonds im In- oder Ausland, Immobilienaktien oder Immobiliendirektanlagen im Wohn- oder Gewerbebereich betrachten, kommen Sie für unterschiedlichste Regionen zu vollkommen unterschiedlichen Langzeitrenditen für Immobilienanlagen. Ich will deshalb schon gar nicht den Versuch unternehmen, auf weitergehende akademische Forschung zurückzugreifen. Sie würde in dieser teilweise intransparenten Anlagekategorie mutmaßlich ohnehin zu sehr heterogenen Konklusionen führen. Deshalb verlasse ich mich auch auf Erfahrung und Intuition. Gesichert ist, dass Immobilien die mit Abstand beliebteste Anlage bei Deutschen und Schweizern darstellen. Dabei vermute ich, dass sie bei den Investoren etwas *gar* zu beliebt sind. Bei aller Sympathie für Immobilienanlagen werden nämlich nach meiner Erfahrung deren Renditen aus vielerlei Gründen systematisch über- und die Risiken unterschätzt.

Überschätzte Renditen

Die Immobilienpreise wurden in den vergangenen Jahren und Jahrzehnten getrieben von einer historisch beispiellosen Zinssenkungsphase und, was die Schweiz betrifft, einer hohen Zuwanderung. Da die Abhängigkeit der Immobilienpreise von der Zinsentwicklung sehr hoch ist, erstaunt nicht, dass die Wohnungs- und Häuserpreise aufgrund der stetig sinkenden Hypothekarbelastungen in der Vergangenheit durch die Decke gingen.[2] Der Boom der Immobilienpreise ist deshalb auch eine Konsequenz historisch einmaliger Zinssenkungsrunden durch die Notenbanken. Dass sich diese Zinsentwicklung in Zukunft fortsetzen wird, ist nach menschlichem Ermessen unwahrscheinlich. Fraglich ist auch, ob sich die hohe Zuwanderung kapitalkräftiger Investoren in Zukunft fortsetzen wird. Wer die hohen Renditen von Immobilien der ersten beiden Jahrzehnte des neuen Jahrtausends als Basis heranzieht, überschätzt wohl nicht nur die Renditen der viel längeren Historie, sondern auch das zukünftige Potenzial:

Die Höhe der Unterhalts- und Nebenkosten wird oft unterschätzt. Insbesondere einmalige oder überraschend auftretende Aufwendungen fließen nicht in die Renditeberechnung ein.

Die Rücklagen für die Erneuerung und Sanierung werden ebenfalls unterschätzt. Wenn Immobilieninvestoren auf ihrer Liegenschaft höchstens jährlich 1 Prozent für Abschreibungen zurückstellen, ist das erfahrungsgemäß viel zu wenig. Ganz ehrlich: Nach spätestens 30 Jahren sollte ein Gebäude abgeschrieben sein. Jährliche Abschreibungen von 3 Prozent auf dem Objekt (nicht auf dem Grundstück) sind deshalb realistischer.[3]

Viele Immobilienbesitzer rechnen sich bewusst, unbewusst oder auch naiv reich. Sie ermitteln ihre (Brutto-)Rendite auf den vor vielen Jahren bezahlten *Anschaffungspreis* ihres Objekts. Das sieht dann so aus: Nehmen wir an, Sie haben ein Haus vor zehn Jahren für 1 Million Schweizer Franken bauen lassen, das Sie vermieten. Ihre jährlichen Mietzinseinnahmen sind von anfänglich 40.000 Schweizer Franken nach diversen Erhöhungen auf heute 50.000 Schweizer Franken angestiegen. Gleichzeitig hat sich der Marktwert des Hauses im Zuge des Immobilienbooms auf 1,8 Millionen Schweizer Franken erhöht. Wer sich nun reich rechnen will, prahlt damit, dass seine Bruttorendite (auf den Anschaffungspreis berechnet) heute 5 Prozent beträgt (50.000/1.000.000). Aber ergibt diese Rechnung, welche im Kreise von Immobilienbesitzern weit verbreitet ist, auch wirklich einen Sinn? Natürlich nicht. Wer seine *aktuelle* Bruttorendite korrekt ermitteln will, stellt die *aktuellen* Mietzinseinnahmen (50.000 Schweizer Franken) in Bezug zum *aktuellen* Marktwert der Immobilie (1,8 Millionen Schweizer Franken). Das ergibt dann, aufgrund des gestiegenen Marktpreises der Liegenschaft, eine deutlich bescheidenere Bruttorendite von knapp 2,8 Prozent.

Im Gespräch mit Investoren habe ich immer wieder eine erstaunliche Feststellung gemacht. Während es für sie selbstverständlich ist, die Mietzinsrendite ihrer Immobilie auf den *Anschaffungswert* zu berechnen, ermitteln sie die Dividendenrendite ihrer Aktien mit der gleichen Selbstverständlichkeit auf den jeweils aktuellen *Marktwert*. Niemand wird bei Aktien die Dividendenrendite auf den Anschaffungswert berechnen. Nehmen wir an, Sie haben vor zehn Jahren Aktien von Nestlé zum Kurs von 50 Schweizer Franken gekauft, auf die damals eine Dividende von 1,50 Schweizer Franken bezahlt wurde. Ihre Dividendenrendite betrug zum Kaufzeitpunkt 3 Prozent. Nach einer Kursverdoppelung steht das Papier zehn Jahre später bei 100 Schweizer Franken und Nestlé schüttet mittlerweile 3 Schweizer Franken als Dividende aus. Wie hoch ist nun die Dividendenrendite auf Ihren Nestlé-Aktien? Natürlich nach wie vor 3 Prozent, denn die *aktuelle* Dividende von 3 Schweizer Franken ist auf den *aktuellen Marktwert* von 100 Schweizer Franken zu beziehen. Wer sich hier analog zu Immobilienbesitzern reich rechnen möchte, berechnet die Dividendenrendite auf den Anschaffungswert von 50, sodass eine verdoppelte Dividendenrendite von 6 Prozent (3 dividiert durch 50) resultiert. Im Laufe meiner Berufstätigkeit habe ich mit unzähligen immobilienaffinen Investoren solche und ähnliche Diskussionen sowie Streitgespräche geführt. Wenn ich etwas nicht mag, dann sind es Inkonsequenz und Taschenspielertricks. Es kann doch nicht sein, dass die Berechnung von Immobilienrenditen einer anderen Logik gehorcht als die Berechnung von Aktienrenditen.

In der komplexen Immobilienbranche sind auch krasse Tricks beliebt, um die Renditen zu schönen. Bekanntlich wird bei Immobilienanlagen viel Fremdkapital eingesetzt. Einige Schlaumeier der Immobilienbranche rechnen nun die Rendite ihrer Liegenschaft nicht auf deren Gesamtwert, sondern einzig auf die eingesetzten *Eigenmittel*. Dazu wiederum ein Beispiel: Angenommen, Sie haben für eine Liegenschaft 1 Million Schweizer Franken bezahlt und als Eigenmittel 25 Prozent des Kaufpreises, also 250.000 Schweizer Franken, selbst eingebracht. 750.000 Schweizer Franken haben Sie mittels eines Hypothekarkredits als Fremdmittel bei Ihrer Hausbank aufgenommen. Ihre Mietzinseinnahmen betragen 3 Prozent respektive 30.000 Schweizer Franken pro Jahr. Wenn davon die Hypothekarzinsen von 1 Prozent auf den Fremdmitteln, also 7.500 Schweizer Franken, abgezogen werden, verbleiben Ihnen 22.500 Schweizer Franken, woraus sich eine Rendite von 2,25 Prozent auf den Anschaffungs- respektive Marktwert des Objekts errechnet.

Einige Renditehelden der Immobilienbranche sind nun glatt in der Lage, daraus eine Rendite von 9 Prozent zu »zaubern«. Diese Zahl erhalten Sie nämlich ganz einfach, indem Sie die Nettomietzinseinnahmen von 22.500 Schweizer Franken durch Ihre eingesetzten *Eigenmittel*, also 250.000 Schweizer Franken, teilen. Dieser »Zaubertrick« ist gelebte Praxis, aber natürlich Nonsens. Es kann ja nicht sein, dass eine Rendite ausschließlich auf die eingesetzten Eigenmittel berechnet wird. Schließlich beträgt das *risikotragende Kapital*, in welches Sie investieren, ohne jeden Zweifel 1 Million Schweizer Franken und nicht etwa 250.000 Schweizer Franken. Jede andere Rechnung ist Schönfärberei oder Selbstbetrug. Stellen Sie sich einmal vor, Sie würden diesen Taschenspielertrick mit Aktien machen. Mit Ihrem gleichermaßen mit Krediten gehebelten Aktienportfolio von 1 Million Schweizer

Franken realisieren Sie sodann eine Rendite (Kapitalgewinn und Dividendenertrag) von jährlich 7 Prozent respektive 70.000 Schweizer Franken. Davon bringen Sie wiederum Ihren Kreditzins von 7.500 Schweizer Franken in Abzug. Es bleiben Ihnen netto 62.500 Schweizer Franken. Auf das eingesetzte Eigenkapital von 250.000 Schweizer Franken gerechnet resultiert die sagenhafte Rendite von 25 Prozent. Das ist natürlich ein wunderbares Renditemärchen, denn kein vernünftiger Mensch käme bei fremdfinanzierten Aktienanlagen auf die Idee, die Rendite ausschließlich auf das eingesetzte Eigenkapital zu berechnen. Warum dies jedoch im Geschäft mit Immobilien, in welchem die Hebelung der Risiken mit Hypothekarkrediten ein Naturgesetz ist, anders sein soll, leuchtet mir nicht ein.

Gewinne auf Immobilienverkäufe unterliegen in der Schweiz der Grundstückgewinnsteuer. Im Gegensatz dazu sind Aktienkursgewinne in der Regel steuerfrei. Aus diesem Grund vergrößert sich steuerbereinigt der Renditeabstand von Aktien im Vergleich zu Immobilien noch weiter.

Unterschätzte Risiken

Im Geschäft mit Immobilien wird viel Fremdkapital eingesetzt. Es ist nicht unüblich, dass die Erwerber einer Wohnung oder eines Hauses nur 20 oder 30 Prozent des Kaufpreises mit eigenen Mitteln aufbringen, während sie 70 bis 80 Prozent mit Krediten respektive Hypotheken finanzieren. Der dadurch erzeugte Hebeleffekt birgt naturgemäß neben einem hohen Chancenpotenzial auch große Gefahren, insbesondere im Falle einer Abschwächung der Immobilienpreise oder steigender Zinssätze, die zu erhöhten Belastungen der Hypothekarschuldner führen. Es gibt unzählige Beispiele in der Finanzgeschichte, die eindrücklich aufzeigen, wie nervös in solchen Zeiten die kreditgebenden Banken werden. Dieselben Banker, die in guten Zeiten großzügige Kreditlinien gewähren, fordern nach Eintrübung der Großwetterlage schlagartig höhere Eigenmittel von ihren Kunden, weil sie ihre Ausleihungen in Gefahr sehen. Viele Schweizer sind überdies nur dank Auflösung ihrer angesparten Vorsorgegelder in der Lage, die notwendigen Eigenmittel aufzubringen, um eine Immobilie zu erwerben – was zu Liquiditätsengpässen im Alter führen kann.

Ich bin immer wieder erstaunt darüber, welch verzerrtes Risikoempfinden passionierte Immobilienbesitzer haben. Erlauben Sie mir in diesem Zusammenhang folgende Frage: Nehmen wir einmal an, wir beide besitzen je ein Vermögen von 1 Million Schweizer Franken. Sie investieren Ihr Geld vollumfänglich in eine qualitativ hochwertige Immobilie. Aufgrund Ihrer vorhandenen Eigenmittel gewährt Ihnen Ihr Banker einen Hypothekarkredit von 1,5 Millionen Schweizer Franken, sodass Sie insgesamt 2,5 Millionen Schweizer Franken in Wohneigentum anlegen, wovon 40 Prozent eigen- und 60 Prozent fremdfinanziert sind. Meinerseits lege ich mein ganzes Vermögen von 1 Million Schweizer Franken in Aktien an. Was glauben Sie: Wer von uns beiden ist der konservativere Anleger?

Für meine Gesprächspartner gab es jeweils keinen Zweifel: Wer alles in Aktien steckt, ist ein waghalsiger Investor, der das Risiko liebt. Wer hingegen mit einer komfortablen Eigenmittelquote von 40 Prozent Immobilien erwirbt, darf sich als konservativer Anleger bezeichnen, so deren Annahme. Da bin ich allerdings entschieden anderer Meinung: *Wer sein langfristig disponibles Vermögen vollumfänglich in Aktien investiert, dieses konsequent eigenfinanziert und damit keine Kredite hat, ist nach meiner tiefen Überzeugung konservativer positioniert als jemand, der sein Vermögen in Immobilien investiert, welche mit 60 Prozent Fremdmittel finanziert und damit maßgeblich »gehebelt« sind.* Gemäß dem Online-Vergleichsdienst Comparis beträgt der durchschnittliche Eigenfinanzierungsgrad von Eigenheimbesitzern in der Schweiz 47 Prozent – zu 53 Prozent wird somit auf Pump finanziert.[4] Immobilienkäufe werden sogar häufig mit Fremdmittelbelastungen von 70 oder 80 Prozent erworben. Dies bestärkt mich in meiner Überzeugung, dass nicht etwa Anleger mit einem hohen Aktienanteil die wahren Hasardeure sind, sondern vielmehr Immobilieninvestoren mit einem (zu) hohen Fremdmitteleinsatz. Mich erstaunt immer wieder, mit welcher Selbstverständlichkeit Schweizer Eigenheimbesitzer hohe Kreditlasten schultern und sich gleichzeitig als konservativ bezeichnen.

Angenommen, Sie haben vor zwei Jahren eine Wohnung für 1 Million Schweizer Franken gekauft und diese mit 25 Prozent Eigen- sowie 75 Prozent Fremdmitteln finanziert. Wenn nun der Marktwert Ihrer Wohnung nur schon um bescheidene 10 Prozent an Wert verliert, beträgt Ihr Verlust auf Ihren Eigenmitteln satte 40 Prozent (100.000/250.000). Hätten Sie in der gleichen Zeit Ihre gesamten Ersparnisse von 250.000 Schweizer Franken in Aktien investiert, hätte ein veritabler Börsencrash von 40 Prozent eintreten müssen, um denselben Verlust zu erleiden wie mit der Immobilie. Sinkt der Wert Ihrer Immobilie um 20 Prozent, so schwinden Ihre in diese investierten Eigenmittel bereits um 80 Prozent (200.000/250.000). Das ist weit mehr, als Inhaber gut diversifizierter Aktienportfolios in Zeiten historischer Verwerfungen, die Kursverluste von rund 50 Prozent brachten, vorübergehend an Verlust erleiden mussten. Ich glaube deshalb, dass Aktienrisiken oft über- und Immobilienrisiken nicht weniger häufig unterschätzt werden.

Male ich schwarz? Eines der besten Bücher, das ich je gelesen habe, stammt von den renommierten US-amerikanischen Professoren Carmen M. Reinhart und Kenneth S. Rogoff. In ihrem im Jahr 2010 erschienenen Bestseller mit dem Titel *Dieses Mal ist alles anders – Acht Jahrhunderte Finanzkrisen* zeigen die Forscher eindrücklich auf, dass *Immobilienblasen die häufigste Ursache von Finanz- und Bankenkrisen* bilden.[5] Darüber hinaus dauern gemäß Reinhart und Rogoff große Immobilienbaissen mit durchschnittlich sechs Jahren doppelt so lange wie große Aktienkrisen. Die Risiken von oft stark mit Hypotheken unterlegten Immobilien, die in Krisen nicht zuletzt aufgrund ihrer Illiquidität kaum mehr Abnehmer finden, werden den beiden Forschern zufolge immer wieder unterschätzt. So kam es auch zur Finanzkrise, die mit den Immobilienzusammenbrüchen auf dem US-amerikanischen, britischen, irischen und spanischen Immobilienmarkt ihren Lauf nahm und in der Folge große Löcher in die Bilanzen multinationaler Banken riss. Genauso verhielt es sich auch während der schweren Immobilienkrise in Japan, die Ende der 1980er Jahre zu wüten begann und im Land der aufgehenden Sonne bis heute ihre Schatten wirft. Hongkong erlebte zum Ende der 1990er Jahre eine eigentliche Kernschmelze der Immobilienpreise, deren Verluste im Mittel 60 Prozent ihres Wertes betrugen.

> »Wer sich an die Vergangenheit nicht erinnern kann, ist dazu verdammt, sie zu wiederholen.«
>
> **Sir Winston Churchill**, ehemaliger britischer Premierminister (1874 – 1965)

Ansgar Gmür war langjähriger Direktor des Hauseigentümerverbands der Schweiz. Er ließ sich in einem Interview in der *Handelszeitung* vom 10. Juli 2014 wie folgt zitieren: »Die Credit Suisse untersuchte vor einigen Jahren rund 200 Krisen. Davon waren 192 von Immobilien getrieben.« Damit bestätigt er die Erkenntnisse von Reinhart und Rogoff. Wer will da noch behaupten, Immobilien seien eine sichere Anlage? Oder eine sicherere Anlage als Aktien?

Ich bin mir sicher: Viele Immobilienbesitzer unterliegen einem Selbstbetrug. Sie unterschätzen die Preisrisiken und fühlen sich in vermeintlicher Sicherheit, weil sie sich mangels täglicher Handelbarkeit ihrer Immobilie nicht von hektischen Marktschwankungen nervös machen lassen müssen. Eigentlich ist das aber bizarr, denn im Grunde ist doch gerade die Tatsache, *dass* es bei Immobilien keinen ständigen Handel gibt, ein Risiko. Das Risiko nämlich, *nicht* zu wissen, was die eigene Liegenschaft zu einem bestimmten Zeitpunkt wert ist. Wie groß dieses Risiko tatsächlich ist, zeigt sich in aller Deutlichkeit bei den in Anlegerkreisen beliebten Immobilienfonds. Sogenannte offene Immobilienfonds, die sich dadurch charakterisieren, dass Anleger jederzeit ein- und aussteigen können, werden von den Banken in guten Zeiten mit Hochdruck vermarktet. In Krisenzeiten mutieren diese Vehikel quasi über Nacht zu geschlossenen Fonds. Ein Verkauf ist dann nicht mehr möglich. Verunsicherte und verkaufswillige Immobilieninvestoren werden in Stresssituationen faktisch in »Gefangenschaft« genommen, da eine geordnete Abwicklung ihrer Verkaufsaufträge nicht mehr gewährleistet werden kann. Im Jahr 2011, also zwei Jahre nach dem Tiefpunkt der Finanzkrise, war das bei unzähligen Immobilienfonds in Milliardenhöhe der Fall.

In Deutschland und in der Schweiz gelten Immobilienanlagen als sicher. Viele Leute, mit denen ich spreche, sind deshalb der folgenden Überzeugung: »In der Schweiz ist ein Immobilienzusammenbruch unvorstellbar – insbesondere an guten Lagen.« Wirklich? *Wir erinnern uns: Anfangs der 1990er Jahre sind auch im »sicheren Hafen« Schweiz die Häuserpreise zwischen einem Drittel und der Hälfte eingebrochen – auch in sogenannten prosperierenden und reichen Kantonen wie Zürich oder Zug.* Ich erinnere mich gut an diese Zeit. Sinkende Preise galten für Marktkenner auf dem Höhepunkt des Booms als völlig undenkbar. Doch plötzlich drehte der Wind und Tausende Liegenschaften waren als schwer verkäufliche Ware auf dem Markt. Damals stiegen die kurzfristigen Zinsen innerhalb kurzer Zeit von 2 auf 9 Prozent, während sich die Hypothekarzinsen um satte 3 Prozentpunkte verteuerten. Immobilienentwickler gingen reihenweise in Konkurs und fielen wie Dominosteine. Eine sorglose Kreditvergabe in Kombination mit einer staatlichen Wohneigentumsförderung begünstigte diese Entwicklung. Die Schweizer Banken mussten damals die unglaubliche Summe von über 42 Milliarden Schweizer Franken abschreiben, weil die an ihre Kunden gewährten Hypotheken nicht mehr gedeckt waren. Reihenweise kollabierten Banken. Während es 1990 in der Schweiz noch 625 Banken gab, war fünf Jahre später ein Drittel davon verschwunden. Kaum mehr im Bewusstsein der Menschen in der Schweiz ist übrigens auch die Tatsache, dass damals die Kantonalbanken von Appenzell Ausserrhoden, Bern, Genf, Solothurn und Waadt aufgrund unterschätzter Immobilienrisiken und fauler Hypothekarkredite in Schieflage gerieten oder sogar untergingen. Noch etwas länger zurück liegt die Immobilienkrise, welche während der Rezession in den 1970er Jahren die Schweiz erschütterte. Preisrückgänge von 30 Prozent und mehr waren die Normalität. Auch damals haben einige Immobilienkönige ihr ganzes Hab und

Gut verloren, weil sie ein zu großes Rad drehten. Und wer noch weiter zurückblendet, stellt fest, dass in Deutschland in den Jahren 1923 und 1948 Zwangsabgaben auf Immobilienbesitz erhoben wurden, um die Folgen von Wirtschaftskrise und Krieg zu finanzieren. Ebenso wurden in Kriegszeiten Enteignungen durchgeführt. Immobilien lassen sich in schweren Krisen naturgemäß nicht so leicht verschieben wie Aktien oder Gold. Absurd ist schließlich die These, Immobilien würden auch noch einen Ertrag abwerfen, wenn die Konjunktur am Boden liegt und viele Unternehmen pleitegehen. Mit Verlaub: Womit wollen denn die Mieter ihren Zins bezahlen, wenn sie keinen Job mehr haben?

Immobilieninvestoren, die ihre Objekte zu 60, 70 oder gar 80 Prozent fremdfinanzieren, sind für mich die wesentlich größeren Spekulanten als Aktienanleger, die ihr Kapital zu 100 Prozent in Aktien anlegen, diese aber ausschließlich eigenfinanzieren. Immobilienfans, die dies nicht glauben, werden sich vielleicht einmal an diesen Satz erinnern, wenn ihnen in der nächsten Krise der Banker in charmanter Beharrlichkeit zu verstehen gibt, die Deckung mit Eigenmitteln müsse erhöht werden, weil ihre Objekte wertmäßig tiefer eingeschätzt würden. Demgegenüber habe ich aber noch *nie* von einem »bösen Banker« gehört, der seinem Kunden, welcher sein längerfristig disponibles Vermögen vollständig in Aktien anlegt und dies konsequent ohne Kreditaufnahme tut, in Krisenzeiten die »Hosen ausgezogen« hat. Natürlich werden im Kontext von Immobilienzusammenbrüchen auch die Aktienmärkte mitgerissen. Oft ist deren Rückschlag aufgrund der höheren Liquidität und damit besseren Handelbarkeit kurzfristig sogar noch größer. Genau dieser höheren Liquidität ist es aber zu verdanken, dass Aktien- im Gegensatz zu Immobilienanlagen auch in Krisenzeiten problemlos verkauft werden können. Darüber hinaus erholen sie sich nach der Krise viel schneller und ausgeprägter als Immobilien.

Die zukünftige Entwicklung des schweizerischen und auch des deutschen Immobilienmarkts beurteile ich spätestens seit dem Auftreten von Corona zurückhaltend. Mit dieser Sichtweise befinde ich mich wahrlich in guter Gesellschaft: Die schweizerische Finanzmarktaufsicht FINMA und die Schweizerische Nationalbank SNB warnen seit Jahren vor einer ultimativen Preisblase am Immobilienmarkt. Im Jahr 2017 monierte der Vizepräsident der SNB, Fritz Zurbrügg, dass nur noch knapp die Hälfte aller auf Renditeliegenschaften vergebenen Neuhypotheken die Tragbarkeitsrichtlinien erfüllten. Aufgrund der anhaltenden Flutung der Märkte mit Liquidität und den damit zusammenhängenden Tiefzinsen wurde offenbar auf Halde gebaut und in einigen Gegenden der Schweiz sind hohe Wohnungsleerstandquoten im zweistelligen Prozentbereich zu beklagen. Eigentlich ist es ja absurd: Der Staat sorgt sich um einen Immobilien- und Kreditboom, den er mit Tief- und Negativzinsen selber befeuert. Gleichzeitig weisen Experten warnend darauf hin, dass Eigentümer von Wohnliegenschaften mit Bruttorenditen von weniger als 3 Prozent unter Einbezug von Finanzierungs-, Unterhalts- und Abschreibungskosten kein Geld mehr verdienen würden.

Zu Sorgen Anlass gibt auch die Tatsache, dass nirgendwo sonst die privaten Schulden so hoch sind wie in der Schweiz. Die *private* Schuldenquote beträgt im Jahr 2020 über 130 Prozent des Bruttoinlandproduktes (BIP) – das ist Weltrekord. Dabei bestehen die Privatschulden fast ausschließlich aus Hypothekarschulden, also Kredite auf Immobilien. Selbst in den Vereinigten Staaten von Amerika, die üblicherweise als Meister des Schuldenmachens gelten, beträgt die Schuldenquote der privaten Haushalte »nur« 75 Prozent des BIP. In Deutschland liegt diese bei gut 50 und in Frankreich sowie Italien bei jeweils rund 40 Prozent des BIP. Es scheint, dass die Schweizer zwar äußerst vorbildlich sind bei den öffentlichen Schulden, hingegen ziemlich übermütig, wenn es um die privaten Schulden geht. Erstaunlich ist dabei, wie zurückhaltend der Schweizer im internationalen Vergleich seine Hypothekarschuld über die Jahre amortisiert. Zehn Jahre nach Kauf einer Liegenschaft ist es durchaus üblich, dass des Schweizers Verschuldung auf seiner Liegenschaft immer noch bei 70 Prozent oder sogar darüber liegt. Ich bin deshalb sehr gespannt, was am Immobilienmarkt passieren wird, wenn die Zinsen einmal zu steigen beginnen. Es ist nämlich zu befürchten, dass die durch verzerrte Tiefzinsen geförderte Preisblase früher oder später platzen wird. Wahrscheinlich braucht es aber nicht einmal mehr einen Zinsanstieg, um den langanhaltenden Immobilienboom zu beenden. In der Zeit der Corona-Krise im Frühjahr 2020 haben unzählige Geschäfte in Deutschland und in der Schweiz schlagartig ihre Mietzinszahlungen drastisch reduziert oder sogar ausgesetzt, weil der Staat ihnen aufgrund der Pandemie die Nutzung ihrer Ladenlokale untersagte. Dazu gehören namhafte und im Grunde sehr gesunde Konzerne wie Adidas und H&M. An den Märkten hat sich gezeigt, dass Immobilienanlagen von den Marktverwerfungen ebenfalls erheblich betroffen waren, wenn auch etwas weniger stark als die Aktienmärkte (Grafik 44). Wer als Haus- oder Wohnungseigentümer dies nicht wahrhaben will, betrügt sich wohl selbst.

Viele private Mieter leiden längerfristig unter den Auswirkungen von Corona, was dauerhaft Druck auf das Preisniveau im Immobiliensegment ausüben dürfte. Der Immobilienexperte Andreas Loepfe, Dozent an der Universität Zürich und Mitglied des Anlageausschusses der größten schweizerischen Pensionskasse Publica (Pensionskasse des Bundes), sprach bezüglich der Risiken von Immobilienanlagen in einer Online-Videobotschaft von Fintool am 9. Juni 2020 Klartext: »Meine Damen und Herren, wenn Sie auf der sicheren Seite sein wollen, dann rechnen Sie mit einer jederzeit möglichen Preiseinbuße von mindestens 30 bis 50 Prozent.«

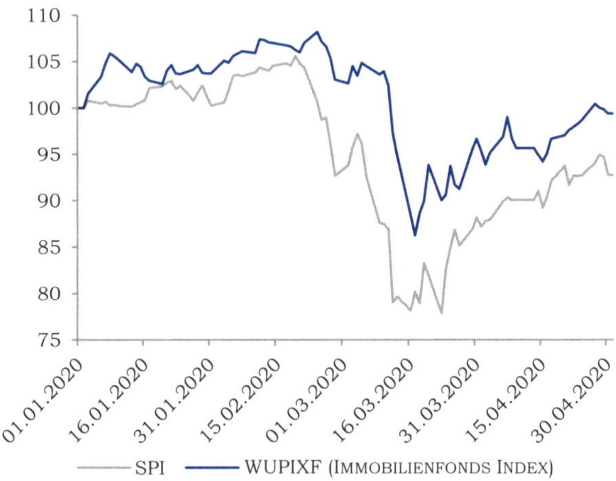

Grafik 44: Schweizer Aktien und Immobilienfonds in der Corona-Krise. *Quelle: Bloomberg. Indexiert in Schweizer Franken.*

Unterschätzt werden die Risiken von Immobilien in verstärktem Maße, wenn in ausländischen Regionen investiert wird, wo sich der Käufer in der Regel nicht auskennt. Zu den bereits geschilderten Risiken gesellen sich dann noch Währungsrisiken, welche die in Aussicht gestellten Renditen oft über Nacht auslöschen können. Dazu kommt, dass Auslandsimmobilien in der Regel über Anlagefonds erworben werden, die hohe Managementgebühren verursachen. Als Berater von Pensionskassen habe ich regelmäßig die Beobachtung gemacht, dass mit typischerweise illiquiden und intransparenten Immobilienanlagen im Ausland langfristig kaum Geld verdient oder sogar solches verloren wird. Der Wunsch nach Diversifikation und höheren Renditen im Ausland entpuppt sich häufig als Bumerang oder sogar Albtraum. Ich rate Ihnen deshalb grundsätzlich davon ab, in Auslandsimmobilien zu investieren. Es sei denn, Sie haben eigene Immobilienspezialisten vor Ort, denen Sie vertrauen können, oder Sie kaufen ein Ferienhaus oder eine Ferienwohnung nicht aus Renditeüberlegungen, sondern zu Ihrem reinen, wenn auch oft teuren Vergnügen. Ich kenne mehrere Leute, die über Jahre erfolglos versucht haben, für ihr Feriendomizil auf Mallorca einen Käufer zu finden. Schließlich sind auch teilweise komplexe steuerliche und erbrechtliche Gegebenheiten bei ausländischen Immobilienanlagen nicht zu unterschätzen.

»Man kennt den wirklichen Wert einer Immobilie erst, wenn man nach dem Verkauf den Scheck in Händen hält.«

Claude N. Rosenberg, amerikanischer Wissenschaftler

Meinen Kunden erzähle ich gerne folgende Geschichte, die mich im Kontext von Immobilienanlagen bis heute prägt: Gegen Ende der letzten großen Immobilienkrise in der Schweiz erfuhr ich im Jahr 1993, dass ein Grundstück in bester Lage in der Stadt Zug zu kaufen sei, mit grandiosem Blick auf den Zugersee. Das Land umfasst knapp 1.000 Quadratmeter Grundstücksfläche. Noch Ende der 1980er Jahre versuchte die Verkäuferin des Grundstücks, die renommierte Baarer Generalunternehmerin Alfred Müller AG, das Grundstück zu einem Quadratmeterpreis von 1.850 Schweizer Franken zu veräußern. Dann kam ihr urplötzlich die Immobilienkrise dazwischen und kaum jemand wollte in dieser Phase noch ein Grundstück oder eine Immobilie erwerben. Es herrschte große Verunsicherung und ein regelrechter Käuferstreik. In der Folge lastete ein unermesslicher Druck auf der ganzen Branche, die auch dafür kämpfen musste, ihre Mitarbeiter zu beschäftigen, um Entlassungen möglichst zu vermeiden. Die Alfred Müller AG reduzierte deshalb den Quadratmeterpreis drastisch auf 1.450 Schweizer Franken und kurze Zeit später auf 950 Schweizer Franken, um Käufer anzuziehen und die Arbeitsauslastung zu erhöhen. Die Grundstückpreise in allerbester Lage in Zug hatten sich innerhalb weniger Jahre glatt halbiert. Auf diesem Tiefpunkt schlug ich antizyklisch zu, kaufte die Parzelle und ließ meiner Frau und mir vom Generalunternehmer ein Einfamilienhaus bauen.

Trotz der herrschenden Immobilienkrise schaffte ich es damals, den Inhaber der Alfred Müller AG, Fredy Müller, davon zu überzeugen, die Kaufsumme meines Grundstücks in Höhe von 950.000 Schweizer Franken in ein Aktienmandat meines Vermögensverwaltungsunternehmens einzubringen.[6] Im Jahr 1994 eröffnete ich sodann für Fredy ein Aktiendepot im Gegenwert von 950.000 Schweizer Franken und legte das Geld in diverse multinational tätige Qualitätsunternehmen wie beispielsweise Nestlé und Roche an. Das Mandat besteht bis heute noch. Gegenüber immobilienaffinen Kunden und Investoren erlaube ich mir seit ein paar Jahren folgende Frage zu stellen: »Was glauben Sie, was ist heute etwa der Marktwert meines Grundstücks, und wo steht Ihres Erachtens der heutige Wert des Aktienportfolios von Fredy?« Beginnen wir beim Grundstück. Der Kauf notabene auf einem historischen Tiefpunkt war ein Volltreffer – mein Timing des Kaufs war optimal. Heute ist das Land mindestens das Drei-, vielleicht sogar das Vierfache wert, also zwischen 3 und 4 Millionen Schweizer Franken. Seit Anfang 1995 entspricht dies einer jährlichen Durchschnittsrendite, die zwischen 4,7 und 5,9 Prozent liegt. Die Grundstückpreise in der sündhaft teuren Stadt Zug haben sich, nicht zuletzt auch aufgrund des Zuzugs vieler reicher Ausländer, im Verlauf der vergangenen zwei Jahrzehnte explosionsartig in die Höhe geschraubt. Und das Aktienportfolio von Fredy, der von diesem Depot nie einen Franken bezogen und auf dieses auch nie einen zusätzlichen Franken einbezahlt hat? Es lag per Ende 2019 bei 9,4 Millionen Schweizer Franken. Die von uns erzielte jährliche Durchschnittsrendite betrug somit über 9,6 Prozent.

Mein Fazit ist das folgende: Obwohl das Timing des Grundstückkaufs nicht besser hätte sein können und die Lage für schweizerische Verhältnisse einzigartig ist, haben Fredy Müllers Aktien meinen quasi-perfekten Grundstückkauf um das Zwei- bis Dreifache ausgestochen. Wenn ich den Inhaber der Alfred Müller AG jeweils treffe, pflege ich ihm deshalb mit einer Prise Ironie zu sagen: »Lieber Fredy, mein damaliger Grundstückskauf war eigentlich ein miserables Geschäft für mich – ich hätte das Geld besser in ein erstklassiges Aktienportfolio gesteckt!« Fredy strahlt dann jeweils über sein ganzes Gesicht und weiß natürlich, dass ich den damaligen Grundstück- und Hauskauf nie bereut habe. Schließlich hat eine gute Lebensqualität einen hohen Stellenwert. Und so schlecht war der Kauf ja nun auch wieder nicht!

Mit Nachdruck möchte ich betonen, dass Immobilien in guter Lage und mit guter Qualität eine ausgezeichnete Anlage sind. Aber sie kommen nie und nimmer an Aktien heran. Während der Durchschnittsschweizer aber gerade einmal rund 7 Prozent seines Vermögens in Aktien hält, beträgt sein Anteil bei den Immobilien satte 44 Prozent. In Deutschland ist die Vorliebe für Betongold noch größer als in der Schweiz. Bei aller Sympathie, die ich gegenüber Immobilienanlagen hege: Ich empfehle, nach Möglichkeit ein deutlich höheres Gewicht in Aktien zu halten als in Immobilien. Ganz einfach deshalb, weil die Fakten für Aktien sprechen.

Immer wieder höre ich jedoch ziemlich irrationale Gründe, warum Leute lieber in Immobilien als in Aktien investieren. Zu diesen gehört beispielsweise die dümmliche These, bei Aktienkursgewinnen handle es sich ja nur um Buchgewinne, während die Erträge bei Immobilien »greifbar« seien. Das ist absurd, denn einerseits lassen sich Gewinne mit liquiden Aktien viel einfacher realisieren als mit Häusern oder Wohnungen, bei denen es keinen Markt gibt, und andererseits können Sie Dividendenerträge von Aktien genauso »greifen« wie Mietzinserträge. Für mich gibt es keinen Zweifel: Immobilien sind nach Aktien die attraktivste Anlagekategorie, jedoch langfristig deutlich weniger rentabel als diese und nicht weniger riskant.

25
Gold für notorische Untergangs-Apologeten

Ich bin immer wieder darüber erstaunt, wie viele Goldbugs respektive Anhänger und Fans des gelben Edelmetalls es auf dieser Welt gibt. In besonderer Erinnerung ist mir der populärwissenschaftliche Autor Paul C. Martin, der Anfang der 1980er Jahre durch seine pessimistischen Prognosen international für große Medienpräsenz sorgte. In seinem 1982 erschienenen Buch mit dem visionären Titel »*Wann kommt der nächste Staatsbankrott?*« riet Paul C. Martin von sämtlichen Aktienanlagen ab und empfahl stattdessen den Anlegern, ihr Vermögen in Gold zu investieren. Der mediengewandte Untergangsprophet hatte bereits in den 1980er Jahren plausibel klingende Argumente für düstere Prognosen. Die Wirtschaft stagnierte, die Staatsschulden liefen aus dem Ruder und steigende Arbeitslosigkeit verunsicherte die Investoren. Wer damals auf den Rat des Gurus Paul C. Martin gehört hat, ist spätestens heute ernüchtert. Wer zu Beginn des Jahres 1982 100.000 Schweizer Franken in Gold investiert hat, muss sich nach über 38 Jahren mit einem eher bescheidenen Endvermögen von 213.635 Schweizer Franken begnügen – die jährliche Durchschnittsrendite beträgt kümmerliche 2,0 Prozent (Grafik 45). Hätte ein Anleger zu Beginn des Jahres 1982 hingegen 100.000 Schweizer Franken in Schweizer Aktien investiert, so wäre dieser Betrag – trotz mehreren Börsenkrisen, die seither stattgefunden haben – bis 30. April 2020 durch Wertsteigerung und Dividenden auf satte 2.626.649 Schweizer Franken angewachsen (die jährliche Durchschnittsrendite beträgt 8,9 Prozent). Nach knapp vier Jahrzehnten der Anlage erreicht Gold also nicht einmal einen Zehntel des Wertes von Aktien.

Die Zentralbanken waren zur Zeit des Goldstandards verpflichtet, die von ihnen herausgegebene Währung auf Verlangen gegen eine bestimmte Menge Gold einzutauschen. So notierte der Unzenpreis für Gold zwischen dem Jahr 1833 und der Großen Depression in den Jahren 1929 bis 1932 konstant bei knapp unter 21 US-Dollar. In der Folge wurde das Austauschverhältnis auf rund 35 US-Dollar erhöht, welches bis ins Jahr 1968 Gültigkeit hatte. Am 15. August 1971 hob US-Präsident Richard Nixon die nominale Goldbindung des Dollars auf, und der Goldpreis wurde – auch im Zuge des Zusammenbruchs von Bretton-Woods, welches das System fixer Wechselkurse regelte – dem freien Markt von Angebot und Nachfrage überlassen.

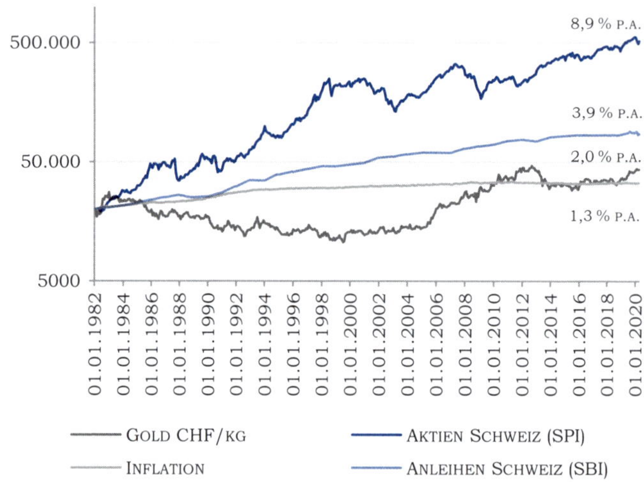

Grafik 45: Goldpreisentwicklung von 1982 bis April 2020 im Vergleich. *Quellen: Bloomberg; Schweizerische Nationalbank (SNB) im Mai 2020. Indexiert in Schweizer Franken.*

Der renommierte Finanzprofessor Jeremy J. Siegel von der Wharton School der University of Pennsylvania hat die Wertentwicklung der wichtigsten Wertpapieranlagen für die sehr lange und damit äußerst repräsentative Periode von 1802 bis 2012 berechnet. Die Resultate sprechen eine deutliche Sprache (Grafik 46).

Ist das nicht unglaublich? Ein 1802 in Gold investierter Dollar ist nach über 200 Jahren real nicht einmal 5 Dollar wert. In der gleichen Zeit hat sich ein in Aktien investierter Dollar auf über 700.000 Dollar vermehrt. Daraus ergibt sich eine jährliche Gesamtrendite für Gold von 0,7 Prozent, während diese bei Aktien bei 6,6 Prozent zu liegen kommt. Damit schneidet Gold im Langzeitvergleich nicht nur massiv schlechter ab als Aktien, sondern auch als Staatsanleihen. Gold taugt definitiv nicht dafür, Kapital langfristig zu mehren, trotz unzähliger Krisen, die die Welt immer wieder erschüttern.

Ein veritables Goldfieber unter den Investoren entfachte sich im Zuge der Rezession Ende der 1970er Jahre. Innerhalb kurzer Zeit explodierte der Kurs des gelben Metalls und erreichte seinen Höhepunkt am 21. Januar 1980, als die Feinunze Gold an der New York Commodities Exchange in der Spitze

850 US-Dollar notierte. Danach setzte ein unaufhaltsamer Niedergang ein. So kostete eine Feinunze Gold am 20. Juli 1999 gerade noch 253 US-Dollar – ein Kurssturz von über 70 Prozent innerhalb von knapp 20 Jahren. Ein Schweizer Goldanleger, der neben dem Risiko des schwankenden Goldpreises auch noch das Risiko eines fallenden Dollarkurses zu tragen hatte, erlitt in dieser Zeit Verluste von bis zu 80 Prozent. Das ist doch etwas viel für eine Anlage, die eigentlich als Krisenschutz taugen sollte. Im neuen Jahrtausend gab es in der Periode 2008 bis 2011 einen starken Aufwärtstrend beim Gold, der sodann bis zum Jahr 2015 durch einen Kursrutsch von über 40 Prozent unterbrochen wurde. Ab 2015 bis ins Jahr 2020 tendierte der Goldpreis wiederum sehr fest.

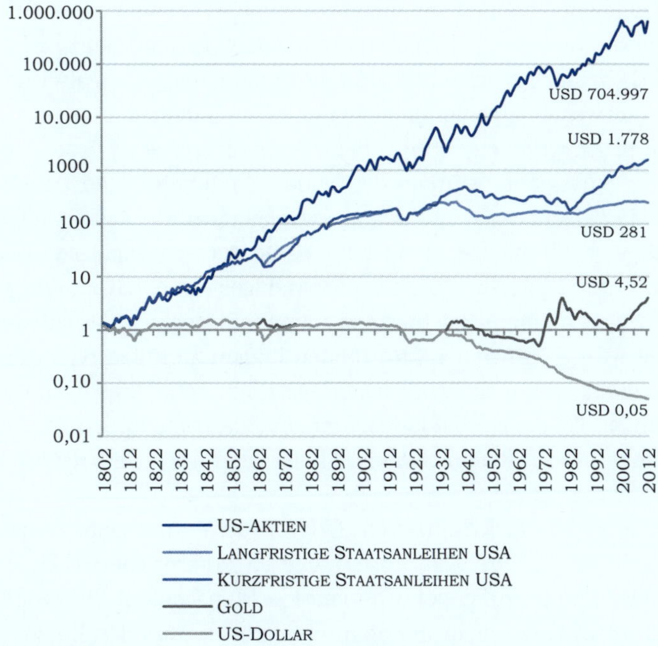

Grafik 46: Was ist real aus 1 US-Dollar geworden? Zeitperiode 1802 – 2012.
Quelle: Siegel J. J., Aktien für die Ewigkeit. FinanzBuch Verlag, München, 2016.

Als Anlageklasse mit einem strategisch signifikanten Anteil Ihres Gesamtvermögens kann ich Ihnen Gold aus folgenden Gründen nicht empfehlen:

- Gold ist eine rein spekulative Anlage, weil das Edelmetall weder eine Ausschüttung erwirtschaftet noch einen ökonomischen Nutzen in Form von produktivem Kapital stiftet. Wer in Gold investiert, spekuliert auf die Zukunftsangst seiner Mitmenschen.

- Dass Gold auch dann werthaltig sein wird, wenn die Wirtschaft am Boden liegt, Staaten bankrottgehen und Währungen wertlos werden, ist eine Hoffnung, die keinen Plausibilitätstest besteht. Gelegentlich male ich mir aus, was wohl in einer nächsten großen Krise, die vergleichbar mit derjenigen der Großen Depression der 1930er Jahre oder der beiden Weltkriege ist, geschehen könnte. Wenn ich in einer Zeit von Hungersnot und Armut als einer der wenigen in meiner Stadt auf einem Haufen Gold sitze: Glaube ich dann wirklich ernsthaft daran, dass mir mein Metzger oder mein Bäcker großzügig sein knapp bemessenes Angebot an Fleisch und Brot gegen mein Gold eintauschen würde, während die meisten Kunden und Bürger meiner Stadt, die kein Gold besitzen, draußen vor der Türe verhungern? Ganz ehrlich, diese Vorstellung ist doch mehr als naiv. Erstens glaube ich nicht daran, dass in solch einer schlimmen Krise tatsächlich Gold als Tauschmittel eingesetzt würde. Zweitens besteht eine hohe Gefahr, dass mein Goldsegen gerade in Kriegszeiten von der Regierung eingezogen würde – so geschehen in Deutschland während der beiden Weltkriege. Und zu guter Letzt: Würde in Krisenzeiten entgegen meinen Erwartungen tatsächlich mit Gold bezahlt, so befürchte ich, dass ich als »Goldesel« wohl spätestens nach meinem zehnten Gang zum Bäcker oder Metzger von einem hungrigen Nachbarn, der an meinem Reichtum partizipieren möchte, überfallen und ausgeraubt würde, um seinen knurrenden Magen zu füllen. Wer könnte ihm das verargen, wenn es ums nackte Überleben geht? Wer glaubt, er könne mit seinem Goldbesitz erfolgreich einem Zusammenbruch des Finanzsystems, exzessiver Inflation oder einer kolossalen Wirtschaftsflaute begegnen, macht sich etwas vor.
- Während gerade in Krisenzeiten einige Experten das gelbe Metall immer wieder als die neue Weltwährung stipulieren, kommt Thomas Heidorn, Professor der Frankfurt School of Finance & Management, in seiner Analyse über Gold als Anlageinstrument zu einem ernüchternden Ergebnis: »Gold war langfristig betrachtet weder ein Inflationsschutz noch eine rentable Anlageklasse. Über fünf Jahre ging die Rechnung manchmal auf – über 20 Jahre war Gold immer Müll.«[1]
- Im Zuge andauernder Negativzinsen hat Gold ab dem Jahr 2015 ein »Revival« erfahren. Wer nun glaubt, dies sei eine Reaktion auf die nach wie vor ungelöste europäische Schuldenkrise und damit ein Krisenschutz, täuscht sich. Vielmehr ist der Anstieg nach meiner Überzeugung damit zu erklären,

dass viele Investoren vorhandene Liquidität vor Negativzinsen schützen wollen und deshalb ihr Geldvermögen zumindest teilweise in Gold investieren. Glaubt man nicht an ewig bestehende Negativzinsen, dürfte dies ein temporäres Phänomen bleiben.

»Gold wird irgendwo auf der Welt aus der Erde gegraben. Dann schmelzen wir es ein, graben ein neues Loch, schütten es wieder zu und bezahlen Menschen, um es zu bewachen. Würde uns jemand vom Mars aus beobachten, er würde den Kopf schütteln.«

Warren Buffett, amerikanische Anlegerlegende und Orakel von Omaha, Nebraska

Meinen Vorbehalten gegenüber Gold zum Trotz: Es liegt mir fern, Sie von jeglichem Besitz des gelben Metalls als Kapitalanlage oder potenziellem Krisenschutz abzuhalten. Wenn es Sie beruhigt, können Sie gerne einen kleinen Anteil Gold in Ihrem Portfolio oder Ihrem Tresor halten. Zwar schließe ich mit hoher, aber nicht mit restloser Wahrscheinlichkeit aus, dass die »Goldbugs« vielleicht doch einmal recht erhalten und das gelbe Metall tatsächlich zur neuen Weltwährung wird. Doch genau diese kleine Restwahrscheinlichkeit ist es, die mich vom Rat an Investoren abhält, vollständig auf Gold als Kapitalanlage zu verzichten. Unterstützend wirkt dabei, dass Gold ein knappes Gut ist und nicht zuletzt in der Schmuckindustrie Verwendung findet, weshalb sein Wert in der langen Frist zumindest die Inflation ausgleichen sollte – dies allerdings verbunden mit Wertschwankungsrisiken, die mindestens so hoch sind wie diejenigen von Aktien.[2] Als langfristig relevante Anlageklasse mit einem signifikanten Anteil am Gesamtvermögen taugt das Edelmetall definitiv nicht, weshalb ein Vermögensanteil von mehr als 1 oder 2 Prozent nicht sinnvoll ist.

TEIL III
DIE WUNDERSAMEN VERSPRECHEN INNOVATIVER GELDJONGLEURE

26
Bei Hedgefonds und Absolute-Return-Produkten sind nicht nur die Namen Rohrkrepierer: Von Stars wie John Meriwether oder John Paulson

Den Samstag, 27. Januar 2001 werde ich wohl nie mehr vergessen. Es war ein bitterkalter Winterabend, und ich saß mit meinen beiden Partner-Kollegen anlässlich unseres jährlichen Strategiewochenendes am Stammtisch des Hotels Rhonequelle. Im Winter ist dieses Hotel von der Umwelt abgeschnitten und nur zu Fuß oder per Schneemobil erreichbar. Nach dem Abendessen setzte sich Peter an unseren Tisch, nachdem er über eine Stunde die schneebedeckte Furka-Passstraße hochgestapft war. Peter ist ein Pensionär, der über viele Jahre auch politisch aktiv war – eine äußerst angenehme Erscheinung. Nach rund 20 Minuten fragte mich Peter: »Pirmin, was machst du denn eigentlich von Beruf?« Nachdem ich ihm die Frage beantwortet hatte, reagierte er fast schon euphorisch und rief in seinem äußerst sympathischen Walliser Dialekt über den Tisch: »Ahhhhh, dü bisch Vermögensverwalter!« Nun erzählte mir Peter mit größter Begeisterung von einem gewissen Dieter Behring, dessen Namen ich bis an diesem Abend noch nie gehört hatte. Der Hedgefonds-Star Dieter Behring, so Peter, sei der erfolgreichste Schweizer Vermögensverwalter, den es zurzeit gäbe. 15 Prozent Rendite. Pro Jahr. Garantiert. Tatsächlich seien die jährlich erzielten Renditen aber viel höher als 15 Prozent. Behring, der von sich behauptete, den »genetischen Code der Börse geknackt« zu haben, war ein Hüne von Statur, wie ich später aus den Medien erfahren durfte. Peter schwärmte von diesem Magier in höchsten Tönen. Um meine immer größer werdenden Zweifel zu zerstreuen, legte er mit einem starken Argument nach: Der angesehene Dieter Behring würde nicht nur erstklassige Geschäftsbeziehungen mit den Privatbanken Sarasin und Maerki Baumann pflegen, sondern auch mit der Großbank UBS. Angesehene Banker seien Feuer und Flamme für den Anlagestar und viele Kunden dieser Banken würden erfolgreich bei Behring investieren. Bei seinen Investoren-Shows trug Behring vorzugsweise schwarze Kleidung und schwarzes Hemd – war dies vielleicht als verklausulierte Botschaft zu verstehen, dass es sich bei seinem Anlagesystem um ein reines Black-Box-Konstrukt handelt, welches der Renditemagier weder seinen Investoren noch sich selbst erklären konnte? Peter offerierte mir, mit ihm eine in der darauffolgenden Woche stattfindende Investorenveranstaltung von Maerki Baumann zu besuchen, an der ich mir von Behring und seinem erfolgreichen Handelssystem ein Bild machen und mit dem Starperformer persönlich reden könnte. »Was für eine Chance für dich!«, signalisierte mir Peter.

Es war der Moment, als ich laut und bestimmt wurde. Mit klaren Worten sagte ich zu Peter: »Lieber Peter, ich habe dir jetzt zehn Minuten mit großem Interesse zugehört. Deine Geschichte ist spannend, aber lasse mich dich bitte zwei Dinge wissen:

- Erstens, ich kenne dich jetzt seit ziemlich genau einer halben Stunde. Du bist mir außerordentlich sympathisch!
- Zweitens, weil du mir sympathisch bist, will ich dich zwingend wissen lassen, dass es sich beim Geschäftsmodell dieses Dieter Behring zweifelsfrei um ein Schneeballsystem, also ein klassisches Ponzi-System, handelt. Der risikolose Zins beträgt zurzeit gerade einmal rund 4 Prozent pro Jahr. Deshalb kann niemand auch nur schon eine Rendite von 5 oder 6 Prozent pro Jahr ohne Inkaufnahme von Risiken garantieren – geschweige denn die von Behring versprochenen 15 Prozent. Das Geschäft stinkt zum Himmel! Ich empfehle dir DRINGENDST, dein bei Behring investiertes Geld sofort zurückzuziehen, bevor das Schneeballsystem zusammenbricht!«

Peter war hartnäckig. Ich brauchte fast eine Stunde, bis ich ihn in seinen fast unerschütterlichen Überzeugungen verunsichern konnte. Vielleicht war mein folgendes Argument das entscheidende, ihn dazu zu bewegen, sein Mandat bei Dieter Behring zu kündigen: »Lieber Peter, stell dir vor, du bist entweder sehr reich, Anlagechef einer großen Versicherung oder Bankdirektor bei der Privatbank Maerki Baumann, die offensichtlich von diesem Magier angetan ist. In deiner Position kannst du fast unbegrenzt Kredite zu 5 Prozent aufnehmen und erhältst garantiert mindestens 15 Prozent auf deinen mit geborgtem Geld getätigten Anlagen bei Dieter Behring. Das ist doch die perfekte Gelddruckmaschine für dich – die Differenz von 10 Prozent ist garantiert! Bei 1 Million Kredit machst du 100.000 Gewinn, bei einem Milliardenkredit glatt 100 Millionen – pro Jahr.« Natürlich konnte mir Peter nicht erklären, warum potente Investoren diese »perfekte« Gelddruckmaschine nicht anwarfen. Endlich war ich am Ziel und fühlte mich gut am Stammtisch. Peter versprach mir, gleich am darauffolgenden Montag die Kündigung mit eingeschriebenem Brief einzureichen. Leider hatte er eine Kündigungsfrist von sechs Monaten zu gewärtigen – solche »Schutzmauern« sind bei Schneeballsystemen üblich, um einen raschen Einsturz zu vermeiden. Gegen Mitternacht verließen wir den Stammtisch, und ich wünschte Peter viel Glück, dass sein Geld auch tatsächlich wieder an ihn zurückfließt.

»Zuerst hatten wir kein Glück, und dann kam auch noch Pech dazu.«

Jürgen Wegmann, ehemaliger Profifußballer bei Bayern München

Sechs Monate später – die Geschichte hatte ich längst abgehakt und es war zwischenzeitlich Sommer – klingelte in meinem Büro das Telefon. Es war Peter, der mir freudig mitteilte: »Pirmin, du hast nicht recht gehabt! Behring ist seriös und erfolgreich. Ich habe mein ganzes Geld samt garantiertem Zins ausbezahlt erhalten, nachdem ich gekündigt habe!« »Was heißt, ich habe nicht recht gehabt?«, entgegnete ich. »Sei froh und dankbar, dass du dein Geld samt hoher Rendite wieder zurück hast, und mache ein großes Kreuz an die Decke. Du hast großes Glück gehabt, dass das Schneeballsystem von Behring noch funktioniert und du ausbezahlt wurdest. Es ist nur eine Frage der Zeit, bis es zusammenkracht, wie jedes Ponzi-System. Lege nun dein Geld seriös in Aktien und Anleihen an!« »Oh nein, Pirmin, ich habe ja jetzt gesehen, dass Behring seriös ist und vertragsgemäß zurückzahlt. Ich habe deshalb mein ganzes Geld wieder einbezahlt, und darüber hinaus auch noch meine Schwester motiviert, dasselbe zu tun.« Mir blieb buchstäblich die Spucke weg. Alle meine engagierten Bemühungen damals am Stammtisch der Rhonequelle waren dahin. Aber mir fehlte nun die Motivation und die Zeit, Peter neuerlich von seinem Unglück abzuhalten. Ich hatte keinen Zweifel, dass die Auszahlungen an Peter faktisch mit Geld von naiven Anlegern getätigt wurden, die Behring ebenfalls auf den Leim gegangen waren.

Es kam, wie es kommen musste. Zwei Jahre später wurden die ersten kritischen Artikel publik. Investigative Journalisten deckten auf, dass es sich bei Dieter Behrings wundersamem System um ein Schneeballsystem handelt. Den Presseberichten zufolge haute Behring seinen potenziellen Opfern in seinen Vorträgen so lange mathematische Formeln um die Ohren, bis diese glaubten, sie seien im Vergleich zum Guru eine glatte Null.[1] Das Ponzi-System brach schlagartig zusammen und Tausende von Anlegern verloren ihr Geld – auch

Peter. Der Gesamtschaden betrug gegen 1 Milliarde Schweizer Franken. Dieter Behring wurde angeklagt und später vom schweizerischen Bundesgericht letztinstanzlich zu einer Gefängnisstrafe verurteilt. Das nützte Peter leider nichts mehr. Er hatte seine gesamten Ersparnisse verloren, musste seinen wohlverdienten Ruhestand unterbrechen und wieder arbeiten gehen.[2] Peter wurde Wirt eines kleinen Hotels, welches im Winter nur zu Fuß oder mit dem Schneemobil erreichbar ist.

> »Wenn jemand in mein Büro kommt und sagt, er habe ein todsicheres Geschäft, dann schicke ich ihn mit ein paar Büchern über Wirtschaftsgeschichte nach Hause. Es gibt keine schnellen todsicheren Geschäfte.«
>
> **Jamie Dimon**, Präsident der amerikanischen JP Morgan Chase

Dieter Behring ist längst nicht der einzige Betrüger in der Welt der Hedgefonds. Der berühmteste ist wohl der US-Amerikaner Bernard Madoff, dessen Ponzi-System im Jahr 2008 zusammenbrach. Im Jahr 2009 wurde der einstige Starperformer, der mit zweistelligen Renditegarantien gleichermaßen hochrangige Banker aus aller Welt wie auch Tausende Reiche, Schöne und Berühmte begeistern und über den Tisch ziehen konnte, zu 150 Jahren Gefängnis verurteilt. Der Schaden übertraf die Höhe von 50 Milliarden US-Dollar. Auch Allen Stanford war ein gefeierter Star der Hedgefonds-Branche. Er betrieb ebenfalls ein Schneeballsystem und wurde aufgrund eines Anlegerschadens, welcher mehr als 7 Milliarden[3] US-Dollar umfasste, im Jahr 2012 für 110 Jahre ins Gefängnis gesteckt. Für den schweizerischen Ableger der Stanford Financial Group ließ sich Altbundesrat Adolf Ogi als Beirat für die Anliegen des Hedgefonds-Artisten gewinnen. Institutionelle Investoren, Family Offices und schwerreiche Privatpersonen (sogenannte ultra-high-net-worth-individuals) betreute auch Mark Nordlicht, der Gründer von Platinum Partners. Er war ein Star in der Branche. Für die Zeit zwischen 2003 und 2015 vermeldete er seinen Anlegern eine jährliche Durchschnittsrendite von sagenhaften 17 Prozent – gemäß Anklage hat er die Rendite mit äußerst illiquiden Papieren manipuliert. Superstar Nordlicht wurde Ende 2016 wegen milliardenschweren Betrugs- und Bestechungsvorwürfen vom amerikanischen FBI festgenommen. Bereits im Herbst 2009 wurde der gefeierte Hedgefonds-Manager Raj Rajaratnam, der es wie viele seiner verurteilten Kollegen persönlich zum Milliardär gebracht hat, verhaftet. Der Mitbegründer der Galleon Group wurde wegen Insiderhandels verurteilt. Schwer verdaulich ist auch das Beispiel des amerikanischen Hedgefonds Magnetar, dem vorgeworfen wurde, in der Finanzkrise bewusst schlechte Verbriefungs-Portfolios entwickelt und gleichzeitig auf deren Kursverfall gewettet zu haben. Erwähnenswert unter vielen mehr ist auch das schillernde deutsche Hedgefonds-Wunderkind Florian Homm. Er wurde per Haftbefehl sowohl vom amerikanischen FBI wie auch von der schweizerischen Bundesanwaltschaft wegen Betrugsvorwürfen zur Suche ausgeschrieben. Seine Investoren haben mit dessen Anlagevehikel Absolute Capital Management (ACM) fast ihr gesamtes Geld verloren. ACM investierte mit starkem Fokus in illiquide Papiere. Die Hedgefonds-Branche ist aufgrund ihrer Intransparenz anfällig für Manipulationen. Eliot Spitzer, der frühere Generalstaatsanwalt von New York, meinte einmal, als er die nachbörslichen Preismanipulationen des Hedgefonds Canary scharf kritisierte: »Das ist wie heute auf Pferde zu wetten, die gestern ins Ziel gelaufen sind.«[4]

> »Sie sollten immer bei einem Italiener investieren. Ein Italiener stiehlt zwar, aber immer nur so viel, wie in den Kofferraum eines Autos passt.«
>
> **Anthony Scaramucci**, ehemaliger Pressesprecher von US-Präsident Trump und Hedgefonds-Manager

Möglicherweise werden Sie jetzt völlig zu Recht einwenden, dass der Anteil der Betrüger am gesamten Markt der Hedgefonds klein ist. Dem ist sicherlich so. Die absolut überwiegende Mehrheit von Hedgefonds-Managern sind keine Betrüger. Ihr Ziel ist es am Ende des Tages, mittels völlig legaler Techniken möglichst viel Geld für ihre Kunden – und natürlich auch für sich selbst – zu verdienen. Ich habe deshalb keinen Zweifel, dass es die meisten Hedgefonds-Manager im Grunde ehrlich meinen. Sie jagen mit aktiven Anlagestrategien nach hohen Renditen. Interessant ist deshalb, sich mit den Argumenten auseinanderzusetzen, die Hedgefonds-Manager zu ihrer Legitimation anführen. Es sind die folgenden:

- Hedgefonds haben den Anspruch, in jeder Marktphase Geld zu verdienen, also sowohl bei steigenden als auch bei fallenden Märkten. Ihr Ziel ist es, unabhängig davon, was an den Märkten geschieht, eine *absolute* Rendite (*absolute return*) von beispielsweise 5, 8, 10 oder 15 Prozent anzupeilen.
- Hedgefonds-Manager setzen Strategien ein, die möglichst unkorreliert sind mit der Marktentwicklung von Aktien und Anleihen. Damit proklamieren sie, dass diese im Sinne der Portfolio-Theorie von Harry Markowitz perfekt

geeignet sind, um ein mit traditionellen Anlagen besetztes Portfolio zu diversifizieren und die Risiken zu reduzieren.
- Aufgrund ihrer Freiheiten und wenig korrelierten Strategien glauben Hedgefonds-Manager, in Börsenbaissen den besten Schutz vor Kurverlusten zu bieten.

Was sind das für Strategien, die Hedgefonds-Manager einsetzen? Folgende gehören zu den prominentesten:

- Long/Short-Strategien: Der Manager kauft die gemäß seiner Analyse unterbewerteten Aktien und verkauft überbewertete leer (durch das Eingehen einer Short-Position). Geht seine Wette auf, entwickeln sich seine Käufer-Aktien besser als seine Verkäufer-Aktien, unabhängig von der Marktentwicklung. Die Differenz ist sein Gewinn. Da er darüber hinaus mit Krediten sein Portfolio »hebelt«, können diese Gewinne hoch ausfallen.
- Managed Futures (CTA): Es wird mit liquiden Futures und Optionen gehandelt. Die meisten Strategien setzen auf Trendfolge. Sie versuchen, Trends bei Aktien, Anleihen, Rohstoffen, Devisen oder Indizes aufzuspüren.
- Global-Macro-Strategien: Aufgrund von politischen, wirtschaftlichen und gesellschaftlichen Analysen versucht der Hedgefonds-Manager, an den Märkten Gewinnchancen auszuloten. Setzt er beispielsweise darauf, dass der Gesundheitsmarkt in Zukunft explodieren wird, setzt er ein Schwergewicht auf Pharmatitel.
- Marktneutrale Strategien: Der Hedgefonds-Manager versucht, mittels Arbitrage Preisunterschiede zwischen verschiedenen Handelsplätzen und Wertpapieren auszunutzen. Gelingt es ihm zum Beispiel, eine Anleihe in Frankfurt zu kaufen und diese gleichzeitig in Zürich zu einem höheren Preis zu verkaufen, so erzielt er einen risikolosen Gewinn. Auch hier wird sehr stark mit Krediten »gehebelt«.
- Event-Driven-Strategien: Diese Strategien setzen auf spezielle Ereignisse wie zum Beispiel Fusionen und Übernahmen (auch »Merger Arbitrage« genannt). Kommen bei der Aktie eines Unternehmens Übernahmegerüchte auf, so wird auf ein Zustandekommen oder ein Scheitern des Deals gesetzt.
- Trading-Strategien: Der Hedgefonds-Manager versucht, mit kurzfristigem Trading Geld zu verdienen.

Im Unterschied zu traditionellen Vermögensverwaltern, die langfristig in Anleihen und Aktien investieren, ist das Strategieuniversum der Hedgefonds-

Manager unendlich viel größer. Kommt der Manager in seinen Analysen zum Schluss, dass der chinesische Aktienmarkt gegenüber dem amerikanischen unterbewertet ist, so kauft er Aktien chinesischer Unternehmen, um gleichzeitig amerikanische Aktien leer zu verkaufen. Wenn er zum Schluss kommt, dass eine Übernahme von Danone durch Nestlé in den kommenden Wochen oder Monaten wahrscheinlich ist, so kauft er Aktien von Danone, weil er einen hohen Übernahmepreis erwartet. Kommt er zusätzlich zur Überzeugung, dass ein hoher Übernahmepreis kurzfristig auf den Kurs von Nestlé drücken wird, so verkauft er deren Titel leer. Erwartet der Hedgefonds-Manager einen Aktiencrash, so verkauft er alle Aktien, um das Pulver liquide zu halten oder auf Gold zu spekulieren. Den Möglichkeiten und Fantasien sind in der Welt der Hedgefonds kaum Grenzen gesetzt. Deren Manager loben sich damit, alle Freiheiten an den Kapitalmärkten aktiv zu nutzen, um von potenziellen Ineffizienzen zu profitieren und dauerhaft positive Renditen auszuweisen, die *unabhängig* von den Bewegungen an den Börsen erzielt werden. Aufgrund der Kombination verschiedener, unkorrelierter Strategien proklamieren die Hedgefonds-Protagonisten überdies, dass auf diese Weise nicht nur die Renditen in den Wertpapierportfolios gesteigert, sondern parallel dazu auch die Risiken reduziert würden. Sind Hedgefonds damit die perfekte Erfindung, um die von Nobelpreisträger Harry Markowitz entwickelte Portfolio-Theorie in der Praxis zu ihrer vollkommenen Blüte zu bringen?

> »Es ist einfach, Ihnen zu raten, dass Sie nicht spekulieren sollten. Schwierig wird sein, dass Sie den Rat befolgen.«
>
> **Benjamin Graham**, amerikanischer Wirtschaftswissenschaftler und Begründer des Value Investing (1894 – 1976)

Die Idee der Hedgefonds-Welt ist auf den ersten Blick verlockend und bestechend zugleich. Wer will das nicht: Positive Renditen in jeder Marktphase – egal, ob die Aktienmärkte steigen oder fallen? Egal, ob die Zinsen steigen oder fallen? Egal, ob der Gold- oder Ölpreis steigt oder fällt? Egal, ob die Weltkonjunktur brummt oder sich gerade in einer Krise befindet? Egal, ob der US-Dollar zur Stärke neigt oder das Vertrauen der Anleger verliert? Sie erahnen es: Das klingt alles viel zu schön, um wahr zu sein. Erwachen wir deshalb aus dem Traum der Hedgefonds-Welt und werfen einen ungeschminkten Blick auf die Fakten: Allein der Name »Hedgefonds« ist ein Rohrkrepierer. Der Name suggeriert dem Anleger, er würde in einen Fonds investieren, bei dem die *Absicherung* (hedge) im Vordergrund steht. Das ist natürlich dummes Zeug respektive ein Marketing-Gag. Fakt ist viel mehr, dass es sich bei Hedgefonds oft um hochriskante Anlagevehikel handelt, die die wildesten Spekulationen eingehen und darüber hinaus ihr Engagement mittels Einsatz hoher Kredite in luftige Höhen hebeln. Wer sein Portfolio vor drohenden Aktienverlusten »hedgen« möchte, braucht keine Hedgefonds, sondern kauft als Ergänzung erstklassige Staats- und Unternehmensanleihen.

Der Erfolg der Hedgefonds-Branche hängt in erster Linie von den Prognosefähigkeiten ihrer Vertreter ab. Die Grenzen der Prognostizierbarkeit von Börsenkursen habe ich in diesem Buch bereits ausführlich beschrieben und illustriert. Die liquiden Kapitalmärkte sind viel zu effizient, sodass kurz- und mittelfristige Prognosen kaum sinnvoll sind. Jeder, der über längere Zeit für die Verwaltung von Geldern zuständig war, weiß, wie schwierig es schon ist, durch aktives Management dauerhaft besser abzuschneiden als vergleichbare Indizes. Hedgefonds-Manager wollen nun aber nicht nur diese *relative* Hürde übertreffen, sondern darüber hinaus auch noch *absolut und in jeder Marktphase* positive Renditen ausweisen. Mit Verlaub: Sie überschätzen ihre Prognosefähigkeit monumental. Allein diese Tatsache entzieht ihrem Geschäftsmodell jede Grundlage. Wenn dann noch von »Arbitrage« als fast risikolosem Geschäftsmodell gesprochen wird, ist das eine toxische Kombination von Hochmut und Lüge. Das risikolose Ausnutzen von Preisdifferenzen gibt es in unserer Welt effizienter Märkte kaum mehr.

Die Anlagen vieler Hedgefonds sind illiquide und werden nicht marktgerecht an einer Börse gehandelt. Das führt dazu, dass die Risiken, ausgedrückt durch die Volatilität, massiv unterschätzt werden. Wenn es nämlich keinen Marktpreis für eine Anlage gibt, dann kann es logischerweise auch keine Schwankungen der Marktpreise geben. Es ist schlicht ein Hohn, wenn Hedgefonds-Manager kolportieren, die Risiken ihres massiv mit Krediten gehebelten Geschäfts seien tiefer als mit reinen Aktienanlagen.

Es ist kein Zufall, dass in Krisenzeiten regelmäßig zahlreiche Hedgefonds geschlossen werden müssen, weil Rücknahmen nicht mehr bedient werden können. Wenn es draußen stürmt und donnert und viele Investoren zum Ausgang rennen, sind viele Anlagen aufgrund ihrer Illiquidität schlicht nicht mehr verkäuflich. Die Volatilitäten dieser als konservativ angepriesenen Risikobomben schießen dann fast über Nacht in luftige Höhen und das Kartenhaus fällt ähnlich einem Schneeballsystem in sich zusammen. Viele Hedgefonds schützen sich gegen eine Massenflucht der Anleger dadurch, dass sie in ihren Verträgen Kündigungsfristen von beispielsweise sechs Monaten einbauen. Sich nicht mehr aus Anlagen verabschieden und von Fondsmanagern trennen zu können, mit denen man sich nicht mehr wohlfühlt – das kommt für mich aus Prinzip nicht infrage.

Werfen wir einen Blick auf die in der Vergangenheit effektiv erzielten Renditen der Hedgefonds. Der Grafik 47 entnehmen Sie einen zehnjährigen Performance-Vergleich des repräsentativen und im Markt der Hedgefonds wohl bekanntesten Index HFRX mit ausgewählten Aktienmärkten.

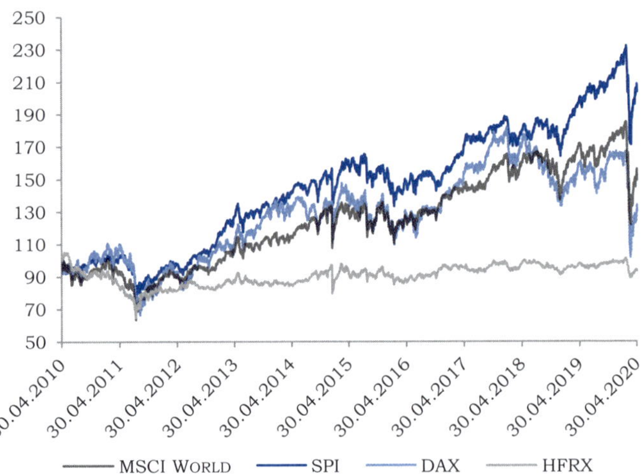

Grafik 47: Zehnjahresvergleich von Hedgefonds (HFRX) mit Aktien. *Quelle: Bloomberg. Zeitperiode von 30. April 2010 bis 30. April 2020. Indexiert in Schweizer Franken.*

Es ist offenkundig: Während der Weltmarktindex in der Zehnjahresperiode und in der Referenzwährung des Schweizer Frankens um die Hälfte, der DAX um über 30 Prozent zulegen und sich der schweizerische Aktienmarkt mehr als verdoppeln konnte, dümpelte der Hedgefonds-Index unterhalb der Nulllinie vor sich hin. In der Summe resultierte über die gesamte Periode von zehn Jahren ein Verlust für die Renditejäger der Zunft. Das ist die nüchterne Realität in der Welt der Hedgefonds!

Die UBS hat im April 2011 mit dem ETF HFRX Global Hedge Fund ein repräsentatives Produkt aufgelegt, um die Fähigkeiten der anlagefreiheitsliebenden Magier zu replizieren respektive zu messen.[5] Für die Investoren ist das Resultat schlicht eine Katastrophe. Das Produkt wurde zum Preis von 100 Schweizer Franken emittiert. Ende April 2020, also rund neun Jahre später, notierte das Papier bei knapp 73 Schweizer Franken – Ausschüttungen gab es keine. 27 Prozent Verlust – und dies in einem Jahrzehnt, in dem sich Aktien und Anleihen fulminant entwickelten.

Die Credit Suisse hat schon viel früher einen vermutlich eher unfreiwilligen »Beweis« geliefert, dass das Investieren in einen repräsentativen Korb von Hedgefonds sinnlos ist. Im Februar 2004 brachte sie ein Zertifikat auf den Markt, welches den marktführenden CSFB/Tremont Investable Hedge Fund Index mit 60 Hedgefonds nachbildete.[6] Die Laufzeit war fünf Jahre und der Ausgabepreis betrug 1.000 Schweizer Franken. Das Fazit für die Anleger am Ende der Laufzeit war niederschmetternd. Während der von Tremont berechnete Hedgefonds-Index, oh Wunder, in der betreffenden 5-Jahres-Periode eine jährliche Rendite von über 7 Prozent auswies, wurde das replizierende und *investierbare* Produkt nach Ablauf der Frist bei sagenhaften 720 Schweizer Franken zurückbezahlt – das ergibt eine *jährliche* Negativrendite von 6,4 Prozent. Was für ein Desaster und was für eine Diskrepanz zur Indexrendite, die man mit dem Produkt eigentlich kopieren wollte!

Ich habe damals bei den Produktverantwortlichen der Bank nachgefragt, wie sie sich die massive Differenz von *jährlich über 13 Prozentpunkten* erklären würden. Die Antworten waren schwammig und für mich in keiner Weise nachvollziehbar. Es ist wohl eine Mischung aus Inkompetenz, Intransparenz und horrenden Gebühren, die zu dieser Ernüchterung geführt hat. Diese Erfahrung war für mich die ultimative Offenbarung, wie in dieser Branche jongliert, gezockt und abgezockt wird. Wenn gelegentlich verbreitet wird, dass in früheren Jahren der Durchschnitt der Hedgefonds erfolgreich gewesen sei, ist das bei Lichte betrachtet eine Mär.

Um einen vertieften Einblick in die Fähigkeiten der Hedgefonds-Magier zu erhalten, werfe ich jährlich einen Blick in die Fondsbeilage der *NZZ*. Dort sind die Ergebnisse eines breiten Spektrums von Dach-Hedgefonds, Absolute-Return-Fonds sowie Long/Short-Equity-Vehikeln übersichtlich aufgeführt, ebenso wie deren Durchschnittsrenditen. Glauben Sie mir, sie sind eine Katastrophe. Natürlich differieren die Performance-Ergebnisse in Abhängigkeit des untersuchten Zeithorizontes und der einzelnen Anbieter. Aber ich lehne mich als Praktiker aus dem Fenster und wage zu behaupten, welche Performance mit Hedgefonds im Durchschnitt eines Jahres tatsächlich zu erwarten ist: NULL! Ja, Sie haben richtig gelesen: NULL Prozent Rendite! Mit anderen Worten: Nicht 5, 8, 10 oder 15 Prozent jährliche Rendite, wie die Hedgefonds-Branche in ihren Hochglanzbroschüren gerne ankündigt, sondern NULL. Ich habe unzählige Hedgefonds-Produkte analysiert. Über längere Zeiträume und im Durchschnitt der Branche verdienen die Anleger gar nichts mit diesen völlig intransparenten und in der Regel nicht einmal regulierten Vehikeln – deren Domizil liegt oft auf den Bahamas oder den Cayman Islands. Die Einzigen, die massiv an den Hedgefonds verdienen, sind die Anbieter selbst. Branchenvertreter weisen gerne darauf hin, dass die hohen Kosten im Grundsatz keine Rolle spielen würden, wenn die Renditen stimmen. Ja, dem kann tatsächlich nicht widersprochen werden. Allerdings ist es ein Fakt, dass horrende Gebühren jegliche Rendite des Hedgefonds-Geschäfts zerstören. Experten und Insider der Hedgefonds-Branche berichten hinter oft vorgehaltener Hand, dass die effektiven Gesamtkosten eines Fonds-of-Hedgefonds, welcher seinerseits in eine größere Anzahl einzelner Hedgefonds investiert, gut und gerne zwischen jährlich 5 und 10 Prozent liegen. Dies ist im Grunde wenig überraschend, denn auf verschiedenen Ebenen entstehen Gebühren unterschiedlichster Art: Verwaltungsgebühren (üblich sind 2 Prozent jährlich), Gewinnbeteiligung (üblich sind 20 Prozent Gewinnanteil), Transaktionsgebühren (diese können hoch ausfallen, da Hedgefonds als sehr aktive Manager bekannt sind), Devisen-Spreads (Differenz zwischen An- und Verkauf von Währungen) sowie umfassende Fonds- und Depotbankgebühren.

Ein renommierter Branchenexperte, der Klartext redet, ist Dr. Lars Jaeger, Gründer der in der Schweiz domizilierten Alternative Beta Partners. In einem Interview mit der *NZZ* sagte er, dass bei Dach-Hedgefonds oft eine Gebührenlast von 6 bis 8 Prozent entstehen würde. Die Anleger hätten dadurch bei vielen Produkten kaum Chancen, am Ende des Jahres im Plus zu landen.[7] Die Schlussrechnung ist dann einfach gemacht. Angenommen, die Hedgefonds-Manager erzielen im langfristigen Durchschnitt eine *Bruttorendite* von 5 oder 6 Prozent – das scheint mir in diesem Geschäft etwa realistisch zu sein. In der gleichen Höhe kommen nun aber Gebühren auf die Fonds zu, die dazu führen, dass der Endkunde mit diesen Produkten nur noch hohe Risiken trägt, dafür aber überhaupt nicht entschädigt wird. Ein wahrlich schlechtes Geschäft für die Anleger!

> »Es ist erstaunlich, welch langfristigen Erfolg Leute wie wir erzielen, indem wir nur versuchen, nicht dumm zu sein, statt zu versuchen, brillant zu sein.«
>
> **Charlie Munger**, amerikanischer Value-Investor und Partner von Warren Buffett

Ganz ehrlich: Meiner Meinung nach gibt es keinen vernünftigen Grund, in Hedgefonds zu investieren. Das Versprechen von konstanten, hohen absoluten Renditen ist deshalb der größte Bluff der jüngeren Finanzgeschichte. Großbanken wie auch Privatbanken empfehlen ihren Kunden, je nach Risikoprofil 14 bis 18 Prozent ihres Wertpapiervermögens in Hedgefonds zu investieren.[8] Dr. Peter Meier, der über viele Jahre als Leiter des Zentrums Alternative Investments & Risk Management der Hochschule für angewandte Wissenschaften in Winterthur tätig war, verkündete in einem Beitrag der *NZZ*: »Mathematische Optimierungen fordern Allokations-Empfehlungen von 50 Prozent und mehr zugunsten von Hedge-Funds.«[9] 50 Prozent!? Mir tun die Schüler des Dozenten leid, die dies heute auch nur schon ansatzweise in die Praxis umsetzen. Versicherungskonzerne, die aufgrund ihres langen Anlagehorizontes eigentlich prädestiniert wären, in Aktien zu investieren, besitzen teilweise höhere Anteile in Hedgefonds als in Dividendenpapieren – das ist absurd. Nach meiner Überzeugung kann das nur mit Unwissenheit, Naivität, Gier oder allenfalls noch mit einer fragwürdigen buchhalterischen Behandlung zu tun haben. Ich kann überhaupt nicht verstehen, warum private und institutionelle Anleger wie Pensionskassen und Versicherungsunternehmen in diese intransparente und hochmargige Anlageklasse investieren. Im Grunde ist es ja paradox. Auf der einen Seite raten Consultants ihren Investoren, die Anlagen zu passivieren respektive zu indexieren, weil den meisten aktiven Fonds-Managern das Schlagen einer Benchmark nicht gelingen würde. Auf der anderen Seite empfehlen sie denselben Kunden, einen Teil ihrer Anlagen in ultraaktive Hedgefonds zu diversifizieren, die nicht nur eine Benchmark schlagen, sondern – noch viel schwieriger – in *jedem* einzelnen Jahr eine absolut positive Rendite erzielen sollen. Das ist irritierend.

Eine ganze Armada von Beratern hilft den Anlegern bei der Selektion der »richtigen« respektive besten Gurus. Aber keiner weiß, wer im kommenden Jahr der Beste sein wird. Möglicherweise haben führende Consultants, die Pensionskassen, Versicherungen und Stiftungen beraten, ein gewisses Interesse an Komplexität im Anlagegeschäft. Setzten sie nämlich radikal auf transparente Anlagen, würden sie wohl ihr umfassendes und teuer bezahltes Beratungs- und Controlling-Modell torpedieren. Stellen Sie sich vor, ein führender Pensionskassenberater würde seinen Kunden vereinfacht ausgedrückt folgende Empfehlung abgeben: »Investieren Sie 50 Prozent des Vermögens in Aktien, 30 Prozent in Immobilien sowie 20 Prozent in Liquidität. Halten Sie sich an einen sehr langfristigen Anlagehorizont und wir sehen uns einmal jährlich zu einem Beratungsgespräch!« Das Honorarvolumen des Beratungsunternehmens würde zweifellos kollabieren.

Vielleicht werden Sie jetzt einwenden, dass es ja auch sehr erfolgreiche und berühmte Exponenten im Geschäft mit Hedgefonds gibt. Natürlich gibt es die.

Das erste große Problem stellt sich allerdings schon bei der Evaluation dieser Stars. Versuchen Sie einmal, über das Internet die Performance-Ergebnisse der führenden Hedgefonds-Magier abzurufen: Sie werden in den allermeisten Fällen grandios scheitern. Ist diese gelebte Intransparenz nicht bizarr, wäre doch ein offen ausgewiesener, überragender Performance-Ausweis das perfekte Marketing für den entsprechenden Fonds? Faktisch finden Sie diese Daten entweder gar nicht, oder Sie brauchen – aus meiner Sicht nicht nachvollziehbar – einen entsprechenden Zugangscode. Intransparenz gehört zur DNA der Hedgefonds-Branche.

Dazu kommt: Was nützt es mir, wenn ich erst im *Nachhinein* weiß, welches die Erfolgreichen unter all den Nieten sind und mit welchen Hedgefonds-Strategien gerade Geld verdient werden konnte? Banken und Vermögensverwalter locken ihre Kunden gerne mit dem Argument, man würde deren Gelder natürlich nur den 20 Prozent besten und erfolgreichsten Hedgefonds-Managern anvertrauen. Wenn ich solche Dinge höre, muss ich laut lachen. Der Witz dabei ist doch, dass das *alle* Anbieter von sich behaupten. Rhetorisch frage ich mich dann jeweils: Wer investiert denn eigentlich in die anderen 80 Prozent der real existierenden Manager?

Klar, auch bei den Aktien weiß ich im Vornherein nie, welches die Gewinner und welches die Verlierer sind. Der große Unterschied zu Hedgefonds liegt aber ganz einfach darin, dass ich mit einem diversifizieren Aktienportfolio im *Durchschnitt* – also ohne jede Prognosefähigkeit – eine Rendite von vielleicht 7 bis 8 Prozent erwirtschaften kann, während ich mit Hedgefonds im Durchschnitt eine solche von null akzeptieren muss. Da sind mir die 7 oder 8 Prozent mit Aktien wesentlich sympathischer.

In den letzten 20 bis 25 Jahren sind mir, meistens über die Medien, viele Superstars der Hedgefonds-Szene begegnet. Um es auf den Punkt zu bringen: Es ist ein heiteres »Kommen und Gehen« dieser Stars, die es selber oft zu Milliardären gebracht haben. Geredet wird natürlich in der Branche nur über die Handvoll Stars, die gerade Traumrenditen erzielen – von den unzähligen Stars, die zwischenzeitlich gescheitert sind, will niemand mehr etwas wissen. Um es zum Einkommensmilliardär zu bringen, reicht ab und an sogar eine außerordentlich bescheidene Anlageleistung. So erzielte Jim Simons, der legendäre Gründer des Hedgefonds Renaissance Technologies, im Jahr 2019 gerade einmal eine Rendite von 14 Prozent – weniger als die Hälfte dessen, was im Vergleich der Aktienindex S&P 500 zulegte. In aller »Bescheidenheit« kassierte Simons dafür die Summe von 1,73 Milliarden US-Dollar an Gehalt.[10]

»Da wird schnell klar, warum die Kunden des Börsencasinos so wenige Jachten besitzen – die schönsten Schiffe im Hafen gehören denjenigen, die das Casino betreiben.«

John Bogle, Gründer der Vanguard Group und Pionier im Bereich der Indexfonds (1929 – 2019)

Dem ersten großen Guru der Hedgefonds-Welt begegnete ich im Sommer 1998. Ein langjähriger Kunde von mir stellte mir Heinz Pauli vor, ein imposanter, groß gewachsener Mann, der in seiner früheren Funktion Finanzchef beim »King of Oil« Marc Rich war. Er legte damals als einer der Ersten in der Schweiz einen Hedgefonds mit dem Namen »Sinclair Global Macro« auf. Nachdem in einem Nobelhotel von Zürich vor illustrem Publikum eine Verkaufsshow stattgefunden hatte, trafen wir uns gemeinsam mit einem meiner Kunden zum Mittagessen. Ich erinnere mich vor allem noch an zwei Dinge: Einerseits daran, dass Pauli aufgrund seiner inneren Anspannung ständig mit seinem Bein auf und ab wippte. Andererseits an seine Geschichte vom Bergsteiger und seinem Bergführer. Meinen Kunden – ein ehemaliger Arbeitskollege von Heinz Pauli – bezeichnete er als Bergsteiger, der erstmals das Matterhorn besteigen will. Sich selber sah Pauli als den Bergführer, der seinen Begleiter am Seil auf dem beschwerlichen Weg in Richtung Gipfel unterstützen und sichern (hedge!) würde. Dabei könne es auch Unwetter und Rückschläge zu überwinden geben. Aber mit gemeinsamen Kräften würde man das Ziel erreichen, den Gipfel zu erklimmen. Eine wunderbare Geschichte – wer will sich denn nicht von seinem Vermögensverwalter auf den Gipfel der Performance führen lassen, und dies immer auf »gesicherter« Basis? Um es kurz zu machen: Der Sinclair Global Macro Hedgefonds wurde gegen Ende des Jahres 1998 zu einem Preis von 1.000 Schweizer Franken pro Anteilschein emittiert. Von da an gab es eigentlich nur eine Richtung: bergabwärts! Einige Jahre später notierte der Fonds bei jämmerlichen 50 Schweizer Franken und der Fonds wurde liquidiert. Erinnerungen an den legendären Seilriss anlässlich der Erstbesteigung des Matterhorns im Jahr 1865 wurden wach.

Noch schlimmer ist das Schicksal von Gottex, ein an der Schweizer Börse kotierter Spezialist für Hedgefonds, der zwischenzeitlich in LumX Group umbenannt wurde. Die Gesellschaft, in dessen Verwaltungsrat bekannte Persönlichkeiten wie der frühere CEO der Swiss Life, Bruno Pfister, saßen, rühmte sich, Kunden wie den Nahrungsmittelmulti Nestlé zu betreuen. Im November 2007 kam die Aktie mit einem Eröffnungskurs von 73 Schweizer Franken an die Börse und wurde mit über 2 Milliarden Schweizer Franken bewertet. Die Aktie kannte nur eine Richtung: nach Süden. Im Sommer 2020 notierte die zum Penny-Stock mutierte Aktie noch 2 Rappen. Die einst stolze Marktkapitalisierung ist verdampft (Grafik 48).

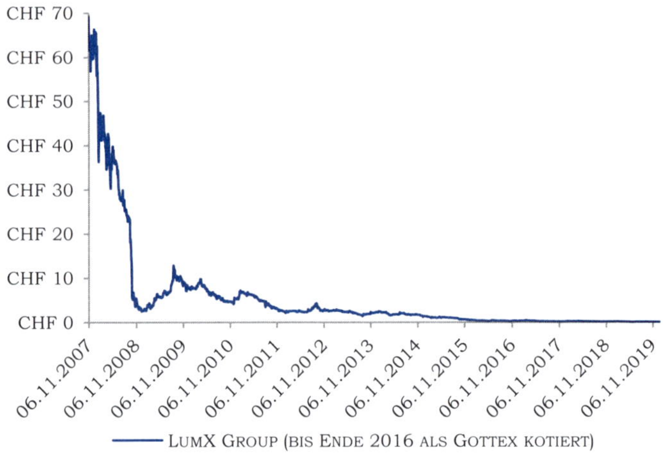

Grafik 48: Historische Aktienkursentwicklung der Gottex/LumX Group.
Quelle: Bloomberg.

Auch auf dem internationalen Parkett der Hedgefonds-Manager ist es ein »Kommen und Gehen«. Erinnern Sie sich an John Meriwether? Meriwether, beraten von den Wissenschaftskoryphäen Myron Scholes und Robert Merton, war mit seinem Vehikel »Long-Term Capital Management« (LTCM) ein gefeierter Star, bis sein Fonds im Zuge der Russland-Krise im Jahr 1998 zusammenkrachte (Grafik 49). Eine bis dahin erzielte Traumrendite von mehreren Hundert Prozent, die in vermeintlich ineffizienten Märkten und ebenso vermeintlich risikolosen Strategien erzielt wurde, war auf einen Schlag dahin. Ein staatliches Hilfspaket und eine Senkung des Leitzinses durch den amerikanischen Notenbankchef Alan Greenspan wurde nötig, um einen Zusammenbruch des internationalen Finanzsystems zu verhindern. Der eingesetzte Hebel war atemberaubend. Mit Eigenmitteln von 4 Milliarden US-Dollar wurde im Umfang von 125 Milliarden US-Dollar spekuliert – so etwas nannte sich Hedgefonds. Die Großbank UBS verlor in der Folge 1 Milliarde Schweizer Franken und deren damaliger Chef, Mathis Cabiallavetta, seinen Job. Hedgefonds-Guru Meriwether versuchte anschließend sein Glück nochmals – und scheiterte erneut.

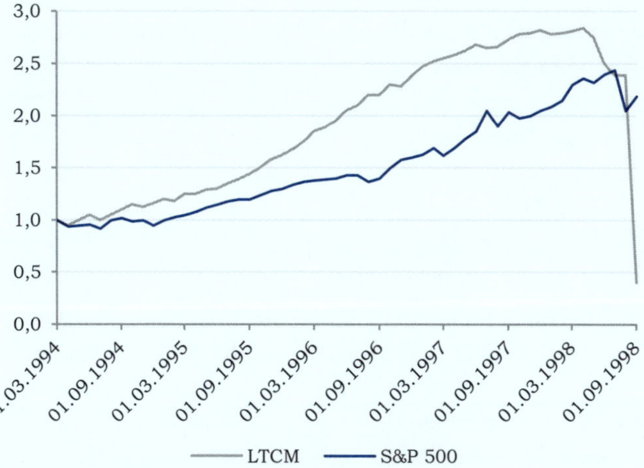

Grafik 49: Performance-Vergleich zwischen LTCM und S&P 500. *Quelle: Perold, A. F., Long-Term Capital Management, L.P.(C.), Harvard Business SchoolPublishing, 1999.*

Großer Guru nach der Jahrtausendwende war der Hedgefonds-König John Paulson, der die Finanzkrise im Jahr 2008 vorausgesehen und in dieser Milliarden abkassiert haben soll.[11] Im Jahr 2011 lösten sich die Gewinne aufgrund von Fehlspekulationen in Luft auf, und sein Fonds »Advantage Plus« verlor über die Hälfte des Vermögens. Auch die Hedgefonds-Magier Bill Ackman, Ray Dalio, Mark Spitznagel, die Anleihen-Ikone Bill Gross oder den legendären Rohstoffguru Jim Rogers hat das Glück nach beeindruckenden Erfolgsgeschichten verlassen. So hat der Star der Stars unter ihnen, der Bridgewater-Gründer Ray Dalio, mit seinem »Flagship« Pure Alpha im Jahr 2019 eine Negativrendite von -0,5 Prozent einstecken müssen, während der S&P-500-Aktienmarkt um sagenhafte 29 Prozent zulegte.[12] Nachdem er den Aktienboom des Vorjahres offenbar verpasst hatte, verkündete Ray Dalio am 21. Januar 2020 anlässlich des World Economic Forum (WEF) in Davos: »Cash is trash!« Nun empfahl er den Investoren, global diversifiziert in Aktien anzulegen. Wer dem Rat des Gurus folgte, hat während der kurz danach einsetzenden Corona-Krise vorübergehend über 30 Prozent seines Einsatzes verloren. Im März 2017 prophezeite der nicht minder legendäre amerikanische Investor George Soros[13], der im Jahr 1992 die britische Notenbank mit seiner erfolgreichen Spekulation gegen das britische Pfund in die Knie zwang, einen Börseneinbruch – Fehlanzeige. Selbst Legenden kochen offenbar nur mit Wasser. Und auch Nobelpreisträger: So mischte sich der renommierte US-amerikanische Wirtschaftswissenschaftler der Universität Yale, Robert Shiller, der schon den einen oder anderen Crash vorausgesehen hatte, notabene auf dem Tiefpunkt der Finanzkrise unter die Warner und sagte im Interview mit dem deutschen *Handelsblatt*: »Aktien sind die schlechteste Wahl« – im Nachhinein war es wohl einer der besten Einstiegszeitpunkte der jüngeren Börsengeschichte.[14] Im März 2017 verwies Shiller abermals darauf, dass die Märkte massiv überteuert seien – doch die Märkte hörten auch diesmal nicht auf ihn.

Selbst wenn es einen Hedgefonds-Star gäbe, der sein ganzes Leben lang fast ausschließlich auf der Erfolgsspur ist, wird mich das nicht sonderlich beeindrucken. Erstens werde ich bei ihm wohl kaum investieren können, und zweitens wüsste ich erst heute, dass *genau dieser Star* zum Star geworden ist – leider viel zu spät. Und zu guter Letzt: Vielleicht hat dieser Star ja ganz einfach riesiges Glück gehabt in seinem Leben. Nur ein müdes Gähnen habe ich deshalb übrig, wenn ich aus der Hedgefonds-Branche höre, wie die gigantischen Saläre ihrer Stars zu rechtfertigen seien. »Es ist wie im Fußball. Wer einen Ronaldo oder einen Messi will, muss tiefer in die Tasche greifen«, sagt der Kadermann der UBS, René Steiner.[15] Der Vergleich zu einem Ronaldo oder Messi ist absurd. Während bei den Ballkünstlern auch ein Hobbyfußballer frühzeitig ein Ausnahme- von einem Antitalent unterscheiden kann, wird dies im Haifischbecken der Anlagestars erst klar, wenn das Spiel gelaufen ist. Wenn Anleger von den vermeintlichen Stars erfahren haben und in deren Fonds investieren, entpuppen sich die einstigen »Starkicker« darüber hinaus nicht selten als Amateure der 4. Liga, die nicht einmal mehr aus fünf Metern Entfernung ein Scheunentor treffen. Die größten und hochbezahlten Talente erweisen sich vor allem als die größten Marketing-Talente der Finanzbranche. Eine ihrer besonderen Künste ist die, dass sie in Zeiten eines Börsenbooms die Renditen ihrer Fonds gerne mit denjenigen von Anleihen vergleichen, um »gut« abzuschneiden. Brechen die Aktienmärkte hingegen ein, verkünden sie stolz, dass zwar auch sie viel Geld verloren hätten, aber weniger als die Aktienmärkte – ein Armutszeugnis. Nicht wenige Hedgefonds- und Absolute-Return-Produkte schneiden sogar in Krisenzeiten schlechter ab als reine Aktienanlagen. Die hochgepriesenen Talente in dieser Branche gibt es bei Lichte betrachtet gar nicht. Die Stars von heute sind oft die Flops von morgen. Viele Stars lassen sich feiern, um bald danach wieder von der Bühne zu verschwinden.

Die *NZZ am Sonntag* bezeichnete die skandalträchtigen Vertreter der Zunft einst als »Die neuen Räuber-Barone«.[16] Wenn Sie die Lust und Zeit haben, dann googeln Sie doch einfach mal die folgenden Fonds, deren Manager alle einmal zu den Superstars der Branche zählten, viele Milliarden verwalteten und deren »Superfonds« grandios kollabiert sind:[17]

- Long-Term Capital Management (LTCM), 1994 gegründet, 1998 kollabiert – spekuliert wurde auf eine Verringerung der Zinsdifferenz unterschiedlicher Bonitäten im Anleihenmarkt.[18]
- Amaranth, 2006 kollabiert – der Gründer, Nicholas Maounis, spekulierte am Erdgasmarkt und verzockte innerhalb von zehn Tagen rund 6 Milliarden US-Dollar.
- Ospraie, 1999 gegründet, 2008 liquidiert – spekuliert wurde mit Rohstoffen. Der Gründer von Ospraie war Dwight Anderson. »Anderson ist der Beste in der Klasse der Hedgefonds, die mit Rohstoffen handeln. Wir sind ein großer Fan von ihm«, sagte Brian Finn, Chef der Abteilung Alternative Investments der Credit Suisse, im Oktober 2007 in New York gegenüber der Nachrichtenagentur Bloomberg.
- Carlyle Capital Corporation, 2007 an die Börse gebracht, 2008 kollabiert – spekuliert wurde mit Immobilienanleihen.
- Focus Capital, 2008 im Zuge der Finanzkrise kollabiert – spekuliert wurde mit Aktien.
- Peloton, 2008 während der Finanzkrise kollabiert – spekuliert wurde mit Anleihen.
- Endeavour, 2009 abgewickelt – spekuliert wurde mit Anleihen.

Um sich optimal zu vermarkten, hat die Hedgefonds-Branche ein paar Tricks parat. Ein brillanter Marketing-Trick besteht darin, erfolgreiche Fonds mit medialem Getöse zu schließen und zu verkünden, man hätte leider keinen Platz mehr für Neugelder, um diese auch noch erfolgreich anlegen zu können. Es gäbe schlicht nicht genug Erfolg versprechende Anlagemöglichkeiten, um zusätzliche Gelder platzieren zu können. Tja, was machen renditegeile Anleger, wenn sie solche Meldungen hören? Klar, sie unternehmen alles, um beim entsprechenden Starmanager doch noch investieren zu können. Und was macht der Starmanager des erfolgreichen Fonds, der diesen für Neugelder eben erst geschlossen hat? Er zaubert schwuppdiwupp einen *neuen* Fonds aus dem Hut, der ähnliche Ziele verfolgt wie der bisherige. Jeder Investor, der beim bestehenden Fonds vor geschlossenen Türen steht, fühlt sich nun geehrt, auf diese Weise doch noch mit dem erfolgreichen Guru investieren zu können.

Auch ein zweiter Trick der Branche ist marketingtechnisch raffiniert und nicht unüblich. Ich will Ihnen den Mechanismus an einem einfachen Beispiel erklären. Stellen Sie sich vor, Sie eröffnen vier Fonds mit völlig unterschiedlichen Anlageprofilen und relativ kleinem Volumen. In einem ersten Fonds setzen Sie auf steigende, in einem zweiten Fonds auf sinkende Märkte. Im dritten

Fonds setzen Sie fokussiert auf weltweit führende Technologieaktien. Schließlich setzen Sie in einem vierten Fonds auf Gold. Die Chancen, dass Sie zumindest mit einem dieser völlig unterschiedlichen Fonds erfolgreich sein werden, sind naturgemäß äußerst hoch. Wenn Sie es nun auch noch schaffen, die herausragende Performance Ihres erfolgreichsten Fonds mit medialer Unterstützung zu vermarkten, haben Sie es fast schon geschafft, ein Guru zu werden. Wenn der Gold-Fonds die herausragende Performance in dieser Zeit liefert, dann werden Sie zum »Gold-Guru«. Stürzt hingegen der Aktienmarkt ab und Ihr Fonds, in dem Sie auf sinkende Aktienmärkte gesetzt haben, liegt obenauf, dann werden Sie in den Zirkel derjenigen Gurus aufgenommen, die den letzten Crash vorausgesehen haben. Für Investoren, die diesem Marketing-Trick unterliegen, sind die Folgen meist verlustreich. In der Regel lösen sich nämlich die anfänglich spektakulären Gewinne in den Folgejahren wieder in Luft auf. Nicht aber diejenigen der Anbieter selbst – sie gewinnen immer. Die erfolgreichen Fonds werden vermarktet, die erfolglosen liquidiert.

Raffiniert ist auch folgender Trick. Angenommen, Sie legen einen Fonds mit einem Volumen von 10 Millionen Schweizer Franken auf. Sie investieren in kleinkapitalisierte Unternehmen, deren Kurs Sie aufgrund ihrer Illiquidität teilweise selber beeinflussen können. Nach einem Jahr weisen Sie eine traumhafte Rendite von 50 Prozent aus, sodass das Fondsvolumen am Jahresende 15 Millionen Schweizer Franken beträgt. Aufgrund Ihres genialen Händchens und Ihrer herausragenden Marketing-Fähigkeiten schaffen Sie es, am Ende des ersten Jahres Neugelder in Höhe von 185 Millionen Schweizer Franken anzuziehen. Ihr verwaltetes Volumen zu Beginn des zweiten Jahres beträgt demnach 200 Millionen Schweizer Franken. Leider verlässt Sie im zweiten Jahr das Glück und der Fonds verliert 20 Prozent seines Wertes. Das Fondsvolumen sinkt demnach auf 160 Millionen Schweizer Franken. Nun, was glauben Sie, welche Rendite weist Ihr Fonds nach zwei Jahren aus? Völlig legal und mathematisch unstrittig weist der Fonds für die beiden Jahre eine kumulierte Rendite von plus 20 Prozent aus, was einer zeitgewichteten Rendite – diese Berechnung ist in der Branche üblich, wenn keine größeren Ein- und Auszahlungen erfolgen – von jährlich rund 9,5 Prozent entspricht.[19] Was nach einer erfolgreichen Anlageleistung aussieht, entpuppt sich bei näherem Hinsehen für die allermeisten Fonds-Anleger als schwacher Trost. Weshalb? Die allermeisten Investoren haben ihr Geld nicht schon bei Auflage des Fonds, sondern erst zu Beginn des zweiten Jahres investiert. Sie konnten also von der hohen Rendite des ersten Jahres nicht profitieren und haben 20 Prozent ihres Einsatzes verloren.[20] Da dem Fonds am Ende des ersten Jahres substanzielle Mittel zugeflossen sind, drängt sich im vorliegenden Fall die geldgewichtete Renditeberechnung auf. Und siehe da, die zeitgewichtete Rendite von jährlich plus 9,5 Prozent mutiert schlagartig zu einer jährlichen Negativrendite von 17,2 Prozent, wenn korrekterweise die geldgewichtete Renditeberechnung angewendet wird. Das ist logisch sinnvoll, da tatsächlich die meisten Fonds-Anleger am Ende Geld verloren haben – nur ein kleiner Teil der Anleger war von Anfang an dabei und konnte vom hervorragenden ersten Jahr profitieren. Die Branche aber klammert sich an die zeitgewichtete Renditeberechnung und erzählt nach dem desaströsen zweiten Jahr, dass der Fonds im Durchschnitt der beiden Jahre erfolgreich gewesen sei. Dieser Trick der Renditeberechnung wird übrigens nicht nur bei Hedgefonds, sondern auch bei ganz normalen Anlagefonds praktiziert. Viele Fonds werden mit kleinem Volumen sowie herausragender Performance zu Super-Fonds und in der Folge mit Pomp und Getöse vermarktet, um schließlich mit großem Volumen abzustürzen. »Aber die Rendite seit Auflagebeginn unseres Fonds ist gut«, heißt es dann von der Fondsleitung. Für 90 oder 95 Prozent der Anleger klingt das fast schon zynisch. Besonders virulent war dieses Phänomen beim Platzen der New-Economy-Blase. Die allermeisten Anleger haben am Ende mit »revolutionären Technologieaktien« Geld verloren, obwohl viele Fonds seit ihrer Auflage positive Renditen verkündeten.

Damit bin ich bei einem letzten Trick, den die Fonds-Branche insgesamt und die Hedgefonds-Industrie geradezu meisterhaft beherrscht: Wenn es einmal nicht mehr läuft und die Performance über Jahre mies ausfällt, wird der Fonds klammheimlich liquidiert und abgewickelt. Das hat den großen Vorteil, dass der Fonds in keiner Rangliste und in keiner Übersicht mehr zu finden ist. Das Geld wird den überwiegend enttäuschten Investoren zurückbezahlt und der Fonds existiert nicht mehr – aus den Augen, aus dem Sinn. Damit können die Anbieter weitere Negativpublizität vermeiden. Halten Sie sich fest, wenn ich Ihnen sage: Gegen 20 Prozent aller Hedgefonds werden jährlich geschlossen, abgewickelt und das Geld den in aller Regel frustrierten Anlegern zurückbezahlt.[21] Eine »Sterberate« von 20 Prozent jährlich, ist das nicht verrückt? Versuchen Sie einmal, 20 oder 30 Hedgefonds über fünf, zehn oder 20 Jahre zu verfolgen. Spätestens nach fünf bis acht Jahren wird es die meisten dieser Vehikel gar nicht mehr geben. Sie werden sich in Luft aufgelöst haben. In der Folge werden neue Fonds eröffnet – neues Spiel, neues Glück. Das sagt doch eigentlich alles über eine Branche, die manchmal an ein Krebsgeschwür erinnert. Während die Fonds ihre Resultate in Glanzzeiten mit Freude und Stolz gegenüber den Datenanbietern melden, versiegt diese Informationslieferung kurz vor und nach ihrem Tod abrupt. Das war schon beim Kollaps von LTCM so.

Die guten Jahre fließen in die Performance der Hedgefonds-Datenbanken ein, der Zusammenbruch hingegen nicht mehr. Dieses Verhalten unzähliger Hedgefonds und die teilweise willkürliche Aufnahme und Streichung von Hedgefonds in und aus entsprechenden Indizes führt zu einer gewaltigen Verzerrung der Renditen, welche als sogenannter »survivorship bias« bezeichnet wird. Das heißt nichts anderes, als dass die effektiv erzielte Rendite aller Hedgefonds im Durchschnitt um jährlich sagenhafte 3 bis 6 Prozent tiefer liegt als die von gewissen Hedgefonds-Indizes ausgewiesene Rendite.[22]

Begegnen Sie deshalb den Renditeversprechen dieser Wanderprediger, die vor allem durch hervorragende Marketing-Künste brillieren, mit einem gesunden Maß an Skepsis. Hedgefonds-Manager sind Spekulanten, keine Investoren. Oft haben sie keine Skrupel, nach dem Scheitern eines Fonds diesen einfach umzubenennen, zu schließen und einen neuen aufzulegen – selbstverständlich mit den alten Renditeversprechen. So werden immer wieder neue Produkte aus dem Hut gezaubert und die miserable Historie eingestampfter Fonds wird still unter den Teppich gekehrt. Hedgefonds sind eine Erfindung der Finanzindustrie, die typischerweise einen hohen Zockergehalt aufweisen. Wenn diese Renditen von 5, 8, 10 oder mehr Prozent in Aussicht stellt, frage ich mich: Für den Anleger oder für den Anbieter?

Dazu kommt, dass wir uns nicht auf der einen Seite über die überzogenen Millionen-Boni vieler Banker ärgern dürfen, um gleichzeitig den überschätzten Gurus der Hedgefonds-Branche Milliardengehälter zuzuschieben. Schließlich käme ja auch niemand auf die Idee, dass die von einem Roulette-Spieler erzielten Gewinne auf Können zurückzuführen sind. Mir sind leidgeprüfte Hedgefonds-Investoren bekannt, die aufgrund ihrer enttäuschenden Erfahrungen von einem »legalisierten Diebstahl« sprechen. Wenn Bescheidenheit und das Wissen um die eigene Prognosefähigkeit wieder eine Tugend werden, so erledigen sich die leidigen Diskussionen um exzessive Entlohnungssysteme fast von alleine.

> »Halten Sie sich von Hedge Funds fern, denn sonst verlieren Sie viel Geld – und zwar schnell.«
>
> **Eugene Fama**, amerikanischer Wirtschaftswissenschaftler und Nobelpreisträger, im Interview mit der Online-Zeitung *The Market*, 10. August 2020

Nicht nur die internationale Bankenwelt, sondern auch die Schweizerische Bankiervereinigung (SwissBanking) ist entzückt von den fast unbegrenzten

Anlagemöglichkeiten und Freiheiten, die Hedgefonds zu bieten haben. Auch wenn ich das nicht nachvollziehen kann, respektiere ich selbstverständlich als Liberaler andere Meinungen und Philosophien. Nicht akzeptieren als wissenschaftsinteressierter Anleger kann ich hingegen das wichtigste Argument der Bankiervereinigung in ihrem umfassenden Grundlagenpapier »Berufliche Vorsorge«, welches die Vorteile von Hedgefonds untermauern soll.[23] So bezieht sie sich auf den Nobelpreisträger Harry Markowitz und dessen berühmt gewordene Moderne Portfolio-Theorie, welche eine breite Diversifikation der Anlagen propagiert. Dass sich die Experten von SwissBanking nun aber bei ihren Empfehlungen, die zu einer »Entmystifizierung von Alternativanlagen« beitragen sollten, ausgerechnet auf den renommierten Nobelpreisträger berufen, ist nicht im Sinne des Erfinders. Eine einfache Google-Anfrage lässt nämlich keinen Zweifel offen, was Harry Markowitz von Hedgefonds hält: Nichts! »Markowitz attacks hedge fund diversification claims«[24], lautet eine vielbeachtete Schlagzeile aus dem Jahr 2014. Der Vater des Diversifikationsgedankens ärgert sich zu Recht. Markowitz proklamierte eine breite Diversifikation von Aktien als Folge effizienter Märkte. Käufer von Hedgefonds und Absolute-Return-Produkten sind aber vom Gegenteil überzeugt: von ineffizienten und damit prognostizierbaren Märkten! Die Hedgefonds-Hasardeure haben die wissenschaftlichen Erkenntnisse der Finanzindustrie schlicht verschlafen. Zugespitzt formuliert: Geld aus Diversifikationsgründen in einen Misthaufen zu investieren, ist definitiv sinnlos. Ebenso gut könnte nämlich argumentiert werden, aus Diversifikationsgründen müsste in eine Briefmarkensammlung, einen exklusiven Weinkeller, in eine Kunstsammlung, in Bauernhöfe oder in Oldtimer investiert werden. Der gerne zitierte Harry Markowitz ist zwar ein glühender Anhänger der Diversifikation für liquide Anlagen wie Aktien – von komplexen und intransparenten Produkten wie Hedgefonds lässt er aber konsequent die Finger.

> »Die Eier auf verschiedene Körbe zu verteilen, ohne zu wissen, welche Körbe löchrig sind, ist der sicherste Weg, Risiko und Verlust zu maximieren.«
>
> **John Maynard Keynes**, Ökonom, Politiker und Mathematiker (1883 – 1946)

SwissBanking hat mit ihrem aus meiner Sicht pseudowissenschaftlichen Grundlagenpapier offensichtlich einen berühmten Forscher »missbraucht«, um die Interessen ihrer Mitgliedsbanken zu vertreten. Das ist nicht nobel. Es ist deshalb kein Zufall, dass die schweizerische Beratungsgesellschaft Complementa in einer Studie festgestellt hat, dass 70 Prozent der Hedgefonds-Investoren unzufrieden sind mit ihren Produkten.[25]

Ganz ehrlich: Persönlich würde ich eher auf Pferdewetten umsatteln, als auf Hedgefonds zu setzen – da kann ich wenigstens ein paar spannende Rennen genießen, während ich mein Geld verliere. Und wer weiß, vielleicht lernen es die Banken und ihre Kunden ja auch noch – zumindest, wenn es um ihren eigenen Geldbeutel geht. So war in der *NZZ* vom 4. April 2019 ein Interview mit dem Chef der Pensionskasse der Credit Suisse, Martin Wagner, abgedruckt. Angesprochen auf die Höhe des Anteils an Hedgefonds in der firmeneigenen Pensionskasse sowie deren Performance, antwortete dieser: »Wir haben diese Anlageklasse letztes Jahr auf den Prüfstand gestellt und entschieden, zwei Drittel des Portfolios zu liquidieren. Es ist möglich, dass wir das Hedgefonds-Programm ganz schließen.« Aha!? Offensichtlich merken die Verantwortlichen langsam, dass die Anlage in Hedgefonds ein reines Wertvernichtungsgeschäft ist.

Da stellt sich nur noch die Frage: Was um Gottes willen kann für die Kunden der Bank noch gut sein, was den Bankern in ihren eigenen Vorsorgegeldern offenbar nicht mehr geheuer ist? Investoren brauchen definitiv keine Hedgefonds und Absolute-Return-Produkte. Das Märchen von jährlichen Renditen, die börsenunabhängig in jedem einzelnen Jahr und auch noch in attraktiver Höhe erzielt werden, gehört ins Pfefferland.[26] Niemals im Leben werde ich auch nur einen Franken in Hedgefonds investieren.

27
Private Equity zwischen Anspruch und Wirklichkeit

Im Grunde gibt es für mich bezüglich Private Equity keinen Zweifel. Es stellt *unternehmerisches Realkapital* dar, das prinzipiell dazu prädestiniert ist, langfristig attraktive Renditen abzuwerfen. Es gibt verschiedene Formen, um in Private Equity zu investieren. Erwähnt seien an dieser Stelle die zwei bekannten Formen Venture Capital und Buyout. Bei Venture Capital handelt es sich um Jungunternehmen, die über vielversprechende Produktinnovationen verfügen, aber noch kaum Umsatz oder Gewinne abwerfen. Es wird deshalb auch von Wagnis- oder Risikokapital gesprochen. Bei Buyout übernehmen Private-Equity-Häuser Firmen, trimmen sie fit und verkaufen sie anschließend wieder mit möglichst hohem Gewinn. Bei den zu tätigenden Übernahmen werden oft hohe Fremdmittel eingesetzt, was die Chancen und Risiken in diesem Geschäft deutlich erhöht (man spricht von *leveraged buyouts*). Es ist deshalb nur logisch, dass die Renditeerwartungen und -versprechen im Umgang mit Private Equity besonders hoch sind. Die Branche stellt ihren Investoren Renditen in Aussicht, die zwischen 2 und 5 Prozent über der Rendite von kotierten Aktien liegen. Häufig ist von jährlichen Renditeerwartungen die Rede, die zwischen 10 und 20 Prozent liegen. Da stellt sich die Frage: Lösen die Anbieter von Private Equity ihre Renditeversprechen auch tatsächlich ein?

Es gibt wohl kaum eine Anlagekategorie mit so vielen Renditemythen wie diejenige von Private Equity. Das liegt ganz einfach schon daran, dass die Anlagen »private« sind. Glauben Sie mir, ich habe im Laufe meines Berufslebens unzählige Versuche unternommen, um die effektiv erzielten Renditen der Branche zu analysieren respektive zu messen. Dabei gelang es mir nur ansatzweise, die »Wahrheit« zu erforschen. Allein die Tatsache, dass es in diesem Geschäft, im Unterschied zu kotierten Aktien, *keine* Börsenkurse gibt, macht es extrem schwierig, einen schlüssigen Nachweis zu erbringen, ob die Anbieter von Private Equity ihr Geld wirklich wert sind oder nicht. Die Transparenz in dieser Branche gestaltet sich für mich etwa so, wie wenn ich mit verbundenen Augen bei Aldi oder in der Migros meine Einkäufe tätige.

»Die größte Weltklugheit besteht darin, den Preis für die Dinge zu kennen.«

François de Rochefoucauld, französischer Offizier und Schriftsteller (1613 – 1680)

Da es im Umgang mit Private Equity keine börsengehandelten Marktwerte gibt, stützen sich die Anbieter auf selbst berechnete interne Renditen, sogenannte Internal Rates of Return (IRR).[1] Dabei basieren die berechneten Renditeannahmen auf zukünftig äußerst unsicheren Cashflow-Annahmen. Ob die positiven Renditeannahmen am Ende tatsächlich zu einem erfolgreichen Geschäft führen, ist ungewiss. Ein erfolgreicher Kauf und Wiederverkauf eines Unternehmens hängt schließlich vor allem auch vom herrschenden Marktumfeld ab. Hohe intern berechnete Renditeannahmen sind deshalb keine Garantie für den Erfolg.

Ludovic Phalippou, Finanzprofessor an der University of Oxford, kritisiert seit vielen Jahren, dass die IRR-Renditen irreführend seien und keine vernünftige Aussage über die wirkliche Performance von Private-Equity-Anlagen zuließen. Der Irrsinn sei insbesondere, dass führende Private-Equity-Häuser – als Beispiele nennt er KKR und Apollo – die hohen Renditen, die sie vor Jahrzehnten mit ihren Investments auswiesen, bis in alle Ewigkeit hochrechnen, obwohl die entsprechenden Gelder längst an die Investoren zurückbezahlt wurden. Die hypothetische Extrapolierung von Renditen, die vor 20, 30 oder 40 Jahren erzielt wurden, sei eine Absurdität, mahnt der Forscher. In der Tat: Wenn beispielsweise zwischen 1975 und 1980 eine IRR-Rendite von 36 Prozent ausgewiesen wurde und diese rein hypothetisch mit einem monumentalen Zins- und Zinseszinseffekt auf den heutigen Tag hochgerechnet wird, haben aktuelle Fondsrenditen kaum mehr Einfluss auf den langfristigen Renditeausweis von Private-Equity-Gesellschaften, auch wenn sie noch so schlecht sind. Die ausgewiesenen Renditen bleiben mit diesem Trick auf konstant hohem Niveau. Rein rechtlich sei diese schönfärberische Rechnerei nicht illegal, doch die Kritik Phalippous hat Sprengkraft. Der renommierte Professor bezeichnet die Branche denn auch als »Milliardärsfabrik« und die kolportierten Renditen als »quasireligiöse Glaubenssache«.[2]

Dazu kommt, dass das Geschäft mit Private Equity naturgemäß sehr komplex ist. Typischerweise läuft eine Anlage in Private Equity, vereinfacht ausgedrückt, wie folgt ab: Eine Pensionskasse macht gegenüber einer Private-Equity-Gesellschaft eine Zusage für ein Anlagevolumen von 100 Millionen Schweizer Franken. Da Investitionen in Private-Equity-Fonds ein langfristiges Geschäft sind, bindet sich die Pensionskasse mit dem zugesagten Volumen für beispielsweise acht, zehn oder 15 Jahre. Ein vorzeitiger Ausstieg respektive Verkauf der Fonds-Anteile ist während der ganzen Laufzeit nicht oder nur mit erheblichen Einbußen möglich. Wichtig ist nun zu wissen, dass die Private-Equity-Gesellschaft das zugesagte Kapital nicht auf einen Schlag, sondern *tranchenweise* abruft. Unmittelbar nach Unterzeichnung des Vertrags werden beispielsweise 10 Millionen Schweizer Franken abgerufen und investiert. Die weiteren 90 Millionen Schweizer Franken werden sodann sukzessive im Laufe von Monaten und Jahren abgerufen – die Geschwindigkeit des Abrufs hängt primär davon ab, wie rasch die Spezialisten geeignete Unternehmen finden, in die sie investieren können und wollen. Der ganze Investitionsprozess zieht sich dementsprechend zumeist über eine Zeitspanne, die durchaus ein paar Jahre umfassen kann.

Daraus ergibt sich die erste große Schwierigkeit im Zusammenhang mit der Renditeberechnung bei Private Equity: Wird die Rendite von Anfang an auf das *zugesagte* Kapital (im vorliegenden Beispiel also 100 Millionen Schweizer Franken) gerechnet oder nur auf das *abgerufene*? Der Unterschied ist natürlich keine Marginalie, wie einfach gezeigt werden kann. Angenommen, die Private-Equity-Gesellschaft weist auf der zu Beginn abgerufenen Tranche von 10 Millionen Schweizer Franken eine IRR-Rate von attraktiven 14 Prozent aus. Aus Sicht der Private-Equity-Gesellschaft ist das ein wunderbarer Renditeausweis. Sie wird sich in ihren Renditezielen bestätigt fühlen, denn sie hat die kolportierten Renditeerwartungen perfekt erfüllt oder sogar übererfüllt.

Anders sieht die Rechnung allerdings aus Sicht des Investors respektive der Pensionskasse aus. Sie kann sich über die äußerst attraktive Rendite nur sehr bedingt freuen. Erstens handelt es sich um eine rein interne Renditerechnung des Anbieters – ob ihre Unternehmenskäufe ein Erfolg werden, lässt sich erst sagen, wenn sie verkauft sind. Viel schlimmer wiegt zweitens die Tatsache, dass die Pensionskasse die restlichen 90 Millionen Schweizer Franken stets liquide zur Verfügung halten muss, da sie *jederzeit* damit rechnen muss, dass die Private-Equity-Gesellschaft weitere Tranchen oder im Extremfall das gesamte zugesagte Kapital auf einen Schlag abruft. Wird dieses Kapital, das häufig unverzinst auf einem Bankkonto liegt, korrekterweise in die Renditeberechnung mit einbezogen, so verwandelt sich die äußerst attraktive Rendite von 14 Prozent schwuppdiwupp in eine ziemlich erbärmliche von 1,4 Prozent. Während demnach der Private-Equity-Anbieter völlig legitim von 14 Prozent Rendite spricht, resultiert aus dem zugesagten Gesamtengagement der Pensionskasse faktisch eine Rendite von kümmerlichen 1,4 Prozent.

»Man muss nur sehr wenige Dinge im Leben richtig machen, solange man nicht zu viele Dinge falsch macht.«

Warren Buffett, amerikanische Anlegerlegende und Orakel von Omaha, Nebraska

Zugegeben, das Beispiel mag extrem sein, weil es sich auf die erste Tranche eines Private-Equity-Zyklus bezieht. Ich bin mir aber sicher, dass ein Großteil der verantwortlichen Pensionskassen- und Versicherungsmanager, die in Private Equity investieren, sich der Schwierigkeiten bei der Renditeberechnung nicht wirklich bewusst ist. Diese ist äußerst komplex. Die verschiedenen Kapitaltranchen werden über mehrere Jahre zu unterschiedlichen Zeitpunkten abgerufen, währenddessen erhebliche Liquidität disponibel gehalten werden muss. Kompliziert gestaltet sich auch der Rückzahlungsmodus, der in der Regel ab der zweiten Hälfte der Laufzeit eines Anlagezyklus wiederum in Tranchen erfolgt. Glauben Sie mir, ich weiß recht gut, wie man Renditen berechnet. Eine Private-Equity-Rendite aus *Investorensicht* korrekt zu ermitteln, ist aber auch für mich alles andere als trivial und fordert mein ganzes Können ab. Aufgrund meiner Beobachtungen und Berechnungen komme ich zu einem klaren Schluss: Investoren sollten sich nicht von den in Aussicht gestellten Renditen vieler Private-Equity-Häuser täuschen lassen.

Bevor wir die Renditeausweise der Private-Equity-Branche unter die Lupe nehmen, werfen wir im Folgenden einen Blick auf die Problematik der Risikomessung. Immer wieder ist zu hören, dass Private Equity geradezu ideal sei, um ein bestehendes Wertpapierportfolio, bestehend aus börsengehandelten Anleihen und Aktien, zu diversifizieren. Durch Integration von beispielsweise 5 oder 10 Prozent Private Equity würden nicht nur die Renditen des Portfolios steigen, sondern parallel dazu auch noch die Risiken, ausgedrückt durch die Volatilität, sinken. Das klingt im Grunde wie ein Märchen: Eine Erhöhung der Renditen bei gleichzeitiger Verminderung der Risiken, wer möchte das denn nicht? Es stellt sich unweigerlich die Frage: Wie gelingt es Private-Equity-Artisten, für ihre Anlagen Risiken auszuweisen, die deutlich unter denjenigen von kotierten Aktien liegen und oft nur ein Drittel so hoch sind wie bei diesen? Die Antwort ist einfach. Da es bei Private Equity naturgemäß keine Börsenkurse und damit keine täglich gehandelten Marktkurse gibt, stützen die Anbieter ihre Berechnungen auf den sogenannten Net Asset Value (NAV). Dieser in hohem Maße subjektiv ermittelte Buchwert wird von einem Buchhalter, der vom Private-Equity-Anbieter bezahlt wird, berechnet. Zwar passt der Buchhalter diesen buchhalterischen Wert der jeweiligen Unternehmen sporadisch den veränderten Marktbedingungen an. Im Vergleich zu kotierten Aktien, die bekanntlich in Börsenkrisen massiven Schwankungen ausgesetzt sind, wird jedoch der NAV bei Private Equity nur sehr zögerlich angepasst.

Ich erinnere mich zum Beispiel an die Finanzkrise. Während Aktien allein im Jahr 2008 mehr als ein Drittel an Wert verloren, haben viele Private-Equity-Häuser ihre Beteiligungen gerade einmal um 10 Prozent abgewertet – mit dem vorteilhaften Effekt für die Branche, dass auch die gemessenen Schwankungsrisiken deutlich tiefer ausgefallen sind als diejenigen für kotierte Aktien. Das ist natürlich Augenwischerei – man stelle sich einmal vor, die entsprechenden Private-Equity-Anlagen hätten Ende 2008, mitten in der großen Verunsicherung einer historischen Börsenkrise, verkauft werden müssen. Ich bin mir sicher und werde Ihnen das nachfolgend begründen: Die Verluste dieser privat gehaltenen und äußerst illiquiden Anlagen wären noch viel größer gewesen als mit kotierten Aktien – wahrscheinlich 50 oder gar 70 Prozent!

Um es auf den Punkt zu bringen: Die Volatilität als Schwankungsmaß für illiquide Anlagen zu verwenden, bei denen es gar keine Marktschwankungen gibt, ist schlicht absurd. Ähnlich absurd wäre es, ein Stück Land in der einsamen Prärie der Rocky Mountains zu kaufen, den bezahlten Kaufpreis jährlich mit einer selbst definierten Rate von 6 Prozent aufzuwerten, um aus den buchhalterisch geglätteten Werten schließlich eine kaum vorhandene Volatilität abzuleiten. Der Selbstbetrug, mit dem Landkauf »am Ende der Welt« eine risikoarme Investition getätigt zu haben, wird wohl spätestens dann zum Bumerang, wenn der naive Käufer sein Stück Land wieder verkaufen möchte.

Auch wenn bei Private Equity die Berechnungen des NAV durchaus seriös erfolgen, bin ich mir sicher: In diesem illiquiden Geschäft eine kurzfristige Volatilität zu messen, ist vollkommener Mumpitz. Wenn es keinen gehandelten Marktkurs in einer Anlage gibt, kann es naturgemäß auch keine Kursschwankungen geben. Viele Exponenten der Branche ereifern sich immer wieder aufs Neue, wenn es darum geht, Risiken schönzurechnen. Würden die Risiken von kotierten Aktien ähnlich gemessen, so könnte man genauso gut bei Nestlé statt der Volatilität des Aktienkurses diejenige des viel stabileren Eigenkapitals (analog zum NAV bei Private Equity) berechnen – damit mutierten Aktien von Nestlé oder Roche, oh Wunder, auf einen Schlag auch in der kurzen Frist zu extrem konservativen Anlagen. Zweifellos wäre aber ein vernünftiger und fairer Risikovergleich zwischen kotierten und nicht kotierten Aktien nur auf diese Weise möglich. Im Umgang mit Risiken werden oft Äpfel mit Birnen verglichen. Selbst erfolgreiche Unternehmer, die ihr Lebenswerk verkaufen und ihr Geld in eine Vermögensverwaltung geben, neigen in dieser Hinsicht nicht selten zur Selbsttäuschung. Während ihres ganzen Lebens als Unternehmer ist der größte Teil ihres Vermögens in einer einzigen Firma gebunden – natürlich stellt dieses Private-Equity-Investment ein Klumpenrisiko für den Unternehmer dar. Wenn ich den Unternehmern nach dem Firmenverkauf rate, den Verkaufserlös hauptsächlich in ein Aktienportfolio zu investieren, empfinden das einige als äußerst risikoreich. Sie scheuen die kurzfristig hohen Schwankungsrisiken von Aktienanlagen. Diesen sage ich dies: »Hey, lieber Unternehmer, in der Vergangenheit war dein ganzes Kapital in einem *einzigen* Unternehmen gebunden. Nun hast du ein international diversifiziertes Portfolio, welches objektiv betrachtet wesentlich konservativer ist, weil es das Risiko über viele großartige Unternehmen streut. Zwei Dinge lassen dich aber irrigerweise empfinden, dass du mit einem reinen Aktienportfolio riskanter aufgestellt wärst als früher mit deinem eigenen Unternehmen. Erstens: Im Gegensatz zu früher können dich die täglich schwankenden Börsenkurse deiner Aktien heute ziemlich nervös machen. Doch glaube mir: Wären die Aktien deines Unternehmens an einer Börse gehandelt worden, wären die Schwankungen des Kurses noch viel größer gewesen. Ignoriere deshalb auch mit deinem Aktienportfolio die irrelevanten kurzfristigen Börsenschwankungen. Zweitens: Als Unternehmer unterliegst du einer gewissen Kontrollillusion. Du unterschätzt die Risiken, weil du glaubst, die dir gehörende Firma jederzeit im Griff zu haben. In Tat und Wahrheit ist das eigene Unternehmen ein klassisches Klumpenrisiko.« Auch erfolgreiche Unternehmer sind schließlich nur Menschen, die nicht immer rational denken.

Anlagen in privat gehaltenen Unternehmen mögen kurzfristig die Nerven schonen, weil es keinen täglich schwankenden Börsenkurs gibt. Langfristig kann die Scheinsicherheit aber zu tränenden Augen führen, denn lange Bindungsfristen von zehn oder 15 Jahren gekoppelt mit abschreckenden Ausstiegsklauseln bergen hohe Unsicherheiten. Ich pflege schließlich erfolgreichen Unternehmern gerne folgenden Rat zu geben: Reichtum wird zwar durch Konzentration (in Form des eigenen Unternehmens) erschaffen, aber durch Diversifikation eines breit gestreuten Portfolios bewahrt.

Was kümmern uns am Ende des Tages aber die Risiken, wenn die Renditen stimmen? Wir wollen uns nachfolgend mit der Frage beschäftigen, wie rentabel Private-Equity-Anlagen wirklich sind. Lohnt es sich, in diese zu investieren? Sind die entsprechenden Renditen tatsächlich höher als die von kotierten Aktien, so wie es von der Branche behauptet wird? Im Wissen, dass dieses Business extrem verschlossen (»private«) und intransparent ist: An unabhängige, aussagekräftige und nicht von den Anbietern selbst errechnete Performance-

Zahlen heranzukommen, ist eine wahre Herausforderung. Ich bin auf Spurensuche gegangen. So gibt es einen repräsentativen Korb von diversifizierten Schweizer Private-Equity-Beteiligungsgesellschaften, die an der Börse gehandelt werden und welche unterschiedlichste Strategien praktizieren. Für diesen Basket von Private-Equity-Beteiligungsgesellschaften errechnete ich die Performance über einen Zeitraum von 20 Jahren und verglich diese mit derjenigen des MSCI World (Weltindex) sowie mit dem SPI (Schweizer Aktienmarkt). Das gibt uns, wenn auch rudimentär, eine realistische Annäherung an das, was die Branche zu leisten im Stande ist. Bei dieser Berechnung ist eine Schönfärberei der Branche ausgeschlossen, weil die Anlagen offiziell an einer Börse gehandelt werden. Es sind die harten Fakten des Markts. Die Resultate sehen Sie in der Tabelle.

Composite/Index	**Rendite pro Jahr**	**Risiko (Volatilität)**	**Maximalverlust (Max. Drawdown)**
Composite aus kotierten Private-Equity-Beteiligungsgesellschaften*	-1,3 %	26,2 %	-69,1 %
LPX50 TR Index (Private Equity Index)	0,6 %	30,4 %	-72,0 %
MSCI Welt Index (Aktien weltweit)	2,4 %	19,8 %	-49,5 %
SPI Index (Aktien Schweiz)	4,0 %	17,7 %	-40,1 %

Tabelle 9: Entwicklung von Private Equity im Zeitraum 2000 bis 2019. *Eigene Berechnungen. Quelle: Bloomberg. In Schweizer Franken.*

* Der Composite beinhaltet Spice Private Equity (früher APEN), Castle Private Equity, HBM Bioventures, New Venturetec, Partners Group Global Opportunities, Partners Group Listed Private Equity, Princess Private Equity Partners Group, Private Equity Holding und Shape Private Equity für die Periode 2000 bis 2019 (bei zwischenzeitlich dekotierten Beteiligungsgesellschaften bis zu ihrer Dekotierung).

Ein Blick auf die Renditeergebnisse der börsennotierten Private-Equity-Beteiligungsgesellschaften bringt Ernüchterung. In der Zeitperiode von 2000 bis 2019 resultierte eine jährliche Rendite von minus 1,3 Prozent. Klar, in diesen zwei Jahrzehnten sind zwei monumentale und geschichtsträchtige Crashs enthalten, die auf die Performance drücken. Doch wichtiger ist der Vergleich mit börsengehandelten Aktien. Diese entwickelten sich in der Berichtsperiode wesentlich besser als Private Equity. So warfen weltweite Aktien immerhin eine jährliche Durchschnittsrendite von 2,4 Prozent und Schweizer Aktien eine solche von 4,0 Prozent ab. Offenbar schafften es die Private-Equity-Spezialisten nicht, auch nur annähernd an die Performance von börsenkotierten Aktien heranzukommen. Die Unterschiede zuungunsten von Private Equity sind frappant.

Und wie sieht es aus mit den Risiken? Auch bezüglich der Schwankungsrisiken, ausgedrückt durch die Volatilität, ist die Faktenlage eindeutig: Private Equity ist mit 26,2 Prozent Volatilität deutlich schwankungsanfälliger, als es kotierte Aktien mit 19,8 Prozent (Welt) respektive 17,7 Prozent (Schweiz) sind. Das bestätigt sich auch beim sogenannten Maximalverlust (*maximum drawdown*), der in der Berichtsperiode zu erleiden war. Während Private Equity in der Spitze rund 70 Prozent an Wert verlor, beschränkte sich dieser bei kotierten Aktien auf »nur« 49,5 Prozent (Welt) respektive 40,1 Prozent (Schweiz).[3] Zieht man anstelle des hier repräsentierten Korbes von Private-Equity-Beteiligungsgesellschaften den Branchenindex der größten Private-Equity-Unternehmen, den LPX50 TR Index, als Maßstab für den Vergleich heran, ist das Bild ähnlich – kaum Rendite bei gleichzeitig hohen Risiken. Die Aussage der Branchenvertreter, Private Equity sei weniger riskant als kotierte Aktien, entlarvt sich bei Lichte betrachtet als Fata Morgana. Das zeigte sich eindrücklich auch in der Corona-Krise im Frühjahr 2020, als Private Equity deutlich stärker abgesackt ist als der kotierte Aktienmarkt (Grafik 50).

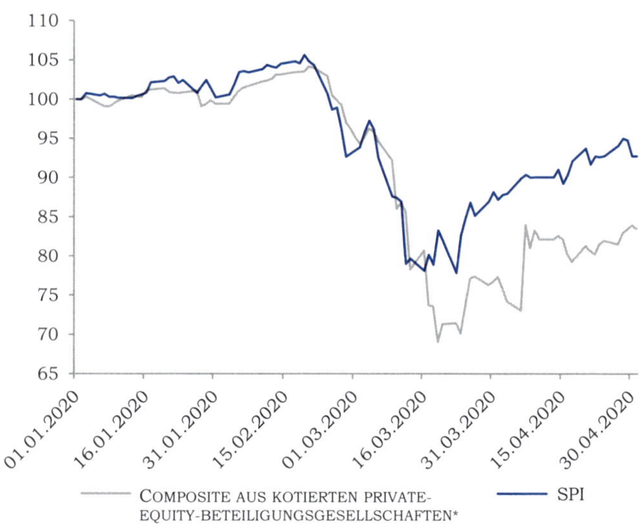

Grafik 50: Corona-Krise: Basket aus kotierten Private-Equity-Anlagen im Vergleich zum SPI. *Eigene Berechnungen. Quelle: Bloomberg. Indexiert in Schweizer Franken.*
**Siehe Tabelle 9, wobei Shape Private Equity, New Venturetec und Partners Group Global Opportunities zwischenzeitlich dekotiert wurden.*

Im Grunde ist es eine Frage des gesunden Menschenverstands. Dass Anlagen in Unternehmen, die von der Private-Equity-Branche stark mit Kredit gehebelt werden und von denen eine große Anzahl nach wenigen Jahren schon gar nicht mehr existiert, riskanter sind als in etablierte Unternehmen, die an einer Börse gehandelt werden, entspricht einer gewissen Logik. Diese hohen Risiken gehen deshalb nicht selten mit hohen Verlusten für die Anleger einher. Peter Friedli, Private-Equity-Pionier und wohl einer der profundesten Schweizer Experten auf dem Gebiet von Venture Capital, antwortete auf die Frage eines Journalisten zu der langjährig enttäuschenden Performance seines bis im Jahr 2019 börsenkotierten Vehikels New Venturetec einmal vielsagend: »Heute würde ich deshalb auch kein Venture-Capital-Gefäß mehr an die Börse bringen.«[4] Tja, bei börsenkotierten Vehikeln ist eben transparent sichtbar, wie die Anlageleistung wirklich ist. Es ist deshalb kaum ein Zufall, dass Peter Friedli, der persönlich mit Private Equity schwerreich geworden ist, New Venturetec per Ende Oktober 2019 von der Börse genommen und eingestampft hat.

Wenn nun die kotierten Beteiligungsgesellschaften von Private Equity, die im *Schaufenster der Anlegergemeinde* stehen und im Sinne eines erfolgreichen Marketings eigentlich die besten Produkte der Anbieter repräsentieren müssten, über viele Jahre derart unbefriedigende Resultate liefern, lässt sich fragen: Ist es dann realistisch, dass die für Außenstehende kaum messbaren Renditen nicht kotierter Private-Equity-Anlagen im Vergleich zu den kotierten um Welten besser abschneiden – so wie es in der Branche immer wieder behauptet wird? Wohl kaum. Das würde jeder Intuition und Logik widersprechen. Natürlich kann man jetzt einwenden, dass meine Stichprobe nicht repräsentativ sei. Das mag so sein. Aber glauben Sie mir, ich habe unzählige Private-Equity-Fonds aus aller Welt über lange Jahre verfolgt. Selbstverständlich gibt es darunter auch einige wirklich erfolgreiche, da besteht kein Zweifel. Allerdings kennen wir diese immer erst im Nachhinein, wenn es schon zu spät ist. Die meisten Anbieter halten nach meiner Erfahrung in keiner Weise, was sie versprechen. Die von der der Branche oft zitierte »Illiquiditätsprämie«, von der Private-Equity-Investoren profitieren könnten, kann ich nicht erkennen.

Meine Vermutung ist, dass die hohen Renditeversprechen der Private-Equity-Anbieter nicht zuletzt durch horrende Gebühren zunichte gemacht werden. Aufgrund zahlreicher Gespräche mit Branchenexperten gehe ich nämlich davon aus, dass die Babuschka-artigen Gebühren von mehrstufigen Funds-of-funds-Konstruktionen kumuliert bis zu 10 Prozent jährlich betragen können. Dr. Hansruedi Scherer, Gründungsmitglied des renommierten und führenden schweizerischen Pensionskassenberatungsunternehmens PPCmetrics, geht davon aus, dass im Bereich von Private Equity und Infrastruktur Kosten von jährlich 5 bis 6 Prozent keine Seltenheit sind.[5] Dass dann für den Anleger nicht mehr viel übrig bleibt, liegt auf der Hand. Zur Performance von Private Equity meint Scherer trocken: »Bei einem großen Teil der illiquiden Anlagen muss man sich auf einen jahrelangen Blindflug einstellen.« So könne ein Anleger aufgrund der Vertragsstrukturen den Manager nicht wechseln, selbst wenn dies nötig wäre. In einem Beitrag der *Finanz und Wirtschaft* schrieb der anerkannte Experte Scherer kritisch: »Betrachtet man die effektiv erzielten Renditen großer Pensionskassen bei ihren hoch illiquiden Anlagen, fällt auf, dass die ursprünglichen Renditeerwartungen in vielen Fällen verfehlt wurden.«[6] Er führt dies auch darauf zurück, dass insbesondere in der letzten Phase vieler Private-Equity-Produkte große Abschreibungen vorgenommen werden müssten. Während es somit während der Laufzeit noch gut aussehe, kippe es am Ende auf die schlechte Seite.

> »Jeden Freitag wurden unsere Umsätze mit einer Rangliste gemessen. Es bestand ein enormer Druck, die Depots der Kunden mit überteuerten Produkten abzufüllen.«
>
> **Ein nicht namentlich genannter Vermögensverwalter**, der sich nach einer Karriere bei einer Bank selbstständig machte (*NZZ am Sonntag*, 19. November 2017)

Der renommierte Finanzprofessor Oliver Gottschalg von der Pariser HEC-Universität ist der Überzeugung, dass »die Renditen von Private-Equity-Fonds deutlich schlechter sind, als weithin angenommen wird.«[7] Der Experte hat im Auftrag des Europäischen Parlaments rund 1.000 Private-Equity-Fonds sowie 5.500 fremdfinanzierte Beteiligungskäufe analysiert und kommt dabei zu dem Schluss, dass Investoren in Private Equity über einen betrachteten Zeithorizont von 25 Jahren eine Rendite erzielten, die im Durchschnitt der Jahre um 3 Prozent unter dem marktbreiten S&P-500-Aktienindex lag. Der Grund für dieses miserable Abschneiden seien primär die hohen Gebühren, die Beteiligungsmanager den Anlegern aufbürden. In Übereinstimmung mit Hansruedi Scherer geht auch Gottschalg aufgrund seiner Untersuchungen davon aus, dass in dieser Branche durchschnittliche Gebühren von jährlich 6 Prozent üblich sein würden.[8] Darüber hinaus lässt er durchblicken, dass die meisten von Wissenschaftlern veröffentlichten Untersuchungen zum Thema Private Equity entweder methodisch umstritten oder nicht unabhängig seien. Das sagt eigentlich alles über eine nebulöse Branche, die die Transparenz fürchtet wie der Teufel das Weihwasser.

In der Private-Equity-Branche bestehen enorme Interessenskonflikte. Da die Fonds ihr Honorarvolumen typischerweise auf den buchhalterischen NAV beziehen, haben deren Verantwortliche ein Interesse, einen *möglichst hohen NAV* auszuweisen. Das steigert ihr Honorarvolumen. Es ist deshalb kaum ein Zufall, dass viele der an einer Börse kotierten Private-Equity-Fonds NAVs ausweisen, die 40 bis 60 Prozent über dem am Markt bezahlten Börsenkurs liegen. Das ist enorm und irritierend, denn es stellt sich unweigerlich die Frage: Kommen die ausgewiesenen NAVs der Private-Equity-Fonds der Realität näher oder vielleicht doch eher der Markt? Als Anhänger eines funktionierenden Markts sage ich Ihnen ganz offen: Ich vertraue auf den Markt! Wenn die verantwortlichen Manager sodann öffentlichkeitswirksam verkünden, ihr Anlagevehikel sei massiv unterbewertet und deshalb fast schon ein Schnäppchen, ist das nicht nachvollziehbar. Da wird den Anlegern Sand in die Augen gestreut.[9] Ich bin deshalb überzeugt, dass die NAVs vieler Private-Equity-Fonds zu hoch ausgewiesen werden. Dies stützt die Aussage von Hansruedi Scherer, dass die großen Wertberichtigungen in der Regel am Ende der langen Laufzeit der Fonds erfolgen, wenn diese ihre Beteiligungen am Markt verkaufen müssen. Es gibt weiteres Potenzial für Interessenskollisionen. Heikel ist, wenn sich große Kunden von Private-Equity-Anbietern an deren Aktien beteiligen. Diese gelebte Praxis ist zwar ein genialer Schachzug, um Neugelder anzuziehen. Sie birgt aber potenzielle Abhängigkeiten respektive Interessenskonflikte.[10] Ich kann mir ehrlich gesagt nicht vorstellen, einzelne meiner Kunden an meinem Vermögensverwaltungsunternehmen zu beteiligen. Würden die mich, wenn ich schlechte Resultate liefere, adäquat kritisieren? Vielleicht. Vielleicht aber auch nicht. Ich habe meine Zweifel, denn diese Kunden sitzen schließlich selber mit mir im »driving seat«.[11]

Wenn den Branchenvertretern im Performance-Streitgespräch die Argumente ausgehen, höre ich immer wieder dies: »Herr Hotz, Ihre Kritik in Ehren, aber warum investieren denn die amerikanischen Eliteuniversitäten, allen voran Harvard, Stanford und Yale, so stark in Private Equity?« Die Frage ist berechtigt, denn die Stiftungen dieser Universitäten investieren tatsächlich einen hohen Anteil ihres Vermögens in Private Equity und andere illiquide Anlagen. Der große Star der Zunft ist David Swensen, der seit 1985 für das sogenannte Yale-Model verantwortlich zeichnet. Im Jahr 2019 betrug das zu verwaltende Stiftungsvermögen von Yale über 30 Milliarden US-Dollar. Die von Swensen kommunizierte langfristige Durchschnittsrendite liegt bei über 10 Prozent, was zweifellos beeindruckend ist. Er sagt, sein Erfolg basiere nicht zuletzt darauf, dass er für die Yale-Stiftung in einem Anlagehorizont von »Jahrhunderten« denke und handle.[12] Bei einem Portfolio, das zu 50 Prozent aus illiquiden Anlagen besteht, ist das zweckmäßig und nachvollziehbar. Aufgrund der Tatsache, dass netto mehr Gelder zu- als abfließen, ist Swensen in der glücklichen Lage, langfristig Nettokäufer zu sein – im Geschäft mit illiquiden Anlagen eine wichtige Voraussetzung für den Erfolg.

Es stellt sich nun die Frage: Lässt sich das Yale-Model auch auf eine Pensionskasse, ein Versicherungsunternehmen oder eine vermögende Privatperson übertragen? Ich glaube nicht, und dies aus einem einfachen Grund. Die Eliteuniversitäten hantieren mit Milliarden und werden insbesondere von der Bankenindustrie entsprechend umgarnt. Banken sind ständig auf der Suche nach hervorragend qualifizierten Studienabgängern und überdies für ihre Finanzprodukte auf wohlgesinnte Gutachten renommierter Professoren angewiesen. Die besten und erfolgreichsten Venture-Capital- und Private-Equity-Fonds, an die »normale« Anleger niemals herankommen, rennen Leuten wie David Swensen buchstäblich die Türe ein. Ein Beispiel dazu: Die Yale-Stiftung hat allein mit einem Engagement von 3 Millionen US-Dollar in LinkedIn einen Gewinn von 80 Millionen US-Dollar gemacht. Auch bei Shooting-Stars wie Google, Facebook oder Twitter soll die Yale-Stiftung bereits vor deren erfolgreichen Börsengängen privilegierten Zugang zu höchst erfolgreichen Engagements gehabt haben. Die resultierenden Gewinne sind nur mit exzellentesten Beziehungen zu den entsprechenden Unternehmen, Banken und Private-Equity-Fonds möglich. Für die allermeisten von uns bleiben solche Beziehungen reiner Wunschtraum. Und bei allem Respekt vor dem Erfolg eines David Swensen: So überirdisch, wie es manchmal dargestellt wird, ist die langfristige Rendite von Yale mit gut 10 Prozent jährlich gar nicht. Währungsbereinigt in Schweizer Franken umgerechnet entspricht dies einer jährlichen Rendite von rund 8 Prozent – die Differenz entspricht dem jährlichen Währungsverlust des US-amerikanischen Dollars im Verlauf der Jahre. 8 Prozent? Mit Verlaub, eine jährliche Rendite von 8 Prozent war in derselben Zeit mit kotierten Aktien ohne größere Probleme auch zu erzielen! Die Yales, Harvards und Stanfords dieser Welt ändern nichts an der Tatsache, dass die Anlageklasse Private Equity im Ganzen betrachtet massiv überschätzt wird.[13] Da stellt sich nur noch die Frage: Warum merken das die Manager von Pensionskassen und Versicherungen, die in diese Produkte investieren, nicht?

Es mag zynisch oder gar bösartig klingen, wenn ich behaupte: Ein Manager einer Pensionskasse, die im Jahr 2021 eine Investition in Private Equity mit 15-jähriger Laufzeit tätigt, wird nach Ablauf dieser Frist, ganz im Gegensatz zu einem David Swensen, mit hoher Wahrscheinlichkeit gar nicht mehr im Amt sein. Für seine Entscheidung wird er nicht mehr geradestehen können respektive müssen, denn er hat inzwischen seine Stelle gewechselt, wurde befördert, pensioniert, ihm wurde gekündigt oder er ist verstorben. Unabhängig davon werden er oder sein Nachfolger 15 Jahre nach Auflage eines Private-Equity-Fonds mutmaßlich weder die Lust noch den Willen noch die Zeit und vermutlich nicht einmal die Fähigkeit besitzen, im Dickicht der Intransparenz eine höchst komplexe Performance über die Gesamtlaufzeit des Produkts korrekt zu ermitteln. Er oder sie müsste nach der letzten Schlusszahlung des Fonds einen Berg von Akten sichten und auswerten – sofern diese dann überhaupt noch lückenlos vorliegen. Am Ende des zehn- oder 15-jährigen Blindflugs wird deshalb kaum jemand verlässlich sagen können, ob die Anlage eher »Top« oder »Flop« war. Die Verantwortung über die lange zuvor getroffene Anlageentscheidung hat sich dann in Luft aufgelöst. Ungern investiere ich mein eigenes Geld in Anlagen, die in einem hohen Maß intransparent sind und im Bedarfsfall kaum veräußerbar. Wenn ich mit meinem Vermögensverwalter respektive meinen Anlagen nicht mehr zufrieden bin, will ich aussteigen können – sofort. Die David Swensens der Branche sind dünn gesät.

Sie wissen es: Ich bin ein großer Anhänger von Realkapital, insbesondere von Aktien hervorragender Unternehmen. Dazu gehört im Grunde auch Private Equity. Es gibt für mich aber keinen Zweifel, dass in diesem Business die Renditen massiv über- und die Risiken unterschätzt werden. Bis heute habe ich auch kaum einen Anleger getroffen, der *nachweislich* und langfristig mit Private Equity höhere Renditen erzielt hat als mit kotierten Aktien. Im Haifischbecken der Finanzindustrie bin und bleibe ich deshalb im Umgang mit diesen höchst intransparenten und illiquiden Anlagen skeptisch und halte mich zurück. Was mich aber immer wieder beeindruckt hat, sind die bis zur Perfektion trainierten Marketing-Talente der Branche. Sie hauen ihren potenziellen Anlegern mit großer Eloquenz und teilweise fast sektenähnlichem Eifer brillante PowerPoint-Präsentationen um die Ohren, die vor allem darauf abzielen, ein paar besonders lukrative Unternehmensdeals, welche zwischenzeitlich erfolgreich zum Abschluss gebracht werden konnten, im besten Licht darzustellen. Solche noch so beeindruckenden »Wow-Marketing-Shows« mit Einzelfallbeispielen haben keinen repräsentativen Aussagewert, denn die vielen Flops werden geflissentlich unter den Teppich gekehrt. Sicher ist aber, dass die spektakulären Übernahmedeals vor allem die Taschen der Raiders füllen und sich die Storys nur in wenigen Fällen für die Anleger lohnen.

Mein ultimativer Anlagetipp im Umgang mit Private Equity ist deshalb der folgende: Wenn Sie trotz aller Vorbehalte in diese Branche investieren wollen, dann kaufen Sie am besten nicht die Produkte, sondern die Aktien der Anbieter – diese verdienen mit ihren üppigen Margen immer gutes Geld!

28

»Augen zu und durch« bei Infrastrukturanlagen

Infrastrukturanlagen erfreuen sich in einem zinslosen Umfeld und bei der verzweifelten Suche der Investoren nach Rendite einer zunehmenden Beliebtheit. Dabei wird mit privaten Geldern in Projekte investiert, die in der Vergangenheit staatlich finanziert wurden. Dazu gehören zum Beispiel Anlagen in Brücken, Autobahnen, Flughäfen, Energieleitsysteme, Eisenbahnwagen, Containerhäfen, Krankenhäuser, Schulen oder die Wasserversorgung. Aufgrund knapper Staatsfinanzen wird die Finanzierung solcher Infrastrukturprojekte mit privaten Geldern immer wichtiger. Das Ziel der primär institutionellen Anleger ist es, mit beschränkten Risiken attraktive Renditen und möglichst stabile Ausschüttungen zu erzielen. Ähnlich wie bei Private Equity ist der Handel in Infrastrukturanlagen illiquide und die Bindungsdauer mit zehn, 15 oder auch 20 Jahren sehr lang. Wer in Infrastrukturprojekte investieren will, ist aus Risikoüberlegungen gut beraten, die Anlagen in einem breit diversifizierten Produkt zu streuen. Dazu eignen sich idealerweise sogenannte Fund-of-Funds-Konstruktionen. Aufgrund meiner Analysen gehe ich davon aus, dass solche Produkte bezüglich Kosten vergleichbar sind mit denjenigen von Private Equity. Werden alle Gebühren über die verschiedenen Ebenen vollständig berücksichtigt, so summieren sich diese gut und gerne auf jährlich mindestens 3 bis 5 Prozentpunkte. Es stellt sich nun die Frage, ob die von der Branche häufig kolportierten Nettorenditeerwartungen von über 5 Prozent realistisch sind.

Auf die Gefahr hin, neuerlich als »Spielverderber« disqualifiziert zu werden: Ich habe meine großen Zweifel. Da das Segment der Infrastrukturanlagen ähnlich intransparent ist wie dasjenige von Private Equity, habe ich mich auf die Suche nach Fakten gemacht, um etwas Klarheit zu gewinnen. So gibt es einige Produkte, die breit diversifiziert sind, über einen hinreichend langen Performance-Horizont verfügen und an einer Börse kotiert sind. Sie geben uns einen Hinweis, was die Branche zu leisten im Stande ist. Ein interessantes Produkt ist dasjenige der UBS, welches den »Solactive Infrastructure Rotator Index« abbildet und Ende November 2006 emittiert wurde. Es ist in Autobahnen, Häfen, Flughäfen, Kommunikationsnetze und andere Infrastrukturanlagen investiert.

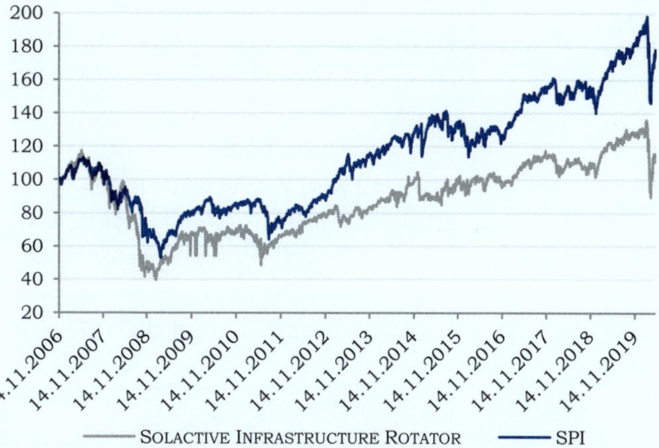

Grafik 51: Performance-Vergleich SPI mit dem UBS Solactive Infrastructure Rotator von November 2006 bis April 2020. *Quellen: Bloomberg; UBS. Indexiert in Schweizer Franken.*

Die Performance des Produktes, das keine Endfälligkeit (*open end*) aufweist und keine Ausschüttungen tätigt, ist ernüchternd (Grafik 51). Der Emissionspreis im Jahr 2006 betrug 101 Prozent. Innerhalb von rund 13 1/2 Jahren ist der Kurs per Ende April 2020 auf 110 Prozent gestiegen, was einer jährlichen Rendite von gerade einmal 0,6 Prozent entspricht. Das ist wenig, angesichts der hohen Schwankungsrisiken des Produkts, die tendenziell höher sind als diejenigen der wesentlich besser rentierenden Schweizer Aktien – diese haben in derselben Zeitspanne um rund 80 Prozent zugelegt, was einer jährlichen Rendite von 4,5 Prozent entspricht. Natürlich bin ich mir bewusst, dass ein einzelnes Produkt nicht repräsentativ für eine ganze Branche ist. Aufgrund meiner Analysen komme ich aber zu dem Schluss, dass der Durchschnitt der Branche in der entsprechenden Periode nicht wesentlich besser abschnitt. Folgende Aspekte erachte ich im Umgang mit Infrastrukturanlagen als problematisch:

- Die hohen Kosten und Gebühren, die bei Infrastrukturanlagen auf verschiedenen Ebenen anfallen, lösen die oft durchaus nicht unattraktiven Bruttorenditen zu einem großen Teil in Luft auf.
- Jährlich stabile Einnahmen aus Infrastrukturprojekten weisen eine Scheinsicherheit auf. Ob die Anlagen am Ende ein Erfolg sind, wird erst klar, wenn es zu einem Verkauf kommt respektive das investierte Geld zurückbezahlt wird.
- Die Risiken von Infrastrukturanlagen sind meist höher als die von Aktien.[1]

Wer sich einbildet, mit illiquiden Infrastrukturanlagen tiefere Risiken einzugehen als mit kotierten Aktien, begeht einen Selbstbetrug. Fakt ist vielmehr, dass die Risiken zumindest aktienähnlich sind. Dazu kommt, dass Infrastrukturprodukte aufgrund ihrer Illiquidität ähnlich wie Private Equity in Krisenzeiten kaum mehr verkäuflich sind. Wer transparente Risiken von Aktien nicht tragen kann, sollte sich vor intransparenten Risiken alternativer Anlagen erst recht hüten. Wer darüber hinaus glaubt, mit Infrastruktur Nettorenditen erzielen zu können, die auch nur halbwegs an die von Aktien herankommen, begeht den zweiten Selbstbetrug.

Unabhängig von Rendite- und Risikoaspekten sind bei Infrastrukturanlagen die regulatorischen Einflüsse nicht zu unterschätzen. Obwohl die Projekte privat finanziert sind, mischt sich der Staat oft aktiv in das Geschehen ein. Diese Erfahrung musste der deutsche Versicherungskonzern Allianz machen. Im Jahr 2011 investierte die Allianz knapp 600 Millionen Euro in das norwegische Erdgasnetz Gassled. Der damalige Finanzvorstand der Allianz, Paul Achleitner, versprühte mediale Begeisterung: »Infrastructure provides interesting investment opportunities.«[2] Jahre später wurde von der norwegischen Regierung schlagartig und einseitig die Tarifskala gesenkt, sodass sich die optimistischen Renditeannahmen der Investoren in Luft auflösten. Die Allianz zog vor Gericht, aber unterlag. Auch Swiss Re investiert in Infrastruktur. Nachdem sich der Rückversicherungskonzern am französischen Autobahnbetreiber Vinci Autoroutes Paris-Rhin-Rhône beteiligt hat, teilte der damalige sozialistische Premierminister Manuel Valls Ende Januar 2015 mit, dass die privaten Betreiber der Autobahnen keine Gebührenerhöhungen per 1. Februar 2015 vornehmen dürften, obwohl genau dies in den Verträgen eigentlich vorgesehen war. Investoreninteressen werden von staatlichen Behörden oft mit Füßen getreten.

Wie groß die Anlagerisiken von Infrastrukturprojekten sein können, zeigt schließlich das Beispiel des Flughafens Ciudad Real, der im Jahr 2008 rund 200 Kilometer südlich von Madrid eingeweiht wurde. Er kostete die privaten Investoren 450 Millionen Euro. Der Flughafen war als alternative Verbindung für die überlastete Hauptstadt Spaniens konzipiert. Wohnsiedlungen, Industriegebiete und der Anschluss an einen Hochgeschwindigkeitszug waren geplant. Wenn auch in diesem Fall nicht der Staat durch Einmischung als Sündenbock herhalten konnte: Der Einbruch des Baubooms machte alle Vorhaben zunichte. Kaum eine Fluggesellschaft war noch gewillt, den abgelegenen Ort anzufliegen. Bereits im Jahr 2011 wurde der Flughafen von der Insolvenz eingeholt und stillgelegt. Im Sommer 2015 wurde der »Geisterflughafen« versteigert. Chinesische Käufer haben aus dem Flughafen einen logistischen Hub für ausländische Waren, vor allem aus China, gemacht. Der Kaufpreis: 10.000 Euro – kein besonders gutes Geschäft für die Investoren.

> »Die Finanzinnovationen der letzten 25 Jahre haben keinen sozialen und ökonomischen Gewinn gebracht – mit einer Ausnahme: dem Geldautomaten.«
>
> **Paul Volcker**, ehemaliger amerikanischer Notenbankchef (1927 - 2019)

Mein Fazit ist das folgende: Infrastrukturanlagen werden, ähnlich wie Private Equity, bezüglich Renditen über- und bezüglich Risiken unterschätzt. Wenn gebetsmühlenartig auf tiefe Risiken und eine niedrige Korrelation zu traditionellen Anlagen hingewiesen wird, ist das schlicht falsch. Da die Anlagen höchst illiquide sind und in der Regel nicht an einer Börse gehandelt werden, kann sinnvoll weder ein Risiko noch eine Korrelation zu anderen Anlagen gemessen werden. Viele mathematischen Hochseilberechnungen entbehren jeder Praxisgrundlage und sind nichts anderes als eine Selbsttäuschung. Obwohl ich überzeugt bin, dass es sicherlich auch in Zukunft einige attraktive Infrastrukturprodukte für Investoren gibt, so werden viele zu Enttäuschung führen. Schließlich tue ich mich trotz meines sehr langen Anlagehorizontes schwer, mein Geld gegenüber Produktanbietern vertraglich für 15 oder 20 Jahre zu binden. »Augen zu und durch!« war noch nie mein Anlegermotto.

29
»Strukis« als Komplexitätsbeschleuniger in intransparenten Portfolios

Strukturierte Produkte erfreuen sich in der Schweiz und auch in Deutschland seit vielen Jahren einer großen Beliebtheit. Allein in der Schweiz betrug der Umsatz mit solchen Produkten im Jahr 2019 352 Milliarden Schweizer Franken. Wenn Wertpapierportfolios von Anlegern zur Analyse auf meinem Schreibtisch landen, sind diese oft gespickt mit Strukturierten Produkten aller Art. Aber was sind denn »Strukis«, wie sie in der Branche genannt werden, überhaupt? Ich möchte mich hier kurzfassen, denn die Welt der »Strukis« ist vielfältig und komplex. Vereinfacht ausgedrückt funktionieren Strukturierte Produkte so: Anleger verfügen über ein bestimmtes Risikoprofil, das sich von sehr konservativ bis aggressiv definieren lässt. Darüber hinaus haben »Struki«-Anleger eine konkrete Erwartung bezüglich der Entwicklung eines Markts, einer Branche, einer oder mehrerer Aktien oder auch eines Rohstoffs wie Gold. Aufgrund dessen ist es dem Anbieter von Strukturierten Produkten möglich, einem individuellen Anleger sein maßgeschneidertes Produkt, welches in der Regel eine Laufzeit von ein bis zwei Jahren aufweist, zu konstruieren. Während konservative Anleger gerne auf Kapitalschutzprodukte setzen, bei denen der Verlust zum Beispiel auf 5 Prozent ihres Einsatzes beschränkt ist, bevorzugen aggressive Anleger riskantere Produkte, bei denen Chancen und Risiken gehebelt respektive potenziert werden. Analysiert man ein Wertpapierportfolio, das maßgeblich mit Strukturierten Produkten bestückt ist, liest sich das »Potpourri« dieser Anlagen auszugsweise etwa wie folgt:

- 3 Prozent Lock-in BRC auf LafargeHolcim, Lindt & Sprüngli und Swiss Life;
- Tracker-Zertifikat mit Hebel auf Volatilitätsdispersion;
- 4 Prozent Autocallable Reverse Convertible auf Richemont, Credit Suisse, LafargeHolcim, Novartis und Zurich Insurance;
- Twin-Twin-Kapitalschutzprodukt auf Amazon;
- Kapitalschutz mit Partizipation an Negativperformance des S&P 500.

Alles klar? Vermutlich nicht. Aber Sie können beruhigt sein und brauchen sich nicht zu schämen. Es wird Ihnen so gehen wie mir und wohl den meisten von uns. Vielleicht werden Sie sogar einen geistigen Purzelbaum vollziehen, wenn ich Sie mit solch exotischen Namen konfrontiere. Trotzdem oder deshalb erst recht möchte ich an dieser Stelle darauf verzichten, Ihnen die Funktionsweise der unzähligen von Anbietern vertriebenen Produktvariationen im Detail zu erklären. Die Komplexität dieser Produkte, welche mit Einsatz derivativer Instrumente wie Kauf- und Verkauf-Optionen strukturiert werden, ist enorm. Es ist deshalb auch kein Zufall, dass »Strukis« von hochqualifizierten Mathematikern gerechnet und modelliert werden. Bei Anlegern besonders beliebt sind die sogenannten Barrier Reverse Convertibles (BRC). Dieses Konstrukt möchte ich Ihnen nachfolgend an einem konkreten Beispiel aus der Praxis erläutern:

- 9,35 Prozent per annum LUKB Multi Barrier Reverse Convertible (BRC) auf Credit Suisse, Novartis, UBS;
- Emittentin: Luzerner Kantonalbank;
- Barrierlevel: 69 Prozent;
- Liberierungsdatum: 6.11.2019;
- Rückzahlungsdatum: 6.11.2020.

BRC gehören in die Produktkategorie »Renditeoptimierung«. Die Wortkombination »Rendite« und »Optimierung« klingt einfach und genial. Ja, wer will denn schon behaupten, seine Rendite *nicht* optimieren zu wollen? Tatsächlich erscheint eine Verzinsung von 9,35 Prozent in einem zinslosen Umfeld äußerst verlockend und attraktiv. Aber selbstverständlich wird Ihnen beim Erwerb dieses Produkts die hohe Rendite nicht einfach geschenkt. So gibt es einen klar definierten Rückzahlungsmodus, der abhängig ist von der Wertentwicklung der drei Aktien Credit Suisse, Novartis und UBS. Konkret ist es so:

- Wenn bis zum Ende der einjährigen Laufzeit des »Struki« *keine* der drei Aktien unter das Barrierlevel von 69 Prozent fällt (dies ist dann der Fall, wenn seit Auflage des Produkts *keine* der drei Aktien 31 Prozent oder mehr ihres Werts verliert), dann erfolgt die Rückzahlung des einbezahlten Nominalbetrags zu 100 Prozent, plus dem Jahreszins von 9,35 Prozent.
- Wenn bis zum Ende der einjährigen Laufzeit des »Struki« *eine oder mehrere* der drei Aktien unter das Barrierlevel von 69 Prozent fällt (Verlust mindestens 31 Prozent), dann erfolgt die Rückzahlung in Aktien desjenigen Unter-

nehmens mit der *schlechtesten* Kursentwicklung, und zwar zum hohen Preis, der zum Zeitpunkt der Emission des Produkts bestand.

Käufer von BRC erwarten demzufolge entweder einen Seitwärtstrend der betreffenden Aktien oder aber Kursrückgänge, die sich im Rahmen von maximal 30 Prozent bewegen. Wenn eine der drei Aktien abschmiert oder in den Konkurs geht, kann der Anleger im Extremfall seinen gesamten Einsatz verlieren. Als Käufer des »Struki« muss man bereit sein, die Aktie mit der miesesten Kursentwicklung zum ursprünglichen Preis zu übernehmen, auch wenn der Titel zwischenzeitlich 50 oder 70 Prozent an Wert eingebüßt hat. Während somit das Gewinnpotenzial auf den Zins in Höhe von 9,35 Prozent beschränkt ist, können die Verluste den gesamten Einsatz gefährden.

Nachfolgend möchte ich begründen, warum ich niemals im Leben weder einen BRC noch generell ein Strukturiertes Produkt kaufen würde: Mit »Strukis« ist es schlicht unmöglich, eine sinnvolle Anlagestruktur im Portfolio zu gestalten und zu steuern. Wie will man am Ende des Tages noch wissen, wie hoch der Anteil an Aktien oder Anleihen ist und welche Branchenanteile oder Titel man zu einem bestimmten Zeitpunkt überhaupt hält? Je nach Stichtag und Marktbewegung kann sich das schnell ändern. Investoren von »Strukis« halten ein Sammelsurium von komplexen Produkten mit drolligen Namen und ein völlig intransparentes Portfolio, das sie in der Regel kaum verstehen. Einen sinnvollen Überblick über ein Portfolio zu bewahren, das mit »Strukis« übersäht ist, ist schlicht unmöglich. Soll zum Beispiel ein BRC zur Aktienquote gezählt werden oder nicht, oder vielleicht eher zu den Anleihen? Je nach Marktsituation wird man diese Frage völlig unterschiedlich beantworten. Und zu guter Letzt: Wie will man die Performance von »Struki«-Portfolios sinnvoll mit klassischen Portfolios, die mit Aktien und Anleihen bestückt sind, oder mit Indizes vergleichen?

Wer ein spezifisches »Struki« erwerben will, braucht eine konkrete Markterwartung für die kurze Frist von zwölf bis 24 Monaten. Weder die professionellen Anbieter von »Strukis« selbst, geschweige denn deren Kunden sind aber in der Lage, eine auch nur halbwegs zuverlässige Prognose zu machen, wo die Aktienkurse der CS, UBS oder von Novartis in einem Jahr stehen werden. Das ist reine Spekulation. Wer »Strukis« kauft, ist allein schon deshalb nicht Investor, sondern Zocker.

Wie Sie wissen, bin ich ein großer Anhänger von Diversifikation. Barrier Reverse Convertibles, bei denen im Negativfall die Aktie mit der *schlechtesten* Kursentwicklung geliefert wird, sind aber die pure *Antithese der Diversifikation.* So kann ein Portfolio, das bisher als konservativ galt, fast über Nacht zu einem Junk-Aktienportfolio, das primär aus »faulen Eiern« besteht, mutieren. So geschehen während der Finanzkrise, in welcher viele einst als solide geltende Bankaktien 70, 80 oder gar 90 Prozent ihres Wertes verloren hatten. Anleger, die in ihrem Leben aus Risikogründen noch nie eine Aktie angefasst hatten, rieben sich die Augen, als sie eines Tages feststellten, dass ihnen Aktien von Credit Suisse, der Deutschen Bank oder von UBS ins Depot gespült und gleich mit herben Verlusten von 50, 60 oder 70 Prozent eingebucht wurden. Gelder von Anlegern, die kurz davor in ihren Bankauszügen noch unter der Rubrik »Anleihen« oder »Anleihen-ähnliche Instrumente« geführt wurden, wanderten über Nacht in die Kategorie »Aktien«. Dass die einst konservativen Anleger in ihren Portfolios vor allem hochriskante Bankaktien vorfanden, war besonders schockierend – im Galopp wandelte sich ein vermeintlich sicheres Zins- in ein Junk-Aktienportfolio. Der Grundsatz einer soliden Aktiendiversifikation war verletzt, und es potenzierten sich die Risiken. Besonders ärgerlich für Anleger, die damals mit kränkelnden Bankaktien abgefüllt wurden, entpuppte sich die Tatsache, dass sich diese Titel seither nicht mehr erholten. Im Gegenteil: Schrott blieb Schrott und viele dieser Bankaktien notierten noch über zehn Jahre später nahe bei ihrem Allzeittief. Die Finanzkrise machte offenkundig, dass ein »Struki«-Portfolio riskanter sein kann als ein reines, aber gut diversifiziertes Aktienportfolio.

Auch in der Corona-Krise im Frühjahr 2020 wurden die hohen Risiken von »Strukis« offenkundig. Die Schweizer Börse SIX vermeldete Ende März 2020, dass rund die Hälfte aller Barrieren der insgesamt 13.704 gehandelten Produkte mit Renditeoptimierungscharakter gerissen seien. In Deutschland, wo sich der »Struki«-Markt einer besonders großen Beliebtheit erfreut, sollen sogar rund zwei Drittel aller Produkte die Barrieren geknackt haben. Viele dieser Produkte haben deutlich höhere Verluste als der breite Aktienmarkt erlitten, weil jeweils die schlechteste Aktie geliefert wurde. Wiederum sahen sich Investoren mit der Situation konfrontiert, dass ihr gefühlt konservatives Festzinsportfolio fast über Nacht zu einem Junk-Aktienportfolio mutiert ist. Im oben beschriebenen Produkt der Luzerner Kantonalbank hat am 12. März 2020 die Aktie der Credit Suisse die Barriere gerissen, was naturgemäß von einem dramatischen Kurssturz des Produkts begleitet war. Was solche Kasino-Produkte am Ende mit »Renditeoptimierung« zu tun haben, wissen vielleicht nicht einmal deren Erfinder. Der Begriff ist meines Erachtens aus zwei Gründen irreführend. Erstens wird oft mindestens eine Aktie in das Produkt integriert, die besonders risikoreich ist. Das zeigte sich exemplarisch an der Aktie des Zahlungsanbieters Wirecard, welche sich bei den »Struki«-Produzenten über Jahre einer hohen Beliebtheit erfreute. Wie die Aktien von Großbanken war die Volatilität des einstigen deutschen Börsenwunders stets sehr hoch, was den Anlegern der entsprechenden »Strukis« attraktive Zinszahlungen bescherte. Im Juni 2020 vermeldete Wirecard ihre Insolvenz, sämtliche »Struki«-Barrieren wurden gerissen und die Investoren verloren einen Großteil ihres Einsatzes. Hunderte von Produkten, die Wirecard enthielten, waren betroffen. Zweitens ist der Begriff »Renditeoptimierung« auch deshalb irreführend, weil dem Risiko eines Totalverlustes ein beschränktes Renditepotenzial gegenübersteht, das bei einem BRC auf die Zinseinnahmen beschränkt ist. Wer stattdessen breit diversifiziert in Aktien anlegt, kann sich nicht nur einer ausgewogenen Risikostreuung erfreuen, sondern auch über ein nach oben unbegrenztes Aufwärtspotenzial.

Die Corona-Krise hat nicht nur gezeigt, dass Produkte mit Renditeoptimierungscharakter im Durchschnitt etwa gleich viel wie Aktien verloren haben, sondern sogar Kapitalschutzprodukte (!) vorübergehend über 10 Prozent an Wert einbüßten. Von den Hebelprodukten, die aus meiner Sicht reine Zockerei sind, wollen wir gar nicht reden. Unzählige Käufer haben ihr gesamtes eingesetztes Kapital verloren.

Die Kosten von »Strukis« werden üblicherweise von den Anbietern in den Emissionspreis eingerechnet. Der Anleger weiß somit nicht genau, was sein Produkt wirklich kostet. Zwar hat sich die Transparenz in den letzten Jahren verbessert und die Gebühren von »Strukis« sind unter Druck geraten, doch belasten sie die Rendite eines Portfolios signifikant. Gerade Kleinanleger zahlen Gebühren, die je nach Komplexität des Produkts und je nach Anbieter durchaus zwischen 1 und 3 Prozent liegen können – jährlich. Dass die Finanzbranche mit »Strukis« satte Gebühren generiert, zeigt allein die Tatsache, dass sie sich mit diesen Produkten teure ganzseitige Inserate in den einschlägigen Tages- und Fachzeitungen leistet. Bekannt ist auch, dass im Zusammenhang mit diesen Produkten oft auch anlegerschädliche Vertriebsentschädigungen an Vermittler (Kick Backs) fließen. Das birgt Interessenskonflikte.[1]

Strukturierte Produkte sind rechtlich gesehen Inhaberschuldverschreibungen. Das Ausfallrisiko dieser Wertpapiere hängt von der Bonität des Emittenten ab. Geht die emittierende Bank eines »Strukis« pleite, so riskiert der Anleger seinen gesamten Einsatz.[2] Dieses Gegenparteirisiko schlug bei den Papieren der im Jahr 2008 in den Konkurs geschlitterten Lehman voll durch. Deren »Strukis«, welche in unzähligen Fällen in Portfolios ahnungsloser Kunden von Groß- und Kantonalbanken lagen, wurden wertlos. Einzelne Witwen und Rentner, die die Sprengkraft solcher Risikobomben nicht einschätzen konnten, verloren nahezu ihr gesamtes Sparkapital. Die Finanzkrise war deshalb nicht nur eine Immobilien- und Aktienkrise, sondern auch ein Produktedesaster. Vermeintlich konservative Produkte verwandeln sich quasi über Nacht in Risikobomben.

Dass sich Anleger oft leichtsinnig komplexe Produkte in ihr Portfolio legen lassen, überrascht. Während diese Menschen vor dem Kauf eines Handys oder einer Waschmaschine ausgiebig Preise und Leistungen vergleichen, ist ihr Interesse bei Anlagefragen oft gering. Um sich bezüglich der Risiken abzusichern, legen die Banken zwar umfangreiche »Beipackzettel mit Risiken und Nebenwirkungen« zum Verkaufsprospekt. Aber wer hat schon Lust und die Zeit, diese zu lesen? Dabei müssten es ja gerade die »Verpackungskünstler« der Banken wissen, wie groß die Risiken sind, sich mit »Strukis« zu vergaloppieren. So wurden ihnen in der Finanzkrise gewisse Formen von Strukturierten Produkten wie ABS (Asset-backed Security), CDO (Collateralized Debt Obligation) oder MBS (Mortgage-backed Security) zum Verhängnis. Sie ließen sich damals von ihren eigenen, hoch komplexen Risikomodellen überlisten und verloren buchstäblich den Überblick. Der Durchschnittsanleger ist mit der Komplexität von »Strukis« komplett überfordert. Für mich steht außer Zweifel: »Strukis« haben nichts mit Investieren zu tun, sondern sind reine Spekulation.

> »Die Banken haben eine Unmenge von Finanzprodukten entwickelt, deren Nutzen für den Käufer höchst zweifelhaft ist.«
>
> **Dr. Thomas Jordan**, Präsident der Schweizerischen Nationalbank (SNB)

Die vielleicht amüsanteste Begegnung, die sich im Laufe meines Berufslebens zugetragen hat, darf ich Ihnen nicht vorenthalten. An einem Januartag des Jahres 2015 lud mich der zuständige Redakteur der *Finanz und Wirtschaft*, Hanspeter Frey, zu einem Streitgespräch über Strukturierte Produkte nach Zürich ein.[3] Mein »Widersacher« war Georg von Wattenwyl, Präsident des Schweizerischen Verbands für Strukturierte Produkte. Georg leitete zu dieser Zeit das Geschäft mit »Strukis« bei der Privatbank Vontobel und gilt als einer der führenden Köpfe der Zunft. Ab 8 Uhr früh »bombardierte« uns Hanspeter Frey mit zahlreichen, oft auch kritischen Fragen rund um »Strukis«. Georg und ich duellierten uns hart, aber stets fair. Meine Vorbehalte gegen »Strukis« deckten sich mit denjenigen, die ich Ihnen vorstehend offenbart habe. Nach unserem Interview und dem anschließenden Fototermin war es kurz vor 10 Uhr, als wir freundschaftlich zusammen noch einen Kaffee genossen und plauderten. In lockerer Atmosphäre sagte Georg zu mir: »Also, Pirmin, du bist ja schon einer der härtesten Debattierer, auf die ich in meiner Karriere gestoßen bin. Bei allem Respekt für deine Abneigung gegen ›Strukis‹ habe ich dir aber vielleicht doch eine Produktidee, die für dich respektive deine Kunden im aktuellen Umfeld eine attraktive Anlage sein könnte.« »Ohhhhh, lieber Georg, da bin ich aber sehr gespannt – leg los!«, erwiderte ich erwartungsvoll. »Also«, fuhr Georg fort, »du hast ja sicherlich auch das Problem, dass es mit festverzinslichen Anlagen kaum mehr einen Zins gibt. Als Lösung kann ich dir ein Produkt strukturieren, das sehr konservativ ist und als attraktiver Ersatz für zinslose Anleihen oder Kontoliquidität dienen kann. Wie du ja bestens weißt, hat der Präsident der Schweizerischen Nationalbank, Dr. Thomas Jordan, gerade vor einigen Tagen bekräftigt, die Kursuntergrenze des Euros gegenüber dem Schweizer Franken bei 1,20 längerfristig zu verteidigen. Das Produkt, das ich dir anbiete, wirft für ein Jahr einen Zins von rund 2 Prozent ab und setzt darauf, dass der Kurs des Euros innerhalb von Jahresfrist *nicht* unter die Grenze von 1,20 fallen wird. Aber dieses Risiko betrachte ich aufgrund der Aussagen des Notenbankchefs als äußerst unwahrscheinlich.« Ich blieb hartnäckig: »Nein, lieber Georg, ich muss dich enttäuschen. Auch dieses nett gemeinte Produkt kommt für mich nicht infrage. Trotz der medialen Beteuerung von Dr. Jordan wäre ich nämlich nicht überrascht, wenn er die Kursuntergrenze doch bald einmal aufgeben würde respektive müsste. Die Masse an Euros, die er seit längerer Zeit unlimitiert zu 1,20 kaufen muss, wird ihn früher oder später erdrücken.« Gegen 10:30 Uhr – wir schrieben den 15. Januar 2015 – verabschiedeten wir uns freundschaftlich, und ich schaffte es gerade noch zum Parkhaus, wo mein Wagen stand. Da erreichte mich wie ein Blitz die Schlagzeile des Tages: »Dr. Thomas Jordan, Präsident der Schweizerischen Nationalbank, hat heute Morgen um 10:30 Uhr die 1,20-Kursuntergrenze des Euros gegenüber dem Schweizer Franken aufgehoben!« Der Rest ist Geschichte – der Euro stürzte gegenüber dem Schweizer Franken unverzüglich in die Tiefe. Die Barriere »meines Strukis« wäre also schon nach wenigen Minuten in rekordverdächtiger Zeit geknackt worden, noch bevor ich mein Auto aus der Tiefgarage lotsen konnte. Aber ich rechne Georg hoch an, wie rasch und sportlich er reagiert hat. Noch am frühen Nachmittag des zumindest aus Schweizer Sicht geld- und währungspolitisch historischen und turbulenten Tages schrieb er mir eine E-Mail: »Lieber Pirmin … unglaublich, wie schnell man in die Realität zurückgeholt wird.« Tja, wie recht Georg hatte – und für einen Augenblick ging mir gar durch den Kopf, selber ein kleiner Guru zu sein.

30
Von Bitcoins und viel heisser Luft in den Kryptowährungen

Seit einigen Jahren erfreuen sich digitale Währungen bei Anlegern einer großen Beliebtheit. Die bekannteste unter ihnen ist der Bitcoin, gefolgt von Ethereum. Ende 2019 betrug das weltweit in Kryptowährungen angelegte Volumen rund 250 Milliarden US-Dollar. Ganz ehrlich: Ich verstehe nicht viel von diesem Geschäft, aber es erinnert mich zeitweise an frühere Spekulationsblasen wie die Tulpenmanie im Jahr 1637 in Amsterdam oder die »Südseeblase« von 1720 in London. Im Jahr 2011 wurden für einen Bitcoin noch gut 2 US-Dollar bezahlt, sechs Jahre später auf dem Höchststand das 9.000-Fache davon.

Grafik 52: Bitcoin-Entwicklung von 2011 bis April 2020. *Quelle: Bloomberg. In US-Dollar.*

Der Marktwert aller Bitcoins, die weder produktives Realkapital noch staatlich anerkanntes Zahlungsmittel verkörpern, übertraf im Dezember 2017 denjenigen von Nestlé. Kryptowährungen schießen wie Pilze aus dem Boden – Ende 2019 gab es davon weltweit etwa 2.500. Gemäß der Website deadcoins.com haben bis zu diesem Zeitpunkt schon über 1.000 Kryptowährungen das Zeitliche gesegnet. 700 der »aufgegebenen« Digitalwährungen basierten offenbar auf Betrug, fast 100 wurden als Parodie gegründet und etwa 30 von Hackern zerstört. Das sagt viel aus über eine Zunft, die mich in weiten Teilen an ein legalisiertes Schneeballsystem erinnert. Wenn Sie ein paar tragisch-komische Geschichten rund um Betrugsvorwürfe im Zusammenhang mit Kryptowährungen lesen möchten, googeln Sie beispielsweise »Ruja Ignatova – Onecoin«, »Envion«, »Optioment« oder »Tezos«.

> »Bitcoin ist für mich ein völliges Mysterium. Ich würde meine Rechnungen nur damit zahlen, wenn ich ein Drogenhändler wäre.«
>
> **Richard Thaler**, amerikanischer Verhaltensökonom und Nobelpreisträger

Selbstverständlich darf man aufgrund milliardenschwerer Betrügereien nicht gleich die ganze Branche verteufeln. So habe ich viel Verständnis für Menschen in Ländern wie Venezuela, die sich aufgrund der Misswirtschaft ihrer korrupten Regierungen mit Inflationsraten im sechsstelligen Bereich konfrontiert sehen und mit dem Kauf von Bitcoins die einzige Chance sehen, ihr Geld der grassierenden Teuerung zu entziehen. Das ist nachvollziehbar. Für Investoren, die in funktionierenden Märkten leben, sind digitale Währungen jedoch nach meiner Überzeugung zumindest aus heutiger Perspektive als *Anlage* untauglich – da ist viel heiße Luft drin. Nichtsdestotrotz bin ich zuversichtlich, dass die Blockchain-Technologie, auf der auch die Kryptowährungen basieren, eine Zukunft hat – zum Beispiel im Zahlungsverkehr, im Vertragswesen oder bei der Betrugsprävention. Entsprechend gibt es für Anleger ETF-Fonds, welche in Unternehmen investieren, die einen Blockchain-Hintergrund haben. Wirft man allerdings einen Blick auf die konkreten Unternehmen, die zum Beispiel im Elwood-Global-Blockchain-ETF der US-amerikanischen Fondsgesellschaft Invesco enthalten sind, kommt Irritation auf: Was haben denn der australische Rohstoffkonzern Rio Tinto, der norwegische Ölkonzern Norsk Hydro oder der kanadische Goldproduzent Barrick mit Blockchain zu tun? Auch wenn ich das als Laie kaum beurteilen kann – es ist wohl viel Glaubenssache im Spiel, die nicht zuletzt mit Produktmarketing zu tun hat.

> »Der Bitcoin ist eine Kombination aus Spekulationsblase, Schneeballsystem und Umweltkatastrophe.«
>
> **Agustin Carstens**, Generaldirektor der Bank für Internationalen Zahlungsausgleich (BIZ), *NZZ* vom 6. Februar 2020

Haben Krypto-Währungen eine Zukunft? Vielleicht. Allerdings glaube ich, bei aller Sympathie für privatwirtschaftliche Initiativen, dass Digitalwährungen von den wichtigsten Notenbanken der Welt (insbesondere Fed, EZB und BoJ) international abgestützt und staatlich sanktioniert werden müssen, um ihre Glaubwürdigkeit zu erhalten. Es kann nicht sein, dass jeder, der es gerade einmal versuchen will, eine solche Währung aus dem Hut zaubert, um diese zum Spielball von Spekulanten und Drogendealern zu machen. Sollten sich Kryptowährungen auf Dauer tatsächlich durchsetzen, sehe ich deren Nutzen primär als *Zahlungsmittel* und weniger, so wie das heute der Fall ist, als Spekulationsobjekt. Das sehe ich auch bei traditionellen Währungen nicht anders.

TEIL IV
IM NEBEL DER INTRANSPARENZ FÜHLEN SICH ABKASSIERER PUDELWOHL

31
Warum Unabhängigkeit alles ist: Interessenskonflikte und Kick Backs in der Finanzindustrie

In der Anfangsphase meiner unternehmerischen Tätigkeit hat mich ein perfekt in Anzug und Krawatte gekleideter, amerikanischer Business-Man besucht. Er schwärmte in höchsten Tönen von einer US-Biotechfirma, die er vertrete und in der er eine exzellente Chance für meine Kunden sehe, in diese zu investieren. Als »Beweis« für seine Seriosität überreichte mir der smarte Gentleman ein packendes Video, welches die fantastischen Wachstumsaussichten des betreffenden Jungunternehmens veranschaulichen sollte. Beim Verabschieden fragte ich den eloquent auftretenden Herrn fast beiläufig, was denn für mein Unternehmen herausspringen würde, wenn wir die Aktien »seines« Unternehmens in den Portfolios unserer Kunden streuen würden. Seine Antwort hat mich fast vom Stuhl gehauen: 30 Prozent des Aktienkurses für uns! Konkret: Unsere Kunden zahlen pro Aktie 5 US-Dollar, wir erhalten davon 1,50 US-Dollar Provision. Hätte ich damals ja gesagt zu diesem Deal, wäre mein Ziel, es einmal zum Millionär zu schaffen, auf einen Schlag in greifbare Nähe gerückt. Mir war von Anfang klar, dass das unmöglich seriös sein kann, und ich hatte meine Zweifel, ob es diese Firma überhaupt gab. Aber spätestens mit dieser Erfahrung wurde mir bewusst, was in der Grauzone dieser Branche abgeht. Der heutige Umgang mit sogenannten Kick Backs ist sanfter, smarter und nicht zuletzt dank einer verschärften Regulierung weniger brutal und offenkundig. Aber sie sind alles andere als verschwunden. Im Gegenteil: Heute wirken sie wie eine sanfte Droge, bei der der Anleger als »Patient« kaum spürt, wie er ganz langsam und fast unmerklich ausgeblutet wird.

Es gibt wohl kaum ein Business, das dermaßen mit Interessenskonflikten und versteckten Gebühren behaftet ist wie dasjenige der Anlageberater und Vermögensverwalter. Klar, es gibt sogar Branchen, die verrechnen ihren Kunden überhaupt kein Honorar und leben *einzig* von versteckten Gebühren – Reisebüros und Versicherungsbroker gehören dazu. Wer eine Reise auf die Malediven bucht, weiß natürlich, dass seine Reiseplanerin oder sein Reiseplaner nicht nur von Luft und Liebe lebt, sondern von den gebuchten Hotels und Fluggesellschaften Rückvergütungen erhält. Nicht anders funktioniert das Geschäft der Versicherungsbroker, die Rückvergütungen der Versicherungen erhalten. Gebührenintransparenz gehört in diesen Branchen sozusagen zum Geschäftsmodell.

In der Vermögensberatung und -verwaltung ist die Sache komplizierter. Es existieren zwei Gebührenwelten parallel: zum einen die Gebühren, die die Bank oder der Vermögensverwalter seinem Kunden *direkt* in Rechnung stellt, zum anderen die Gebühren, die der Finanzdienstleister in unterschiedlichster Form *indirekt* vereinnahmt. Die direkten Gebühren sind in einem Vertrag zwischen Kunde und Bank (respektive Vermögensverwalter) transparent festgelegt. Bei diesen Gebühren weiß der Kunde exakt, was er für die Vermögensberatung oder -verwaltung bezahlt. Nicht so bei den *indirekten* Gebühren, die Banken oder Vermögensverwalter als Rückvergütung von Finanzdienstleistern *zusätzlich* vereinnahmen, weil sie diesen Geschäfte vermitteln. Diese Rückvergütungen, auch als Retrozessionen oder Kick Backs bekannt, sind in der Regel intransparent und sehr viele Anleger haben schlicht keine Ahnung, dass es sie überhaupt gibt und in welcher Höhe sie sich konkret bewegen. Retrozessionen fressen sich wie ein Krebsgeschwür durch die Branche. Als Beispiele legaler, wenn auch verpönter Rückvergütungen sind zu erwähnen:

- Jährliche *Bestandsprovisionen* auf Anlagefonds, Strukturierte Produkte, Hedgefonds, Private Equity et cetera, die Banken oder Vermögensverwalter von den Anbietern dieser Produkte als Gegenleistung dafür erhalten, dass sie deren Produkte in die Portfolios ihrer Kunden legen.
- *Vertriebsentschädigungen* auf Produkte aller Art. Banken und Vermögensverwalter kassieren von fremden Finanzdienstleistern einmalige Vertriebsentschädigungen, wenn sie deren Produkte in die Portfolios ihrer Kunden befördern.
- *Rückvergütungen auf Börsentransaktionen.* »Unabhängige« Vermögensverwalter erhalten von den Depotbanken einen Teil der Gebühren auf Transaktionen zurück, die sie mit ihren Kunden bei diesen erzielen. Dazu gehören Rückvergütungen auf Courtagen (in Deutschland Provisionen genannt) von Aktien- und Anleihenstransaktionen oder auf Devisengeschäfte.
- *Finder's Fees.* »Unabhängige« Vermögensverwalter erhalten von den Depotbanken eine Kommission auf Neugelder von Kunden, die sie diesen zuführen.

In der Schweiz sind seit dem Jahr 2006 mehrere Urteile des Schweizerischen Bundesgerichts sowie des Zürcher Handelsgerichts gesprochen worden.[1] Diese kommen einhellig zum Schluss, dass Retrozessionen aller Art im Grundsatz dem Kunden gehören, und zwar unabhängig davon, ob es sich bei der Dienstleistung um Vermögensverwaltung (mit einem Vermögensverwaltungsauftrag) oder um reine Anlageberatung handelt. Im Unterschied zu anderen Finanzplätzen bleibt in der Schweiz die Annahme von Retrozessionen aber weiterhin erlaubt, wenn der Kunde vorgängig explizit und gültig auf diese verzichtet hat.[2]

> »Wenn es heißt, ein Mensch sei unbestechlich, frage ich mich unwillkürlich, ob man ihm genug geboten hat.«
>
> **Joseph Fouché**, ehemaliger Polizeiminister Napoleons (1759 – 1820)

Es gibt natürlich überhaupt keinen Zweifel: Retrozessionen respektive Kick Backs aller Art gefährden die Vertrauensbasis zwischen dem Kunden und seiner Bank oder seinem Vermögensverwalter. Sie schaffen Interessenskollisionen ohne Ende. Trotzdem fließen in der Schweiz jährlich nach wie vor Kick Backs in Milliardenhöhe – involviert sind Banken, Vermögensverwalter sowie Anbieter von Private Equity, Immobilienprodukten, Hedgefonds, Strukturierten Produkten, Infrastrukturfonds, Anlagefonds und weiterer Finanzinstrumente gleichermaßen. Das ist aus meiner Sicht befremdend.

Hubert Schwärzler, CEO von Liti-Link, das auf die Durchsetzung von Ansprüchen bei Retrozessionen spezialisiert ist, schätzt, dass rund 80 bis 90 Prozent der Banken und Vermögensverwalter einfach die allgemeinen Geschäftsbedingungen (AGB) und die Verträge gemäß den Bundesgerichtsurteilen angepasst haben und die Retrozessionen weiterhin einkassieren.[3] Das ist erschütternd. Stellvertretend für viele Banken und Vermögensverwalter ist es erhellend, einen Blick in die »Allgemeine Depotbedingungen (AGB)« der UBS zu werfen.[4] Auszugsweise ist das Folgende unter Paragraph 12 (Monetäre Leistungen – Verzicht und Informationen zu monetären und nicht monetären Leistungen) zu entnehmen:

- »UBS erhält typischerweise von diesen Produktherstellern auf periodischer Basis und/oder im Voraus monetäre Leistungen wie Vertriebsentschädigungen/Bestandspflegekommissionen, Rabatte und ähnliche Leistungen als Entgelt für den Vertrieb und/oder die Verwahrung dieser Finanzinstrumente.«

- »Leistungen können bei UBS zu Interessenskonflikten führen. Sie können insbesondere einen Anreiz für UBS begründen, bestimmte Finanzinstrumente, die höhere Leistungen vergüten, anderen Finanzinstrumenten ohne Leistungen oder Finanzinstrumenten mit tieferen Leistungen vorzuziehen.«
- »Der Kunde nimmt zur Kenntnis, dass diese Regelung von der vorgesehenen Erstattungspflicht gemäß Art. 400 Abs. 1 des Schweizerischen Obligationenrechts oder einer anderen gesetzlichen Vorschrift mit ähnlichem Inhalt abweicht.«

Um es klarzumachen: Mit diesem Wortlaut wird den Kunden der Bank klarer Wein eingeschenkt. Wer den Text der Allgemeinen Geschäftsbedingungen im Detail durchliest, weiß haargenau, dass die Bank Kick Backs aller Art vereinnahmt, die gesetzliche Regelung darüber aufhebt und sich der Interessenskonflikte voll und ganz bewusst ist. Die UBS zeigt sodann im anhängenden »Informationsblatt zu monetären und nicht monetären Leistungen« genau auf, *wie hoch* die entsprechenden Kick Backs ausfallen können. Bei Geldmarkt-, Anleihen-, Aktien-, Immobilien- und Hedgefonds bewegen sich die Bandbreiten der Kickbacks von 0 bis gut 2 Prozent jährlich, währenddessen bei Strukturierten Produkten eine Einmalgebühr (»Upfront Fee«) in Höhe von maximal 3 Prozent des investierten Betrags vereinnahmt wird. Mit all diesen Angaben erhält ein Kunde von UBS eine größtmögliche Transparenz in einer intransparenten Angelegenheit. Ein Kunde der Großbank wird also darüber informiert, wie die Bank mit seinem Geld umzugehen pflegt. So weit, so gut. Nur stelle ich mir die Frage: Wer liest die Allgemeinen Depotbedingungen seiner Hausbank denn überhaupt im Detail nach? Ich habe da meine Zweifel. Aber klar: Die Bank hat offen informiert – jede und jeder kann das nachlesen. Selbst schuld, wer nicht Bescheid weiß. Die einen reiben sich die Hände, die anderen die Augen.

> »Es wird jetzt halt einfach legalisierter gemauschelt.«
>
> **Monika Roth**, Compliance-Expertin und ehemalige Dozentin, IFZ Zug

Meine Meinung zu diesem Thema ist kompromisslos. Persönlich würde ich keinem Bank- und keinem Vermögensverwaltungsunternehmen mein Geld anvertrauen, das sich in einem derart massiven Interessenskonflikt befindet. Ich würde keinem Finanzinstitut Geld anvertrauen, das Kick Backs, Retrozessionen, Finder's Fees, Vertriebsentschädigungen, Bestandspflegekommissionen oder andere versteckte Gebühren aller Art vereinnahmt. Wenn eine Bank oder ein Vermögensverwalter Rabatte erhält, so sollen diese an die Kunden weitergeleitet werden. Kick Backs gehören den Kunden. Ein erstklassiger Geldverwalter nimmt nach meiner Überzeugung ohnehin keine Retrozessionen. Er verhandelt für seine Kunden die bestmöglichen Konditionen, um jegliche Interessenskollisionen auszuschließen.

Ich bin erstaunt, wie viele Kunden sich das Geschäft mit Kick Backs ihrer Bank oder ihres Vermögensverwalters nach wie vor gefallen lassen. Liest man die Allgemeinen Depotbestimmungen einer Bank aufmerksam durch, wird offensichtlich, dass Kick Backs zu Fehlanreizen führen. Es werden den Kunden oft diejenigen Produkte angedreht und untergejubelt, welche die höchsten Margen und Rückvergütungen versprechen. Das kann nie und nimmer gut gehen – zumindest nicht für die Kunden. Wie soll ein Anlegeberater einer Bank, der laufend seine Ziele und die Vorgaben seiner Chefs erfüllen muss, die Interessen der Kunden wahrnehmen, wenn er und sein Unternehmen davon profitieren, hochmargige Produkte zu verhökern?

Wir erinnern uns: Bei den Madoff-Fonds und bei Lehman-Produkten wurden Kick Backs von bis zu 5 Prozentpunkten bezahlt. Das allein stinkt zum Himmel. Je höher die Kick Backs, desto größer die Wahrscheinlichkeit, dass Betrug im Spiel ist. Ich schätze, dass die verschiedensten Formen von Kick Backs die Endkunden jährlich bis zu 1 Prozent ihres Depotwertes kosten – manchmal auch mehr. Ob sich die Kunden dessen auch wirklich bewusst sind? Ich habe meine Zweifel. Das oberste Ziel eines Vermögensverwalters muss doch sein, das Geld der Kunden so zu verwalten wie sein eigenes – schließlich ist das auch eine Frage des Charakters. Das kann er aber nur, wenn er vollkommen unabhängig ist und weder Fehlanreize noch Interessenskonflikte hat.

> »Wenn man einen Sumpf trockenlegen will, darf man damit nicht die Frösche beauftragen.«
>
> **Mark Twain**, amerikanischer Schriftsteller (1835 – 1910)

Was mich überdies an den »Searches« einiger führender Consultants, die sich für ihre unabhängige Beratung rühmen, irritiert, ist die Tatsache, dass diese ihren Pensionskassenkunden fast ausnahmslos Banken als Mandatsträger empfehlen. Unabhängige Vermögensverwalter werden so gut wie nie berücksichtigt. Ist das nicht kurios: *Unabhängige* Consultants empfehlen ihren Kunden fast ausschließlich *nicht unabhängige* Banken? Der renommierte Wirtschaftsjournalist der *NZZ*, Michael Ferber, hat die mannigfaltigen Interessenskonflikte der Consulting-Branche einmal in einem Aufsehen erregenden Beitrag kritisch analysiert und auf Branchenvertreter verwiesen, die berichten, dass nicht wenige »unabhängige« Berater bei den Banken sogenannte *preferred partners* (Vorzugspartner) hätten, die sie den Pensionskassen bevorzugt empfehlen würden.[5] Dabei würden »verdeckte« Zahlungen von Banken an die Consultants in Form von gut bezahlten Studien und Gutachten fließen. Das kann natürlich nicht im Sinne der Versicherten einer Pensionskasse sein. Die *Bilanz* berichtete in ihrer Ausgabe vom Juli 2019: »Bei einem von Complementa[6] organisierten Medienanlass zur aktuellen Lage der schweizerischen Pensionskassen traten zwölf Vermögensverwalter wie Pictet, LGT, DWS oder Schroders als Sponsoren in Erscheinung.« Banken als Sponsoren? Der Autor des Wirtschaftsmagazins stellte zu Recht die Frage nach der Unabhängigkeit des Beratungsunternehmens.

> »Ich halte es für ein Kernproblem unserer Finanzwelt, dass zu wenige Menschen Verantwortung übernehmen möchten. Immer mehr erkauft man sich Verantwortung durch Beratungsfirmen und nutzlose Vorhersagen.«
>
> **Gerd Gigerenzer**, Professor für Bildungsforschung und Risikokompetenz am Max-Planck-Institut, Berlin

Ab und zu werde ich gefragt, wie ich denn selber einen Vermögensverwalter suchen und auswählen würde. Meine Antwort spitze ich dann jeweils so zu: »Hätte ich nur genau eine einzige Frage zur Verfügung, die ich einer Bank oder einem unabhängigen Vermögensverwalter stellen könnte, dann wäre es diese: Gibt es neben dem Honorar, das ich Ihnen *direkt* bezahle, noch andere Ertragsquellen, die aufgrund meines Mandates bei Ihnen zusätzlich *indirekt* an Sie fließen?« Wenn die Bank oder der Vermögensverwalter diese Frage nicht verneinen kann, ist das Gespräch bereits beendet und das entsprechende Geldinstitut von meiner Liste der möglichen Kandidaten gestrichen. Leider muss ich konstatieren, dass man Geldverwalter, die *einzig* vom Honorar ihrer Kunden leben, nach wie vor mit der Lupe suchen muss. Damit ist auch gesagt, dass die Auswahl von Geldberatern, die *wirklich* unabhängig und konsequent ohne Interessenskonflikte im Sinne ihrer Kunden agieren, verschwindend klein ist. Das ist ein Armutszeugnis für die Branche. Wer das Geld seiner Kunden so verwalten will wie das eigene, darf keine Interessenskollisionen haben. Das ist nur möglich, wenn man *ausschließlich* vom Honorar seiner Kunden lebt. In der

Konsequenz bedeutet dies, dass ein *wirklich* unabhängiger Vermögensverwalter auch keine eigenen Produkte hat oder die damit erzielten Einnahmen an die Vermögensverwaltungsgebühr anrechnet, die dem Kunden direkt in Rechnung gestellt wird – sonst hat er einen Anreiz, doppelte Gebühren zu kassieren und dem Kunden möglichst viele seiner eigenen Produkte ins Depot zu legen. Nur die *vollumfängliche* Unabhängigkeit des Finanzdienstleisters ist Garant für die Interessen des Anlegers. Man könnte es schließlich auch so formulieren: Bezahlen Sie Ihrem Vermögensverwalter eine faire Gebühr, aber *bezahlen Sie ihn nur einmal!*

32
Was darf eine gute Vermögensverwaltung kosten?

Bevor ich Ihnen aufzeige, was eine gute Vermögensverwaltung kosten darf, möchte ich Sie wissen lassen, was in der Branche *wirklich* bezahlt wird. Ehrlicherweise will ich konstatieren, dass ich nachfolgend aufgrund meiner beruflichen Erfahrungen Schätzungen machen werde, da die Intransparenz indirekter und oft versteckter Gebühren groß ist. Um gleich zum Punkt zu kommen: Wenn Sie bei einer schweizerischen oder deutschen Bank ein Mandat für die Verwaltung eines Vermögens in Höhe von 1 Million Schweizer Franken/Euro erteilen und dieses branchenüblich zu einem hohen Anteil mit Anlageprodukten durchsetzt ist, schätze ich die *effektiven* Gesamtkosten, die Sie für diese Dienstleistung bezahlen, durchschnittlich auf folgende Höhe:[1]

Vermögensverwaltungsgebühr inklusive Transaktionskosten:	1,2 Prozent p. a.
Gebühren auf eigenen oder fremden Fonds sowie Produktkosten für »Strukis«:	1,3 Prozent p. a.
gerechnet im Verhältnis zum Gesamtportfolio	
Depotbankgebühr:	0,2 Prozent p. a.
Gesamtgebühr:	2,7 Prozent p. a.

Vielleicht werden Sie erstaunt sein, wie hoch die Gesamtgebühren einer Vermögensverwaltung bei einer Bank oder auch bei vielen bankunabhängigen Vermögensverwaltern tatsächlich sind. Die *offen* ausgewiesenen und *direkt* in Rechnung gestellten Vermögensverwaltungs- und Depotbankgebühren betragen nach meiner Schätzung kumuliert jährlich rund 1,4 Prozent. Damit ist aber nur rund die *Hälfte* der geschätzten Gesamtgebühr von 2,7 Prozent abgedeckt. Die andere Hälfte respektive jährlich 1,3 Prozent betreffen *indirekte* Gebühren, die in irgendeiner Form in den verschiedenen Produkten inkludiert respektive »verpackt« sind (oder in Form von Spreads bei Transaktionen und Devisenkursen anfallen).

Wer nun moniert, ich würde diese Kosten mit durchschnittlich 1,3 Prozent zu hoch ansetzen, dem sei Folgendes in Erinnerung gerufen: Die von den Produkteanbietern in Form der sogenannten TER (Total Expense Ratio) ausgewiesenen Gesamtkosten reflektieren in keiner Weise die Gesamtkosten, wie es der Name eigentlich suggerieren würde. In der TER fehlen nämlich insbesondere sämtliche Transaktionskosten, die *innerhalb* von Kollektivanlagen wie Anlagefonds happig ausfallen können. Auch allfällige Ausgabeaufschläge, die beim Kauf gewisser Anlagefonds anfallen können, sind in der TER nicht enthalten. Gemäß Professor Dr. Lutz Johanning und Wolfram Klingler[2] bewegen sich die zusätzlichen, nicht ausgewiesenen Kosten üblicherweise in einer Bandbreite von 50 bis 200 Prozent der ausgewiesenen TER. Konkret heißt dies das Folgende: Wenn die von einem Anlagefonds ausgewiesenen »Gesamtkosten« in Form der TER mit eher bescheidenen 0,8 Prozent pro Jahr angegeben werden, können Sie diese Zahl im Durchschnitt glatt verdoppeln, um die *effektiven* Gesamtkosten abschätzen zu können. Ich bin deshalb überzeugt, dass ich mit meiner Schätzung von jährlich 1,3 Prozent für die gesamten ausgewiesenen und nicht ausgewiesenen Kosten auf Produkte aller Art eine eher konservative Annahme treffe. Sehr oft dürften sie noch höher liegen. Ich komme zum Schluss: Wenn Sie ein Vermögensverwaltungsmandat für 1 Million Schweizer Franken/Euro bei einer Bank oder einem bankunabhängigen Vermögensverwalter unterhalten, zahlen Sie im Durchschnitt zwischen 2,5 und 3 Prozent an Gesamtgebühren – jährlich.[3]

Was darf denn nun eine gute Vermögensverwaltung kosten? Natürlich gibt es dafür keine Standardantwort, denn die Tarife variieren auch in Abhängigkeit des verwalteten Vermögens. Nachfolgend entnehmen Sie die Gebühren, die ich persönlich für ein Volumen von 1 Million Schweizer Franken/Euro als fair erachte:

Fixe Verwaltungsgebühr:	0,9 Prozent p. a.
Jährliche Transaktionskosten:	0,1 Prozent p. a.
Depotbankgebühr:	0,2 Prozent p. a.
Gesamtkosten:	1,2 Prozent p. a.

Anstelle einer fixen Verwaltungsgebühr in Höhe von 0,9 Prozent erachte ich es ebenfalls als fair, eine reduzierte Verwaltungsgebühr in Höhe von 0,7 Prozent in Kombination mit einer Erfolgsbeteiligung des Vermögensverwalters zu vereinbaren. Wichtig bei der Festlegung von Erfolgshonoraren ist allerdings, dass der Vermögensverwalter Verluste zuerst wieder wettmachen muss, bevor er wieder ein Erfolgshonorar in Rechnung stellen darf (Prinzip der »High Water Mark«).

Entscheidend ist das Folgende: Die Verwaltung eines Vermögens in Höhe von 1 Million Schweizer Franken/Euro darf, *alle Gebühren eingerechnet*, gut 1 Prozent im Durchschnitt der Jahre kosten. Dies ist aber nur möglich, wenn auf den Einsatz margenträchtiger Produkte verzichtet wird. Aufgrund der Tatsache, dass die meisten Banken und Vermögensverwalter viele dieser Produkte einsetzen und damit für das *gleiche Vermögen mehrfach Gebühren kassieren*, gehe ich allerdings davon aus, dass in der heutigen Praxis sehr oft das Doppelte oder sogar Dreifache dessen kassiert wird, was aus meiner Sicht fair wäre. Viele Kunden dürften sich der Abzockerei mit hochmargigen Produkten und unnötigen Transaktionen kaum bewusst sein. Im Gegenteil: Sie lassen sich von ihrem Banker zu exklusiven Golfanlässen und Konzertveranstaltungen einladen und merken nicht, dass sie die Kosten für solche Events in Form von überhöhten Gebühren mehrfach selbst bezahlen. Das Geschäft mit der Eitelkeit, im VIP-Bereich von Shows und Veranstaltungen zu stehen, hat seinen Preis. Seinen Freunden berichten zu können: »Hey, ich war am letzten Wochenende geladener Gast beim exklusiven Golf-Event der noblen ›Wellness-Privatbank‹!«[4], kann ganz schön teuer werden.

Bei sehr großen Vermögen sinken die Gesamtgebühren überdies degressiv, sodass diese deutlich unterhalb von jährlich 1 Prozent zu liegen kommen. Auch für kleinere Vermögen ist es übrigens problemlos möglich, die Gesamtgebühren innerhalb von rund 1 Prozent halten zu können. Um dies zu erreichen, ist vorzugsweise der Einsatz kostengünstiger Indexprodukte (ETF) zu empfehlen.

Fazit: Sollten Sie für Ihre Vermögensverwaltung, *alle* umfassenden Gebühren eingeschlossen, deutlich mehr als rund 1 Prozent jährlich bezahlen, so haben Sie Handlungsbedarf.[5] Für Sie ist es am Ende günstiger, die Green Fee für Ihr Golfspiel oder Ihre Karten für die Oper selbst zu bezahlen, wenn Sie gleichzeitig Ihren Banker oder Vermögensverwalter nicht überfüttern.

»Geld verdirbt den Charakter – vor allem, wenn man keins hat.«

Peter Ustinov, britisch-schweizerischer Schauspieler (1921 – 2004)

Im Zusammenhang mit Vermögensverwaltungsgebühren habe ich vor einigen Jahren eine unvergessliche Erfahrung gemacht. Von einem institutionellen Anleger wurde ich nach Zürich eingeladen, um mich für ein Mandat über 15 Millionen Schweizer Franken zu bewerben. Nach meiner Präsentation wurde ich vom anwesenden Vorstandsgremium mit zahlreichen Fragen gelöchert. Am Schluss meines Auftritts wollte der Vorsitzende von mir wissen, was denn unsere Vermögensverwaltung kosten würde. Nachdem ich ihm die Verwaltungsgebühr für die entsprechende Volumen genannt hatte, meinte dieser: »0,4 Prozent! Ja, Herr Dr. Hotz, da sind Sie leider zu teuer. Unsere günstigsten Angebote liegen bei 0,2 Prozent.« Ich war konsterniert. Natürlich war dies nicht das erste Mal, dass eine Konkurrenzofferte günstiger war als die meinige. Aber gleich um die Hälfte? Ich wusste in diesem Moment nur eines: Ich wollte dieses Mandat um jeden Preis erhalten. Nicht zuletzt auch deshalb, weil im Vorstandsgremium einige Leute mit führenden Positionen in der Schweizer Wirtschaft saßen – Mund-zu-Mund ist schließlich die beste und günstigste Werbung. Es war dann wohl ein Geistesblitz, der mich umgehend zu folgender Reaktion bewog: »Lieber Herr Vorsitzender, geschätztes Vorstandsgremium, vergessen Sie meine Offerte, die offensichtlich zu teuer ist. Bevor ich Ihnen aber eine günstigere Offerte mache, erlauben Sie mir bitte eine Frage: Setzen meine Mitbewerber, die teilweise deutlich günstiger offerieren, Produkte wie Aktienfonds, Anleihenfonds, Hedgefonds oder Private Equity ein?« »Ja«, antwortete der Vorsitzende, »das ist so, sie setzen auf breiter Basis eigene und fremde Anlageprodukte ein.« »Also, lieber Herr Vorsitzender«, fuhr ich mit wiedergewonnenem Selbstvertrauen und klarer Stimme fort, »ich mache Ihnen eine neue Offerte. Ich offeriere Ihnen, das Vermögen Ihrer Stiftung mit einer jährlichen Vermögensverwaltungsgebühr von -0,2 Prozent zu verwalten. Jawohl, Sie haben richtig gehört: MINUS 0,2 Prozent! Ich zahle Ihnen also Geld, damit ich Ihr Stiftungsvermögen verwalten darf. Und ich will Ihnen auch gleich ehrlich sagen, wie sich das rechnet. Wie meine Mitbewerber werde ich Ihr Vermögen mit Produkten aller Art verwalten – selbstverständlich so seriös wie nur möglich. Auf diese Produkte werde ich von den Produktelieferanten im Durchschnitt rund 0,8 Prozent an Kick Backs einfordern und erhalten. Von diesen 0,8 Prozent zahle ich Ihnen die versprochene Gebühr von 0,2 Prozent, sodass mir noch 0,6 Prozent verbleiben. So sind am Schluss alle happy. Die Produkteverkäufer sind happy, denn sie haben erfolgreich ihre teuren Produkte abgesetzt. Sie und die Destinatäre Ihrer Stiftung sind happy, denn Sie haben einen seriösen Vermögensverwalter gefunden, der für seine Dienstleistung nicht nur nichts verlangt, sondern Sie im Gegenteil dafür noch bezahlt. Und last, but not least bin auch ich sehr happy, denn es fließen am Ende des Tages nicht ›nur‹ 0,4 Prozent an Gebühren in meine Tasche, sondern 0,6 Prozent!« Glauben Sie mir, ich habe in meinem Leben schon unzählige Präsentationen gehalten. Aber diese Stille nach einem meiner Voten habe ich wohl noch nie erlebt. In diesem Moment fühlte ich mich ein bisschen wie der norwegische Schachspieler Magnus Carlsen, wenn er seinen Gegner schachmatt setzt. Der Durchbruch war geschafft, und wir haben das Mandat erhalten – zu den ursprünglich offerierten Konditionen.

> »Es kümmert mich nicht besonders, Weltmeister zu sein. Ich möchte aber nicht, dass es jemand anders ist.«
>
> **Magnus Carlsen**, Schachweltmeister aus Norwegen

Wie wichtig es langfristig für die Wertentwicklung eines Portfolios ist, die Gebühren zu minimieren, sei nachfolgend an einem einfachen Beispiel aufgezeigt. Nehmen wir einfach einmal an, ein Anleger habe über 20 Jahre eine Bruttorendite – die Rendite vor Abzug aller anfallenden Gebühren – von jährlich 8 Prozent erzielt. Er startete vor 20 Jahren mit einem investierten Kapital von 1 Million Schweizer Franken. Welche Höhe hat heute sein Vermögen, wenn seine jährlichen Gesamtgebühren

- 3 Prozent, Nettorendite 5 Prozent,
- 2 Prozent, Nettorendite 6 Prozent,
- 1 Prozent, Nettorendite 7 Prozent

betragen haben? Aufgrund einer einfachen Zinseszinsrechnung ergeben sich folgende Endvermögen:

- Nettorendite 5 Prozent: Endvermögen 2,65 Millionen Schweizer Franken;
- Nettorendite 6 Prozent: Endvermögen 3,21 Millionen Schweizer Franken;
- Nettorendite 7 Prozent: Endvermögen 3,87 Millionen Schweizer Franken.

Es ist offenkundig: Die Unterschiede im Endvermögen, *ausschließlich* bedingt durch die Gebührendifferenzen, sind langfristig gigantisch. Wenn statt jährlich 3 Prozent nur 1 Prozent an Gebühren anfallen, ist das Endvermögen um fast *50 Prozent* höher. In meiner Vermögensverwaltungsfirma habe ich das immer wieder erlebt: Wir stehen bekanntlich in einem harten Performance-Wettkampf mit Groß- und Privatbanken sowie zunehmend auch mit Vermögensverwaltern im Nicht-Banken-Bereich. Spätestens auf die Dauer von fünf bis acht Jahren liegen wir regelmäßig ganz vorn in den Performance-Vergleichen. Warum ist das so? Weil wir bessere Prognosen machen als unsere Wettbewerber? Kaum, auch wir haben keine Kristallkugel. Weil wir in die »richtigen« Anlagekategorien mit kompromissloser Qualität, solider Diversifikation und antizyklischem Flair investieren? Ja, sicherlich – auch. Aber das ist nur die halbe Wahrheit. Ein wesentlicher Grund, warum wir auf Dauer unsere Konkurrenten oft deutlich hinter uns lassen, ist ein ganz einfacher: Weil wir mit unserer auf Direktanlagen ausgerichteten, transparenten Anlagepolitik *viel* günstiger sind als die meisten unserer Wettbewerber!

Am meisten Gebühren vermeiden Sie, indem Sie konsequent auf hochmargige Aktien- und Anleihensfonds, vor allem aber auch auf Hedgefonds, Private Equity und Strukturierte Produkte verzichten. Am teuersten sind Dachfonds, die Gebühren über mehrere Ebenen produzieren und, richtig gerechnet, oft über 5 Prozent pro Jahr kosten. Wer da noch an das Finanzmärchen glaubt, diese hohen Gebühren würden durch höhere Renditen wieder reingeholt, täuscht sich fundamental. Das Gegenteil ist der Fall. Wenn Sie auf hochmargige Fonds und Alternativanlagen setzen, verlieren Sie oft sogar *überproportional* zu den hohen Kosten. So hat eine vom schweizerischen Bundesamt für Sozialversicherungen in Auftrag gegebene Studie der Beratungsfirma C-alm eindrücklich aufgezeigt, dass ein Anstieg der Vermögensverwaltungskosten um 1 Prozent im Schnitt mit einer *überproportionalen* Senkung der Nettorendite um fast 1,7 Prozentpunkte einhergeht.[6] Man kann es drehen und wenden, wie man will: Die hohen Gebühren hochmargiger Produkte und Alternativanlagen gehen zulasten der Netto-Performance!

Der Weg zu einer erfolgreichen Vermögensverwaltung führt also nicht zuletzt über kompetitive Gebühren. In meinem Unternehmen verzichten wir deshalb nicht nur auf fremde Produkte aller Art, sondern auch auf eigene. Denn auch letztere verursachen Interessenskollisionen und doppelte Gebühren für die Kunden. Und selbst die von Banken offerierten Pauschalgebühren (sogenannte *flat rates*, die pauschal alle Transaktions- und Depotgebühren beinhalten) lehnen wir ab, weil auch diese zu teuer sind. Wenn Sie Ihre Gebühren mit Ihrer Depotbank hart verhandeln und mit einer langfristigen Anlagepolitik ein tiefes Transaktionsvolumen generieren, fahren Sie mit Einzelpreisen besser. Das gilt selbstredend nur für einen Vermögensverwalter, der keine Kick Backs vereinnahmt und keinen Interessenskollisionen ausgesetzt ist.[7]

Ein Vermögensverwalter muss alles daransetzen, seinen Kunden kompetitive und transparente Gebühren zu offerieren. Ich bezweifle, dass dies die Bankenwelt allgemein so lebt. So bin ich im Zusammenhang mit der Gebührenfrage vor einiger Zeit über eine Aussage des Verwaltungsratspräsidenten der Credit Suisse gestolpert, die mich irritierte: »Unsere Bruttomargen stiegen auf 114 Basispunkte, also über 1 Prozent. Das ist zwar nicht so hoch wie früher einmal, aber eine der höchsten der Branche.«[8] Nanu? Ist es denn wirklich das Ziel einer Bank oder eines Vermögensverwalters, die Margen zu steigern? Ich denke nein – es sei denn, man möchte kurzfristig den Aktienkurs steigern. Das Ziel sollte doch vielmehr sein, mit einer exzellenten Dienstleistung und Performance die Kunden zufriedenzustellen. Die daraus resultierende Mund-zu-Mund-Werbung bringt Neukunden und Neugelder, die schließlich zu höheren Einnahmen führen – ohne den einzelnen Kunden zu »melken«.

TEIL V
EIN ERFOLGSMODELL FÜR DEN INTELLIGENTEN INVESTOR

33
Ihre optimale Vermögensaufteilung – konzentrieren Sie sich auf die transparenten Originale und setzen Sie vor allem auf Aktien

Die Aufteilung Ihres Vermögens auf die verschiedenen Anlagekategorien ist die wichtigste Entscheidung, die Sie aktiv zu treffen haben.[1] Die Strukturentscheidung bestimmt 80 bis 90 Prozent Ihrer zukünftigen Rendite und Ihres zukünftigen Risikos. Es kann deshalb nicht genug betont werden, wie wichtig sie ist. Immer wieder bin ich in der Praxis erstaunt darüber, wie rasch und oberflächlich diese so eminent wichtige Strukturdiskussion geführt wird. Ein Hauptfehler, den Anleger machen, ist der, dass sie 90 Prozent ihrer Zeit für ziemlich irrelevante Taktik- und Tagesentscheidungen einsetzen, während sie für die fundamentalen Anlagefragen vielleicht 10 Prozent aufwenden. Das führt in der Folge zu suboptimalen oder teilweise unsinnigen Portfoliokonstruktionen, die langfristig nicht im Interesse der Investoren sind. Statt sich *wirklich* umfassend, professionell und kritisch mit der fundamentalen Frage der Vermögensaufteilung zu befassen, verschwenden Anleger und deren Berater ihre wertvolle Zeit mit Fragen, ob im Zusammenhang mit dem Brexit britische Aktien gemieden werden sollen und ob die Aktie von Novartis besser ist als die von Roche oder umgekehrt. In effizienten Märkten kennen wir die Antworten darauf ohnehin nicht. Viel wichtiger sind die Fragen zur optimalen Vermögensaufteilung. Investieren Sie 10, 20, 30, 50 oder sogar 80 Prozent in Aktien oder Immobilien? Wie groß soll der Anteil an Anleihen oder Liquidität sein, und welche Qualität und Laufzeitenstruktur bevorzugen Sie? Wie hoch soll der Anteil ausländischer Währungen sein? Soll in Alternativanlagen wie Hedgefonds, Infrastruktur, Private Debt, Private Equity, Gold oder in Strukturierte Produkte investiert werden? Und wenn ja, mit welchem Anteil?

Mit den Alternativanlagen habe ich mich in Teil III ausführlich und kritisch auseinandergesetzt. Sie werden deshalb nicht erstaunt sein, dass ich Ihnen mit großer Überzeugung empfehle, aus Gründen der Intransparenz, der Illiquidität, der in aller Regel ungenügenden Rendite-/Risikoperspektive und der teilweise exorbitant hohen Kosten vollständig auf alternative Anlagen zu verzichten. Sie brauchen weder Hedgefonds noch Infrastrukturanlagen noch Private Equity noch Private Debt – und schon gar keine komplexen Strukturierten Produkte, die Sie womöglich gar nicht verstehen. Vielleicht halten Sie einen kleinen Anteil von maximal 2 Prozent Ihres Vermögens in Gold – aber aufgrund meiner Ausführungen in Kapitel 25 ist auch diese Anlage kein Muss.

In welche Anlagen sollten Sie investieren? In die Originale! Investieren Sie Ihr Vermögen ausschließlich in Aktien, Immobilien und festverzinsliche Anlagen, zu denen Anleihen und Liquidität gehören. Dabei bieten Ihnen insbesondere Aktien als die langfristig attraktivste Anlageform auch einen Schutz gegen die inflationäre Geldentwertung und damit eine Sicherheit, Ihr Vermögen im Idealfall über Generationen real zu erhalten respektive zu vermehren. Mit welchem Anteil soll nun in die einzelnen Anlageklassen investiert werden? Im Bewusstsein, dass unsere kurz- und mittelfristigen Prognosen nicht viel taugen, darf die Festlegung unserer optimalen Vermögensallokation natürlich *nicht* auf solchen basieren. Vielmehr sollte sie auf nachweislichen Fakten beruhen.

> »Es stimmt, dass Geld allein nicht glücklich macht. Allerdings meint man damit das Geld der anderen.«
>
> **George Bernard Shaw**, irisch-britischer Dramatiker und Satiriker (1856 – 1955)

Immer wieder bin ich erstaunt darüber, wie laienhaft die Diskussion über eine optimale Vermögensaufteilung in meiner Branche geführt wird. So ist die Ansicht, dass der Aktienanteil am Finanzvermögen konservativer Anleger höchstens 20 oder 25 Prozent betragen soll, fast gottgegeben. Anleger mit ausgewogenem Risiko sollten demnach einen Aktienanteil von 25 bis 50 Prozent haben, während Investoren, die als risikofreudig bezeichnet werden, ihr Wertpapiervermögen im Extremfall ausschließlich in Aktien anlegen könnten. Viele Experten predigen ihren Anlegern die sogenannte »100 minus Alter«-Regel, so zum Beispiel der Anlagechef der Credit Suisse, Michael Strobaek: »Ich persönlich halte viel von der Faustregel 100 Prozent minus Lebensalter.«[2] Diese besagt, dass ein 20-jähriger Student 80 Prozent (100 minus 20) seines Vermögens in Aktien stecken soll, während eine 94-jährige Witwe gerade noch 6 Prozent (100 minus 94) ihres Vermögens in Dividendenpapieren halten soll. Professor Thorsten Hens von der Universität Zürich empfiehlt mit der »Aktienquote = Pensionsalter – aktuelles Alter« eine noch restriktivere Variante.[3] Nach diesem Ansatz würde ein noch jung gebliebener Rentner im Alter von 65 Jahren überhaupt keine Aktien mehr halten. Intuitiv mögen solche Daumenregeln vielleicht plausibel klingen. Die erwartete Restlebensdauer und damit der rechnerische Anlagehorizont der Witwe sind naturgemäß aufgrund ihres fortgeschrittenen Alters deutlich kürzer als beim Studenten. Aber nimmt mit zunehmendem Alter auch automatisch die Risikofähigkeit ab? Nein, natürlich nicht!

Nehmen wir das Beispiel der 94-jährigen Witwe, die im vorliegenden Fall ein angespartes Vermögen von 2 Millionen Schweizer Franken besitzt, in einem Altenheim residiert und über eine komfortable Krankenversicherung verfügt. Sie hat zwei Kinder und vier Enkelkinder. Gemäß der »100 minus Alter«-Regel dürfte die betagte Dame gerade noch 6 Prozent ihres Wertpapiervermögens in Aktien halten. Den überwiegenden Teil müsste sie sodann in sicheren, kaum verzinsten Anleihen oder in Liquidität halten. Solche stereotypen Aussagen und Empfehlungen halte ich für irreführend.

Viel wichtiger als die verbleibende Lebensdauer ist nach meiner Überzeugung, die individuelle finanzielle und familiäre Situation der betagten Witwe zu kennen. Lebt sie aus ihrem Vermögen oder aus anderen Einkünften? Wie viel plant die Witwe, großzügig gerechnet, aus ihrem Vermögen zu entnehmen? Wer sind die Erben? Was gedenken die potenziellen Erben mit ihrem Erbe einst zu machen? Werden sie das Geld für einen Immobilienkauf oder den Konsum brauchen oder bleibt es weiterhin und langfristig auf einem Wertpapierportfolio investiert? Geht ein Teil des potenziellen Erbes der Witwe direkt an die Enkelkinder? Diese und weitere Fragen, aber auch das subjektive Risikoempfinden der Witwe und der potenziellen Erben entscheiden darüber, wie lange der *faktische* Anlagehorizont der 94-jährigen Dame ist. Um es auf den Punkt zu bringen: Wenn das Vermögen der Witwe mit dem Ziel an die kommenden Generationen weitergegeben werden soll, dieses weiterhin langfristig zu investieren und zu vermehren, dann ist durchaus denkbar, dass ihr Aktienanteil im Wertpapierportfolio, abgesehen von der erforderlichen Liquidität, 100 Prozent beträgt. Die 94-jährige Witwe verfügt dann nämlich implizit und faktisch über einen *sehr* langen Anlagehorizont. Andererseits ist es auch denkbar, dass ihre Aktienquote bei null liegen kann. Dies wäre beispielsweise dann der Fall, wenn die Witwe krank ist und viel Geld für ihre Pflege benötigt. Oder wenn ihre Nachkommen planen, ihr potenzielles Erbe einst für ihren Lebensunterhalt, für geplante Anschaffungen oder die Abzahlung von Bankkrediten zu verwenden. Aus meiner Sicht ist es ein Humbug, Anleger stereotyp in Risikoklassen einzuteilen, und ich halte Faustregeln für die Bestimmung des Aktienanteils für völlig unzweckmäßig.

»Geld ist nicht alles, aber es stellt sicher, dass der Kontakt mit ihren Kindern nicht abbricht.«

Jean Paul Getty, amerikanischer Öl-Tycoon und Industrieller (1892 – 1976)

Bei der Festlegung Ihrer optimalen Vermögensstruktur halte ich folgende Fragestellungen für zentral:

- Wie ist Ihre familiäre Situation, und wie gestaltet sich Ihre persönliche Einnahmen/Ausgaben-Situation in den kommenden Jahren? Fließt netto Geld von Ihrem Vermögen ab, oder kommt nach Bezahlung aller Ausgaben neues dazu?
- Was ist Ihr *faktischer* Anlagehorizont in der Bewirtschaftung Ihres Vermögens?
- Wie ist Ihr *subjektives* Risikoempfinden bezüglich der einzelnen Anlagekategorien?

Wenn ich mich hier auf die drei aus meiner Sicht wesentlichsten Fragen in Bezug auf die strukturelle Aufteilung Ihres Vermögens beschränke, ist es mir wichtig zu betonen, dass die letztendliche Entscheidung für jeden einzelnen Investor alles andere als einfach ist. Jede familiäre Situation ist einzigartig und die individuellen Einstellungen zum Risiko gehen zwischen den Anlegern oft monumental auseinander. Wenn ich Kunden und Investoren erzähle, dass ich, abgesehen von der erforderlichen Liquidität und meinem überschaubaren Immobilienbesitz, mein überwiegendes Geld in börsennotierten Aktien – es sind dieselben Titel, die auch meine Kunden besitzen – anlege und mich damit als *äußerst konservativen* Anleger bezeichne, reagieren einige erstaunt oder erklären mich sogar für verrückt. Wie kann sich jemand als äußerst konservativer Anleger bezeichnen, wenn er einen derart hohen Aktienanteil hält? Für mich ist das kein Widerspruch. Erstens werde ich als aktiver Unternehmer auch in der längerfristigen Zukunft einen Nettovermögenszufluss haben, sodass ich in Baissen keine Aktien verkaufen muss, sondern sogar zukaufen kann. Zweitens habe ich keinerlei Schulden, weder geschäftlich noch privat – die Unabhängigkeit von Banken und Bankern war und ist mir stets von fundamentaler Bedeutung, weshalb ich zu 100 Prozent eigenfinanziert bin. Drittens ist als Folge der ersten beiden Punkte mein *faktischer* Anlagehorizont sehr langfristig, denn ich beabsichtige, einen substanziellen Teil meines Vermögens einst an die nächste Generation zu übertragen. Viertens sind mir die kurzfristigen Schwankungen an den Märkten völlig egal. Ich sehe sie sogar als Chance, um antizyklische Opportunitäten zu packen. Wer will mich bei dieser Konstellation trotz meines sehr hohen Aktienanteils allen Ernstes als risikofreudigen Anleger bezeichnen? Ich bleibe dabei: Ich betrachte mich als äußerst konservativen Anleger – trotz hohem Aktienanteil.

»Kein Wind ist demjenigen günstig, der nicht weiß, wohin er segeln will.«

Michel de Montaigne, französischer Essayist (1553 – 1592)

Auch wenn jeder einzelne Anleger seine eigene, persönliche Geschichte und Perspektive hat, die schließlich zur individuell optimalen Vermögensallokation führt, will ich Ihnen aufgrund meiner Überzeugungen eine konkrete Entscheidungshilfe geben, wie Sie diese für sich ermitteln können. Ich halte nicht viel von 100-seitigen Vermögensanalysen und Pensionierungsplänen von Banken, Vermögensverwaltern und Vorsorgeberatern, die bis auf die zweite Kommastelle zu ermitteln versuchen, wie sich Ihre Ausgaben/Einnahmen-Situation in den nächsten 20 oder 30 Jahren entwickeln wird. Meistens handelt es sich dabei um eine intellektuelle Zahlenakrobatik, welche sich vor allem durch Scheingenauigkeit auszeichnet. Unsere Zukunft ist viel zu unsicher und komplex, um sie mit Computermodellen simulieren zu können. Bei der Vermögensstrukturierung gehe ich deshalb ganz einfach und pragmatisch nach folgenden Fragestellungen vor:

- Übersteigen Ihre kumulierten Ausgaben in den kommenden acht bis zehn Jahren Ihre Einnahmen? Sollte dies der Fall sein, empfehle ich, diesen geplanten Ausgabenüberschuss – weil Sie zum Beispiel das Studium Ihrer Kinder finanzieren oder ein kleines Motorboot anschaffen wollen – konsequent in Liquidität oder in sicheren Anleihen mit entsprechender Laufzeit anzulegen. Der Anlagehorizont dieser für höchstens ein paar Jahre disponiblen Gelder ist dann einfach zu kurz, um sie beispielsweise in Aktien oder Immobilien anlegen zu können.
- Für welchen Teil Ihres Gesamtvermögens können Sie nach Abwägung aller bekannten Einflussgrößen mit hoher Wahrscheinlichkeit davon ausgehen, dass Sie ihn für mindestens acht bis zehn Jahre nicht brauchen werden? Dieses Geldvermögen können Sie vollumfänglich in Aktien oder Immobilien anlegen. Da Aktien die langfristig attraktivste Anlagekategorie bilden, empfehle ich, diesen Teil des Vermögens primär in Dividendenpapiere zu investieren.

- *Objektiv* betrachtet ist nach möglichst profunder und umfassender Beurteilung der vorstehenden Fragen der Prozess der so wichtigen Vermögensallokation bereits abgeschlossen. Selbstverständlich kommen nun noch Ihre *subjektiven* Präferenzen ins Spiel. Haben Sie eine Affinität zu Immobilienanlagen? Oder sammeln Sie gerne Kunst oder Briefmarken? Investieren Sie gerne in einen Oldtimer, der für Sie nicht zuletzt eine Passion darstellt? Oder träumen Sie von einem schönen Ferienhäuschen auf Mallorca oder in Zermatt? Meine Empfehlung hierzu ist genauso kompromisslos wie die Empfehlung von Aktien als die attraktivste Anlagekategorie: Wenn Sie mit einem Teil Ihres Vermögens Träume verwirklichen wollen und können, tun Sie es! Unser Leben ist schön und einmalig. Lebensträume der Rendite zu opfern, ist unsinnig. Verwirklichen Sie diese. Wessen Sie sich aber bewusst sein sollten, ist die Tatsache, dass Sie mit einer Ferienwohnung in Sardinien oder mit einer Weinsammlung in aller Regel eine Rendite erzielen werden, die um Welten von der Aktienrendite entfernt liegt. Der Spaßfaktor steht dann im Vordergrund.
- Bei der Frage Ihres subjektiven Empfindens spielt auch eine Rolle, wie Sie persönlich mit den Risiken von Wertpapier- und Immobilienanlagen umgehen. Ich kenne Menschen, die sehr reich sind und über einen sehr langen Anlagehorizont verfügen, aber die hohen Schwankungen von Aktienanlagen in turbulenten Zeiten nicht aushalten. In diesem Fall ist eine defensive Anlagepolitik zulasten der Rendite vorzuziehen. Börsenkrisen dürfen allein kein Grund sein, um einem Anleger den Schlaf zu rauben!

Wenn Sie beispielsweise über ein Vermögen von 1 Million Schweizer Franken verfügen und aus diesem in den kommenden zehn Jahren jährlich 20.000 Schweizer Franken an Kapital entnehmen wollen, sollten Sie mindestens 200.000 Schweizer Franken, also 20 Prozent Ihres Vermögens, liquide oder in sicheren Anleihen halten. Der Rest kann im Grunde in Aktien gehen. Da ich allerdings aus eigener Erfahrung weiß, wie gut es sich anfühlt, in der eigenen Wohnung oder im eigenen Haus zu wohnen, wird der Aktienanteil in der Praxis oft nicht bei 80 Prozent, sondern im Falle von Immobilienbesitz deutlich tiefer liegen. Immobilienbesitzern möchte ich an dieser Stelle einen Rat geben, den Banker gerne verdrängen. Statt ein hohes Maß an Anleihen (oder Liquidität) und gleichzeitig Hypothekenschulden auf Ihrem Immobilienbesitz zu halten, empfehle ich Ihnen, Hypotheken so weit wie möglich abzuzahlen. Auch in Zeiten historischer Tiefzinsen sind die Zinsen auf sicheren Anleihen nämlich *immer* tiefer als Ihre Hypothekenzinsen – die Differenz entspricht naturgemäß der Zinsmarge der Bank. Banken schieben Steuerargumente vor, um Kunden davon abzuhalten, ihre Hypothekenbelastung von beispielsweise 50 Prozent durch die Veräußerung von Anleihen weiter zu reduzieren. Auf diese Weise verdienen die Banken doppelt: An Ihrem Hypothekarkredit und an der Verwaltung Ihrer Anleihen. Das ist zum Fenster hinausgeworfenes Geld.

Vielleicht werden Sie erstaunt sein, wenn ich es so formuliere: Wenn ich meine Vermögensentscheidung vollständig rational und ohne Emotionen treffe, so gibt es in meiner Welt im Grunde genau zwei Anlagekategorien: Erstens Geld, das festverzinslich und sicher angelegt ist, um in den kommenden Jahren jederzeit disponibel für entsprechende Bedürfnisse zur Verfügung zu stehen. Zweitens Aktien, die ich mindestens für acht bis zehn Jahre nicht anfassen respektive verkaufen muss. Wozu brauche ich eine weitere Anlagekategorie, die entweder langfristig deutlich weniger Rendite abwirft oder Risiken wie Illiquidität und Intransparenz aufweist, die ich nicht tragen will?

Als Alternative zu den Aktien kommen für mich am ehesten Immobilien als Anlage infrage. In guter Lage (bei Immobilien zählen ja bekanntlich drei Kriterien, um erfolgreich zu investieren: Lage, Lage, Lage) und mit hoher Qualität investiert, wirft Betongold eine durchaus attraktive Rendite ab. Aber sie kommt niemals an die Rendite von Aktien heran. Für mich ist deshalb schwer nachvollziehbar, warum der Durchschnittsschweizer rund 44 Prozent seines Vermögens in Immobilien, aber gerade einmal 7 Prozent in Aktien anlegt. In Deutschland sind die Verhältnisse noch extremer zugunsten von Immobilienbesitz. Langfristig verfügbare Gelder *nicht* in Aktien zu investieren, ist für mich immer ein Kompromiss, der mit anderen Argumenten als mit denjenigen von Rendite und Risiko begründet sein muss. Deshalb besitze ich neben meinem eigenen Haus weder eine Ferienwohnung noch ein Ferienhaus. Rechne ich aus, was mich ein solches *wirklich* kostet, so fahre ich am Ende finanziell wesentlich besser, wenn ich mein Geld in Aktien anlege und mir anstelle dessen schöne Hotelferien an grandiosen Ecken dieser Welt gönne. So bleibe ich unabhängig und erspare mir jeden Ärger mit irgendwelchen Liegenschaften. Welcher Ferienwohnungs- oder Hausbesitzer kann denn nicht ein Lied davon singen? Kaum kommt man in seinem Zweitwohnsitz an, kümmert man sich um vielerlei Alltagsdinge, die einen schon am Erstwohnsitz auf Trab halten: einkaufen, Reparaturen, Rasen mähen, Fenster putzen und vieles mehr. Persönlich möchte ich das nicht. Wenn ich ein Problem habe, sage ich das dem Concierge. Bei Feriendomizilen im Ausland käme dazu, dass meine Steuererklärung komplizierter wird. Und wenn ich dann einmal meine Liegenschaft verkaufen will, finde ich vielleicht nicht einmal einen Käufer. Aber klar, ich kann jeden verstehen, der eine Ferienwohnung kauft und es liebt, regelmäßig am vertrauten Ort Urlaub zu machen. Das hat viele Vorteile, die den Nachteil der tieferen Rendite ausgleichen können. Es ist schließlich immer eine Frage der subjektiven Präferenzen, die von Mensch zu Mensch sehr verschieden sind. Das gilt selbstverständlich auch für jene, die einen substanziellen Teil ihres Vermögens in Briefmarken, Kunst oder Oldtimer investieren. Wenn die Leidenschaft für die Objekte groß ist, rechtfertigt dies jeden Kaufentscheid – auch wenn er aufgrund rationaler Rendite- und Risikoüberlegungen suboptimal sein mag.

Bezüglich der Festlegung einer optimalen Vermögensstruktur haben schließlich diverse Consultants Verbesserungspotenzial. Um die eigene Verantwortung zu minimieren, werden nämlich den Kunden nicht selten zu defensive Portfoliostrukturen empfohlen. Soll eine einmal festgelegte strategische Vermögensaufteilung über Jahre und Jahrzehnte konstant bleiben? Obwohl ich Anhänger einer langfristigen Anlagepolitik bin, die mit ruhiger Hand geführt wird, ist das nicht zwingend. Veränderungen der Lebensverhältnisse oder ein verändertes Risikoempfinden können zu einer Neubeurteilung der strategischen Vermögensdisposition führen. Dazu kommt, dass die verschiedenen Anlagekategorien unterschiedlich rentieren und damit mit unterschiedlichem Tempo wachsen. Nehmen wir einmal an, Ihr Vermögen sei zu 50 Prozent in Aktien, zu 30 Prozent in Immobilien und zu 20 Prozent in Anleihen oder Liquidität investiert. Langfristig werden Aktien deutlich mehr Rendite abwerfen als Anleihen. Würde die strategische Vermögensaufteilung konstant gehalten, müsste über die Jahre und Jahrzehnte laufend gut rentierendes Aktienvermögen in schlechter rentierende Anleihen umgeschichtet werden. Diese systematische Umverteilung ist ökonomisch aus einer Renditeperspektive nicht sinnvoll, weshalb ich der Meinung bin, dass die strategische Allokation eines Anlegers im Zeitablauf auch aus diesem Grund nicht konstant bleiben soll respektive muss. Entgegen den vielzitierten Faustregeln kann der langfristig rentable Aktienanteil eines Anlegers im Laufe seines Lebens sogar ansteigen.

34
Verfallen Sie nicht vollmundigen Renditeversprechen

Welche Renditen können Sie mit Ihren Anlagen realistischerweise erwarten? In der Beantwortung dieser Frage will ich mich auf die Anlageklassen beschränken, die ich Ihnen vorbehaltlos empfehlen kann: Anleihen, Aktien und Immobilien. Ich bin immer wieder erstaunt, welch fantastische Renditeerwartungen in unserer Branche oft ohne schlechtes Gewissen angepriesen werden. Sie entbehren häufig jeder Grundlage, was bei den Investoren regelmäßig zu Enttäuschungen führt. Bleiben wir deshalb auf dem Boden der Tatsachen. Folgende Renditeerwartungen scheinen mir auf die mittlere Zukunft realistisch zu sein.

Anleihen

Die wichtigste Komponente für die zukünftige Performance von Anleihen ist die Höhe des Zinses und dessen zukünftige Entwicklung. Im Wissen, dass wir nicht in der Lage sind, eine zuverlässige Zinsprognose zu machen, stellt die aktuelle Zinskurve wohl die zuverlässigste Renditeprognose für Anleihen dar. Liegen die Zinssätze in einem Land bei 4 Prozent, so dürfte diese Höhe eine realistische Renditeerwartung für die nahe Zukunft darstellen. Liegen sie, wie im Jahr 2020 in Deutschland und in der Schweiz der Fall, im negativen Bereich, so dürfte eine realistische Renditeerwartung für die kurze Frist eines Jahres ebenfalls leicht negativ sein. Alles andere wäre unrealistisch und mit völlig unsicheren Prognosen verknüpft. Ein viel gehegter Wunsch konservativer Anleger, die keine Traumrenditen suchen, ist der nach dem Werterhalt ihres Vermögens. In einem Umfeld nicht existierender Zinsen ist dies, unter Berücksichtigung von Inflation, Steuern und Gebühren, mit qualitativ erstklassigen Anleihen nicht mehr möglich. Um den Wert des Vermögens zu erhalten oder noch besser zu mehren, braucht es Realwerte.

Aktien

Eine realistische Renditeerwartung für Aktien kann nach meiner Überzeugung auf zwei Arten ermittelt werden. Die erste Variante geht, analog zum Risikoprämienmodell des Nobelpreisträgers William Sharpe, vom risikolosen Zins aus. Zu diesem wird die langfristige Risikoprämie der Aktien addiert. Gemäß Pictet beträgt die langfristig erzielte arithmetische Risikoprämie von Schweizer Aktien im Jahresdurchschnitt 5,4 Prozent (siehe dazu Kapitel 19). Im Jahr 2020 lag der risikolose Zins bei rund -0,5 Prozent. Aus der Addition errechnet sich eine Renditeerwartung für Aktien von jährlich 4,9 Prozent.

Eine zweite Grundlage, um eine realistische Schätzung für zukünftige Aktienrenditen zu ermitteln, bildet die Gewinnrendite der Unternehmen. Im Verlauf des Jahres 2020 lag das durchschnittliche Kurs/Gewinn-Verhältnis von Schweizer Aktien bei rund 18. Daraus errechnet sich eine Gewinnrendite von knapp 5,6 Prozent (100 dividiert durch 18). Diese Berechnung entspricht einer eher konservativen Schätzung, da sie das zukünftige Gewinnwachstum der Unternehmen unberücksichtigt lässt. Es ist eine statische Momentbetrachtung. Rechnet man zusätzlich ein Gewinnwachstum der Unternehmen ein, das langfristig realistisch ist, so ergibt sich eine zukünftige Renditeerwartung, die bei rund 6 Prozent liegen dürfte.

Beide Methoden führen zu Aktienrenditeerwartungen, die zukünftig deutlich tiefer liegen als in der Vergangenheit – irgendwo im Bandbereich von jährlich 5 bis 6 Prozent. Das scheint mir in einem zinslosen Umfeld realistisch zu sein. Persönlich bin ich darüber hinaus der Überzeugung, dass die Risikoprämien von Aktien gegenüber Anleihen in Zukunft eher höher ausfallen werden als in der Vergangenheit. Dies deshalb, weil Anleihen aufgrund ihrer extrem starken Zinsabhängigkeit über lange Jahre am meisten von den massiven Anleihenkäufen und Zinssenkungen der Notenbanken profitieren konnten. Gehen wir von der Annahme aus, dass die Zinsen in Zukunft nicht auf -3, -5 oder -10 Prozent sinken werden, wird sich dieser Effekt in Zukunft nicht wiederholen lassen.

> »Durch den Rückspiegel sieht man immer klarer als durch die Windschutzscheibe.«
>
> **Warren Buffett**, amerikanische Anlegerlegende und Orakel von Omaha, Nebraska

Der renommierte Wirtschaftsprofessor Thomas Straubhaar vertritt, was die Renditen von Aktien betrifft, die Meinung, dass diese langfristig im Gleichschritt mit der Wirtschaftsleistung ausfallen müssten. Konkret: Wenn das langfristige Wirtschaftswachstum (BIP) 3 Prozent beträgt, dürfte auch die langfristige Rendite von Aktien nicht mehr als jährlich rund 3 Prozent betragen.[1] Da Aktien in der Vergangenheit wesentlich höhere Renditen als 3 Prozent abwarfen, hätten sich gemäß Straubhaar deren Kurse von den realen Verhältnissen völlig abgekoppelt. Diese Ansicht dürfte ein Irrtum sein, der sich logisch erklären lässt. Das BIP-Wachstum misst Umsatzveränderungen der Wirtschaft, während sich die Aktienkursentwicklung der Unternehmen an den Gewinnveränderungen orientiert. Da Unternehmen substanziell Fremdmittel einsetzen – oft ist der Fremdkapitalanteil deutlich höher als derjenige der Eigenmittel – und auf diese Weise ein Hebeleffekt erzeugt wird, liegt die langfristige Entwicklung der Gewinne deutlich über der Wirtschaftsentwicklung. Ein Wirtschaftswachstum von 3 Prozent führt deshalb zu einem erwarteten Unternehmensgewinnwachstum von 6 bis 8 Prozent. Dazu kommt, dass Unternehmen ihre Gewinne auch durch Effizienzsteigerungen erhöhen können. Über die 30-jährige Periode von 1988 bis 2017 bedeutet das aus der Perspektive der Schweiz Folgendes: Während das Wirtschaftswachstum (gemessen am BIP) in diesen drei Jahrzehnten nominell um 131,7 Prozent zugenommen hat, haben Schweizer Aktien in derselben Zeit um 1.369,1 Prozent zugelegt – das Zehnfache. Der Unterschied ist gigantisch.

Immobilien

In Kapitel 24 habe ich aufgezeigt, dass die langfristigen Renditen von Immobilien zwischen denen von Aktien und Anleihen liegen dürften. Die Wahrscheinlichkeit ist hoch, dass dies auch in der langfristigen Zukunft nicht anders sein wird. Aufgrund der hohen Zinssensitivität von Immobilienanlagen sind deren Preise in Ländern wie Deutschland oder der Schweiz in den letzten Jahren und Jahrzehnten markant gestiegen. Das hat dazu geführt, dass die am Markt erzielbaren Bruttorenditen drastisch erodiert sind. Gemäß meinen Analysen und Gesprächen mit Experten befinden sich im Jahr 2020 die durchschnittlich erzielbaren Bruttorenditen, gemessen an ihren Marktwerten, für Wohn- und Gewerbeimmobilien auf einem Niveau, das kaum mehr 3 Prozent erreicht. Davon gehen die Aufwendungen für Unterhalt sowie der erforderliche Abschreibungsbedarf weg. Somit gehe ich davon aus, dass eine realistische Nettorenditeerwartung für erstklassige Liegenschaften in Zukunft zwischen 1 und 2 Prozent betragen dürfte. Das ist markant weniger als mit Aktien, jedoch deutlich mehr als mit Anleihen.

35
Seien Sie vorsichtig bei Performance-Vergleichen

Es ist immer wieder erstaunlich, welche Wahr- und Unwahrheiten Anlageprofis über ihre erzielten Renditen und Risiken verkünden. Getreu dem Motto »Vertraue keiner Statistik, die du nicht selbst gefälscht hast« werden gezielt Performance-Vergleiche so konstruiert, dass »zufällig« genau das »bewiesen« wird, was einem am besten gefällt. So werden Zeiträume für Renditevergleiche exakt so gewählt, dass die eigene Leistung möglichst gut respektive diejenige der Vergleichsportfolios und -indizes möglichst schlecht aussieht. Wer Aktien als Anlage schlechtreden will, wählt als Startzeitpunkt idealerweise den Beginn des Jahres 2000. Wir erinnern uns: Kurz nach der Jahrtausendwende erfolgte mit der New-Economy-9/11-Krise der größte Börsenzusammenbruch seit dem Zweiten Weltkrieg. Diesem folgte wenige Jahre später die große Finanzkrise, in welcher sich die Aktienkurse zum zweiten Mal in kurzer Zeit glatt halbierten. Das ist eine einmalige Kumulation negativer Börsenereignisse in der neueren Finanzgeschichte. Wer noch Schlimmeres erlebt haben will als diese Krisenzeiten, in denen multinationale Banken und Versicherungen wie Dominosteine fielen, der muss in den Geschichtsbüchern in die Zeit der Großen Depression der 1930er Jahre zurückblättern. Obwohl danach die Welt vom Zweiten Weltkrieg und zahlreichen weiteren Krisen erschüttert wurde, gab es seit der Großen Depression keinen schlechteren Zeitpunkt mehr, um in Aktien zu investieren, als zum Ende des Jahres 2000.[1] Es ist deshalb schon fast bösartig, die langfristige Aktienrendite mit Startzeitpunkt 2001 zu beurteilen. Dass dieses Startdatum zwangsläufig dazu führt, dass Aktien im Quervergleich mit anderen Anlagekategorien mäßig abschneiden, liegt auf der Hand. Dafür braucht es keine Statistik.

Auch Renditevergleiche auf Stufe einzelner Länder sind stark vom beobachteten Zeitraum abhängig. Wenn Sie die Rendite des japanischen Aktienmarkts gezielt mit Startzeitpunkt 1990 messen, dann werden Sie vielleicht niemals Aktien kaufen – schon gar nicht japanische. Wir erinnern uns: Japan erlebte in den 1980er Jahren einen wirtschaftlichen Boom, der dazu geführt hat, dass der japanische Aktienmarkt auf dem Höhepunkt über 50 Prozent der Weltmarktkapitalisierung repräsentierte und die Aktien japanischer Unternehmen im Durchschnitt mit dem fast 100-Fachen des Gewinns bewertet wurden. Zu Beginn der 1990er Jahre implodierte der japanische Aktienmarkt, von dessen Sturz er sich bis heute noch nicht erholt hat. Das Startdatum von Rendite- und Risikovergleichen gezielt vor oder nach Extremereignissen anzusetzen, ist schlicht irreführend.[2] Schließlich kommt ja auch kaum ein Mensch auf die Idee, nie mehr in ein Flugzeug zu steigen im Wissen, dass er abgestürzt wäre, wenn er exakt am 2. September 1998 an Bord der Swissair 111 von New York nach Genf gewesen wäre.[3]

Wer seine optimale Anlagestruktur des Gesamtvermögens einmal definiert hat, sollte sich nach meiner Überzeugung nicht im Monats- oder Quartalsrhythmus von einer Benchmark verrückt machen lassen. Das sage ich nicht deshalb, weil ich mich scheue, an einem Vergleichsportfolio oder Index gemessen zu werden. Vielmehr sehe ich die Gefahr, dass die ständigen Vergleiche mit einer Benchmark latent dazu führen, dass sich der Vermögensverwalter sehr eng an den Vergleichsindex hält, um das Risiko, abzufallen, zu minimieren. Das ist am Ende kontraproduktiv und entspricht auch nicht den Wünschen vieler Investoren.

Ich halte mich stets an den folgenden Grundsatz: Lieber schlage ich im Zweifelsfall eine Benchmark, die sich an einer *optimalen* Vermögensstruktur orientiert, in sieben von zehn Jahren nicht, als dass ich eine völlig suboptimale Benchmark in acht von zehn Jahren übertreffe. Ich will Ihnen das an einem Beispiel erläutern (siehe Tabelle 10). Nehmen wir an, die zwei Pensionskassenvermögen A und B haben dieselbe Risikofähigkeit. Trotzdem haben sich die Verantwortlichen der Kassen A und B für eine völlig unterschiedliche Anlagestruktur entschieden. Während Kasse A 50 Prozent des Vermögens in Aktien, 30 Prozent in Immobilien und 20 Prozent in festverzinsliche Anlagen investiert, legt Kasse B nur 20 Prozent in Aktien und 10 Prozent in Immobilien, aber 70 Prozent in festverzinslichen Anlagen an. Nach sieben Jahren weist A eine durchschnittliche Jahresperformance von 7,4 Prozent aus, während sich B mit bescheidenen 4,2 Prozent begnügen muss. Allerdings hat der Anlageverantwortliche der Pensionskasse A in sechs von sieben Jahren die Benchmark-Rendite verfehlt. Einzig im Jahr 2015 übertraf er sie. Er verliert in der Folge seinen Job, weil er die Erwartungen seiner Chefs, die definierte Benchmark zu übertreffen, nicht erfüllen konnte. In sechs von sieben Jahren hinter der Benchmark zu liegen, ist für diese Pensionskasse nicht akzeptabel, weshalb ein neuer Manager die Verantwortung übernehmen soll. Der Anlageverantwortliche der Kasse B hat dagegen in *jedem* einzelnen der sieben Jahre die für ihn gültige

Benchmark geschlagen. Er wird von seinen Chefs gelobt und erhält auch noch einen dicken Bonus. B wird gefeiert, A abgestraft, trotz deutlich besserer absoluter Performance. Ist das gerecht? Ich meine nein. Möglicherweise hat Manager A im Gegensatz zu B die wichtigste Aufgabe vorbildlich und professionell vorgenommen: die Festlegung der optimalen Anlagestruktur. So lag die *absolute* Rendite von A um jährlich 3,2 Prozent über der von B.

	Kasse A	Benchmark A*	Über-/Unter-Performance	Kasse B	Benchmark B**	Über-/Unter-Performance	Differenz von Kasse A zu B
2013	11,9 %	12,3 %	-0,4 %	4,1 %	4,0 %	0,1 %	7,8 %
2014	10,1 %	10,7 %	-0,6 %	8,5 %	8,4 %	0,1 %	1,6 %
2015	2,9 %	2,1 %	0,8 %	2,0 %	1,8 %	0,2 %	0,9 %
2016	5,2 %	5,4 %	-0,2 %	3,0 %	2,9 %	0,1 %	2,2 %
2017	10,9 %	11,3 %	-0,4 %	4,7 %	4,5 %	0,2 %	6,2 %
2018	-2,9 %	-2,7 %	-0,2 %	-0,8 %	-1,1 %	0,3 %	-2,1 %
2019	14,7 %	15,3 %	-0,6 %	8,5 %	7,9 %	0,6 %	6,2 %
Total	64,7 %	67,0 %	-2,3 %	33,7 %	31,7 %	2,0 %	31,0 %
p.a.	7,4 %	7,6 %	-0,2 %	4,2 %	4,0 %	0,2 %	3,2 %

* 15 % SPI, 35 % MSCI World AC, 20 % SBI, 30 % KGAST Immobilien
** 6 % SPI, 14 % MSCI World AC, 70 % SBI, 10 % KGAST Immobilien

Tabelle 10: Der Unsinn des Benchmark-Vergleichs – suboptimale Resultate, auch wenn der aktive Manager die Benchmark regelmäßig schlägt. *Eigene Berechnungen. Quelle: Bloomberg.*

Im institutionellen Geschäft üben professionelle Berater (Consultants) das Controlling über die Anlageresultate von Pensionskassen und Stiftungen aus. Im Monats- oder Quartalsrhythmus beschäftigen sie sich mit der Frage, ob die einzelnen Portfoliomanager ihre Benchmark übertroffen oder verfehlt haben. Klar, diese Frage mag für die Führungsverantwortlichen einer Pensionskasse oder einer Stiftung von einem gewissen Interesse sein. Ein Portfoliomanager, der regelmäßig seine Benchmark verfehlt, muss dies verantworten. Kurzfristige Benchmark-Vergleiche dürfen aber auf keinen Fall zur Folge haben, dass die Prioritäten des Anlagegeschäfts falsch gesetzt werden. Viel wichtiger als die Frage, ob eine Benchmark in einem Quartal oder in einem Jahr um 0,4 Prozent übertroffen oder um 0,3 Prozent verfehlt wurde, ist die Entscheidung über die Anlagestruktur. Wird diese Strukturentscheidung im Sinne des Anlegers optimal getroffen, dann gilt streng genommen dies: Die optimale Anlagestruktur eines Anlegers entspricht gleichzeitig seiner Benchmark. Oder anders ausgedrückt: Ist die optimale Anlagestruktur für einen individuellen Anleger bekannt, ergibt es im Grunde keinen Sinn, diesen an einer Benchmark zu messen, in die er gar nicht investieren will. Ob er diese wie auch immer geartete Benchmark am Ende des Tages schlagen wird oder nicht, hängt ohnehin zu einem hohen Grad mit Zufall zusammen. In diesem Kontext sehe ich im institutionellen Geschäft der Vermögensverwaltung einen logischen Widerspruch. Die Zunft der Consultants ist einerseits davon überzeugt, dass das systematische Erzielen von Über-Performance kaum möglich ist, und rät in der Folge zu passiven Anlageprodukten. Andererseits prüfen die Berater bei aktiven Mandaten im Monatsrhythmus, ob der Geldverwalter die festgelegte Benchmark schlägt oder nicht. Was gilt denn nun: Markteffizienz oder -ineffizienz? Darüber hinaus stelle ich fest, dass in der Praxis ein zu kurzfristiges Reporting in der Tendenz zu einem prozyklischen Anlageverhalten führt. Überinformation kann gerade in turbulenten Zeiten Hektik auslösen.

Selbstverständlich soll die Leistung eines aktiven Vermögensverwalters gemessen und kritisch hinterfragt werden. Um eine aussagekräftige Beurteilung über seine Performance vornehmen zu können, ist dazu ein Betrachtungshorizont von mindestens fünf Jahren erforderlich. Monatliche oder jährliche Vergleiche haben wenig Aussagekraft. Würde ein Anleger nach weniger als drei Jahren seinem Vermögensverwalter das Mandat entziehen, weil er die festgelegte Benchmark verfehlt hat, so wäre wohl dem legendären Investor und Orakel von Omaha, Warren Buffett, schon mindestens ein Dutzend Mal gekündigt worden![4] Legen wir den Fokus auf den kurzfristigen Benchmark-Vergleich statt auf die langfristig viel wichtigere Anlagestruktur, riskieren wir, im Sinne des Bonmots »Alles im Griff auf dem sinkenden Schiff« die falschen Akzente zu setzen. Der langfristige Erfolg ist nur möglich, wenn zwischenzeitliche Rückstände verkraftet werden können.

Wie problematisch Benchmark-Vergleiche sind, zeigt auch dies: Gemäß der Branchenorganisation Index Industry Association gab es im Jahr 2018 weltweit rund 3,3 Millionen (!) Indizes allein auf Aktien. Es herrscht ein eigentlicher Wildwuchs bei den Indizes. Gleichzeitig gab es global gerade einmal 44.000 kotierte Firmen. Es ist somit für die cleveren Geldprofis dieser Welt – und davon gibt es viele – einfach, Aktienkörbe als Benchmark zu identifizieren, die in der Vergangenheit die gewünschten Ergebnisse geliefert haben, um selber gut dazustehen. Welcher Vermögensverwalter will schon in seiner Hochglanzbroschüre zugeben, dass er hinter den relevanten Vergleichsmaßstäben liegt? Findige Vermögensverwalter sind deshalb immer in der Lage zu »beweisen«, dass sie mit ihren Anlagen eine entsprechende Benchmark geschlagen haben. So lässt sich auch erklären, weshalb sich mindestens 80 Prozent der aktiven Geldmanager als »überdurchschnittlich gut« bezeichnen. Solche manipulativen Vergleiche sind absurd und am Ende auch eine Irreführung des Anlegers. Aus all diesen Gründen betrachte ich das relative Benchmark-Denken mit einiger Zurückhaltung.

> »Zwei Dinge sind unendlich: Das Universum und die menschliche Dummheit, aber beim Universum bin ich mir nicht ganz sicher.«
>
> **Albert Einstein,** Physiker und Nobelpreisträger (1879 – 1955)

Ähnlich naiv wie die »Chartisten« im Casino verhalten sich übrigens auch gewisse Banker und Fondsmanager, die sich bei der Anpreisung ihrer Produkte auf simulierte Vergangenheitsrenditen berufen. Finanzmagier finden immer wieder Tricks, um Kunden mit verlockenden Renditen und pseudowissenschaftlichen Studien für ihre Anlagen zu ködern. Dazu gehört, dass den potenziellen Kunden bei Auflage eines neuen Fonds eine beeindruckende Performance mittels eines sogenannten »Back Testing« vorgelegt wird. Bei Auflage des Fonds verfügt dieser naturgemäß noch nicht über einen historischen Renditeausweis, den sogenannten Track Record. Deshalb errechnen findige »Analytiker« die virtuelle Rendite, welche bei Anwendung der entsprechenden Strategie in der Vergangenheit erzielt worden *wäre*. Da diese Renditen nie erzielt wurden und rein theoretisch »zurückgerechnet« werden, sind solche Pseudorechnungen irreführend und nicht aussagekräftig. Genauso wie bei der Charttechnik wird ein findiger Mathematiker einer Bank nämlich immer eine Strategie finden, die rein *zufällig* in der Vergangenheit funktioniert hätte. »Back Testing«-Renditen sind deshalb nicht einmal das Papier wert, auf dem sie stehen. Sie sind reiner Marketing-Lärm, denn die Zukunft hat ihre eigenen Gesetze. Trotzdem sind sie gelebte Praxis.

Irreführend dabei ist, dass in den Fondsprospekten der Anbieter oft nur in der Fußnote und mit der Lupe zu lesen ist, dass es sich bei den »Back-Testing«-Berechnungen gar nicht um effektiv erzielte, sondern um hypothetisch errechnete Renditen handelt. Mein Rat bei solchen Angeboten lautet folglich: Werfen Sie Prospekte von Anlageprodukten, deren Vergangenheitsrenditen auf einem »Back Testing« basieren, ungeniert in den Müll.

36

Diversifizieren Sie mit qualitativ hochwertigen Direktanlagen – intelligent, antizyklisch und langfristig

Ich bin ein großer Anhänger von qualitativ erstklassigen Direktanlagen und meide aktive Fonds, die unnötige Gebühren verursachen, häufig eine miserable Rendite ausweisen, nicht selten Gegenparteirisiken beinhalten und von anonymen Geldmanagern verwaltet werden. Die Tatsache, dass innerhalb von 20 Jahren nach Auflegung gerade noch 3 Prozent der Fonds existieren, spricht Bände. 97 Prozent der Fonds werden in dieser Zeitspanne meistens wegen Erfolglosigkeit liquidiert oder fusioniert. Entsprechend erscheinen sie in keinem Performance-Vergleich mehr – »aus den Augen, aus dem Sinn«, lautet da wohl das Motto der Anbieter. Gleichzeitig werden neue Fonds aufgelegt, mit denen die Manager ihr Glück versuchen. Aus all diesen Gründen ziehe ich Direktanlagen vor. Die gezielte Anlage in qualitativ hochwertige Einzeltitel erhöht die Transparenz in den Portfolios und reduziert die Kosten.

Oft werde ich gefragt, wie viele Einzeltitel denn erforderlich seien, um eine gute Risikostreuung zu erreichen. Einige Exponenten der Fondsbranche vertreten die Meinung, dass für eine zweckmäßige Diversifikation eines Aktienportfolios 200, 500 oder gar 1.000 Titel erforderlich seien. Das ist nicht richtig und widerspricht den wissenschaftlichen Fakten. Der Nobelpreisträger William Sharpe hat gezeigt, dass 25 bis 30 Titel genügen, um die titelspezifischen Risiken von Aktien weitgehend zu eliminieren.[1] Um auf der sicheren Seite zu sein, rate ich, noch etwas vorsichtiger zu sein: Wenn Sie zwischen 30 und 60 Aktien von *Marktführern* aus aller Welt und aus verschiedenen Branchen halten, sind Sie hervorragend diversifiziert. Und wenn Sie mit Ihrem qualitativ hochwertigen Portfolio, das mit Aktien von tollen Unternehmen bestückt ist, in einzelnen Jahren von der Performance eines wie auch immer zusammengesetzten Index um 1 oder auch 2 Prozentpunkte abweichen, kann Ihnen das ziemlich egal sein. In der langen Frist gleichen sich diese meist zufälligen Abweichungen aus. Wenn Sie Ihre Positionen im Unterschied zu kapitalisierungsgewichteten Indizes in der Tendenz gleichgewichten, verbessern Sie überdies Ihre Risikostreuung und Ihre Renditen, da Sie Klumpenrisiken vermeiden und auch auf Titelstufe antizyklisch agieren (Grafik 53).[2]

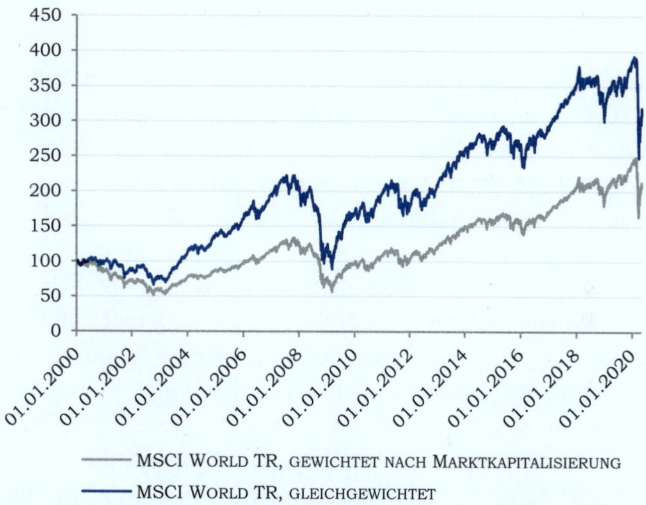

Grafik 53: Aktien gleichgewichtet schlagen Aktien kapitalisierungsgewichtet. *Quelle: Bloomberg. In US-Dollar.*

Bei der Suche und Auswahl Ihrer Aktien empfehle ich Ihnen, nicht der Versuchung zu verfallen, die Amazons, Googles oder Microsofts dieser Welt in einer Frühphase zu kaufen, in der sie noch fast unentdeckt sind. So phänomenal es auch wäre, frühzeitig von der unvergleichlichen Wachstumsgeschichte eines Jeff Bezos oder Bill Gates zu profitieren und sich gemeinsam mit diesen an einer Verhundertfachung des Aktienkurses zu erfreuen: Es ist die Suche nach der Nadel im Heuhaufen. Im *Nachhinein* ist immer klar, welches die ganz großen Wachstumsstorys dieser Welt waren. In der Frühphase eines Unternehmens ist das allerdings völlig unklar und mit hohen Unsicherheiten behaftet. Parallel zu den Amazons, Googles und Microsofts versuchten nämlich unzählige vielversprechende Start-ups ebenfalls ihr Glück – und scheiterten. Ärgern Sie sich nicht, wenn Sie diese Highflyer-Geschichten nicht frühzeitig erkennen und nicht von diesen kometenhaften Kursraketen profitieren können. Wenn Sie es nämlich wie ich schon gar nicht versuchen, müssen Sie sich auch nicht über die unzähligen Flops aufregen, die unweigerlich *auch* in Ihrem Portfolio landen würden. Ich garantiere Ihnen: Es gibt beliebig mehr »Hidden Flops« als »Hidden Champions«, die Sie auf der Suche nach den Top-Aktien der Zukunft anlachen.

> »Keine Chance, dass das iPhone jemals einen signifikanten Marktanteil gewinnt. Das Ding hat nicht einmal eine Tastatur.«
>
> **Steve Ballmer**, ehemaliger CEO von Microsoft, im Jahr 2007

Weniger Titel als bei Aktien braucht es bei den festverzinslichen Anlagen, um gut diversifiziert zu sein. Voraussetzung dazu ist, dass Sie sich auf gute Schuldner mit erstklassiger Bonität fokussieren.[3] In der Regel genügen zehn bis 20 Positionen, um die titelspezifischen Risiken gut zu streuen. Je tiefer die Qualität Ihres Portfolios ist, desto mehr Einzeltitel brauchen Sie, um diese wegzudiversifizieren.

Ich will Ihnen offen sagen, warum sich die Banken- respektive Finanzbranche in der Regel weigert, ihren Kunden Direktanlagen zu empfehlen. Zum einen verdienen die Banken mit Fonds zusätzliche, teilweise fette Gebühren. Zum andern ist das individuelle Bewirtschaften der Kundenportfolios mit Einzeltiteln wesentlich aufwendiger, als wenn deren Vermögen über große Fonds verwaltet werden. Stellen Sie sich einmal vor, eine Bank habe 10.000 Beratungskunden, die Aktien von Nestlé besitzen. Wenn diese individuell betreuten Kunden ihre Titel unabhängig voneinander in 10.000 Portfolios halten und die Bank beschließt, diesen Kunden einen Verkauf der Nestlé-Aktien zu empfehlen, so müssen im Extremfall 10.000 Portfolios gesichtet und 10.000 Einzelverkäufe ausgelöst werden. Halten jedoch die besagten 10.000 Kunden ihre Aktien in einem einzigen Fonds, so löst dessen Manager eine einzige Transaktion aus und die Sache ist geritzt. Das ist zwar bequem für die Bank, denn ihren üppigen Einnahmen steht ein geringer Aufwand entgegen. Aber es ist nach meiner Überzeugung nicht im Sinne des Kunden, der kostengünstig und trotzdem maßgeschneidert auf seine individuellen Wünsche hin betreut werden möchte. Es erstaunt deshalb nicht, dass die renommierte Schweizer Beratungsgesellschaft Zwei Wealth in ihren Analysen zu dem Schluss kommt, dass die eindeutig besten Geldmanager diejenigen sind, die ihren Kunden ausschließlich Direktanlagen in Anleihen und Aktien oder kostengünstige Indexprodukte empfehlen. Würden hingegen Hedgefonds oder Private Equity eingesetzt, verschlechtert sich die Rendite regelmäßig deutlich.[4] Je einfacher darüber hinaus ein Portfolio strukturiert sei, umso wahrscheinlicher sei eine gute Performance. Dem bleibt nichts hinzuzufügen.

> »Ich kaufe nur Aktien, die ich auch besitzen möchte, wenn die Börse morgen für zehn Jahre schließen würde.«
>
> **Warren Buffett**, amerikanische Anlegerlegende und Orakel von Omaha, Nebraska

Ich empfinde es als ein wunderbares Gefühl, mit dem Direktkauf von Aktien nicht einfach ein paar Wertpapiere zu erwerben, sondern Miteigentümer toller Unternehmen zu sein. Das ist nicht der Fall, wenn ich in einen anonymen Fonds investiere. Zwar bin ich bei einem Fonds am anteilsmäßigen Erfolg der Unternehmen beteiligt, aber ich bin rechtlich betrachtet nicht Mitinhaber. Um von der Produktivität und Innovationskraft der Weltwirtschaft zu profitieren, investiere ich deshalb am liebsten direkt in die entsprechenden Unternehmen. Wenn ich vom Geschäftsmodell und dem Management überzeugt bin, bleibe ich im Idealfall über Jahre und Jahrzehnte dabei. Die täglichen Marktschwankungen beunruhigen mich überhaupt nicht. Wenn mir nämlich ein Unternehmen, von dem ich Aktien besitze, ganz gehören würde, würde mich der täglich schwankende Marktpreis auch nicht interessieren. Ich rate Ihnen, als Aktionär eines erfolgreichen Unternehmens so zu denken, wie es sich als Eigentümer gehört, nämlich langfristig. Wenn Sie den kurzfristigen Schwankungen, die heftig sein können, zu großes Gewicht beimessen, macht Sie das nur nervös und Sie sind anfällig für überhastetes Handeln, das Ihnen auf Dauer Schaden zufügt. Was ich Ihnen hier erzähle, mag langweilig klingen – aber glauben Sie mir, Langeweile ist der sicherste Weg zum langfristigen Anlageerfolg.

> »Kaufe eine Aktie, wenn du dir wünschst, dass dir das Unternehmen gehört – nicht wenn du dir wünschst, dass die Aktie steigt.«
>
> **Warren Buffett**, amerikanische Anlegerlegende und Orakel von Omaha, Nebraska

In Kapitel 14 habe ich Sie zum antizyklischen Anlegen ermuntert. Dieses Denken entgegen dem Herdentrieb propagiere ich im Grundsatz sowohl auf der Stufe des Gesamtvermögens, der Branchen- als auch auf der Titelebene. Allerdings rate ich von einer Strategie, die darauf abzielt, Aktien mit einem Gewinn von beispielsweise 20 Prozent systematisch zu verkaufen, um dagegen Aktien zu kaufen, die 10 oder 20 Prozent verloren haben, strikt ab. Das führt nämlich auf Dauer unweigerlich dazu, dass aus einem qualitativ hochwertigen Aktienportfolio ein Ramsch-Portfolio wird, das vornehmlich aus Nieten besteht. Gefährlich ist schließlich auch, Aktien von Unternehmen, die massiv eingebrochen und vielleicht sogar konkursgefährdet sind, mehrfach antizyklisch nachzukaufen. Im Unterschied zum Gesamtaktienmarkt können nämlich einzelne Unternehmen pleitegehen. Gutes Geld schlechtem nachzuwerfen, kann auf der Stufe eines einzelnen Titels teuer werden. Wenn die Qualität eines Unternehmens nicht mehr genügt, sollte man eher an einen Verkauf als an einen

Zukauf der Aktie denken. Dasselbe gilt auch für Anleihen. Wenn die Bonität und damit die Zahlungsfähigkeit erodiert, sollten Sie verkaufen. Es gilt in solchen Fällen das Motto: »Lieber ein Ende mit Schrecken als ein Schrecken ohne Ende.«

> »Als Investor sollte man sich nicht zu viele Gedanken um volkswirtschaftliche Rahmenbedingungen machen. Kaufen Sie sich einfach in gute Unternehmen ein und vergessen Sie alles andere.«
>
> **Warren Buffett**, amerikanische Anlegerlegende und Orakel von Omaha, Nebraska

37
Investieren Sie nach Branchen, nicht nach Ländern

In früheren Jahren war es üblich, dass wir die Aktienanlagen unserer Kunden nach Ländern diversifizierten. In einer stark globalisierten Welt ist das kaum noch sinnvoll. So gilt der Nahrungsmittelkonzern Nestlé als Schweizer Unternehmen. Ist er das aber auch wirklich, wenn er gerade einmal 2 Prozent seines Umsatzes in der Schweiz erzielt? Klar, der Sitz von Nestlé ist in der Schweiz, doch über 98 Prozent des Absatzes erfolgen außerhalb der Schweiz. Gemäß einer Berechnung der *NZZ* erwirtschaften die größten börsenkotierten Unternehmen der Schweiz gerade einmal rund 10 Prozent ihres Umsatzes im Heimmarkt, satte 90 Prozent aber im Ausland.[1] Kann man da noch von »Schweizer Aktien« sprechen? Skepsis ist angebracht.

Ein erheiterndes Beispiel dafür, wie wenig sinnvoll die Steuerung von Aktien nach Ländern noch ist, bildet das Unternehmen Medtronic, ein US-amerikanischer Weltmarktführer in der Herstellung von Herzschrittmachern, Defibrillatoren, Herzklappen und Insulinpumpen. Im Jahr 2014 hat Medtronic den irischen Konkurrenten Covidien übernommen und in der Folge den Hauptsitz von Minnesota nach Dublin verlegt – wohl nicht zuletzt aus steuerlichen Gründen. Soll Medtronic nun als irischer Konzern in den Reports der Anleger geführt werden? Wohl kaum, denn Umsatz wie auch Mitarbeiterzahl in diesem Land sind unbedeutend.

Besonders herausfordernd wird es, wenn Sie den Industriekonzern Linde einem Anlageland zuordnen wollen. Nach der Fusion des deutschen Konzerns mit der US-amerikanischen Konkurrentin Praxair im Jahr 2018 wurde der Sitz ebenfalls nach Dublin verlegt, während die operative Hauptzentrale seither in Guildford bei London liegt. Ist Linde nun ein amerikanisches, deutsches, britisches oder irisches Unternehmen? Weder das eine noch das andere – Linde ist wie Medtronic oder Nestlé ein global tätiges Unternehmen. Wo der Sitz liegt, ist aus Anlegersicht ziemlich egal. Sinnvoller ist es deshalb, ein Aktienportfolio nach Branchen statt nach Ländern zu steuern. Damit vermindert sich auch die Gefahr, dem sogenannten Home Bias zu erliegen. Viele Investoren in aller Welt haben nämlich die Tendenz, das eigene Land fremden Ländern vorzuziehen, weil man vermeintlich glaubt, sich zu Hause besonders gut auszukennen. In einer globalisierten und schnelllebigen Welt ist das eine Illusion.

Die führenden Indizes von GICS (Global Industry Classification Standard) geben uns eine Tendenz vor, wie die weltweite Zusammensetzung der Branchen gewichtet ist. In der Folge entscheiden wir bezüglich unserer Kundenportfolios *aktiv*, wie wir von dieser Gewichtung abweichen wollen. Auf die Gefahr hin, mit meiner eigenen Überzeugung, dass die Märkte effizient und kaum prognostizierbar sind, in Konflikt zu geraten: Es gibt Branchen, die man schlicht und einfach nicht haben muss! So habe ich zum Beispiel noch nie eine Aktie eines Luftfahrtunternehmens gekauft. Spätestens seit dem Untergang der amerikanischen Pan Am im Jahr 1991 war mir klar, dass in der Flugindustrie ein ruinöser Preiskampf herrscht. Der Konkurs der Swissair im Jahr 2001 ließ mich kalt – ich besaß weder Aktien noch Anleihen der einst »fliegenden Bank«, wie sie früher genannt wurde. Im Wissen, dass es mit Billigfliegern wie Ryanair oder Easyjet auch erfolgreiche Unternehmen gibt, war die Flugbranche in der langen Frist ein Flop. Dass die Investorenlegende Warren Buffett bis zur Corona-Krise an diversen Airline-Beteiligungen festhielt, hat mich über all die Jahre überrascht.

Auch die weltweite Autobranche konnte es mir nie antun, obwohl es auch in dieser Industrie durchaus ein paar erfolgreiche Unternehmen gibt. Die zyklischen Autobauer werden immer wieder von großen Krisen heimgesucht, die Fusionen, Restrukturierungen und auch Konkurse zur Folge haben.

> »Die Aktien von Großbanken mögen sich zu Spekulationszwecken eignen, nicht aber für eine seriöse Anlage.«
>
> **Praktikus**, vielbeachtetes Sprachrohr der *Finanz und Wirtschaft*

Seit langer Zeit führen wir die Finanzbranche, vor allem europäische Großbanken, mit einem massiven Untergewicht. Sie sind für mich eher Wertvernichter als Wertvermehrer. Bis heute haben sie es nicht geschafft, die Lehren aus der Vergangenheit und insbesondere aus der Finanzkrise zu ziehen. Es fehlt ihnen schlicht an einem nachhaltigen und zukunftsträchtigen Geschäftsmodell, das nicht nur dem Wohle der Bankkader, sondern auch den Aktionären dient. Die Erfolgsrechnung vieler Großbanken wird seit Jahren und Jahrzehnten immer wieder von Korruptions- und Geldwäschereiaffären verhagelt und mit Milliardenbußen belastet – ein Ende ist nicht in Sicht, und die regelmäßige Berichterstattung in den Medien nehmen interessierte Leser längst nur noch mit einem Achselzucken zur Kenntnis.[2] Ein KMU-Finanzdienstleister mit ähnlich negativer Presse hätte seinen Betrieb wohl längst schließen müssen, weil dies entweder die Aufsichtsstelle verordnen oder sich alle Kunden von ihm abwenden würden. Zwar bekunden viele Großbanken gerne ihren guten Willen und weisen darauf hin, sie hätten Hunderte von zusätzlichen Compliance-Spezialisten eingestellt, um ihre internen Kontrollen zu verbessern – allein der Erfolg lässt auf sich warten. Irritierend ist, dass sich viele CEOs europäischer Banken nach einem mäßigen Geschäftsjahr gerne mit »adjustierten operativen Gewinnen« brüsten, die doch gar nicht so schlecht seien. Für »einmalige« Sonderfaktoren, die Bußezahlungen für Verfehlungen, Restrukturierungskosten oder Goodwill-Abschreibungen auf Anlageflops beinhalten, sei schließlich die frühere Managergeneration verantwortlich. Aus diesem Grund müssten diese rausgerechnet werden. Allerdings wiederholt sich diese Geschichte seit ein paar Jahrzehnten immer wieder aufs Neue – der Abbau von toxischen Altlasten und buchhalterischen »Sonderfaktoren« ist zum Regelfall geworden. Während jede neue Managergeneration proklamiert, die Verluste von heute seien die Altlasten von gestern, gilt für frustrierte Bankaktionäre wohl eher dies: Die Gewinne von heute sind die Altlasten von morgen!

> »Der Bankraub ist eine Initiative von Dilettanten. Wahre Profis gründen eine Bank.«
>
> **Bertold Brecht**, deutscher Schriftsteller (1898 - 1956)

Die Gehaltsstruktur der Spitzenbanker muss hinterfragt werden. Es kann nicht sein, dass in einer schweizerischen Großbank über 1.000 Mitarbeiter ein Millionengehalt kassieren.[3] Der Durchschnitt der Mitarbeiter streicht markant höhere Gehälter ein, als dies zum Beispiel in der Pharmabranche der Fall ist[4], während die Aktionäre darben müssen[5]. »Manager Value statt Shareholder Value«, lautet da wohl die Devise. Es fehlt den verantwortlichen Managern am Willen zum Maßhalten. Das gebetsmühlenartig vorgetragene Argument, dass solche Gehälter nötig seien, um die besten Talente weltweit rekrutieren zu können, ist ein Scheinargument, das auch mit seiner Wiederholung nicht zu überzeugen vermag. Banken brauchen solide Schaffer an der Spitze, keine Übermenschen. Mit 4 oder 5 Prozent hartem Eigenkapital sind die Fettpolster der Banken überdies viel zu dünn, um schwere Krisen ohne weitere Stützungsmaßnahmen der Notenbanken überstehen zu können. Das ist kaum nachhaltig. Auch wenn es die

Spitzenmanager europäischer Großbanken nicht gerne hören: Banken müssten 15 bis 20 Prozent *hartes,* nicht risikogewichtetes Eigenkapital halten, um krisenfest zu sein.[6]

Nichts anderes als solide Eigenmittel verlangen Banken schließlich auch von ihren Kunden, die bei ihrer Hausbank Kredite beantragen. Warum sollen dieselben Kriterien nicht auch für sie selbst gelten? Sich auf eine implizite Staatsgarantie abzustützen, wenn es draußen stürmt und donnert, ist kein tragfähiges Geschäftsmodell – dass sich Spitzenbanker, für die eine implizite Staatsgarantie im Grunde eine Selbstverständlichkeit ist, gleichzeitig über marktfeindliche Eingriffe der Notenbanken aufregen, erscheint mir paradox. Wenn darüber hinaus in der Finanz- respektive Bankenkrise berichtet wird, dass Joe Ackermann, der frühere Chef der Deutschen Bank, das Ziel einer Eigenmittelrendite von 25 Prozent verkündet, ist der Gipfel der Ironie erreicht.[7] 25 Prozent mögen ambitioniert klingen. Aber was sind schon 25 Prozent Rendite, wenn sich diese auf ein kaum vorhandenes Eigenkapital von lächerlichen 2 oder 3 Prozent bezieht? 25 Prozent auf fast nichts ist immer noch fast nichts – die hohen Risiken, die Aktionäre von Großbanken zu tragen haben, stehen deshalb in keinem Verhältnis zu den Chancen. Dass die Deutsche Bank im Mai 2020 gerade noch eine Marktkapitalisierung von 14 Milliarden Euro aufwies, nachdem sie in der jüngeren Vergangenheit rund 30 Milliarden Euro frisches Kapital aufnehmen musste, spricht Bände – es ist ein Armutszeugnis für die Verantwortlichen. Berechnungen zu Eigenkapitalrenditen bei notorisch unterkapitalisierten Banken haben für mich so gut wie keine Aussagekraft. Bankkonzerne sind in der Finanzkrise nicht zum ersten Mal daran gescheitert, dass sie zu wenig Eigenmittel hielten. Das kam in der Geschichte schon öfter vor und kann sich in Zukunft jederzeit wiederholen.

> »Die Deutsche Bank ist die unfähigste Bruchbude, in der ich je gearbeitet habe.«
>
> **Kim Hammonds**, ehemalige IT-Chefin und Top-Managerin der Deutschen Bank (auf einer internen Veranstaltung der Bank)

Eine für mich verwirrende Aussage zu den Eigenmitteln machte Ende 2018 auch der Chef des Rückversicherers Swiss Re, Dr. Christian Mumenthaler, in einem Interview mit der *Finanz und Wirtschaft* vom 23. Februar 2018. So sagte er: »Deshalb sind wir sogar froh, wenn das Zinsniveau in allen wichtigen Währungen weiter moderat steigt. Auf einem kleineren Eigenkapital lässt sich leichter eine hohe Eigenkapitalrendite erreichen ...« Wie bitte? Lebe ich als konservativer Mensch in einer Zeit von gestern? Sich über Verluste freuen, um auf einem tieferen Eigenkapital in Zukunft höhere prozentuale (nicht absolute) Renditen zu erzielen? Das ist für mich eine bizarre Welt, dient doch eine hohe Eigenkapitalausstattung gerade dazu, auch Stürme zu überstehen. Eigentlich müsste dies nicht nur Chefs von Banken, sondern auch von Versicherungen bewusst sein, denn auch sie mussten in den großen Krisen nach der Jahrtausendwende ihr Kapital zu Unzeiten erhöhen – teilweise mehrfach. Die Swiss Re ihrerseits brauchte in der Finanzkrise einen Überbrückungskredit von Warren Buffett, um Kurs halten zu können. Anleger von Versicherungsaktien lassen sich gern von hohen Gewinnausweisen und tiefen Bewertungen locken. Sie sollten sich jedoch von diesen nicht blenden lassen, denn gewisse Anlageverluste werden von den Versicherern direkt über das Eigenkapital abgebucht, was deren Gewinnausweise verzerrt.[8] Persönlich ziehe ich Unternehmen als Anlage vor, die zwar tiefere Eigenkapitalrenditeziele verkünden, aber über üppige Eigenmittel verfügen, um auch große Krisen zu meistern. Grafik 54 illustriert, dass die Performance der europäischen Finanzbranche im Zeitraum 1999 bis 2019 alles andere als berauschend war.

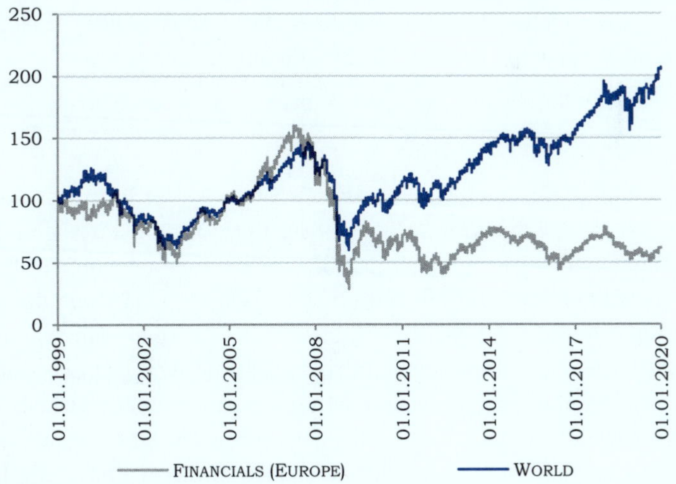

Grafik 54: MSCI Finanzbranchen-Performance Europa im Vergleich zum MSCI Welt von 1999 bis 2019. *Quelle: Bloomberg. In US-Dollar.*

Einige Banker praktizieren als Zocker eine Art Kasinokapitalismus. Erinnern Sie sich an Typen wie Nick Leeson (Barings), Jérôme Kerviel (Société Générale) oder Kweku Adoboli (UBS)? Alle diese Händler haben ihren Instituten mit abenteuerlichen Spekulationen und Milliardenverlusten entweder den Todesstoß versetzt (Barings) oder diesen einen erheblichen Vertrauensverlust zugeführt. Das Geschäftsmodell europäischer Großbanken passt nicht mehr zu unseren hohen Ansprüchen, die wir bezüglich Qualität an unsere Anlagen stellen. Dazu kommt, dass diese teilweise gewaltige Mengen maroder europäischer Staatsanleihen wie zum Beispiel aus Italien in ihren Büchern halten. Seit der Finanzkrise existiert eine verhängnisvolle Schicksalsgemeinschaft von Großbanken, klammen Staaten sowie Notenbanken, deren Unabhängigkeit von der Politik immer mehr unter Druck gerät. Gemäß den US-amerikanischen Professoren Carmen Reinhart und Kenneth Rogoff gab es seit Beginn des 19. Jahrhunderts acht Bankenkrisen in Deutschland, 15 in Frankreich, zwölf in Großbritannien und 13 in den Vereinigten Staaten von Amerika.[9] Mit anderen Worten: Im Durchschnitt befindet sich die Bankenwelt alle 20 bis 25 Jahre in einer existenziellen Krise. Gibt es einen Grund daran zu zweifeln, dass dies in Zukunft anders sein wird? Die Fakten sprechen dagegen. Wir haben uns deshalb vor einigen Jahren dazu entschieden, bis auf Weiteres vollständig aus Anlagen in Großbanken auszusteigen – sie sind uns schlicht verleidet.

> »Heute spricht jeder Banker davon, was alles besser geworden ist. Aber besser im Vergleich zu sehr schlecht ist nicht gut genug.«
>
> **Anat R. Admati**, Finanzprofessorin an der Stanford University, Silicon Valley

Dass *aktive* Entscheidungen sich bei der Gewichtung der Branchen als vorteilhaft erweisen, lässt sich auch am Beispiel der Rohstoffbranche zeigen. Ich erinnere mich gut an das Jahr 2015, als der Ölpreis pro Fass auf unter 30 US-Dollar fiel und die Aktien von Ölproduzenten stark belastete. Im Zuge der globalen Zielsetzungen, rasch von fossilen auf alternative Energien umzusteigen, entstand unter vielen Investoren der Eindruck, dass die Welt fast über Nacht kein Öl mehr benötigen würde. Bei Lichte betrachtet gab es aber nie einen Zweifel, dass der weltweite Verbrauch von Öl noch über viele Jahre weiter ansteigen würde. Für antizyklische Anleger lohnte es sich in dieser Phase, die Rohstoffbranche mit einem deutlichen Aktienübergewicht zu versehen. Nur drei Jahre später herrschte eine regelrechte Kaufpanik und der Preis pro Fass Öl durchbrach wieder die Schwelle von 80 US-Dollar. Während der Corona-Krise im Frühjahr 2020 sackte der Ölpreis aufgrund eines Konjunktureinbruchs und eines erbitterten Preiskriegs zwischen Saudi-Arabien und Russland auf nicht für möglich gehaltene Tiefwerte von weniger als 20 US-Dollar ab. Danach setzte erneut eine Erholung ein. Sosehr ich von effizienten Märkten überzeugt bin, ist für mich klar, dass Investoren immer wieder einem Herdentrieb verfallen, was die Risikoprämien und damit die Opportunitäten für antizyklische Investoren stark ansteigen lässt. Diese Chancen gilt es auch bezüglich der Branchengewichtung zu packen.

Was die Rohstoffbranche anbetrifft, sollten Sie in *Aktien* von Rohstoffunternehmen und nicht etwa in die Rohstoffe selbst investieren. Viele Anleger, auch institutionelle, glauben fälschlicherweise, dass die Anlage in sogenannte Rohstofffonds eine gute Idee sei, um von der Entwicklung dieses Markts zu profitieren. Das ist sie aber nicht. Der Vermögensverwalter GMO mit Sitz in Boston kommt für die Zeit von 1925 bis 2015 zum Schluss, dass Aktien der Öl- und Gasunternehmen nach Abzug der Inflation mit jährlich über 8 Prozent deutlich besser abschnitten als das Öl selber, welches im gleichen Zeitraum gerade einmal um 0,5 Prozent jährlich zulegte. Zu ähnlichen Resultaten kommt GMO auch, wenn die langfristige Performance von Rohstoffaktien mit der Preisentwicklung von Kupfer, Eisenerz, Blei, Zink und Aluminium verglichen wird.[10] Grafik 55 zeigt die Ölpreisentwicklung seit dem 1. Januar 2000 bis zum 30. April 2020 im Vergleich zum Index der Rohstoffaktien. Auch in dieser Zeitspanne von gut zwei Jahrzehnten schnitten die Dividendenpapiere besser ab als das schwarze Gold.

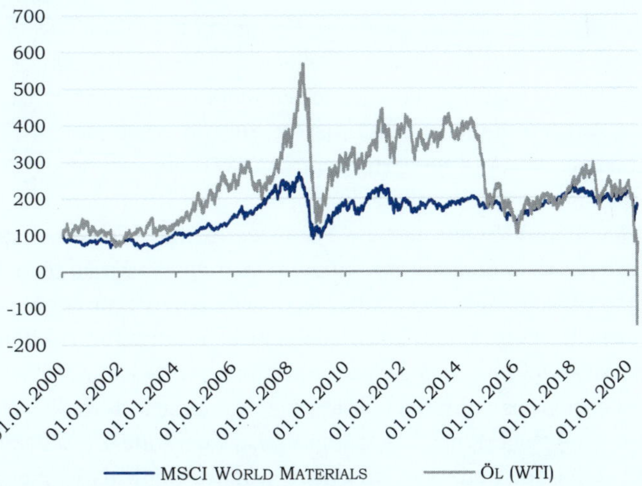

Grafik: 55: Ölpreis im Vergleich zum Rohstoffaktienindex. *Quelle: Bloomberg. Indexiert in US-Dollar.*

38
Brauchen Sie Schwellenmarktaktien?

Als Anhänger internationaler Diversifikation bin ich eigentlich gehalten, Ihnen Aktienanlagen in Schwellenmärkten (Emerging Markets) zu empfehlen. Folgende Gründe sprechen dafür, Aktien aus aufstrebenden Märkten in ein Portfolio aufzunehmen:

- Die Wachstumsraten in den Schwellenländern sind höher als in den etablierten Industrienationen (Developed Markets). Deshalb wäre zu erwarten, dass Aktien der Emerging Markets in der langen Frist Renditen abwerfen, die höher sind als diejenigen entwickelter Staaten.
- Aufgrund ihrer tiefen Korrelation zu Aktien entwickelter Märkte und insbesondere zu anderen Anlageklassen eignen sich Emerging Markets geradezu ideal zur Diversifikation der Portfoliorisiken.

Das sind im Grunde überzeugende Argumente, die für einen signifikanten Anteil an Schwellenmarktaktien sprechen. Was gibt es Besseres, als die Renditen unseres Portfolios zu steigern und gleichzeitig dessen Schwankungsrisiken zu reduzieren? Das ist sozusagen der portfoliotheoretische Idealfall. Die Frage lautet deshalb: Werden die Renditeprämissen, die von einer ganzen Branche seit Jahrzehnten fast gebetsmühlenartig gepredigt werden, auch tatsächlich von der Empirie bestätigt?

Nachfolgend vergleichen wir die Performance des Weltaktienindex entwickelter Staaten von MSCI mit derjenigen der Schwellenmärkte für den Zeithorizont 2010 bis April 2020. Dabei legen wir einen besonderen Fokus auf China, das als das neue Weltwirtschaftswunder gilt und im Frühjahr 2020 gut 40 Prozent des weltweiten Schwellenmarktindex repräsentierte. Eine gesonderte Betrachtung des chinesischen Markts drängt sich deshalb auf, weil eine große Zahl von Anlegern der Überzeugung ist, man solle die Schwellenmärkte primär mit Regionen abdecken, in denen *wirklich* die Musik spielt. Das trifft auf China in hohem Maße zu. So betrug das jährliche Wirtschaftswachstum in China zwischen 2010 und 2019 hohe 7,7 Prozent. Für dieselbe Zeitspanne präsentierten sich die jährlichen Wachstumsraten in Deutschland, in der Schweiz und in den USA mit zwischen 1 bis 2 Prozent geradezu bescheiden. Die chinesische Wirtschaft ist also in dem betrachteten Jahrzehnt vier- bis fünfmal so stark gewachsen wie die westlicher Vergleichsländer. Hat sich das überdurchschnittliche Wachstum der chinesischen Wirtschaft auch am Aktienmarkt niedergeschlagen? Wie fällt der Performance-Test für das Reich der Mitte aus? In unseren Performance-Vergleich beziehen wir zudem die Emerging Markets ex China, also alle Schwellenmarktländer der Welt mit Ausnahme von China, mit ein. Sie repräsentieren knapp 60 Prozent der weltweiten Schwellenmarktkapitalisierung.

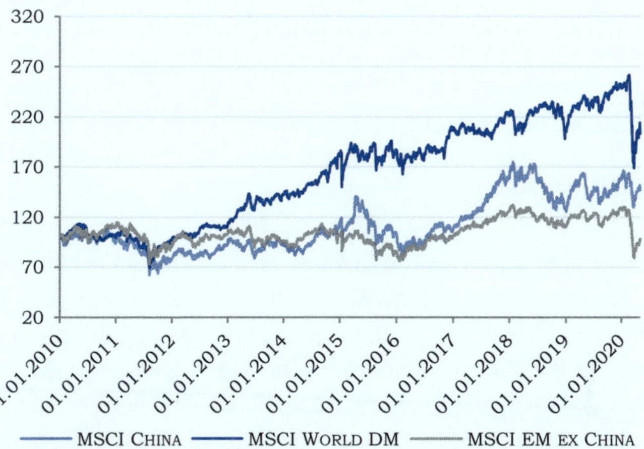

Grafik 56: Performance-Vergleich China und Emerging Markets (ex China) mit dem Weltmarktindex entwickelter Länder von 2010 bis März 2020. *Quelle: Bloomberg. Indexiert in Schweizer Franken.*

Wer glaubt, chinesische Aktien hätten in der Zeit von 2010 bis Frühjahr 2020 vom hohen Wachstumstempo überdurchschnittlich profitieren können, täuscht sich (Grafik 56). Chinesische Aktien lagen in dieser Periode deutlich hinter denjenigen der entwickelten Länder, deren Index sich mehr als verdoppelte, zurück. Während Aktienanlagen aus dem Reich der Mitte aber immerhin um rund 50 Prozent zulegen konnten, war es für die Schwellenmärkte ex China renditemäßig ein verlorenes Jahrzehnt. Es wäre nun aber unfair, die Performance der Schwellenmärkte auf einen Betrachtungshorizont von gut einem Jahrzehnt zu reduzieren. Wie sieht der Vergleich in einer 20-Jahres-Betrachtung aus? Die nachfolgende Grafik 57 gibt Aufschluss.

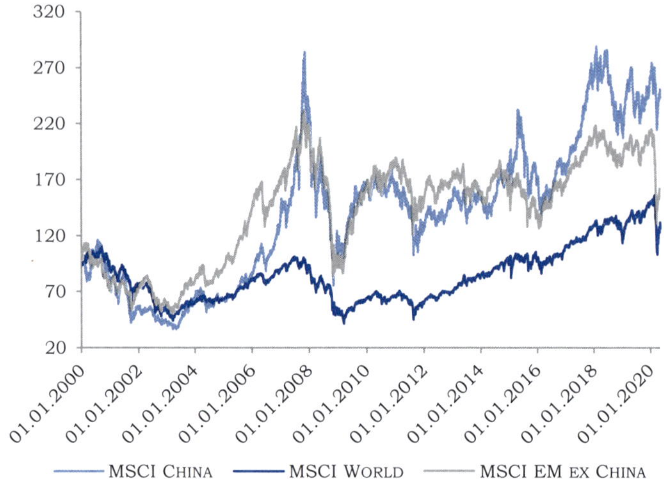

Grafik 57: Performance-Vergleich China und Emerging Markets (ex China) mit dem Weltmarktindex entwickelter Länder von 2000 bis März 2020. *Quelle: Bloomberg. Indexiert in Schweizer Franken.*

Wird der Beobachtungszeitraum auf 20 Jahre ausgedehnt, fällt der Vergleich für China und die übrigen Schwellenmärkte vorteilhaft aus. Das liegt vor allem daran, dass chinesische Aktien und diejenigen der Emerging Markets vor der Finanzkrise geradezu explodierten – die Kurse haben sich damals im Zuge einer einsetzenden China-Euphorie vervielfacht. Mit der Finanzkrise machte sich Ernüchterung breit – die Aktienkurse Chinas und der Emerging Markets fielen überproportional stark in den Keller. Insbesondere chinesische Dividendenpapiere konnten aber am Ende der 20-Jahres-Periode einen signifikanten Vorsprung gegenüber den Aktien etablierter Staaten über die Ziellinie retten. Insgesamt geben die Emerging Markets, je nach Beobachtungszeitraum, aber ein durchzogenes Bild ab. Während im Kontext einer Zehnjahresperiode ein Vergleich unvorteilhaft ausfällt, kann über 20 Jahre betrachtet ein positives Fazit gezogen werden. Offensichtlich gibt es kaum eine stete Beziehung zwischen dem Wirtschaftswachstum eines Landes und den dortigen Aktienrenditen.

Um einen sehr langfristigen Vergleich der Aktienrenditen aufstrebender zu entwickelten Ländern zu erhalten, haben die britischen Forscher Elroy Dimson, Paul Marsh und Mike Staunton von der London Business School eine Analyse erstellt, die die Periode von 1900 bis 2018 abdeckt. Diese äußerst lange Zeitperiode ist repräsentativ, um die Performance des Weltindexes entwickelter mit der der Schwellenmärkte zu vergleichen (Grafik 58).[1]

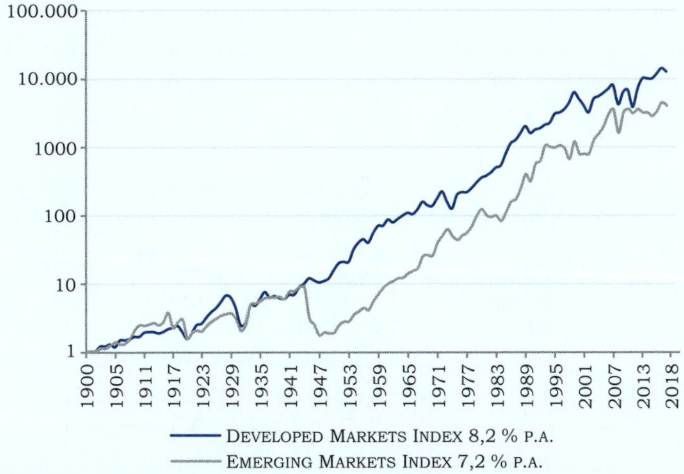

Grafik 58: Langzeitvergleich Developed versus Emerging Markets von 1900 bis 2018. *Quelle: Dimson, E., Marsh, P. & Staunton, M., Credit Suisse Global Investment Returns Yearbook, 2019. In US-Dollar.*

Offenkundig schneiden Aktien aufstrebender Länder im Langzeitvergleich, der 119 Jahre umfasst, zu denjenigen entwickelter Länder nicht vorteilhaft ab. Während Aktien der Emerging Markets eine durchschnittliche Jahresrendite von 7,2 Prozent abwarfen, erreichten die Dividendenpapiere der Developed Markets 8,2 Prozent (jeweils in US-Dollar). Es darf zwar angemerkt werden, dass es im Laufe der 119 Jahre auch längere Phasen gab, in denen die Aktien aufstrebender Länder diejenigen der entwickelten klar übertrumpften. Auf lange Sicht lohnte es sich aber nicht, aus Renditegründen in Schwellenmärkte zu diversifizieren, obwohl diese systematisch höhere Wirtschaftswachstumsraten aufwiesen als etablierte Industrienationen.

Dazu kommt, dass die Risiken von Aktien der Schwellenmärkte in Börsenkrisen höher sind als jene der entwickelten Märkte. Ausgeprägt war dies der Fall während des Zweiten Weltkriegs. Aber auch in der turbulenten Finanzkrise haben die Emerging Markets durchschnittlich rund 80 Prozent ihres Wertes verloren, während die Dividendenpapiere der etablierten Märkte sich »nur« gut halbierten.[2] Es gilt als unbestritten, dass Aktien junger Märkte deutlich höheren Schwankungsrisiken ausgesetzt sind als Aktien etablierter Märkte.

»Was kümmert mich mein Geschwätz von gestern, nichts hindert mich, weiser zu werden.«

Konrad Adenauer, erster Kanzler der Bundesrepublik Deutschland (1876 – 1967)

In der sehr langen und repräsentativen Frist von über 100 Jahren kann der Leistungsausweis der Schwellenmärkte nicht überzeugen. Was könnten die Gründe für die enttäuschende Performance von Schwellenmarktaktien sein? Ich wage einen pragmatischen Erklärungsversuch:

- In Schwellenmärkten ist die Korruption besonders hoch. In Ländern wie Argentinien, Brasilien, China, Indien, Malaysia, Peru, Russland oder Südafrika sind Korruptionsskandale und Misswirtschaft an der Tagesordnung. Oft fehlt es den entsprechenden Ländern an einer rechtsstaatlichen Ordnung, es gibt keine funktionierende Gewaltenteilung und eine zensurierte Presse. Zudem stellt der Mangel an demokratischen Strukturen ein erhebliches Risiko für das private Eigentum dar. Um es einfach auszudrücken: Ich vermute, ein nicht unwesentlicher Teil des hohen Wachstums vieler Schwellenmärkte kommt nie bei den Aktionären der Unternehmen an, sondern versickert in korrupten Taschen.
- Was China anbetrifft, ist davon auszugehen, dass ein wesentlicher Teil des Wachstums von Staatsbetrieben und staatsnahen Unternehmen generiert wird. Davon können Aktionäre nicht profitieren.
- Führende Ökonomen wie die renommierte Harvard-Professorin Carmen Reinhart äußern ihre Zweifel, ob beispielsweise die von der kommunistischen Partei Chinas veröffentlichten Wachstumsraten überhaupt stimmen oder nach oben manipuliert wurden.[3]

In der Anfangsphase meiner Tätigkeit als Vermögensverwalter haben wir mit Überzeugung in Schwellenmärkte investiert – aus Rendite- und Diversifikationsaspekten. Um eine vernünftige Diversifikation in diesen Ländern zu erzielen, kauften wir Fonds. Nach zehn Jahren zogen wir Bilanz. Sie fiel ernüchternd aus. Die Renditen lagen deutlich hinter denjenigen zurück, die wir mit unseren Standardwerten aus entwickelten Ländern erzielten. Noch vor der Jahrtausendwende haben wir uns deshalb entschieden, aus Schwellenmarktaktien respektive -fonds auszusteigen. Wir haben das seither nie bereut. Wichtig ist in diesem Zusammenhang zu wissen, dass global agierende westliche Unternehmen einen signifikanten Teil ihrer Umsätze in den Emerging Markets erzielen – der Nahrungsmittelmulti Nestlé erwirtschaftet über 40 Prozent seines Konzernumsatzes in aufstrebenden Märkten, während es bei seinem niederländischen Konkurrenten Unilever sogar fast 60 Prozent sind. Mit westlichen Unternehmen, die ihren Konzernsitz in einem demokratischen Land haben, fühle ich mich wohl – Direktanlagen in Schwellenländern oder Fonds sind nicht erforderlich. Das Investieren in multinationale Unternehmen, die ihrerseits in den aufstrebenden Märkten stark präsent sind, ist der transparenteste und kosteneffizienteste Weg, um von den Zukunftschancen aufstrebender Märkte mit kontrollierten Risiken optimal zu profitieren.

39
Machen Sie auch bei Anleihen keine Qualitätskompromisse

Ab und zu werde ich gefragt, was mich im Laufe meiner langjährigen Tätigkeit als unabhängiger Vermögensverwalter am meisten geärgert und was mich am meisten überrascht hat. Die Antwort nach dem größten Ärger fällt mir leicht. Zweifellos sind es die ökonomischen Konsequenzen des folgenden Satzes, den der damalige Präsident der Europäischen Zentralbank, Mario Draghi, am Donnerstag, den 26. Juli 2012, sprach: »Within our mandate, the ECB is ready to do whatever it takes to preserve the Euro. And believe me, it will be enough.«

Draghis Rede markierte den Wendepunkt in der Eurokrise. Um den Konkurs hoch verschuldeter Staaten in der Euro-Zone abzuwenden, signalisierte der höchste europäische Notenbanker faktisch seine Bereitschaft, nötigenfalls riesige Berge von Anleihen maroder Staaten zusammenzukaufen, von denen sich verunsicherte Anleger trennen wollten. In der Folge pumpten nicht nur die Geldmanager der EZB, sondern auch diejenigen der Fed, der BoJ und der SNB Tausende von Milliarden Dollar ins Finanzsystem, begleitet von einer historisch beispiellosen globalen Kaskade von Zinssenkungen. Vordergründig wurden die unzähligen Zinssenkungen damit erklärt, dass sie die angeschlagene Wirtschaft ankurbeln würden. Ich erachte diese Erklärung zu einem großen Teil für Unfug, denn selbstverständlich lässt sich eine prosperierende Wirtschaft nicht mit unterirdisch tiefen Zinssätzen quasi »staatlich verordnen«. Ich bin deshalb zutiefst davon überzeugt, dass die unausgesprochenen Ziele, die die Notenbanken verfolgen, anderer Natur sind. Erstens: Die Verhinderung des Bankrotts maroder Staaten, welcher auch diverse Großbanken in den Abgrund reißen würde. Zweitens: Die Schwächung der eigenen Währung, um die Wirtschaft im globalen Wettbewerb konkurrenzfähiger zu machen.[1] Die Folge dieser fragwürdigen Notenbankpolitik ist historisch bemerkenswert: Wohl erstmals in der Geschichte paaren sich negative Realzinsen *und* negative Nominalzinsen. Ein Horror für konservative Anleger.

»Statt die Wirksamkeit der Medizin zu hinterfragen, wird die Dosis erhöht.«

Dr. Jürgen Stark, ehemaliger Chefökonom der Europäischen Zentralbank (EZB)

Warum ärgere ich mich dermaßen über die Politik der Notenbanker? Ganz einfach: Weil damit jeglicher marktwirtschaftliche Mechanismus an den Zins- respektive Anleihenmärkten ausgehebelt wird. In einem Umfeld massiv sinkender und verzerrter Zinssätze werden Anleihengläubiger gewisser Staaten und Unternehmen mit Kursgewinnen belohnt, welche mit marktwirtschaftlich korrekten Zinssätzen eigentlich längst pleite wären. Diese vom Staat befeuerten moralischen Fehlanreize sind als sogenannter *moral hazard* bekannt. Staaten machen Schulden, die sie sich im Grunde gar nicht leisten können, und Investoren werden zu einem Verhalten ermuntert, das sie ohne Staatsinterventionismus nie an den Tag legen würden. Es ist ein Teufelskreis, aus dem die führenden Politiker und Notenbanker der Welt wohl nicht mehr ohne ein gewaltiges Donnergrollen rauskommen werden.

Kennen Sie das »Greater Fool«-Phänomen? Aufgezeigt am Beispiel von Argentinien, funktioniert es so: Im Jahr 2017 emittierte das südamerikanische Land, das seit seiner Unabhängigkeit im Jahr 1861 bereits neun Mal pleiteging, eine 100-jährige (!) Anleihe.[2] Aufgrund der spektakulären Geschichte Argentiniens als Dauerbankrotteur gehe ich nicht davon aus, dass Anleger die Absicht haben, diese 100-jährigen Anleihen bis zum Ende der Laufzeit zu halten. Aufgrund der geradezu legendären Regelmäßigkeit von Pleiten liegt die Wahrscheinlichkeit eines Zahlungsausfalls dieses Landes in der langen Frist von 100 Jahren wohl nahe bei 100 Prozent.[3] Die Hoffnung der Spekulanten beim Kauf dieser Ramschpapiere ist wohl einzig die, sie rechtzeitig einem noch Dümmeren – dem »Greater Fool« – andrehen zu können.

Ähnliches gilt für die Anleihen Griechenlands – ein Spekulationsobjekt, das in der Folge der Finanzkrise mit diversen Hilfspaketen und Milliardenbeträgen gestützt werden musste. Kaum zu glauben: Im Jahr 2019 war Griechenland aufgrund der aggressiven Politik der Notenbanken doch tatsächlich in der Lage, Schulden mit *negativer* Verzinsung aufzunehmen – und dies trotz einer schwindelerregenden Staatsschuldenquote von über 180 Prozent des BIP. Die Anleger griechischer Ramschanleihen gehen offenbar davon aus, dass die Staatengemeinschaft und die Notenbanken mit einer so starken Feuerwehr ausgerüstet sind, dass sie im Bedarfsfall jeden noch so großen Brand löschen werden. Dabei ist doch klar: Je tiefer die von den Notenbanken manipulierten Zinsen sind, desto größer wird der Anreiz der Politiker hoch verschuldeter Staaten sein, *noch* mehr Schulden zu machen. Mich erinnert das unzweifelhaft an ein legalisiertes Schneeballsystem.

> »Die Geschichte lehrt, dass sich Menschen und Nationen erst dann klug verhalten, wenn alle anderen Möglichkeiten erschöpft sind.«
>
> **Abba Eban**, israelischer Politiker und Schriftsteller (1915 – 2002)

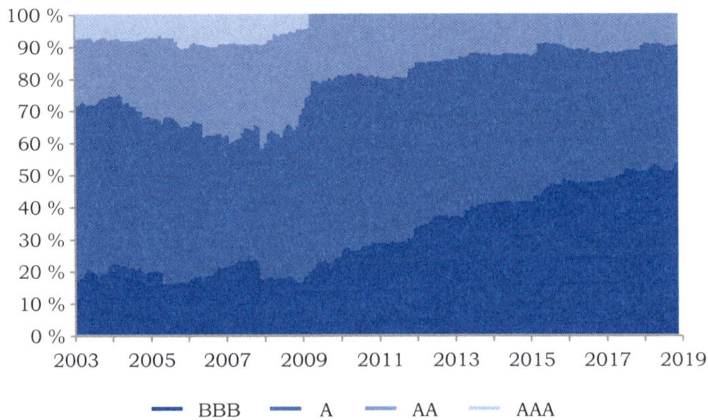

Grafik 59: Bonitätsentwicklung weltweit. *Quelle: TwentyFour Observatory. Composite aus Investment Grade Indizes von 2003 bis 2019.*

Wer im Geschäft mit festverzinslichen Anleihen in den ersten zwei Jahrzehnten des neuen Jahrtausends zu den Top-Performern gehören wollte, setzte auf möglichst lange Laufzeiten und in der Tendenz auf eingeschränkte Qualität respektive bonitätsmäßig fragwürdige Schuldner, sogenannte »Junk Bonds«. Wie Grafik 59 illustriert, hat sich das Segment erstklassiger Schuldner mit einem Rating von AAA oder AA im Laufe der Jahre ausgedünnt, während sich der Anteil der Anleihen mit tieferem Rating wie BBB markant erhöht hat. Im Kontext der seit der Jahrtausendwende andauernden Zinserosion hat sich die antizyklische Verkürzung der Laufzeiten und das Halten erstklassiger Anleihen definitiv als Flop erwiesen. Als überzeugter Anhänger der Eigenverantwortung und marktwirtschaftlicher Strukturen, die auch das Scheitern von Staaten und Banken zulassen sollen, widerstrebt es mir aber fundamental, eine Anlagepolitik zu betreiben, die auf eine fragwürdige, uferlose und langfristig brandgefährliche Geld- respektive Feuerwehrpolitik der führenden Notenbanken setzt und von dieser abhängig ist. Mit Verlaub: Hasardeure, die aufgrund von Gier und Naivität nach hohen Renditen jagen, sollen doch im Fall des Scheiterns von Staaten, Banken und Unternehmen gefälligst selbst die Verluste tragen, und nicht die Allgemeinheit. Wer 15-, 20-, 50- oder sogar 100-jährige Anleihen kauft, wettet ganz einfach darauf, dass die marktverzerrende Politik der tiefen Zinsen und die Staatenrettungen durch Notenbanker und Politiker dauerhaft fortgesetzt werden – zulasten der Bürger und Steuerzahler. Weil es längst keine risikolosen Zinsen, sondern nur noch zinslose Risiken gibt, haben sich in den letzten Jahren immer mehr Investoren in Bonitätsbereiche drängen lassen, die sie früher als zu risikoreich qualifiziert haben. Das hat zu einer Verengung der Zinsaufschläge (Spreads) zwischen qualitativ erstklassigen und minderwertigen Anleihen geführt, wie die nachfolgende Grafik 60 illustriert. Aus meiner Sicht besonders bizarr ist schließlich, wenn Investoren Qualitätsaktien als zu risikoreich ablehnen, aber Anleihen von Griechenland oder Argentinien kaufen.

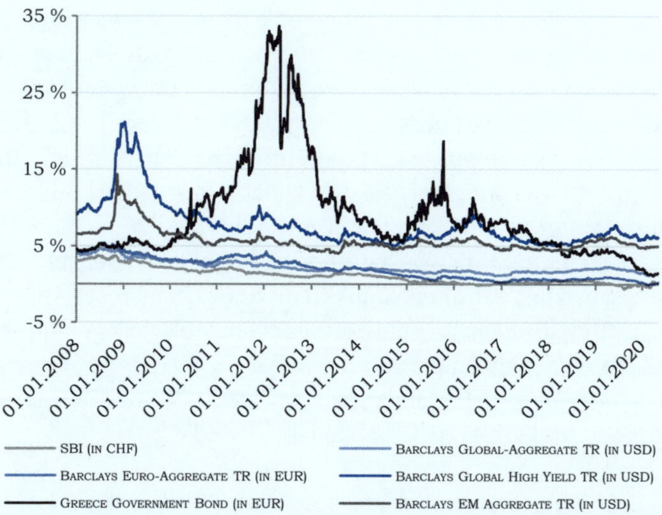

Grafik 60: Langfristige Zinsentwicklung – der Spread verengt sich. *Quelle: Bloomberg.*

Skeptisch eingestellt bin ich auch gegenüber allen Formen von Anleihen, die im Grunde Aktienrisiken verkörpern, aber langfristig deutlich weniger rentabel sind als diese. Dazu gehören zum Beispiel Katastrophenanleihen (CAT-Bonds), welche im Schadensfall für die Risiken eines Hurrikans, eines Erdbebens oder einer Dürre geradestehen. Damit lagern die Rückversicherer ihre Extremrisiken faktisch an die Anleger aus. In Jahren gehäufter Schadenereignisse können Katastrophenanleihen teilweise oder sogar ganz ausfallen. Ich mag auch keine Anleihen, die mit kontaminierten Rückzahlungsmodalitäten versehen sind – beispielsweise nachrangige Anleihen oder Anleihen, die vom Emittenten frühzeitig zurückbezahlt werden können. Ebenso investiere ich niemals in hochverzinsliche Anleihen einer Bank, die im Falle einer Schieflage des Geldinstituts zu deren Sanierung in Eigenkapital umgewandelt werden können.[4] Ich bin überzeugt, dass ein Großteil der Anleger die Risiken solcher Anleihen und Produkte, die oft intransparent und teuer sind, unterschätzt.

> »Heute dürfen nur noch Zentralbanken den Markt manipulieren.«
>
> **Oswald Grübel**, ehemaliger Chef der Credit Suisse und der UBS, in einer Zeit, als viele Banken die Zins-, Devisen- und Goldmärkte manipulierten

Anlagen in Schwellenmarktanleihen beurteile ich ähnlich wie Junk Bonds zurückhaltend. Wollen Sie Ihr Geld Ländern anvertrauen, deren Machthaber den Begriff »Demokratie« kaum buchstabieren können und in denen Willkür und Korruption oft das Programm ist? Anleger sind in Schwellenmärkten einem dreifach erhöhten Risiko ausgesetzt: erhöhte Bonitätsrisiken, erhöhte Zinsrisiken und erhöhte Währungsrisiken. Die US-amerikanischen Professoren Carmen Reinhart und Kenneth Rogoff weisen in ihren Arbeiten darauf hin, dass Schwellenländer in regelmäßig stattfindenden Bankenkrisen besonders hart von Zahlungsausfällen betroffen sind.[5] Wenn das Vertrauen der Anleger einmal wegbricht, trifft es die Schwächsten am stärksten. Viele Anleger dürften vergessen haben, dass die Währungen von Schwellenmarktländern während der mexikanischen Tequila-Krise im Jahr 1994 sowie der Asien- und Russlandkrise in den Jahren 1997 und 1998 regelrecht kollabiert sind.

> »Wie ein Freund mir einst sagte: Kapitalismus ohne Konkurs ist wie Christentum ohne Hölle.«
>
> **Daniel Loeb**, amerikanischer Hedgefonds-Aktivist

Wie schnell den Schwellenmarktanleihen die Luft auszugehen droht, zeigte sich auch während der Corona-Pandemie im Frühjahr 2020, als sich das konjunkturelle Umfeld schlagartig eintrübte. Obwohl die Emerging Markets lange Zeit weniger vom Virus betroffen waren als die Industrieländer, hat es sie wirtschaftlich stärker getroffen. Ein Vertrauensverlust der Anleger führte dazu, dass die Risikoaufschläge nach oben schnellten und es in der Folge zu einer Herabstufung vieler Ratings kam. Zahlreiche institutionelle Anleger wurden aufgrund ihrer Reglemente dazu gezwungen, entsprechende Anleihen in einem ungünstigen Moment zu verkaufen. Um Massen- und Panikverkäufe zu verhindern, pumpten die Notenbanken in der Folge Billionen von Dollars und Euros in den Markt, um diesen zu stabilisieren. Diese von Notenbanken »erzwungene« Stabilisierung ist langfristig allerdings trügerisch, sodass sich die Frage stellt: Wollen Sie in höchst volatile Schwellenmarktanleihen investieren, die aktienähnliche Risiken aufweisen, diese aber nicht adäquat entschädigen?

> »Erst bei Ebbe zeigt sich, wer ohne Badehose geschwommen ist.«
>
> **Warren Buffett**, amerikanische Anlegerlegende und Orakel von Omaha, Nebraska

Um zur Frage zurückzukommen, was mich in meinem Leben als Anleger am meisten überrascht hat: Es sind *nicht* die zahlreichen Crashs und Börseneinbrüche, die ich in mehr als vier Jahrzehnten erlebt habe. Es sind auch nicht die überragenden Renditen, die mit Aktien in einzelnen Jahren zu erzielen waren. All diese Ereignisse habe ich zwar nicht vorhergesehen, aber ich hielt sie stets für realistisch. Nein, was ich *NIEMALS* in meinem Leben für möglich gehalten hätte, ist dies: Dass Geld keinen Preis mehr hat und Inflation auch nach über einem Jahrzehnt unermesslicher Geldflutung durch die führenden Notenbanken der Welt kein Thema geworden ist. Ich hätte NIEMALS für möglich gehalten, dass ich meiner Hausbank, die in der Finanzkrise vom Staat gerettet werden musste, wenige Jahre später für meine Ersparnisse Negativzinsen bezahlen muss. Das *Zahlen* eines Zinses für das *Halten* von Geld auf dem Konto oder einer Anleihe ist beispiellos in der Finanzgeschichte. Die »Japanisierung« der Welt mit dauerhaften Null- respektive Negativzinsen und kaum existierender Teuerung ist selbst in Ländern Realität geworden, in denen die Konjunktur brummt. Die Lehrbücher über Geldpolitik und Inflation, die wir damals an unseren Universitäten verschlungen haben, verdienen wohl nicht einmal mehr ihren Platz in einem Antiquariat. Der Zusammenhang zwischen Geldflutung und Teuerung scheint sich im Zeitalter der Globalisierung und Digitalisierung der Schwerkraft entzogen zu haben.

> »Das Problem mit der ausufernden Geldflutung ist, dass sie in der Praxis funktioniert, aber nicht in der Theorie.«
>
> **Ben Bernanke**, Ökonom und ehemaliger Chef der US-Notenbank Fed

Der größte »Fehler«, den ich in meinem Leben als Vermögensverwalter gemacht habe, ist der, dass ich bei Anleihen über viele Jahre zu gute Qualität und zu kurze Laufzeiten gekauft habe. Mit Schrottanleihen sowie ultralangen Laufzeiten hätte ich insbesondere nach der Finanzkrise enorm viel Geld verdienen können – dank langfristig fragwürdiger Entscheidungen von Politikern und Notenbankern, die den Markt aushebeln. Doch ich will ehrlich sein: Sooft ich in meinem Leben aus meinen Fehlern etwas lernen konnte, *dieser* »Fehler« würde mir jederzeit wieder passieren. Sowohl Junk Bonds als auch Schwellenmarktanleihen kommen für mich als Investition nicht infrage. Sie haben oft Zombie-Charakter. Als Anhänger einer freien Marktwirtschaft, in der Scheitern erlaubt sein soll, werde ich immer auf Qualität setzen. Sie ist unverhandelbar und eine Prinzipienfrage, bei der ich keine Kompromisse mache, auch wenn mich das zwischenzeitlich Performance kostet. Dies gilt gleichermaßen für Anleihen wie für Aktien. Etwas stolz bin ich darauf, dass in den rund dreieinhalb Jahrzehnten, in denen ich als Vermögensverwalter tätig bin, keine einzige unserer Anleihen im Bankrott endete. Deshalb war und wird dies immer mein Motto sein: *Lieber halte ich einen erhöhten Aktienanteil, als dass ich aus Renditegründen Qualitätskompromisse bei den Anleihen mache.* Diesem Grundsatz bin ich bis heute treu geblieben, und es gibt für mich auch in zinslosen Zeiten keinen Grund, daran etwas zu ändern.[6] Schließlich bin ich nicht bereit, Anleihen mit einer Laufzeit von deutlich über zehn Jahren zu kaufen. Sollten die Zinsen nämlich irgendwann ihre Schwerkraft wiedergewinnen und nach einem über 30-jährigen Abwärtstrend einmal kräftig anziehen, dann werden Investoren lang laufender Anleihen ihr blaues Wunder erleben.

40
Welcher Anlagestil ist erfolgreich? Bleiben Sie pragmatisch

In der Aktienwelt gibt es zahlreiche Anlagestile. Anhänger eines bestimmten Stils verkünden gerne, mit diesem besonders erfolgreich zu sein. Dabei stützen sie sich oft auf wissenschaftliche Untersuchungen, die diesen Erfolg untermauern würden. Was ist davon zu halten? Nachfolgend seien einige aus meiner Sicht besonders populäre Anlagestile wiedergegeben:

- *Value:* Die Anhänger des »Value-Ansatzes« gehen davon aus, dass Aktien von Unternehmen, die über viel Substanz und Eigenkapital verfügen, ein hohes Buchwert/Aktienkurs-Verhältnis, ein tiefes Kurs/Gewinn-Verhältnis und eine hohe Dividendenrendite aufweisen, langfristig überdurchschnittlich gut abschneiden. Der wohl bekannteste Value-Investor der Welt ist der Amerikaner Warren Buffett.
- *Growth:* Die Anhänger des »Growth-Ansatzes« gehen davon aus, dass Aktien von Unternehmen, die ein hohes Wachstum und eine hohe erwartete Gewinnsteigerung aufweisen, langfristig überdurchschnittlich abschneiden.
- *Small Cap Effect:* Wer auf Aktien kleinkapitalisierter Unternehmen setzt, geht davon aus, dass diese langfristig besser abschneiden als der breite Markt.
- *Momentum:* Anhänger des »Momentum-Ansatzes« gehen davon aus, dass Aktien, die in der Vergangenheit überdurchschnittlich gut abgeschnitten haben, dies auch in Zukunft tun werden.
- *Minimum-Varianz:* Wer auf Aktien mit geringen Schwankungen setzt, erwartet mit diesen eine überdurchschnittlich hohe Rendite.
- *Dividende:* Wer in dividendenstarke Titel investiert, erwartet eine überdurchschnittlich hohe Gesamtrendite.

Um meine Meinung zu Anlagestilen auf den Punkt zu bringen, möchte ich Ihnen die Geschichte des Amerikaners Gary Brinson erzählen. Gary Brinson ist der Gründer der überaus erfolgreichen amerikanischen Vermögensverwaltungsfirma Brinson Partners. Vor der Jahrtausendwende war er einer der bekanntesten Value-Investoren der Welt. Für viel Geld verkaufte er seine Firma im Jahr 1994 an die UBS. Dort behielt er weiterhin einen hohen Chefposten in der Vermögensverwaltung. Als ein paar Jahre später die Kurse hoch riskanter Unternehmen der New Economy durch die Decke schossen und damit den Nährboden für die Technologieblase legten, blieb Brinson seinem jahrzehntelang gepflegten konservativen »Value-Stil« treu und weigerte sich, den damaligen Hype mitzumachen. Dies und die Tatsache, dass er während gerade einmal drei Jahren mit seiner Performance klar hinter der Benchmark lag, kostete ihn 1999 den Kopf und er wurde durch den späteren Konzernchef Dr. Peter Wuffli ersetzt. Der Rest ist Geschichte: Ein Jahr später krachten die Luftschlösser und die grenzenlosen Fantasien unzähliger wie Pilze aus dem Boden geschossener Technologiewerte zusammen – unter dem Druck des Markts hatten die Konzernlenker der UBS die Strategie notabene im dümmsten Moment geändert.

> »Das Problem mit Preisblasen ist, dass sie uns zur Entscheidung zwingen, entweder vor ihrem Platzen wie ein Idiot dazustehen oder erst danach.«
>
> **John P. Hussman**, amerikanischer Value-Investor und ehemaliger Dozent der Universität Michigan

Die Geschichte von Gary Brinson ist für mich stellvertretend für die Beurteilung von Anlagestilen, für die ich zu einem einfachen Schluss gelange: Den einzigen, richtigen oder sogar besten Anlagestil gibt es nicht! Je nach *Zeitperiode*, die analysiert wird, hat einmal der eine, dann wieder der andere Stil die Nase vorn. Je nachdem, welche *Zeitperiode* für eine Analyse gewählt wird, ist es einmal Growth, dann Value und wiederum später eine Momentum-Strategie, die am besten abschneidet. Glauben Sie mir: Mit wissenschaftlich angehauchten Studien lässt sich vieles zeigen. Der kritischste Punkt all dieser Studien ist meistens die *Zeitperiode*, die diesen zugrunde liegt. Wenn Sie beispielsweise eine wissenschaftliche Studie erstellen möchten, die zeigen soll, wie erfolgreich Ihre Momentum-Strategie ist, haben Sie zahlreiche Möglichkeiten, die Studie nach Ihrem Gusto zu gestalten:

- Sie können die Länge der Untersuchungsperiode und den Startzeitpunkt Ihrer Studie variieren. Untersuchen Sie die letzten drei, fünf, zehn, 20 oder 50 Jahre?
- Sie können die Zeitperiode des »Momentums« variieren. Betrachten Sie die relative Stärke Ihrer Titel für einen Betrachtungshorizont von einer Woche, einem Monat oder einem Jahr?

- Sie können das Titeluniversum variieren. Betrachten Sie den Weltmarkt, den europäischen, den deutschen oder den schweizerischen Markt?

Ich garantiere Ihnen: Wenn Sie »beweisen« wollen, dass Ihre Momentum-Strategie erfolgreich ist, werden Sie immer einen Weg finden, der dies bestätigt – das gilt natürlich auch für jeden anderen Anlagestil.

Aus wirklich langfristiger Perspektive halte ich am meisten von den Faktoren »Size« und »Value«. Der »size effect« wurde 1981 erstmals vom Schweizer Professor Rolf Banz beschrieben.[1] Er zeigte auf, dass langfristig betrachtet Aktien kleiner und mittelgroßer Unternehmen besser abschneiden als Aktien großer Unternehmen. Diese Erkenntnis ist in Wissenschaft und Praxis unbestritten, obwohl es immer wieder längere Phasen gibt, in denen die sogenannten Mid & Small Caps hinter den Large Caps zurückliegen. Die Grafik 61 zeigt einen Vergleich des amerikanischen S&P 500, in welchem Large Caps die dominierende Rolle spielen, mit dem Russell 2000 (small cap). In diesem Index sind die 2.000 kleinsten US-Unternehmen enthalten, die auch Teil des umfassenderen Russell 3.000 sind. Dabei zeigt sich, dass in den ersten beiden Jahrzehnten des neuen Jahrtausends die kleinen Werte deutlich vor den großen lagen. Nach meiner Überzeugung gehören Aktien kleiner und mittelgroßer Unternehmen mit einem signifikanten Anteil in ein gut diversifiziertes Aktienportfolio.

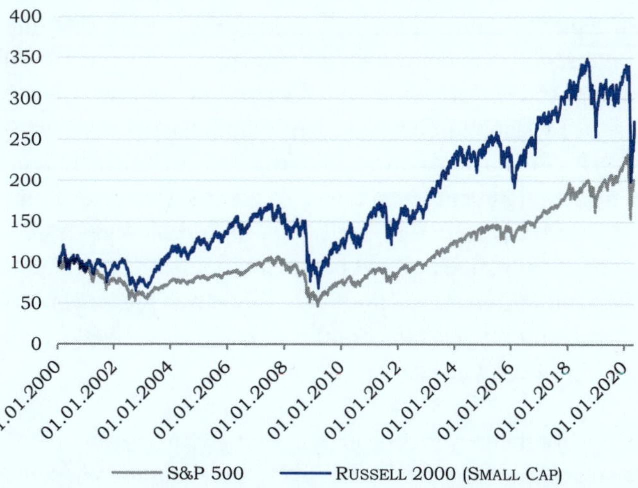

Grafik 61: Kleine Unternehmen im Vergleich mit dem marktbreiten S&P 500. *Quelle: Bloomberg. Indexiert in US-Dollar.*

> »Bleiben Sie hart und stecken Sie Ihr kostbares Geld einzig und allein in substanzstarke Werte.«
>
> **Warren Buffett**, amerikanische Anlegerlegende und Orakel von Omaha, Nebraska

Viel Sympathie habe ich als konservativer Anleger auch für den »Value-Ansatz«, obwohl dieser durch den raketenhaften Aufstieg der sogenannten FAANG-Wachstumstechnologieaktien Facebook, Amazon, Apple, Netflix und Google zwischenzeitlich unter Druck geraten ist. Auf sehr lange Frist liegen Substanzaktien aber klar vor den Wachstumswerten.[2] Obwohl ich mich gerne als wertorientierter, konservativer Anleger bezeichne, der wie Gary Brinson den New-Economy-Hype um die Jahrtausendwende stur *nicht* mitgemacht hat, und an meinen Prinzipien festhalte, bin ich jedoch der Meinung, dass sich eine langfristig erfolgreiche Anlagepolitik nicht dogmenhaft an Anlagestilen orientieren sollte. Der Erfolgsausweis verschiedener Anlagestile ist schlicht zu flatterhaft und im Zeitablauf unbeständig. Wer beispielsweise systematisch auf Aktien mit möglichst hoher Dividende setzt, könnte enttäuscht werden. Eine Aktie mit hoher Rendite kann nämlich ein Zeichen dafür sein, dass die Zukunftsaussichten des Unternehmens schlecht sind – was dann zu einer Dividendensenkung oder sogar zu einem Ausfall der Dividende führen könnte.

Dazu kommt, dass eine Abgrenzung verschiedener Anlagestile oft schwerfällt. Wo hört Growth auf, und wo fängt Value an? Immer wieder lese ich, dass Bankaktien typische Value-Aktien seien. Begründet wird dies mit den hohen Buchwerten respektive Eigenmitteln der Banken im Vergleich zu ihrer Börsenkapitalisierung. In der Tat werden die Aktien vieler europäischer Großbanken an der Börse seit vielen Jahren weit unter ihrem bilanziell ausgewiesenen Buchwert gehandelt. So betrug das Kurs/Buchwert-Verhältnis der Deutschen Bank im Januar 2020 gerade einmal 0,2 und dasjenige der Credit Suisse sowie der UBS lag zwischen 0,7 und 0,8.[3] Heißt das nun, dass diese Titel bewertungsmäßig besonders günstig sind? Wer so denkt, ist naiv. Fakt ist doch, dass alle diese Banken seit Jahren eine extrem tiefe Eigenmittelquote von vielleicht 2 bis 4 Prozent besitzen und die Anleger offensichtlich ihre Zweifel an der Werthaltigkeit der Aktiven von Großbanken hegen.

> »In keiner Branche werden Eigenmittel derart verabscheut wie im Bankensektor. Für mich ist das ein Symptom, dass die meisten Institute noch immer Probleme haben und manche de facto bankrott sind.«
>
> **Anat R. Admati**, Finanzprofessorin an der Stanford University, Silicon Valley

Muss die Aktivseite einer Bank auch nur um 1 oder 2 Prozent wertkorrigiert werden, weil in einer Krise faule Kredite abgeschrieben werden müssen, droht eine existenzielle Schieflage – so geschehen während der Finanzkrise. Die rechnerisch tiefen Kurs/Buchwert-Verhältnisse von europäischen Großbankaktien sind deshalb nicht Ausfluss äußerst attraktiver und günstiger Value-Titel, sondern reflektieren ein gewisses Misstrauen der Aktionäre gegenüber Bankaktien. Das im Jahr 1472 gegründete älteste Geldhaus Italiens, die dauergeplagte und krisengeschüttelte Banca Monte dei Paschi di Siena, wies kurz vor ihrer Insolvenz und Rettung durch den Staat zum Ende des Jahres 2016 ein Kurs/Buchwert-Verhältnis von 0,1 auf. Der ausgewiesene Buchwert respektive das Eigenkapital der Bank war also zu diesem Zeitpunkt 10 Mal höher als der Wert der Aktie an der Börse. Naive »Value-Investoren« haben diese »spottbillige« Aktie gekauft und ihr blaues Wunder erlebt.

> »Die komplizierten Modelle, mit denen uns die Banken vorrechnen, dass sie jetzt über wesentlich mehr Eigenkapital verfügen, unterscheiden sich kaum von denen, die sie vor dem Crash der Finanzkrise angewendet haben. Sie verhalten sich so, wie wenn man mit über 200 km/h auf der Straße rast und einfach darauf hofft, die nächste Kurve zu kriegen.«
>
> **Anat R. Admati**, Finanzprofessorin an der Stanford University, Silicon Valley

Man kann sich genüsslich darüber streiten, ob zum Beispiel der Nahrungsmittelkonzern Nestlé ein Wachstums- oder eher ein Substanztitel ist. Ich meine, er ist beides. Nestlé vereint langfristig attraktives Wachstum mit hoher Substanz. Die Definition, welcher Stilkategorie eine Aktie zugeordnet wird, ist meines Erachtens einer gewissen Beliebigkeit unterworfen – und damit wohl auch die Renditeberechnungen, die daraus resultieren. Mein Rat bezüglich Anlagestilen ist deshalb ganz einfach der: Fokussieren Sie sich nicht auf einen bestimmten Anlagestil, sondern bleiben Sie pragmatisch, und setzen Sie vor allem auf Qualität – tolle Unternehmen mit einem erfolgreichen Produkt oder einer herausragenden Dienstleistung, einem erstklassigen Management und einer soliden Bilanzstruktur. Ob eine qualitativ erstklassige Aktie der Kategorie »Value« oder »Growth« zugeordnet wird, ist letztlich egal. Pragmatismus empfiehlt sich auch für Saisonalitätseffekte wie den »January Effect«[4], der besagt, dass der Januar im langfristigen Durchschnitt der beste Monat des Jahres ist. Dieser Effekt ist zwar genauso wie das Bonmot »Sell in May and go away, but remember to come back in September« statistisch zu beobachten, aber zu flatterhaft, um daraus eine praxistaugliche Strategie abzuleiten.

41
Megatrends – die Berater sind zu Verkäufern mutiert

Wer auf Megatrends setzt, investiert in Aktien von Unternehmen, in denen in Zukunft die Post abgeht. Welcher Anleger möchte nicht von den großen wirtschaftlichen Veränderungen und Entwicklungen, die die Welt hervorbringt, profitieren? Demzufolge bringt die Finanzbranche regelmäßig Fonds und andere Produkte auf den Markt, die exakt auf Megatrends von monumentalen Innovationen und Umwälzungen in der Welt setzen. Nun, was sind das für monumentale Zukunftsperspektiven, die den Anlegern seit der Jahrtausendwende schmackhaft gemacht wurden, und wie haben sie sich bezüglich der Performance entwickelt? Folgende Megatrends haben die zwei Dekaden bis zum Jahr 2020 besonders geprägt:

- Solarenergie,
- Seltene Erden,
- Nanotechnologie,
- Biotech und Healthcare,
- Technologie-Boom,[1]
- BRIC (Anlage in den Schwellenmärkten Brasilien, Russland, Indien und China)[2].

Vor der Finanzkrise herrschte eine Euphorie für Anlagen in saubere Energie. Entsprechend haben Banken in aller Welt zahlreiche Produkte lanciert, insbesondere im Bereich der Solartechnologie. Während der Finanzkrise von 2007 bis 2009 erfolgte ein herber Absturz (Grafik 62). Schlagartig neuen Auftrieb erhielt die Branche mit dem tragischen Reaktorunfall von Fukushima im Jahr 2011, der in der Bankenwelt einen Boom grüner Produkte auslöste. In der Folge litt die Branche jedoch an Überkapazitäten und einem markanten Strompreiszerfall, der die gesamte Solarbranche an den Abgrund drängte – führende Firmen wie die deutsche Solarworld sind zusammengebrochen oder kämpften um ihr Überleben. Der Megatrend Solarenergie fand damit ein Ende. Ab 2010 wurden Anlagen mit Seltenen Erden als *der* Megatrend der Zukunft angepriesen. Zu diesen gehören 17 Metalle, die zum Beispiel zur Herstellung von Flachbildschirmen, Windrädern oder Hybridautos benötigt werden. China verfügt in den Seltenen Erden über ein faktisches Monopol. Nach einem kurzen Boom dauerte es nicht lange, bis die Preise für Seltene Erden, die gar nicht so selten sind, wie es der Name suggeriert, eingebrochen sind. Statt Megatrend herrscht seither Katerstimmung. Ein weiterer Megatrend ist die Nanotechnologie. Zwar ist auch diese Branche von größeren Einbrüchen nicht verschont geblieben, doch immerhin tendierte die langfristige Entwicklung des repräsentativen Nanotechnologie-Index, ganz im Kontrast zu den beiden vorgenannten Megatrends, in die richtige Richtung.

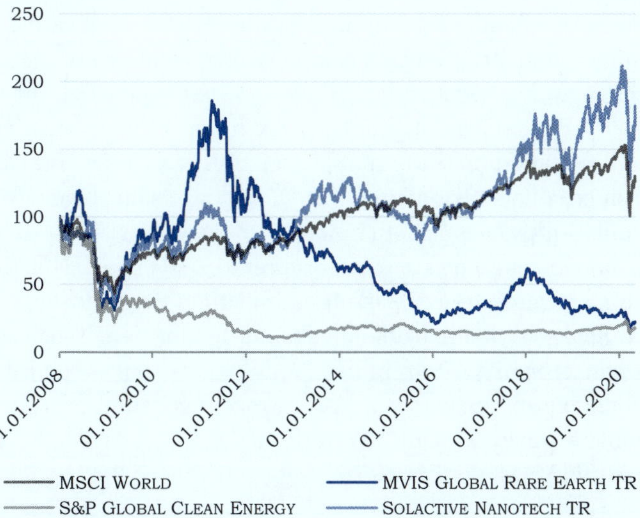

Grafik 62: Megatrends – Top und Flop. *Quelle: Bloomberg. Indexiert in US-Dollar.*

Dem US-amerikanischen Finanzinformations- und Analyseunternehmen Morningstar gemäß sind 80 Prozent aller Megatrend- und Themenprodukte, die sich im Jahr 2012 auf dem Markt befanden, innerhalb von nur sieben Jahren wieder geschlossen respektive liquidiert worden, weil die Erwartungen der Anleger verfehlt wurden.[3] Morningstar spricht in diesem Zusammenhang von einem »gut gefüllten Friedhof« von innovativen Finanzprodukten. Da naturgemäß nur die überlebenden Fonds analysiert werden, ist demzufolge das Gesamtbild der Megatrend-Produkte markant geschönt.

»Die Assetmanager brauchen also ein neues Betätigungsfeld, und das finden sie beim thematischen Investieren, wo sie den Privatanlegern schöne Geschichten erzählen können.«

Manuel Ammann, Professor für Finanzmarktforschung an der Universität St. Gallen

Bemerkenswert ist, wie kreativ die Finanzbranche ist, wenn es darum geht, Megatrends in hochmargige Produkte zu verpacken. Ein Beispiel dafür ist die Robotertechnik. Zweifellos werden Roboter in Zukunft eine immer größere Bedeutung in unserem Leben einnehmen. Aber welche Unternehmen befinden sich überhaupt in entsprechenden Fonds? Die Schweizer Privatbank Pictet managt den Pictet Robotics Fund. Wer das Fact-Sheet liest, findet die größten Beteiligungen des Fonds. Zu Beginn des Jahres 2020 sind es die Aktien der Unternehmen Alphabet (Google), Siemens und Qualcomm. Diese Weltkonzerne machen aber tatsächlich nur einen unbedeutenden Teil ihres Umsatzes mit der Robotertechnologie. Lohnt es sich demnach für Anleger, einen derartigen Fonds zu kaufen und mutmaßliche Gesamtgebühren von jährlich rund 3 Prozent zu bezahlen?[4] Ich meine nein. Wer dies möchte, kann alle diese Titel als Direktanlagen problemlos ohne hohe Gebühren in sein Portfolio integrieren. Dafür braucht es keinen teuren Megatrend-Fonds. Aber schließlich wird ja schon jedem erstsemestrigen Marketing-Studenten eingetrichtert, dass Verpackung und Schlagworte die halbe Miete sind. Einem Bericht der *NZZ* gemäß fließen gerade einmal 30 Prozent der Produkte- respektive Fondsgebühren in die eigentliche Vermögensverwaltung, 10 Prozent gehen in die Administration und sagenhafte 60 Prozent in den Vertrieb.[5] Die Berater der Finanzbranche sind definitiv zu Verkäufern mutiert.

»Pflegen Sie die Mode bei Ihrer Garderobe, nicht bei der Geldanlage.«

Heinz Zimmermann, Professor für Finanzmarkttheorie an der Universität Basel

Wenn ich mich mit Bankern im lockeren Rahmen bei einem Feierabendbier über ihren Job unterhalte, höre ich immer wieder Schockierendes. Ihre Chefs stellen die Höhe ihres Gehalts und ihres Bonus nicht primär darauf ab, mit welcher Qualität sie ihre Arbeit verrichten und wie zufrieden ihre Kunden sind. Viel wichtiger ist, wie viele Produkte sie verscherbelt haben. Es gibt Fälle, in denen innerhalb einer Bank oder einer Abteilung im Monats- oder sogar Wochenrhythmus der Verkaufserfolg verschiedener Kundenbetreuer gegeneinander ausgespielt wird. Wer in den Listen der besten Verkäufer oben steht, dem winkt ein üppig gefüllter Bonustopf. Derjenige, der hingegen kein »Killer-Gen« besitzt, aber bei seinen Kunden hervorragend ankommt, riskiert, auf der Strecke zu bleiben. Er oder sie verdient weniger, wird nicht befördert, versetzt oder durch »talentiertere« Verkäufer verdrängt. Das ist die krude Realität im harten Anlagebusiness. Viele Anlageberater und Anlageberaterinnen befinden sich deshalb in einem inhärenten Selbstkonflikt: Soll ich nun meinen Chefs dienen oder eher meinen Kunden? Je größer der Druck wird, desto mehr entscheiden sich abhängige Angestellte zwangsläufig für ihre Chefs – wenn auch contre coeur. Sie haben schlicht keine Alternative.

Dabei ist aus Anlegersicht doch klar: Wenn Sie in ein breit diversifiziertes, qualitativ hochwertiges und international abgestütztes Aktienportfolio investieren, beteiligen Sie sich automatisch auch an den Megatrends dieser Welt. Sie brauchen sich nicht in teuren Modeprodukten mit Namen wie Artificial Intelligence, Biotech, Digitalisierung, Healthcare, Alternative Risk Premia Concept, Impact Investing, Robotics Factor Investing, Smart Beta oder einem Indexprodukt auf vegane Ernährung (auch das gibt es schon!) zu engagieren, die das Geld selten wert sind. Wenn Sie zum Beispiel Aktien von AstraZeneca, Eli Lilly, GlaxoSmithKline, Merck, Novartis, Novo Nordisk, Pfizer oder Roche halten, sind Sie automatisch auch im Megatrend Biotech und Healthcare engagiert. Dazu kommt, dass Megatrend-Produkte prozyklisch genau dann auf den Markt gebracht werden, wenn der Hype schon da ist. In der Regel ist es dann bereits zu spät, um noch einzusteigen, denn die Zukunftsfantasie ist längst in den aktuellen Börsenkursen enthalten.

42
Kaufen Sie nur, was Sie selber verstehen, und nehmen Sie möglichst keine Kredite auf

Banker und die Vertreter der Fonds- respektive Produkteindustrie sind nie müde geworden, immer wieder mit revolutionären Innovationen aufzutrumpfen, die die Anleger in den meisten Fällen gar nicht brauchen. Vor allem habe ich meine Zweifel, ob Anleger jeweils wissen, welchen Risiken sie ausgesetzt sind und ob sie die erworbenen Produkte überhaupt verstehen. Ich bin diesen Modetrends nie nachgerannt und habe das nie bereut. Viele dieser Innovationen verschwinden so schnell von der Bildfläche, wie sie gekommen sind. In Deutschland waren zu Beginn des neuen Jahrtausends die steuerlich geförderten Schiffsfonds (Fonds, die sich am Bau von Seeschiffen beteiligen und/oder solche erwerben) ein Verkaufshit und avancierten nach Immobilienfonds zum zweitbeliebtesten Produkt im Markt für geschlossene Fonds. Schiffsfonds wurden auch mit dem Argument beworben, dass sie Anlegern gewisse Steuervorteile bieten. Dann sind im Zuge der Finanzkrise die Schifffrachten fulminant eingebrochen und aus dem Traum, dem Fiskus ein Schnippchen zu schlagen, wurde ein Albtraum. Hunderte von Fonds wurden notleidend und waren wegen Illiquidität gar nicht mehr veräußerbar. Die HSH Nordbank, die größtenteils den Bundesländern Hamburg und Schleswig-Holstein gehört, musste auf ihren Finanzierungen von Schiffen milliardenschwere Abschreibungen tätigen.

Im Grunde ist es logisch, dass Anlagen, die der Staat mit Steuergeldern subventioniert, besonders tückisch und gefährlich sind. Der Staat zahlt nicht grundlos Subventionen – meistens haben die entsprechenden Unternehmen ohne diese gar keine Überlebenschance. Nicht anders war es auch bei den ebenfalls steuerprivilegierten Immobilienfonds, welche nach der Wende in der ehemaligen DDR investierten und damals von der Finanzindustrie mit Hochdruck vertrieben wurden. Nach anfänglicher Euphorie folgte das finanzielle Fiasko bei Tausenden von Anlegern, die viel Geld in vermeintlich »sicheren« Produkten verloren haben.

Apropos Steuern: Ganz besonders clever glaubten wohl einige Banker gewesen zu sein, als sie ihren Kunden über Jahre hochrentable Fonds andrehten, welche sich mit raffinierten Aktiendeals (sogenannte Cum-Ex-Geschäfte) rund um den Dividendenstichtag die Kapitalertragssteuer vom deutschen Fiskus gleich mehrfach erstatten ließen. Dieser »geniale« Steuertrick sollte den Investoren mittels Einsatz hoher Fremdmittel »todsichere« Renditen bescheren. Unternehmerpersönlichkeiten wie Carsten Maschmeyer, Gründer des Allgemeinen Wirtschaftsdienstes AWD, und der Drogeriekönig Erwin Müller investierten hohe zweistellige Millionensummen in den Fonds Sheridan der Basler Privatbank Sarasin. Nach einer Gesetzesänderung im Jahr 2012 implodierte der »risikolose« Fonds um 90 Prozent, und es kam zu Gerichtsprozessen zwischen Kunden und Bank. Merken Sie sich deshalb: Wenn Ihnen »risikolose« Geschäfte (sogenannte Arbitrage) und Fonds mit hoher Rendite bei kaum existierendem Risiko angeboten werden, stinkt irgendetwas zum Himmel. Und wenn der Staat die Anlageprodukte mit Steuererleichterungen subventioniert, gilt im Grundsatz: Hände weg!

> »Von jetzt an werde ich nur so viel ausgeben, wie ich einnehme, selbst wenn ich mir dafür Geld borgen muss.«
>
> **Mark Twain**, amerikanischer Schriftsteller (1835 – 1910)

Komplexe Modeprodukte kommen und gehen. Erheiternd ist ein Produkt der Credit Suisse. Im Jahr 2017 befanden sich die Kursschwankungen der Aktienmärkte auf einem Tiefstand. Grund genug, um ein Produkt auf den Markt zu bringen, das eine Wette auf dauerhaft tiefe Schwankungen am Aktienmarkt darstellt. Im Februar 2018 schnellten die Volatilitäten der Aktienmärke im Zuge einer Börsenkorrektur in die Höhe und das sogenannte »Short Volatility«-Produkt der Credit Suisse rauschte an einem einzigen Tag[1] um 80 Prozent in die Tiefe. Nach einem medialen Aufschrei meinte der damalige Konzernchef Tidjane Thiam vielsagend: »It worked well for a long time until it didn't.«[2] Tja, liebe Kunden der Bank, welche diese Produkte in ihren Büchern hielten: Pech gehabt! Um die Geschäfte in der Banken- und Finanzindustrie anzukurbeln, wird den Anlegern empfohlen, margenträchtige, komplexe und oft intransparente Produkte zu kaufen. Ob diese zum Risikoprofil des Anlegers passen? Zweifel sind angebracht. Nicht selten verstehen die Anleger ohnehin nicht, was sie kaufen – wer liest schon die umfangreichen und komplizierten Produktebeschreibungen? Mit der in der heutigen Zeit zelebrierten »Produkte-Manie« und den vielen Black-Box-Konstrukten ist der Anleger nicht mehr in der Lage zu wissen, wie, wo und bei wem sein Geld investiert ist.

> »Niemand ist so reich, dass er nicht durch eine falsche Entscheidung arm werden könnte.«
>
> **Bernie Cornfeld**, verurteilter amerikanischer Financier, dessen Schnellballsystem IOS Ende der 1960er Jahre zusammenkrachte (1927 – 1995)

Viele Banken und Vermögensverwalter rühmen sich, sie würden eine sogenannte »offene Architektur« praktizieren. Dabei würden sie nur die »besten und erfolgreichsten Fonds« an ihre Kunden vertreiben. »Best in Class« ist das Schlagwort im Verkauf dieser Produkte – ein wunderbares Marketinginstrument. Ich habe noch nie von einer Bank gehört, sie würde *nicht* über die besten Fonds verfügen. Das sagen alle. Da beim Vertrieb dieser »besten Fonds« zudem oft Vertriebsentschädigungen vereinnahmt werden, sind Interessenskollisionen programmiert. Besonders schlimm ist es, wenn sogenannte »Drückerkolonnen« am Werk sind, um den Anlegern den neusten Modeschrei mit dem Argument der Diversifikation anzudrehen.[3] Der Berufsstand des Anlageberaters mutiert dann, um es salopp zu formulieren, zu demjenigen eines Anlageverbraters.

> »Wir verrichten die Arbeit Gottes.«
>
> **Lloyd Blankfein**, ehemaliger Chef von Goldman Sachs

Leider haben selbst viele Consultants der Branche ein gewisses Interesse an komplexen Strukturen und Produkten. Denn eine bunte Vielfalt von Anlagekategorien und -produkten führt zu aufwendigen und gut bezahlten »Searches« nach den »besten« Anbietern. Aufgrund einer höheren Komplexität lässt sich eine höhere Entschädigung der Berater rechtfertigen und das entsprechende Controlling wird dadurch naturgemäß ebenfalls teurer.[4]

Statt Komplexität ist im Anlagegeschäft Einfachheit gefragt. Wir erinnern uns: In Krisenzeiten sind Banken, Versicherer, Hedgefonds und Privatinvestoren *nie* daran gescheitert, dass sie einen zu hohen Aktienanteil hielten. Wenn Investoren scheiterten, begingen sie regelmäßig eine oder mehrere der folgenden »Todsünden«:

- Sie hielten intransparente, komplexe, mehrschichtige, hochmargige und/ oder illiquide Produkte, die in einer Krise kaum mehr veräußerbar sind. Diese sind prädestiniert, einer explosiven Mischung von Gier und Naivität die erforderliche Sprengkraft zu verleihen.
- Sie waren mangelhaft diversifiziert.
- Sie beanspruchten zu hohe Kredite respektive hielten zu wenig Eigenmittel.

»Mehr Kredit als Geld, so kommt man durch die Welt.«

Johann Wolfgang von Goethe, deutscher Dichter (1749 – 1832)

Ich habe überhaupt kein Verständnis für Banker, die ihren Kunden die Aufnahme von Lombardkrediten schmackhaft machen, um gleichzeitig die verwalteten Gelder (die sogenannten Assets under Management) wie auch das Kreditvolumen der Bank in luftige Höhen zu hebeln. So schrieb die als konservativ geltende Migros Bank im Jahr 2018 ihren Kunden: »Lombardkredit – Chancen am Markt flexibel nutzen. Optimieren Sie Ihre Anlagestrategie mit zusätzlicher Liquidität«.[5] Das sind abenteuerliche Lockvogel-Angebote, die in Krisenzeiten zum Bumerang werden können.

Auch der »rising star« unter den Schweizer Bankern, Iqbal Khan, der im Herbst 2019 von der Credit Suisse zur Konkurrentin UBS wechselte und dort als Co-Chef der weltweiten Vermögensverwaltung seinen Job antrat, reitet die Kreditwelle. Dem US-amerikanischen Nachrichtensender Bloomberg sagte Khan, dass er mit der forcierten Vergabe von Lombardkrediten an Reiche eine gute Chance für einen »quick win« sehen würde.[6] Ob das die betreffenden Kunden im Frühjahr 2020, als die Corona-Krise die Märkte zum Krachen brachte, auch noch so sahen, entzieht sich der Kenntnis des Schreibenden. Zweifel sind angebracht, denn unzählige Investoren, die auf Pump spekulierten, wurden in dieser Zeit von ihrer Bank im unglücklichsten Moment gezwungen, ihre Positionen zu liquidieren, weil die Deckung ihres Kredites gefährdet war. Der umtriebige Schweizer Unternehmer Remo Stoffel musste gemäß Medienberichten während der Corona-Krise einen mutmaßlichen »Margin Call« über sich ergehen lassen.[7] Weil er im Zuge der Börsenerosion offenbar zusätzliche Sicherheiten bei der kreditgebenden Bank hätte einschießen müssen und dies nicht mehr konnte oder wollte, hat Stoffel sein Aktienpaket des Pharmakonzerns Vifor in dreistelliger Millionenhöhe in einem äußerst dummen Moment der Aktienkrise liquidiert – respektive wurde es von der kreditgebenden Bank zwangsliquidiert, wie von Medien kolportiert wurde. Dumm gelaufen, lässt sich da nur sagen.

Nur das Anlegen ohne Kredite lässt uns deshalb auch in unruhigen Zeiten ruhig schlafen. Wer Aktien auf Pump erwirbt, kann weder große Krisen durchstehen noch in diesen antizyklisch dazukaufen. Ich rate schon zur konservativen Zurückhaltung im Umgang mit Immobilienkrediten – im Zweifelsfall sollte ein Kredit besser abbezahlt als verlängert werden. Das Spekulieren an der Börse auf Pump geht nun aber gar nicht. Offenbar lernen viele Anleger nichts aus der Finanzgeschichte – schon in der Finanzkrise standen russische Oligarchen und gestandene Unternehmerpersönlichkeiten am finanziellen Abgrund, weil sie auf einem zu hohen Schuldenberg saßen. Ich verstehe im Grunde sowieso nicht, warum sehr vermögende Menschen überhaupt Kredite brauchen und damit einen Teil ihrer Unabhängigkeit aufgeben. Aus Gier?

> »Wenn einer von mir einen Kredit haben will, frage ich immer meinen Anwalt. Wenn er ja sagt – nehme ich mir einen anderen Anwalt.«
>
> **Henry Ford**, amerikanischer Industrieller (1863 – 1947)

Khan und sein Team motivieren ihre Mitarbeiter auch dazu, den Kunden vermehrt illiquide und hochmargige Produkte wie Private Equity, Private Debt und Infrastrukturanlagen schmackhaft zu machen. Die Chance, dass Anleger solchen Ratschlägen folgen, ist in einem zinslosen Umfeld besonders groß. Allerdings beschleicht mich ab und zu das Gefühl, die Finanzkrise, in der illiquide Produkte im Epizentrum des Sturms standen, sei eine Fata Morgana gewesen. »The show must go on!«, hat der legendäre Sänger Freddie Mercury einst verkündet. Wie recht er hat: Es dauert immer nur eine kurze Weile, bis alles vergessen ist und wieder dieselben Dummheiten gemacht werden. Bei komplexen und intransparenten Produkten sind Missverständnisse und Konflikte zwischen Berater und Kunde programmiert. Ich bin deshalb immer wieder erstaunt, wie gewisse Investoren ihren Vermögensberatern fast blindes Vertrauen schenken, während sie bei der Anschaffung einer Kaffeemaschine oder beim Kauf eines Autos minutiöse und zeitaufwendige Abklärungen vornehmen. Mein einfacher Rat lautet deshalb: Lassen Sie sich nicht blenden, hüten Sie sich vor Modetrends der Finanzindustrie, investieren Sie konsequent ohne Kredite, und kaufen Sie nur, was Sie auch selber verstehen.

43
Nachhaltigkeit in der Vermögensanlage – ein Muss oder quasi-religiöser Modeschlager?

Es steht für mich außer Frage: Die Knappheit fossiler Brennstoffe, Klimaveränderungen, die Luftverschmutzung und ein nachhaltiges Wirtschaften gehören zu den größten Herausforderungen, die wir Menschen in Zukunft konsequent anzugehen haben. Einfach so zu tun, als ob diese Probleme nicht bestehen würden, wäre purer Selbstbetrug. Da ich aber kein Klimaexperte, sondern Vermögensverwalter bin, will ich mich an dieser Stelle einzig mit der Frage beschäftigen: Lässt sich eine nachhaltige Anlagepolitik sinnvoll in die Praxis umsetzen, und wenn ja, wie?

So viel mir eine nachhaltige Anlagepolitik am Herzen liegt, so schwer tue ich mich allein schon mit der Beantwortung der Frage, *was überhaupt nachhaltige Anlagen sind*. Zwar sind in den letzten Jahren Nachhaltigkeitsfonds sehr populär geworden. Ihr Volumen ist in kurzer Zeit regelrecht explodiert. Was eigentlich als erfreuliche Tatsache beurteilt werden könnte, schürt aber bei genauerem Hinschauen auch Skepsis. Besteht denn überhaupt Einigkeit in der Finanzbranche, welches nachhaltige Anlagen sind und welche nicht? Werfen wir zunächst einmal einen Blick auf die sogenannten ESG-Kriterien, die in der Branche wegweisend für eine nachhaltige Anlagepolitik sind:

- *E (Environmental):* Halten Unternehmen Umweltschutzrichtlinien bezüglich CO_2-Emissionen ein? Was tun sie, um eine potenzielle Luft- und Gewässerverschmutzung möglichst zu verhindern?
- *S (Social):* Halten sich Unternehmen an bestehende Arbeitsnormen und werden elementare Menschenrechte eingehalten?
- *G (Governance):* Wie sind die Führungs- und die Vergütungssysteme von Unternehmen ausgestaltet?

So weit, so gut – diese generellen Beurteilungskriterien ergeben einen Sinn und leuchten ein. Beschäftigt man sich aber *konkret* mit diesen drei Hauptfaktoren zur Bestimmung nachhaltiger Anlagen, wird relativ rasch klar, dass relativ wenig klar ist. Mit den nachfolgenden Fragestellungen möchte ich Ihnen beispielhaft aufzeigen, wie schwierig es in der Praxis ist, nachhaltige von nicht nachhaltigen Anlagen zu trennen:

- Im Zuge der Reaktorkatastrophe in Fukushima im Jahr 2011 haben Länder wie Deutschland und die Schweiz beschlossen, aus der Kerntechnologie auszusteigen und bestehende Atomkraftwerke stillzulegen. Die Produktion von Atomstrom ist bekanntlich CO_2-schonend. Gelten diese nun als nachhaltig oder wegen der problematischen Entsorgung des Sondermülls als nicht nachhaltig?
- Der australische Bergbaukonzern BHP Billiton baut Eisen, Kupfer, Kohle und Petroleum ab. Darüber hinaus ist das Unternehmen Produzent von Seltenen Erden, welche elementare Bestandteile von erneuerbaren Energien sind. Ist der größte Rohstoffförderer der Welt nun nachhaltig oder nicht nachhaltig?
- Windräder operieren CO_2-schonend. Allerdings verbauen sie Naturflächen und dünnen die Vogelpopulation aus. Sind sie trotzdem nachhaltig?
- Gelten Hersteller von alkoholischen Getränken und von Tabak als nachhaltig, wenn jährlich Millionen Menschen an deren (Über-)Konsum sterben?
- Fettleibigkeit ist ein großes Problem in westlichen Ländern. Können »Fettmacher« wie Coca-Cola, Lindt & Sprüngli oder McDonald's trotzdem als nachhaltige Anlagen qualifiziert werden?
- Viele Pharmakonzerne unternehmen zu Forschungszwecken Tierversuche und setzen auf Gentechnik. Können ihre Aktien trotzdem als nachhaltig bezeichnet werden?
- Der US-amerikanische PC- und Druckerhersteller Hewlett Packard verkauft Produkte, die auch in der Rüstungsindustrie Verwendung finden. Deren Anteil am Konzernumsatz beträgt aber nur etwa 2 Prozent. Reicht das für einen Ausschluss?
- Reifen der Hersteller Continental und Goodyear werden auch in Armeen verwendet. Müssen diese Anbieter deshalb als nicht nachhaltig ausgeschlossen werden?
- Sachversicherer wie die Allianz oder Zurich Insurance versichern Autos, die Stickstoffoxid und Kohlenmonoxid ausstoßen. Reicht das aus, um die Unternehmen als nicht nachhaltig zu bezeichnen?
- Tesla ist ein weltweit führender Hersteller von Elektrofahrzeugen. Als Energiespeicher werden Lithium-Ionen-Batterien eingesetzt. Wie auch bei den

Akkus von Smartphones und Laptops braucht es dazu große Mengen von Kobalt. 70 Prozent des Erzes stammen aus Kongo-Kinshasa. Der Abbau von Kobalt wird mit Kinderarbeit, Umweltverschmutzung, Korruption und Gewalt in Zusammenhang gebracht. Ist Tesla nun ein nachhaltiges oder nicht nachhaltiges Unternehmen?

- Der Ölkonzern Shell gilt als Energieschleuder, macht aber rund 10 Prozent des Umsatzes mit erneuerbaren Energien. BP investiert kräftig in Windkraft und in die Solartechnologie. Müssen die Unternehmen trotzdem als nicht nachhaltig bezeichnet werden?
- Spielcasinos ziehen Kunden, die potenziell einer Spielsucht verfallen, das Geld aus der Tasche. Können Casinos trotzdem als nachhaltige Anlagen bezeichnet werden?
- Viele Großbanken werden regelmäßig verklagt, zahlen Bußen in Milliardenhöhe, weisen Eigenmittelquoten von äußerst schmalen 2, 3 oder 4 Prozent auf und mussten in der Finanzkrise vom Staat gerettet werden. Können solche Banken als nachhaltig bezeichnet werden, wenn in der Vergangenheit das einzig Nachhaltige die Verluste der Aktionäre waren? Und wenn diese Banken Kohleförderer finanzieren und gleichzeitig für ihre Kunden teure Nachhaltigkeitsfonds auflegen: Entspricht dies nicht einer gewissen Doppelmoral?
- Die Credit Suisse finanziert den Bau einer Dakota-Access-Pipeline in den USA. Die Pipeline führt durch ein Sioux-Indianerreservat und nahe an einer Hauptwasserquelle vorbei. Sollte die Bank aus diesem Grunde von allen Nachhaltigkeitslisten gestrichen werden?
- Viele Regierungen der Schwellenländer sind korrupt, werden von Diktatoren geführt, sind frauenfeindlich oder verstoßen gegen das Folterverbot. Können Aktien und Anleihen der sogenannten Emerging Markets, die in der Regel nicht einmal bereit sind, ESG-Berichte offenzulegen, trotzdem als nachhaltig qualifiziert werden?
- Siemens unterhält im chinesischen Xinjiang eine Kooperation mit der China Electronics Technology Group, einem Militärlieferanten, dessen Überwachungstechnologie laut der NGO Human Rights Watch benutzt wird, um Uiguren auszuspionieren. Darüber hinaus liefert Siemens die Signaltechnik für eine Bahn in Australien, die Kohle aus einer Mine transportiert. Soll Siemens aus diesen Gründen als Anlage ausgeschlossen werden?
- Die schweizerische Eidgenossenschaft ist Mehrheitsaktionärin beim Rüstungskonzern Ruag. Können die Anleihen des Bundes trotzdem als nachhaltig klassifiziert werden?

Ich wäre unehrlich, wenn ich Ihnen sagen würde, ich könnte alle diese Fragen klar und deutlich mit einem »Ja« oder »Nein« beantworten. Natürlich mag es Konzerne geben, die ohne schlechtes Gewissen ausgeschlossen werden können. Aber die Trennlinien sind extrem schwer zu ziehen und eine große Portion Subjektivität, was genau als nachhaltig bezeichnet werden kann und was nicht, spielt schließlich eine entscheidende Rolle bei der Kaufentscheidung. Wenn Sie so gut wie möglich objektivieren wollen, welche der Anlagen als nachhaltig oder nicht nachhaltig klassifiziert werden, kommen Sie an den weltweit führenden Anbietern von Nachhaltigkeitsstudien, MSCI und Sustainalytics, nicht vorbei.

Allerdings werden Sie bei der Lektüre der Nachhaltigkeits-Rankings Erstaunliches feststellen. So wurde im Jahr 2020 der Pharmakonzern Novartis von MSCI als einziges Unternehmen des schweizerischen Aktienmarkts (SMI) als *nicht* nachhaltig disqualifiziert. Weshalb ist gerade Novartis gemäß MSCI *nicht* nachhaltig? Die Antwort von MSCI ist die folgende: Novartis war in Griechenland vor Jahren in einen Korruptionsskandal verwickelt. Dem Pharmamulti wurde vorgeworfen, Ärzte und Verwaltungsangestellte bestochen zu haben. Wenn dem so ist, ist das selbstverständlich ethisch verwerflich und mutmaßlich auch gesetzeswidrig. Allerdings stellt sich die Frage: Was ist denn von den Korruptionssünden einer ABB in früheren Jahren zu halten? Wäre da nicht auch ein Ausschluss angezeigt? Und wie kann eine Bank, die wiederholt gegen Geldwäschereibestimmungen verstoßen und Milliardenbußen bezahlt hat, als nachhaltig bezeichnet werden, wenn sie in den USA als »kriminelle« Organisation gilt? 100 Fragen, 200 Antworten. Was sagt das zweite renommierte Unternehmen in Nachhaltigkeitsanalysen, Sustainalytics, zum »Sünder« Novartis? Man reibt sich die Augen: Bei Sustainalytics taucht Novartis unter den am besten qualifizierten Unternehmen auf, das geradezu Vorbildcharakter in Sachen Nachhaltigkeit aufweist. Zwei Ratings, zwei komplett unterschiedliche Schlussfolgerungen.

Grafik 63 zeigt das Ranking von MSCI und Sustainalytics für insgesamt 878 US-Unternehmen. Jeder Punkt in der Grafik repräsentiert ein einzelnes Unternehmen. Dabei zeigt sich, wie unterschiedlich die jeweiligen Rankings von MSCI und Sustainalytics in der Beurteilung der Nachhaltigkeit ausfallen. Es gibt wenig Übereinstimmungen. Im Gegenteil: Während MSCI viele Unternehmen mit einem hohen Ranking auszeichnet, fällt dieses bei Sustainalytics sehr tief aus – und umgekehrt. Es bestätigt sich, dass bei der Analyse eine große Portion Beliebigkeit mit im Spiel ist. Bei aller Ernsthaftigkeit des Themas bin ich deshalb dezidiert der Meinung, dass bei der Definition und Festlegung, was als nachhaltig gilt und was nicht, ein erheblicher Ermessensspielraum und ein hohes Maß an Subjektivität bestehen.

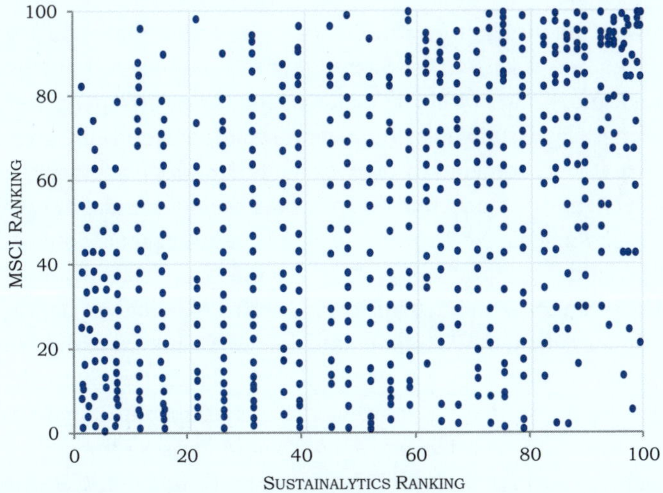

Grafik 63: MSCI versus Sustainalytics Ranking. *Quelle: Dimson, E., Marsh, P. & Staunton, M., Credit Suisse Global Investment Returns Yearbook, 2020, Seite 12. Datenvergleich für 878 US-Unternehmen zu Beginn 2019.*

Auch bei der Aufnahme von Schulden zieht das Schlagwort »Nachhaltigkeit« viele Gelder an. So haben neben Deutschland, Belgien, Frankreich, Irland, den Niederlanden und Schweden auch Länder wie China, Nigeria und die Seychellen grünes Geld (sogenannte *green bonds*) aufgenommen – weitere Länder werden folgen. Das weltweite Emissionsvolumen an grünen Anleihen hat sich allein zwischen 2015 und 2019 in etwa versiebenfacht.[1] Es ist zu hoffen, dass all diese Gelder tatsächlich für nachhaltige Zwecke verwendet werden.

Seit das Thema Nachhaltigkeit in jeder Bank und bei jedem Vermögensverwalter zu einem Kernthema geworden ist, explodieren die nachhaltig verwalteten Gelder nicht nur in der Schweiz, sondern auf weltweiter Basis. Von jährlichen Steigerungsraten zwischen 50 und 100 Prozent ist die Rede. Was im Grunde erfreulich ist, stimmt mich aber auch skeptisch. Woher sollen denn in dieser ultrakurzen Zeit plötzlich all die grünen und nachhaltig wirtschaftenden Unternehmen kommen, in die »neu« investiert wird? Es wäre eine wunderbare Welt, wenn wir alle unsere Anlagen auf nachhaltig umstellen würden. Wir können das aber nur tun, wenn es diese nachhaltig wirtschaftenden Unternehmen auch tatsächlich gibt. Wenn Banken und ihre Marketingabteilungen verkünden, sie würden nun quasi auf Knopfdruck ihre gesamten Anlagen auf Nachhaltigkeit umstellen, grenzt das an Heuchelei. Ende 2019 sollen bereits über 20 Prozent aller auf Schweizer Banken liegenden Gelder, die sich innerhalb von nur fünf Jahren um das 15-Fache erhöht haben, als nachhaltig qualifiziert worden sein. »Greenwashing« zu Marketingzwecken nennt man dies, wenn Kunden alter Wein in neuen Schläuchen mit dem Ziel verkauft wird, ein reines Gewissen haben zu dürfen. Dabei ist doch völlig klar: Die Zahl von 20 Prozent wird von allein weiter steigen, *ohne* dass sich bezüglich Nachhaltigkeit der Unternehmen überhaupt etwas ändert, denn es ist wohl nicht davon auszugehen, dass 80 Prozent der Unternehmen als *nicht* nachhaltig zu qualifizieren sind.

Die »Umstellung« auf Nachhaltigkeit beschränkt sich oft darauf, die Etiketten zu ändern. In der Wirtschaft und in der Politik läuft die Umstellung auf Nachhaltigkeit allerdings viel gemächlicher, als wir Geldverwalter uns das wünschen würden. So hat der schweizerische Nationalrat im Jahr 2019 über die Revision eines CO_2-Gesetzes beraten, um dem Pariser Klimaabkommen gerecht zu werden. In Paris hat die Schweiz versprochen, den CO_2-Ausstoß bis zum Jahr 2030 im Vergleich zu 1990 um 50 Prozent zu senken. Dann folgte der Rückschlag. Die Politiker in Bern beschränkten ihre Klimapolitik auf den Kauf von Klimazertifikaten im Ausland – ein doppelmoralischer Ablasshandel. Befremdend ist dabei, dass sich trendige Politiker vehement für nachhaltige Anlagen einsetzen, um gleichzeitig alle Reformbemühungen für eine langfristig nachhaltige Politik der Altersvorsorge zu torpedieren. Wenn schließlich Politiker, die Boeing aus Umweltüberlegungen aus dem Anlageuniversum der Schweizerischen Nationalbank verbannen wollen, wenig später mit genau diesem Flugzeugtyp bedenkenlos nach Florida fliegen, ist das schizophren.

> »Es liegt in der menschlichen Natur, vernünftig zu denken und unvernünftig zu handeln.«
>
> **Anatole France**, französischer Schriftsteller (1844 – 1934)

Ich bin ein großer Anhänger einer *umfassenden* Nachhaltigkeitsbetrachtung in der Anlagepolitik – seit jeher und nicht, weil sie jetzt im Trend liegt. Unternehmen, die sich der ökologischen, sozialen und ethischen Verantwortung entziehen, haben langfristig schlicht keine Existenzberechtigung. Eine solche Politik lässt sich am besten mit einer *gezielt* auf *Direktanlagen* fokussierten Strategie umsetzen – ein weiteres Argument, das gegen eine passive Indexierung der Anlagen spricht. Nun aber im Kontext einer explosionsartigen Greta-Hysterie so zu tun, als ob morgen die Welt schlagartig eine bessere sein wird, nur weil wir oder irgendeine Rating-Agentur all unseren Anlagen das Label »nachhaltig« verpassen, ist scheinheilig und am Ende eine Irreführung der Investoren. Teure Nachhaltigkeitsfonds, die von der Finanzindustrie mit Hochdruck vermarktet werden, sind zum Mode-Hype geworden. Was in dem einen Fonds als nachhaltig zugelassen ist, wird von dem anderen Fonds ausgeschlossen. Die Ausschlusskriterien werden unterschiedlich ausgelegt, und es gibt wohl kaum einen multinationalen Konzern und kein Land der Welt, welcher respektive welches *nicht* ausgeschlossen werden könnte, wenn er oder es genügend unter die Lupe genommen würde. Bei einer äußerst restriktiven Auslegung des Begriffs Nachhaltigkeit blieben kaum mehr Anlagen übrig, die die Kriterien zur Aufnahme erfüllen. Nach meiner Überzeugung ist deshalb pragmatisches und weniger dogmatisches Denken gefragt. Folgende Schlussfolgerungen sind für mich zentral: Das für uns Menschen und vor allem unsere Nachkommen so wichtige Thema der Nachhaltigkeit kann weder durch die Finanzindustrie noch durch die Anleger befriedigend gelöst werden. Wenn ein Anleger seine Rohstoffaktien verkauft, leistet er keinen direkten Beitrag zum Umweltschutz, denn seine Aktien landen in der Folge im Portfolio eines anderen Anlegers. Deswegen ändert das betreffende Rohstoffunternehmen kaum seine umweltschädigende Politik.

Die Politik, der technologische Wandel und am Ende die Konsumenten selbst müssen ein Umdenken und ein nachhaltiges Handeln fördern respektive umsetzen. Als Ökonom ist mir klar, dass eine Veränderung unseres Konsumverhaltens am effizientesten über den Preis herbeigeführt werden kann. Als ich in den 1990er Jahren über sechs Jahre wöchentlich von Zürich nach Düsseldorf und wieder zurück flog, bezahlte ich für ein Retourticket rund 1.200 Schweizer Franken. Heute kostet mich diese Flugdestination, wenn ich früh genug buche, vielleicht noch ein Zehntel davon. Das kann es doch nicht sein. Wenn ich kaum noch 100 Franken für zwei innereuropäische Flüge bezahlen muss, stimmt etwas nicht – eine einstündige Taxifahrt von Zürich nach Luzern kostet das Doppelte. Fliegen und Autofahren müssen teurer werden. Das lässt sich am besten mittels höherer Benzin- und Kerosinsteuern regeln – idealerweise auf weltweiter Basis. Nur auf diese Weise wird eine Änderung des Konsumverhaltens zu erreichen sein. Freiwillig lässt sich der Mensch seine Bequemlichkeit nicht nehmen. Deshalb ist die Politik in die Pflicht zu nehmen, wenn es um die Umsetzung eines nachhaltigen Unternehmertums geht. Wenn dies gelingt, werden sich Anleger, Vermögensverwalter und Banken nicht mehr den Kopf zerbrechen müssen, was nachhaltige Anlagen sind. Nicht nachhaltige Unternehmen werden automatisch aus dem Markt ausscheiden.

44
Der Wunsch nach Absicherung und Stop Loss: Heiliger Gral oder für Mutlose und Angsthasen?

In turbulenten Börsenzeiten wird immer wieder die Frage an mich herangetragen, ob es denn nicht wirksame Schutzmaßnahmen gibt, um die großen Rückschläge an den Börsen zu verhindern respektive auszuschließen. Konkret lautet die Frage nach Börsenrückschlägen etwa wie folgt: »Warum um Himmels willen setzen Sie denn kein Stop Loss ein, Herr Hotz?« Die Frage ist natürlich berechtigt. Denn es ist eine recht einfache Sache, Aktien (oder auch Devisen) mittels eines Stop Loss gegen größere Kursrückschläge abzusichern. Wenn Sie beispielsweise Ihren Aktienbestand an Apple, welche Sie bei 130 US-Dollar gekauft haben und die um 190 US-Dollar notiert, gegen einen Kurssturz absichern möchten, beauftragen Sie Ihre Bank, eine Verkaufslimite bei einem Kurs von beispielsweise 180 zu setzen. Damit erhält die Bank den Auftrag, Ihre Aktien von Apple sofort zu verkaufen, sobald der Kurs von 180 unterschritten wird. Mit einem Stop-Loss-Auftrag begrenzen Sie das Kursrisiko und setzen darauf, mindestens einen Gewinn von 50 US-Dollar ins Trockene zu bringen. Das Wunderbare am Setzen eines Stop Loss ist, dass er nichts kostet. Sie versichern Ihre Aktien, ohne dass Sie dafür eine Versicherungsprämie bezahlen müssen, gegen einen Kursrückschlag. Wenn Sie den Stop Loss nicht brauchen und der Kurs von Apple nach oben rauscht, können Sie darüber hinaus uneingeschränkt von weiteren Kursanstiegen profitieren. Nach oben weiterhin voll dabei sein und gleichzeitig die Risiken nach unten kostenlos absichern: Das klingt doch alles sehr schön und plausibel, oder etwa nicht? Weil das alles so märchenhaft klingt: Was spricht denn dagegen, dass Sie Ihren Aktienbestand dauerhaft mit einem Stop Loss absichern?

Ich muss Sie enttäuschen. Der Stop Loss ist kein »free lunch« – im Gegenteil. Er impliziert große Gefahren, Ihrem Wertpapierportfolio auf Dauer irreparablen Schaden zuzuführen. Wichtig ist nämlich zu wissen, dass die meisten Börsenbaissen keine monumentalen Crashs sind, sondern ganz normale Korrekturen von 5, 10 oder auch einmal 20 Prozent. Solche »normalen« Börsenkorrekturen kommen in der Regel jährlich oder sogar mehrmals jährlich vor. Aus der Grafik 64 ersehen Sie, was mit Ihren Apple-Aktien im Laufe der Jahre passiert wäre, wenn Sie stetig einen Stop Loss gesetzt hätten, der jeweils 5 Prozent unter dem zuletzt erreichten Höchstpreis lag.

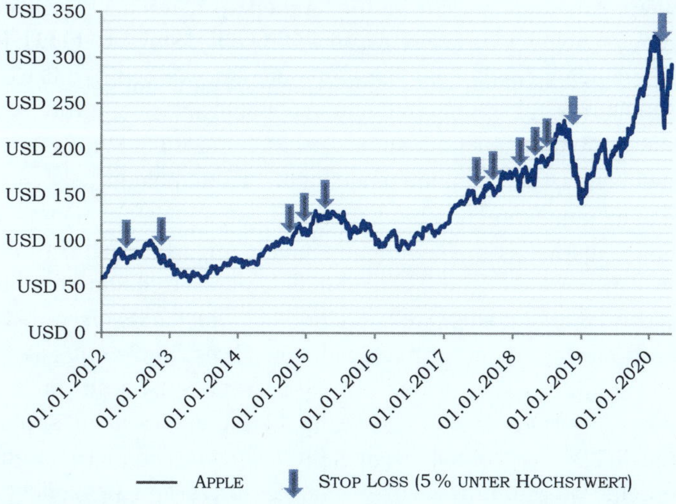

Grafik 64: Stop Loss bei der Aktie Apple. *Eigene Berechnungen. Quelle: Bloomberg. In US-Dollar.*

Hätten Sie zu Beginn des Jahres 2012 Apple-Aktien gekauft, hätten Sie zwar ein gutes Timing für den Einstieg bewiesen, aber Sie wären offensichtlich Ihre Titel bereits nach kurzer Zeit wieder losgeworden, weil der Kurs der Aktie den Stop Loss (5 Prozent unter dem erreichten Höchstwert) nach unten durchbrochen hat. Wie schade: Damit hätten Sie nach dem Verkauf der Aktien den langfristigen Aufwärtstrend von Apple komplett verpasst, weil die Kurssicherung aktiviert wurde und Sie Ihre Titel losgeworden sind. Und Hand aufs Herz: Ich glaube kaum, dass Sie später zu mutmaßlich *höheren* Kursen wieder eingestiegen wären. Unabhängig davon wären Sie Ihre Aktien in der Zeitperiode von 2012 bis Frühjahr 2020 mit dem Setzen eines Stop Loss insgesamt 12 Mal losgeworden. So oft hat die Aktie Apple in dieser Zeitperiode mindestens 5 Prozent von ihrem einstigen Höchstwert eingebüßt.

Es ist offensichtlich: Wer mit Stop Loss arbeitet, wird über kurz oder lang gar keine Aktien mehr haben und auch nicht mehr vom langfristigen Potenzial respektive Aufwärtstrend der Dividendenpapiere profitieren können. Vielleicht werden Sie nun einwenden, dass der Stop Loss mit einem Korrekturband von

5 Prozent zu eng gesetzt sei. Das mag sein. Wenn Sie aber den Stop Loss tiefer ansetzen, beispielsweise bei einer Korrektur von 10 oder 20 Prozent, dann wird ganz einfach dies die Folge sein: Die Wahrscheinlichkeit respektive das Risiko, dass Sie Ihre Aktien beim Stop Loss loswerden, wird kleiner. Der Preis dafür ist, dass Sie beim Auslösen der Limite Ihre Aktien zu tieferen Kursen verkaufen, was Ihren potenziellen Gewinn schmälert. Wo genau Sie den Stop Loss setzen, spielt aber letztlich keine Rolle. Über kurz oder lang werden nämlich nicht nur alle Nieten aus Ihrem Depot verschwinden, sondern auch alle Ihre Aktien von tollen Unternehmen. Jeder noch so erfolgreiche langfristige Aufwärtstrend hat zwischenzeitliche Dellen zu überstehen – auch eine Apple-Aktie.

Der Einsatz von Stop Loss birgt sogar die latente Gefahr, Qualität zu verkaufen und Ramsch, den man für günstig einstuft, zu kaufen. Immer wieder habe ich nämlich die Erfahrung gemacht, dass das Setzen von Stop-Loss-Limiten auf Aktien fokussiert wird, welche schöne Gewinne aufweisen – Aktien, die Verluste aufweisen, tendiert man zu behalten. Dies führt zwangsläufig dazu, dass das Portfolio auf Dauer primär mit »Rohrkrepierern« bestückt ist, weil alle Qualitätsaktien zwischenzeitlich ausgestoppt wurden. Für mich ist ohne Zweifel klar: Qualitätsaktien sollten möglichst nie verkauft, sondern langfristig gehalten werden. Das geht nur, wenn auf Stop Loss konsequent verzichtet wird.

> »Die Erfahrung zeigt, dass das, was geschieht, immer das ist, wogegen man sich im Voraus nicht abgesichert hat.«
>
> **John Maynard Keynes**, berühmter britischer Ökonom (1883 – 1946)

Ein oft gehegter Wunsch von Anlegern ist es, Aktien – gegebenenfalls durch das Setzen eines Stop Loss – mit dem Ziel zu verkaufen, nach einem Kursrückschlag günstiger wieder einzusteigen. Was im Sinne von »sell high, buy low« lukrativ klingt, entpuppt sich aus eigener Erfahrung im Praxistest als reine Illusion. In all meinen Jahren als Vermögensverwalter habe ich mit rund 20 Kunden zu tun gehabt, die meine Empfehlung und Maxime der langfristigen Vermögensanlage übersteuerten – es waren seltene Ausnahmen. Sie alle kamen zu einem gewissen Zeitpunkt und mit durchaus nachvollziehbaren Gründen zur irreversiblen Entscheidung, aus Aktien aussteigen zu wollen. Verantwortlich für diesen Entschluss war nicht etwa eine veränderte Lebensplanung oder Risikofähigkeit, sondern in allen Fällen die pure Angst, dass die Aktienkurse (weiter) einbrechen würden. Bemerkenswert ist, dass alle diese Kunden recht gut über die Märkte informiert waren und selber den Puls des täglichen Börsengeschehens spürten. Genau diese Nähe zum Markt wurde ihnen aber zum Verhängnis. Durch das tägliche Hören von Nachrichten sowie das Lesen von Zeitungen und Online-Informationen wurden diese Kunden in turbulenten und teilweise hektischen Börsenzeiten derart verunsichert, dass sie sich permanent Sorgen um den Werterhalt ihrer Aktien machten. Spätestens dann, als Schlaflosigkeit ihre Lebensqualität belastete, riefen mich diese strapazierten Kunden an und teilten mir sinngemäß das Folgende mit: »Herr Hotz, ich bin überzeugt, dass aufgrund der wirtschaftlich und politisch angespannten Lage eine deutliche Aktienkorrektur einsetzen wird. Die Risiken, in Aktien investiert zu bleiben, erscheinen mir einfach zu hoch. Ich bitte Sie, meine Aktien zu verkaufen und das gesamte Geld liquide zu halten. Wenn die Aktienkurse um rund 15 bis 20 Prozent korrigieren, steige ich wieder ein. Ich bitte Sie, Herr Hotz, mich wieder anzurufen, wenn dies der Fall ist.«

In herausfordernden Zeiten ist es mir jeweils ein großes Bedürfnis, meine Kunden umfassend über die Chancen und Risiken einer wichtigen Entscheidung aufzuklären. Insbesondere versuche ich ihnen klarzumachen, dass es eine sichere Prognose nicht geben kann. Nach einem Verkauf können die Aktien zwar tatsächlich fallen, aber genauso gut können sie steigen. Wir wissen es schlicht nicht. Keiner weiß es, auch nicht ein noch so gut informierter Anleger. Ich erkläre den Kunden, wie schwierig es ist, das richtige Timing respektive den richtigen Aus- und Wiedereinstieg zu finden. In mehr als 99 Prozent der Gespräche gelingt es mir, meine verunsicherten Kundinnen und Kunden zu beruhigen und sie an den langfristigen Anlagehorizont zu erinnern. In weniger als 1 Prozent der Fälle gelingt mir das nicht. Um ganz ehrlich zu sein: Irgendwann komme ich im Gespräch zu einem Punkt, an dem ich mich »geschlagen« gebe. Die Vorwürfe, die mir der Kunde machen könnte, wenn ich ihn um jeden Preis vom Verkauf abhalte, will und muss ich mir ersparen. Auch wenn ich das Szenario des Kunden als äußerst unwahrscheinlich betrachte, weiß ich, dass es eintreffen könnte. Schließlich ist auch aus Respekt gegenüber dem Kunden dessen Verkaufsentscheidung zu akzeptieren. Getreu dem Motto »Der Kunde ist König« und im Wissen, dass das Geld nicht mir, sondern meinen Klienten gehört, will ich diese nicht zum Nicht-Verkauf ihrer Aktien drängen. Stellen Sie sich vor, ich überrede meine Kunden zum Halten ihrer Positionen und die Aktien stürzen in den Tagen oder Wochen danach tatsächlich um über 20 Prozent ab: Das würde wohl unweigerlich zur Kündigung des Mandates führen.

Rund 20 Kunden haben entgegen meines Rates ihre Aktien mit dem Ziel verkauft, zu tieferen Kursen wieder einzusteigen. Raten Sie mal, wie viele dieser rund 20 verunsicherten Kundinnen und Kunden einen vorteilhaften Zeitpunkt für den Ausstieg erwischt haben? Die Hälfte? Nein, es waren gerade einmal fünf, also etwa jeder vierte. Drei von vier Kunden verkauften folglich in einem unglücklichen Moment. Entweder stiegen die Aktienkurse nach dem Verkauf deutlich an oder aber die Korrektur war mit 5 oder 10 Prozent zu gering, um über einen Wiedereinstieg nachzudenken. 75 Prozent der Verkäufer haben somit ihren Verkaufsentscheid schon nach relativ kurzer Zeit bereut, weil die erhoffte Korrektur nicht eintrat. Das führt zu einem Dilemma, denn ein Wiedereinstieg zu höheren Kursen ist ein unangenehmer Entscheid, der mit schmerzhaften Opportunitätskosten verbunden ist. Wer will schon seine Roche-Aktien bei 250 Schweizer Franken zurückkaufen, wenn er sie vorher zu 210 Schweizer Franken verkauft hat? Das tut weh. Viele Anleger, die einmal verkauft haben, steigen dann oft gar nicht mehr ein und können vom langfristigen Aufwärtstrend erstklassiger Unternehmen nicht mehr profitieren. Sie werden sich dauerhaft über ihren Kurzschlussentscheid ärgern.

Nun, ein paar wenige meiner Kundinnen und Kunden haben es geschafft, ihre Aktien in einem günstigen Zeitpunkt zu verkaufen. Nach dem Verkauf ihrer Aktien erfolgte tatsächlich ein Rückschlag von über 15 Prozent. Alle diese fünf Glückspilze habe ich selbstverständlich nach der erfolgten Korrektur wie vereinbart angerufen, ihnen zu ihrem hervorragenden Timing gratuliert und sie dazu angeregt, die vor einiger Zeit verkauften Aktien wie beabsichtigt auf deutlich tieferem Niveau zurückzukaufen.

Was glauben Sie, wie viele dieser fünf Glückspilze haben nach der eingetroffenen Korrektur planmäßig ihre verkauften Aktien wieder zurückgekauft? Fünf? Oder zumindest die Mehrheit, also drei? Das Fazit ist ernüchternd: Keiner! Ihre Reaktion auf mein Telefonat war in der Essenz immer dieselbe: »Herr Hotz, vielen Dank, dass Sie mich anrufen und mich darauf aufmerksam machen, dass ich nach der von mir erwarteten Korrektur nun meine Aktien auf über 15 Prozent tieferem Niveau wieder zurückkaufen kann. Aber ich bitte Sie um Verständnis, dass ich vorerst noch warten und die Situation am Kapitalmarkt beobachten möchte. Die Lage ist mir zurzeit einfach zu unsicher. Weitere Kursrückschläge halte ich für wahrscheinlich. Wenn sich die Stimmung etwas aufhellt, können wir gerne über einen Wiedereinstieg reden. Aber jetzt ist es mir zu gefährlich. Ich halte mein Pulver vorerst trocken.«

> »Wer die Aktien nicht hat, wenn sie fallen, hat sie auch nicht, wenn sie steigen.«
>
> **André Kostolany**, ungarischer Autor und Börsenlegende (1906 – 1999)

Warum reagieren diese Anleger so? Warum sind sie inkonsequent und werfen ihren ursprünglichen Plan des Wiedereinstiegs über den Haufen? Keine Frage: Dies hat primär mit Psychologie zu tun. Anleger, die irgendwann ihre Aktien verkaufen, tun dies aus Angst. Sie haben Angst vor fallenden Kursen respektive vor Verlusten. Wenn in der Folge die Aktienkurse tatsächlich um mehr als 15 Prozent einbrechen, gibt es dafür naturgemäß plausible Ursachen: Die Konjunktur hat sich eingetrübt, die Unternehmensergebnisse sind eingebrochen, Kriegsängste verdichten sich oder ein Handelsstreit zwischen den führenden Nationen eskaliert. Die Weltlage *muss* sich seit dem Aktienverkauf des Kunden verschlechtert haben, sonst wären die Aktienkurse nicht eingebrochen. Die Medien sind in diesem Umfeld voll von negativen Schlagzeilen. Kauft nun in dieser unsicheren Welt ein Anleger seine Aktien zurück, die er zuvor aus Angst verkauft hat? Niemals! Ob das mitten im Sturm von New-Economy-9/11 und damit kurz vor Ausbruch des zweiten Irakkriegs, inmitten der Finanzkrise nach dem Kollaps von Lehman oder auf dem Siedepunkt der Corona-Pandemie ist: Keiner dieser Anleger wird in dieser äußerst angespannten Situation seine Aktien zurückkaufen, sondern abwarten, bis sich eine Beruhigung der Lage abzeichnet – wenn es schon zu spät ist, um wieder einzusteigen und sich die Aktienkurse bereits markant erholt haben. Mein Fazit: Während Börsenkrisen nicht zuverlässig prognostizierbar sind, ist es die *Psyche* verunsicherter Investoren umso mehr. Merken Sie sich deshalb:

- Vergessen Sie das perfekte Timing bei Ihren Anlageentscheidungen. Ohne großes Glück kann ein erfolgreicher Verkauf mit anschließendem Wiedereinstieg nicht gelingen.
- Wenn Sie Ihre Aktien aus Furcht vor fallenden Kursen einmal verkauft haben, werden Sie sie auf tieferem Niveau mit hoher Wahrscheinlichkeit nicht zurückkaufen.

Es gibt einen weiteren Grund, weshalb ich Ihnen eine Verlustbegrenzung mittels Stop Loss nicht empfehlen kann. Was sehr viele Anleger nämlich nicht wissen: Wenn Aktien-, Anleihen- oder Devisenmärkte ruckartig und heftig einbrechen und deren Kurse die Stop-Loss-Limite durchbrechen, wird aus dem limitierten Auftrag *automatisch* ein »Bestens-Auftrag«. Dieser kann für den Verkäufer, welcher eigentlich seine Verluste limitieren will, verheerende Folgen haben. Wir erinnern uns an den 15. Januar 2015. Damals hob die Schweizerische Nationalbank die Kursuntergrenze des Schweizer Frankens von 1,20 gegenüber dem Euro überraschend auf. Nachdem der Präsident der Generaldirektion, Dr. Thomas

Jordan, noch wenige Tage zuvor öffentlichkeitswirksam verkündet hat, dass die SNB zum Schutz der schweizerischen Wirtschaft konsequent an der Kursuntergrenze festhalten würde, erwischte es rund um den Erdball unzählige Aktien- und Deviseninvestoren, die auf Stop Loss setzten, brutal auf dem falschen Fuß. Nach Aufhebung der Kursuntergrenze um 10:30 Uhr brachen sämtliche Währungen gegenüber dem Schweizer Franken um etwa 15 Prozent ein (Grafik 65).

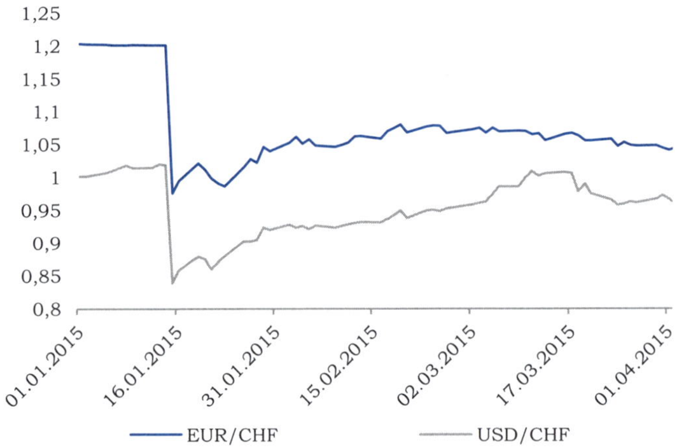

Grafik 65: Aufhebung der Kursuntergrenze des Schweizer Frankens gegenüber dem Euro »Währungseffekt«. *Quelle: Bloomberg.*

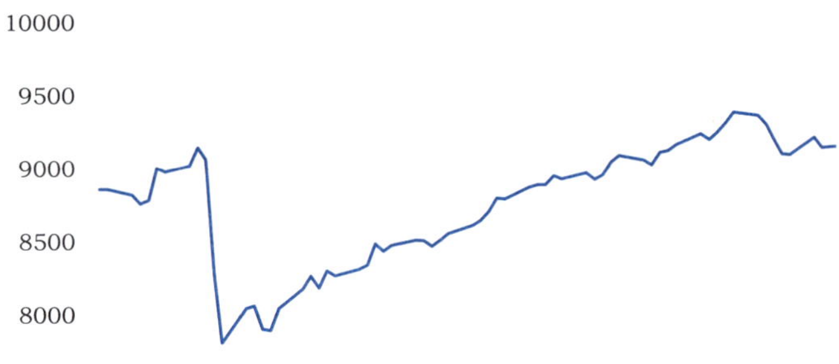

Grafik 66: Aufhebung der Kursuntergrenze des Schweizer Frankens gegenüber dem Euro »Aktieneffekt«. *Quelle: Bloomberg.*

Die Schweizer Fluchtwährung erfuhr damit innerhalb von Sekunden eine massive Aufwertung. Parallel zur Aufwertung des Schweizer Frankens kollabierten die Schweizer Aktien schlagartig um etwa 15 Prozent (Grafik 66).

Die Grafiken beruhen auf Tagesschlusskursen. Am besagten 15. Januar 2015 stellte sich die Situation besonders dramatisch dar. Der Euro, welcher kurz zuvor noch bei 1,20 notierte, sauste kurzfristig auf ein neues Allzeittief von 0,85, um sich noch am gleichen Tag fast wieder auf die Parität hochzurappeln. Der Dollar, welcher eben noch bei rund 1,00 notierte, brach gegenüber dem Schweizer Franken in wenigen Augenblicken auf rund 0,70 ein, um am Ende des Tages bei knapp 0,85 zu notieren. Devisenanleger, die zuvor ein Stop-Loss-Limit gesetzt hatten, erlebten ein Waterloo. Weil der globale Devisenmarkt nach der überraschenden Ankündigung der SNB völlig chaotisch reagierte, die Devisenkurse augenblicklich in die Tiefe rauschten und sich bei den gesetzten Limiten in der Hektik keine Käufer mehr fanden, verkauften die Banken um bis zu 30 Prozent unterhalb der gesetzten Limite – »bestens«. Ein Drama für die Verkäufer, welche mit ihren Stop-Loss-Aufträgen beabsichtigten, ihre Verluste zu begrenzen. Bei einigen Marktteilnehmern respektive Devisenhändlern waren die resultierenden Verluste so groß, dass sie bankrottgingen. Doppelt bitter für sie war, dass sich die Devisenkurse sehr rasch wieder von ihren Tiefstwerten erholten. Dasselbe Schicksal erlitten in dieser Phase Investoren, die bei ihren Schweizer Aktien einen Stop Loss gesetzt hatten. Die schlagartige massive Aufwertung des Schweizer Frankens führte dazu, dass der schweizerische Aktienmarkt kurzfristig um 15 Prozent einbrach. Auch die Dividendenpapiere erholten sich danach rasch wieder.

> »An der Börse sind zwei mal zwei niemals vier, sondern fünf minus eins. Als Anleger muss man nur die Nerven und das Geld haben, das Minus eins auszuhalten.«
>
> **André Kostolany**, ungarischer Autor und Börsenlegende (1906 – 1999)

Vergessen Sie die Absicherung mit Stop Loss. Ich setze nie einen Stop Loss und werde auch in Zukunft aus tiefer Überzeugung nie einen setzen. Wenn gewisse Börsenexperten wider besseres Wissen immer wieder proklamieren, erfolgreiche Investoren sollten Gewinne laufen lassen und Verluste begrenzen, so mag das vielleicht in der Theorie plausibel klingen. Bei Lichte betrachtet halten diese schönfärberischen Ratschläge aber keinem Praxistest stand.

45
Bringt die Absicherung mit Optionen die Lösung?

Um die Nachteile des Stop Loss bei der Absicherung von Wertpapierportfolios gegen drohende Verluste zu vermeiden, bietet sich der Einsatz von Optionen an. In der Zeit zwischen 1986 und der Jahrtausendwende habe ich in meinen Bankseminaren häufig über die vielfältigen Möglichkeiten von Absicherungsgeschäften referiert. Gegen Bezahlung einer Versicherungsprämie – nichts anderes als eine Optionsprämie, die uns gegen den nicht erhofften Schadenfall absichert – lässt sich so gut wie alles gegen drohende Verluste absichern: unser Haus gegen Wasser-, Feuer- oder Erdbebenschäden, unser Auto gegen einen Crash, unseren Hausrat oder ein schönes Bild gegen Schaden und Diebstahl, unser Leben gegen den Todesfall oder auch unsere Aktien gegen einen Kurssturz. Versichern können Sie alles – es ist schließlich nur eine Frage des Preises. Wenn Sie Ihr Aktienportfolio gegen Kursrückschläge absichern wollen, können Sie das einfach tun, indem Sie eine Verkaufs- respektive Put-Option (faktisch repräsentiert diese die zu bezahlende Versicherungsprämie) kaufen. Ich gebe Ihnen ein Beispiel:

- Sie besitzen Nestlé-Aktien, die bei einem Kurs von 90 Schweizer Franken notieren.
- Sie möchten diese Aktien für die nächsten zwölf Monate gegen einen Kursrückschlag absichern.
- Sie kaufen eine Versicherung (Put-Option), die Ihnen das Recht gibt, Ihre Aktien innerhalb der nächsten zwölf Monate im Falle eines Kursrückschlags jederzeit bei 85 Schweizer Franken verkaufen zu dürfen.
- Für dieses Recht bezahlen Sie eine Versicherungsprämie (Preis der Put-Option) von 4 Schweizer Franken pro Aktie.

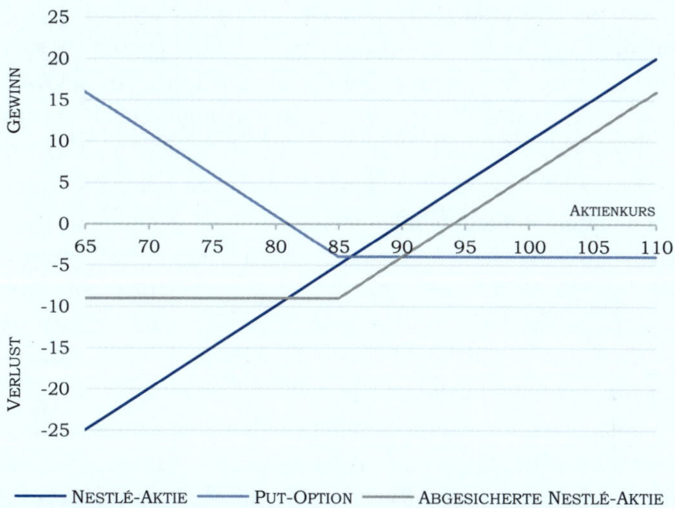

Grafik 67: Nestlé: Absicherung mit einer Put-Option. *Eigene Darstellung.*

Was das konkret für Sie bedeutet, ersehen Sie aus Grafik 67. Mit dem Kauf von Put-Optionen erwerben Sie das Recht, Ihre Nestlé-Aktien zum Preis von 85 Schweizer Franken jederzeit verkaufen zu dürfen. Das werden Sie natürlich genau dann tun, wenn der Kurs bis spätestens zum Ende der zwölf Monate unterhalb des Limits von 85 Schweizer Franken liegt. Wenn der Kurs darüber liegt, werden Sie von Ihrem Recht keinen Gebrauch machen, da Sie Ihre Aktien am Markt zu höheren Kursen verkaufen können. Mit dem Kauf einer Versicherung decken Sie, wie üblich bei Versicherungen, den nicht erhofften Fall eines Rückschlages ab. Dafür sind Sie bereit, eine Versicherungsprämie von 4 Schweizer Franken pro Aktie zu bezahlen. Die Grafik zeigt die Gewinne oder Verluste, die per Endfälligkeit auf der Aktie ohne Absicherung (dunkelblaue Linie), der Option (hellblaue Linie) und der abgesicherten Aktie (graue Linie) entstehen. So beträgt der maximale Verlust, wenn Sie Ihre Nestlé-Position absichern, 9 Schweizer Franken – 5 Schweizer Franken auf der Aktie plus 4 Schweizer Franken Versicherungsprämie in Form der Option. Das Gewinnpotenzial bleibt unbegrenzt – einzig die verausgabte Versicherungsprämie schmälert Ihren Gewinn.

Die Frage lautet nun: Lohnt sich diese Absicherung auch wirklich? Wie immer will ich ehrlich sein mit Ihnen: Nein, sie lohnt sich nicht. Die Absicherung Ihrer Nestlé-Aktien oder Ihres ganzen Aktienportfolios gegen Kursrückschläge kostet Sie einen stolzen Preis. Da die kurzfristigen Schwankungen und Verlustrisiken am Aktienmarkt hoch sind, sind Versicherungen gegen Kursrückschläge entsprechend teuer. Erfahrungsgemäß kommt dazu, dass sich Anleger genau dann absichern wollen, wenn die Verunsicherung an den Märkten besonders groß ist. Genau in diesen volatilen Zeiten sind Versicherungen respektive Put-Optionen aber besonders teuer – schließlich wird auch der Abschluss der Erdbebenversicherung auf Ihr Haus teurer, wenn in Ihrem Wohngebiet in jüngerer Zeit heftige Erdbeben registriert wurden. Die Kosten der Versicherung Ihrer Aktien sind so hoch, dass sie Ihnen einen Großteil oder sogar die ganze Rendite wegfressen, die Sie langfristig mit Aktien erzielen können. Mit anderen Worten: Wenn Sie aus Angst vor Verlusten Ihre Aktien dauerhaft – und genau das sollten Sie tun, wenn Sie nicht über außerirdische Timing-Fähigkeiten verfügen – gegen Kursrückschläge absichern wollen, kostet Sie die Absicherung so viel, dass Sie ebenso gut im risikoarmen Geldmarkt investiert bleiben können. Alles andere – hohe Renditen unter Ausschluss der Risiken – wäre ein klassischer »free lunch«. Die langfristig hohe Rendite von Aktien ist ja schließlich nichts anderes als die Entschädigung dafür, die entsprechenden Schwankungsrisiken zu tragen. Vergessen Sie die Absicherung mit Optionen.

Viele Banker pflegen einen völlig falschen Ansatz, wenn sie ihren Kunden Put-Optionen zur Absicherung ihrer Aktien empfehlen. Sie haben das Geschäft nicht verstanden, denn sie argumentieren, dass Anleger mit dem Kauf einer Versicherung (Put-Option) sinkende Aktienkurse erwarten würden. Sie unterliegen einem Irrtum. Ein Anleger, der seine Aktien gegen Kursverluste absichert, erhofft sich im Gegenteil möglichst stark *steigende* Kurse und setzt darauf, dass er die Versicherungsprämie nie benötigt und diese wertlos verfallen lassen kann. Genau dies ist doch der Sinn jeder Versicherung! Steigt in unserem Fall die Nestlé-Aktie beispielsweise auf 105 Schweizer Franken, so profitiert der Anleger von einem Kursgewinn in Höhe von 15 Schweizer Franken, der einzig durch die verausgabte Versicherungsprämie von 4 Schweizer Franken geschmälert wird. Würde der Käufer einer Put-Option, der sein Portfolio absichern möchte, tatsächlich auf *sinkende* Kurse und damit einen Verlust wetten, wäre das etwa so, wie wenn ein Käufer beim Abschluss einer Vollkasko-Versicherung das Ziel verfolgen würde, bald einen Autounfall mit Totalschaden zu erleiden. Makaber wird es, wenn wir an den Käufer einer Lebensversicherung denken, der nach dieser Logik auf seinen Tod spekulieren würde. Versicherungen werden abgeschlossen in der Hoffnung, dass der Schadenfall *nicht* eintrifft.

In diesem Zusammenhang habe ich nie verstanden, warum vermögende Leute *überhaupt* in ihrem Leben alles Mögliche versichern oder sogar überversichern – einmal abgesehen natürlich von den gesetzlich vorgeschriebenen Versicherungen. Im Wissen, dass ein erheblicher Teil der Versicherungsprämien nicht etwa den Versicherungsnehmern im Schadenfall zugutekommt, sondern dem Versicherungsunternehmen selbst und den Löhnen der Manager, ist es ökonomisch zweifellos sinnvoll, möglichst viele Risiken selbst zu tragen. Machen Sie einmal die Rechnung, wie viel Sie über Jahre und Jahrzehnte ausgeben für alle Ihre Versicherungen. Klar tut jeder Schaden weh, den man selbst zu tragen hat, und es ist bequem, auf eine Versicherung zugreifen zu können, die diesen übernimmt. Über eine Dauer von zehn, 20 oder 30 Jahren bin ich jedoch sicher, dass die meisten von uns in ihrem Leben deutlich höhere Versicherungsprämien bezahlen, als sie an Schadensleistungen einnehmen. Selbstverständlich muss man es sich aber leisten können, nur minimal versichert zu sein. Wer dies nicht kann, ist gut beraten, entsprechende Versicherungen abzuschließen. Wer hingegen die Schwankungsrisiken von Aktienanlagen nicht tragen kann, darf keine Aktien besitzen und braucht demnach auch keine Versicherung gegen Kursverluste.

46
Wie soll mit Fremdwährungsrisiken umgegangen werden?

In der Finanzbranche kursieren abenteuerliche Märchen. Wer den Verlockungen in der Welt der Währungen verfällt, läuft Gefahr, böse Überraschungen zu erleben. Gewisse Empfehlungen einiger Banker enden in einem kolossalen Desaster für ihre Kunden. Dies sind die größten Todsünden im Umgang mit Fremdwährungen, die ich in der Praxis immer wieder beobachte: In fremden Ländern locken oft höhere Zinsen als im Heimatland. Einige Banker empfehlen sodann ihren Kunden, einen günstigen Kredit in der Hartwährung Schweizer Franken aufzunehmen, um den entsprechenden Betrag in einer höher verzinslichen Fremdwährung, zum Beispiel in amerikanischen Dollar, in britischen Pfund, in australischen Dollar oder in südafrikanischen Rand anzulegen. Das ist ein klassisches Zinsdifferenzgeschäft, bei welchem der Kredit in Schweizer Franken weniger kostet, als auf den Anlagen in Fremdwährungen verdient wird. Ist das somit ein klassischer »free lunch«? Natürlich nicht. Diese sogenannten »Carry-Trade-Geschäfte«[1] funktionieren nur genau dann, wenn die Währungen, in denen angelegt wird, stabil bleiben oder sogar im Kurs steigen. Verlieren sie gegenüber der Hartwährung Schweizer Franken jedoch an Wert, droht ein Verlust, der erheblich sein kann.

Unzählige Investoren haben sich in der Vergangenheit mit »Carry-Trade-Geschäften« die Finger verbrannt, weil die entsprechenden Währungen, in die investiert wurde, gegenüber dem Schweizer Franken eingebrochen sind. »Carry Trades« sind spekulative Geschäfte und bergen hohe Risiken. Zwar zitiert der Zürcher Universitätsprofessor Thorsten Hens in einer Videobotschaft den Unternehmer und Hotelier Peter Pühringer als Beispiel, wie man »Carry Trades« erfolgreich betreiben könne. Dieser soll seit 1996 mit Zinsdifferenzgeschäften in fremden Währungen eine jährliche Rendite von 20 Prozent erzielt haben.[2] Nachgewiesen hat der Professor das zumindest in seiner Videobotschaft nicht, und selbstverständlich würde ich nie behaupten, dass dem nicht so sei – auch wenn ich meine Zweifel habe, denn diese überragende Rendite würde wohl auch einen Warren Buffett vor Neid erblassen lassen. Pikant ist dabei die Tatsache, dass der Lehrstuhl von Professor Hens ausgerechnet von einer Stiftung Peter Pühringers gesponsert wird. Das ist nicht unheikel, und es stellt sich naturgemäß die Frage nach der Unabhängigkeit.[3]

Meine Erfahrung ist ganz einfach die: Die meisten Anleger, die tiefverzinsliche Kredite in der Hartwährung Schweizer Franken aufgenommen und den Gegenwert in Dollar, Pfund, türkischer Lira oder Rubel angelegt haben, verbrannten sich grässlich die Finger, weil schwache Währungen das machten, was sie langfristig immer tun: Sie neigen zur Schwäche! »Carry Trades« sind eine gefährliche, mit Kredit gehebelte Spekulation und nach meiner Überzeugung keinem Anleger zu empfehlen.

Zur Zeit der Finanzkrise haben Wohnungskäufer und Häuslebauer in Ungarn und Polen ihre Hypothekarkredite in Schweizer Franken aufgenommen. Dabei offerierten ihnen ihre Hausbanken Zinssätze, die um mehrere Prozentpunkte tiefer lagen, als wenn sie sich in ihren Heimwährungen Forint oder Zloty verschuldet hätten. Damals wurden in Polen und Ungarn etwa 80 Prozent aller Kredite in Schweizer Franken vergeben – mit fatalen Folgen für die Eigenheimbesitzer.[4] Es kam, wie es kommen musste. Bis zur Rückzahlung der Hypothekarkredite werteten sich sowohl der ungarische Forint als auch der polnische Zloty um die Hälfte gegenüber dem Schweizer Franken ab. Die ungarischen und polnischen Häuslebauer mussten in der Folge doppelt so viele Forint und Zlotys aufwenden, um ihren Franken-Kredit zurückzuzahlen. Der Zinsvorteil war mehr als aufgebraucht und der Wert ihrer Wohnung oder ihres Hauses deckte den Franken-Kredit nicht mehr. Tausende überschuldete »Carry-Trade-Gläubige«, die von ihren Bankern zu diesen hochriskanten Geschäften ermuntert worden sind, erlebten ein finanzielles Fiasko.

Das Wichtigste, was Sie bezüglich Fremdwährungen wissen müssen, ist das Folgende:

- In Ländern, in denen die Inflation hoch ist, ist typischerweise auch das Zinsniveau hoch.
- Währungen in Ländern, in denen Inflation und Zinsniveau hoch sind, sind langfristig schwach.
- Der Grund liegt darin, dass sich entsprechend der Zinsparitätstheorie langfristig eine Schwachwährung in der Höhe der jährlichen Inflations- respektive Zinsdifferenz zu einer Starkwährung abwertet.

Ich erinnere mich, dass der amerikanische Dollar bis zur Aufhebung der fixen Wechselkurse im Jahr 1973 bei 4,30 gegenüber dem Schweizer Franken notierte. Im September 2020 kostete der »Greenback« dann gerade noch 91 Rappen. 1973 notierte das britische Pfund bei 12,20, um 47 Jahre später bei 1,21 gegenüber dem Franken zu liegen. Der langfristige Zerfall der amerikanischen und britischen Valuta ist ganz einfach durch die jährliche Inflations- respektive Zinsdifferenz der jeweiligen Länder zu erklären. Dabei zählen diese beiden Währungen in globaler Hinsicht im Grunde sogar zu den Hartwährungen. Der Zerfall *wirklicher* Schwachwährungen wie der Rubel oder die türkische Lira im Vergleich zum Schweizer Franken hat sich deshalb noch viel drastischer zugetragen.

> »Man kann zwar die Konfrontation mit der Realität vermeiden. Nicht verhindern lassen sich aber die Folgen der Vermeidung.«
>
> **Ayn Rand**, amerikanische Autorin (1905 – 1982)

Im Bewusstsein dieser Logik ist der Kauf von Anleihen oder die Aufnahme eines Kredits in fremden Währungen prinzipiell sinnlos. Kauft ein Schweizer Anleger Anleihen in Euro, Pfund, Dollar oder Rand, verdient er langfristig nicht mehr und nicht weniger, als wenn er sein Geld in einheimischer Währung anlegt. Was er an Zinsen zusätzlich einnimmt, verliert er in der Währung. Es ist ein Nullsummenspiel. Das gilt umgekehrt auch dann, wenn ein deutscher, amerikanischer oder türkischer Anleger Anleihen in Schweizer Franken erwirbt. Er nimmt dann zwar tiefere Zinsen in Kauf, profitiert aber langfristig von einer starken Währung. Werden bei einem privaten Schweizer Anleger noch steuerliche Aspekte berücksichtigt, lohnt es sich erst recht nicht, Fremdwährungsanleihen zu kaufen. Während er nämlich die höheren Zinsen auf den Währungen versteuern muss, kann er die langfristig zu erwartenden Währungsverluste steuerlich nicht in Abzug bringen.[5]

Wer in Fremdwährungsanleihen investiert, kann also langfristig keine höhere Nettorendite erwarten, als wenn er sein Geld in der Heimwährung investiert. Allerdings muss die Anlegerin oder der Anleger mit Fremdwährungsanleihen viel höhere Renditeschwankungen in Kauf nehmen – aufgrund der Währungsrisiken. Diese Währungsrisiken werden langfristig nicht entschädigt. Aufgrund dieser Logik bin ich erstaunt darüber, wie in der Schweiz *der* maßgebliche Referenzindex für die Verwaltung von Vorsorge- respektive Pensionskassengeldern zusammengesetzt ist. So enthält der Pictet BVG 40, welcher 40 Prozent in Aktien und 60 Prozent in Anleihen investiert, einen Anteil von 15 Prozent an Fremdwährungsanleihen. Ein Viertel des festverzinslichen

Anteils ist demnach Fremdwährungsrisiken ausgesetzt, die die langfristigen Schwankungsrisiken erhöhen und langfristig nicht entschädigt werden – das ergibt nach meiner Überzeugung wenig Sinn.

> »Ich habe mich in Voraussagen über Währungsrelationen noch nie geirrt. Einfach deshalb, weil ich keine abgegeben habe.«
>
> **Hermann Josef Abs**, ehemaliger Vorstandssprecher der Deutschen Bank (1901 – 1994)

Bei Aktien ist in der Praxis unstrittig, dass eine breite internationale Diversifikation der Anlagen sinnvoll ist – egal, in welchem Land sich der Anleger befindet. Das bringt naturgemäß Währungsrisiken mit sich. Wer diese nicht tragen will, dem bleibt keine andere Möglichkeit, als sie beispielsweise in Form von Devisentermingeschäften abzusichern respektive auszuschalten. Es stellt sich die Frage: Ist das sinnvoll? Das ist in der Praxis umstritten. Nach den Währungsturbulenzen, die sich im Kontext der Aufhebung des Euro-Mindestkurses im Januar 2015 ergeben haben, haben viele Consultants ihre bisherige Politik geändert. Sie sind dazu übergegangen, ihren Kunden eine Absicherung der Währungsrisiken auf ihren Aktienbeständen zu empfehlen. Viele Investoren setzten dies in der Folge prozyklisch und in einem ungünstigen Zeitpunkt um, als die ausländischen Währungen gegenüber dem Schweizer Franken auf Tiefständen notierten.

Persönlich bin ich der Überzeugung, dass eine Absicherung von Fremdwährungsrisiken bei ausländischen Aktien, die in einem optimierten Portfolio ein größeres Gewicht als die heimischen Dividendenpapiere einnehmen, nicht sinnvoll ist. Es lässt sich nämlich in der Praxis häufig beobachten, dass Währungen und Aktienmärkte negativ korreliert sind und es einen kompensatorischen Effekt der Risiken gibt. Wenn der amerikanische Dollar zur Schwäche neigt, steigt häufig der amerikanische Aktienmarkt, weil die US-Exportunternehmen von einem tieferen Dollarkurs profitieren können. Genau so war es auch, als sich die Briten im Jahr 2016 für den Brexit aussprachen. Das Pfund ist damals aufgrund der Angst vor einem ungeordneten Brexit abgeschmiert, während der britische Aktienmarkt in einem ähnlichen Maß zugelegt hat. Währungsschwankungen sind deshalb nicht per se etwas Schlechtes für Aktien.

Dazu kommt, dass eine dauerhafte Absicherung der Fremdwährungsrisiken sehr teuer wäre. Wer darüber hinaus als Anleger eines Hartwährungslandes glaubt, er sei vor Währungsverlusten geschützt und könne besonders gut schlafen, indem er ausschließlich inländische Aktien kauft, wurde spätestens am 15. Januar 2015 wachgerüttelt. Am Tag der Aufhebung der Kursuntergrenze des Euro sind kurzfristig nicht nur die ausländischen Währungen gegenüber dem Schweizer Franken um rund 15 Prozent eingebrochen, sondern auch der Schweizer Aktienmarkt. Schweizer Konzerne sind international stark eingebunden, sodass deren Aktien in hohem Maß auf Währungsveränderungen reagieren. Genau das ist am besagten Tag passiert. Eine rein auf die Schweiz ausgerichtete Aktienstrategie schützt Schweizer Anleger nicht vor Währungsverlusten. Es gibt keinen Heimatschutz im Geschäft mit Aktien von Unternehmen, die international tätig sind.

Im Umgang mit Währungen spielt die Psychologie des Anlegers eine große Rolle. Abhängig davon, in welchem Land sich die Investoren befinden, bewerten sie eine exakt identische Rendite völlig unterschiedlich. Als wir unseren deutschen und schweizerischen Kunden im Mai 2015 die Performance für das erste Trimester erläuterten, gab es bemerkenswerte Reaktionen. Die Performance einer deutschen Kundin lag in ihrem in Euro bewerteten Portfolio bei 15 Prozent, während sie beim Schweizer Kunden in seinem Franken-Portfolio nur gerade 1,5 Prozent betrug. Der Unterschied in der Performance war gigantisch, obwohl die beiden Portfolios identisch investiert waren. Wie war das möglich? Die Performance-Differenz der beiden Anleger kam ausschließlich aufgrund der Euro-Schwäche in den ersten Monaten des Jahres 2015 zustande. Der Euro wertete sich gegenüber dem Schweizer Franken um rund 14 Prozent ab. Währungsbereinigt erzielten somit beide Investoren dieselbe Performance – doch während sich die deutsche Kundin gewaltig über ihr Resultat freute, hielt sich die Begeisterung des Schweizer Kunden in engen Grenzen. Zu meinen Schweizer Kunden pflege ich nach Perioden, in denen der Franken zur Stärke neigt, gerne zu sagen: »Spätestens, wenn Sie die Landesgrenze überschreiten und ein anderes Land besuchen, werden Sie feststellen, dass Sie trotz *relativ* tieferer Performance spürbar reicher geworden sind!«

Viele Anleger träumen davon, mit Währungsspekulationen reich zu werden. Nur die wenigsten schaffen es. Gibt es wirklich keine schlaue Möglichkeit, mit Währungen Geld zu verdienen? Doch, ich denke schon. Allerdings kommen die guten Gelegenheiten nur selten vor. Chancen ergeben sich, wenn es an der Währungsfront zu ausgeprägten Übertreibungen kommt. Mit dem Zusammenbruch von Bretton Woods im Jahr 1973 wurden die Währungen dem freien Markt ausgesetzt, sodass sich die krasse Überbewertung des amerikanischen Dollars rasch abbaute (Grafik 68). In der Folge erinnere ich mich an die markanten Dollarbaissen der Jahre 1978, 1995 und 2011, als der »Greenback« jeweils neue Tiefwerte erreichte. Ausgeprägte Stärkephasen erlebte die amerikanische Valuta im Jahr 1985 und zur Jahrtausendwende.

Nach meiner Überzeugung am besten geeignet, um abschätzen zu können, ob eine Währung über- oder unterbewertet ist, ist die sogenannte Kaufkraftparität. Diese vergleicht die Preise relevanter Konsumgüter einzelner Länder. Als Indikation bietet sich an: Wenn der Dollar um mindestens 20 Prozent über oder unter dem berechneten Kaufkraftverhältnis zum Schweizer Franken notiert, deutet dies auf eine Über- respektive Unterbewertung hin.[6]

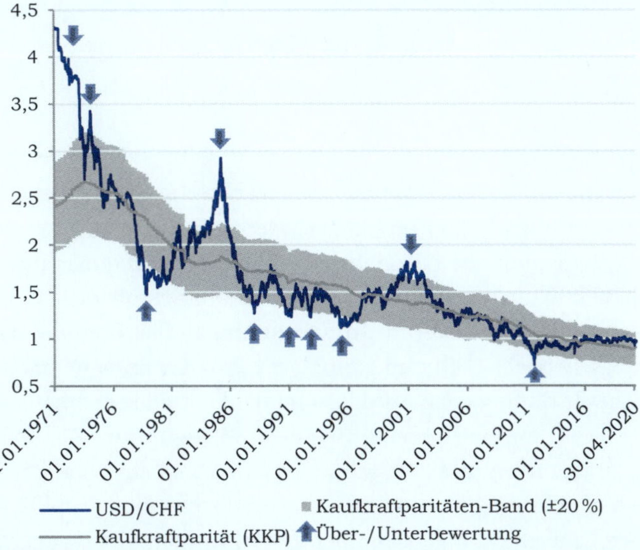

Grafik 68: US-Dollar/Schweizer Franken und Kaufkraftparität (KKP). *Eigene Berechnungen. Quelle: Bloomberg.*

Wichtig zu wissen ist, dass es recht lange dauern kann, bis sich eine im Grunde markante Unter- oder Überbewertung reduziert oder sie sogar verschwindet. Für die kurz- und mittelfristige Beurteilung von Währungsentwicklungen ist die Kaufkraftparität deshalb unzuverlässig. Aus längerfristiger Perspektive können Währungen jedoch eine spannende Komponente des taktischen Anlagegeschäfts sein, um von Übertreibungen des Markts zu profitieren.

47
Vermeiden Sie unnötiges Trading und investieren Sie gestaffelt und antizyklisch – gutes Timing ist Glücksache

Wer sein Portfolio sehr aktiv bewirtschaftet und häufig seine Pferde wechselt, auf die er setzt, ist für mich kein Investor, sondern ein Spekulant. Persönlich kenne ich keine Spekulanten, die durch ihr aktivistisches Trading nachhaltig reich geworden sind. Spekulanten leiden systematisch an Selbstüberschätzung, was ihre eigene Prognosefähigkeit betrifft. In Anlehnung an das Bonmot »Hin und her macht die Taschen leer« halte ich gar nichts von aktivistischem Trading. Die Einzigen, die durch Trading reich werden, sind Banker und Fondsmanager, die nicht zuletzt aus Eigennutz ein Interesse an hohen Börsenumsätzen ihrer Kunden haben. Ich erinnere mich, dass ich am 27. April 2014 in der *NZZ am Sonntag* las, dass »Die neue UBS« in ihrem riesigen Handelszentrum in Opfikon Großcomputer stehen habe, die maßgeblich über die Zusammensetzung der Portfolios ihrer Kunden entscheiden würden. Gigarechner würden jede Nacht 650.000 Portfolios von Kunden dahingehend überprüfen, ob Handlungsbedarf bestehe. Laut dem damaligen Chef der UBS-Vermögensverwaltung, Jürg Zeltner, würden täglich im Durchschnitt 50.000 Szenarien pro Kundenportfolio durchgerechnet, um möglichst zielgenau zu evaluieren, welche Anpassungen am Folgetag umgesetzt werden sollten. Insgesamt 115 Experten würden sich um die Auswertung der Ergebnisse kümmern. Das Hauptziel dieser Ausrichtung war, die Kunden zu aktiverem und »entschlossenerem« Handeln zu motivieren. Was das zwischenzeitlich gebracht hat, entzieht sich meiner Kenntnis. Um ehrlich zu sein, will ich es auch nicht wissen, da ich mir schlicht nicht vorstellen kann, dass eine solche »Rechnerei« den Kunden Nutzen stiftet.[1]

> »Langfristiges Investieren ist die Strategie der Gewinner, kurzfristiges Traden dagegen das Spiel der Verlierer.«
>
> **John Bogle**, Gründer der amerikanischen Vanguard Group (1929 – 2019)

Der US-amerikanische Wirtschaftswissenschaftler und Verhaltensökonom Richard Thaler zeigt mit seinen Experimenten eindrücklich auf, dass Investoren, die ihr Portfolio aktivistisch auf Monatsbasis verwalten, im Vergleich zu Anlegern, die ihr Portfolio bis zu fünf Jahre lang kaum verändern, eine jährlich gerade einmal halb so hohe Rendite erzielen wie letztere.[2] Dass es nicht sinnvoll ist, sich auf seine Timing-Fähigkeiten zu verlassen, zeigen auch die Daten des US-amerikanischen Finanzprofessors Aswath Damodaran.[3] In seiner Studie zeigt der Wissenschaftler auf, dass ein Investor, der stets zehn Monate vor einem Börsenhöchst verkaufte und zehn Monate nach einem Tief wieder einstieg – was bereits außerordentlich gute Timing-Fähigkeiten voraussetzt –, wesentlich schlechter abschnitt, als wenn er *immer* investiert gewesen wäre. Trotz einem recht beeindruckenden Timing hätte der Investor seit 1936 auf einen Fünftel der langfristigen Rendite verzichten müssen. Zu ähnlichen Schlüssen gelangt eine Berechnung von JP Morgan Chase für die 20-jährige Periode von 2000 bis 2019 und den amerikanischen Aktienmarkt S&P 500:[4] Verpasste ein Anleger nur gerade die zehn besten Börsentage in diesen zwei Jahrzehnten wegen schlechten Timings, so erzielte er eine um jährlich satte 3,62 Prozentpunkte tiefere Rendite, als wenn er immer investiert gewesen wäre – jährlich 2,44 Prozent anstelle von 6,06 Prozent. Verpasste er gar die besten 20 Börsentage, so resultierte gerade noch eine jährliche Rendite von 0,08 Prozent – was einer Differenz von *jährlich* rund 6 Prozent gleichkommt.

Interessant ist in diesem Zusammenhang, dass sechs der zehn besten Börsentage in Wochen erfolgten, in denen auch die schlechtesten zehn Tage zu verzeichnen waren. Wer also in unsicheren Zeiten versucht, mittels Aus- und Wiedereinstieg seine Rendite zu steigern, riskiert auch, alle Chancen zu verpassen. Das größte Risiko für Anleger besteht schließlich langfristig nicht darin, den richtigen Zeitpunkt für den Ein- und Ausstieg zu verpassen, sondern vielmehr darin, nicht oder falsch investiert zu sein. Halten Sie sich deshalb, was Ihre Börsenaktivitäten anbelangt, an den Grundsatz: »So viel wie nötig und so wenig wie möglich«. Unnötige Transaktionskosten gehen zulasten Ihrer Performance.

> »Wenn Du es liebst, ständig zu kaufen und zu verkaufen, dann möchte ich Dein Broker sein – aber nicht Dein Partner.«
>
> **Warren Buffett**, amerikanische Anlegerlegende und Orakel von Omaha

Immer wieder bin ich erstaunt über meine Branche, wenn es um die Frage geht, wie rasch Neugelder in einem aufzubauenden Portfolio investiert werden sollen. Viele Banken, Vermögensverwalter und Consultants haben dazu eine klare Haltung: Sie definieren mit dem Kunden die Strategie und investieren die disponiblen Gelder sofort auf einen Schlag.[5] Wenn man Glück hat, ist der Einstiegszeitpunkt ideal, wenn man Pech hat, ist das Gegenteil der Fall und man rauscht als Erstes in eine Baisse. Ich kann diese in der Anlagewelt verbreitete Praxis nicht nachvollziehen. Genauso wie es sinnvoll ist, die Anlagen in unterschiedlichen Anlagekategorien, Branchen und Titeln zu diversifizieren, empfiehlt sich eine Risikostreuung bezüglich Einstiegszeitpunkt, also auf der Zeitachse. Damit schließen wir aus, in einem äußerst ungünstigen Moment das gesamte Geld anzulegen. Wenn es das perfekte Timing nicht oder nur mit großem Glück gibt, dann gibt es auch nicht *den* richtigen Einstiegszeitpunkt.

> »Die Kurse sind immer zu hoch, um zu kaufen, und immer zu niedrig, um zu verkaufen.«
>
> **Hermann Josef Abs**, ehemaliger Vorstandssprecher der Deutschen Bank (1901 – 1994)

Ich empfehle Ihnen, Neugelder während einer Zeit von sechs bis 18 Monaten in mehreren Schritten und möglichst antizyklisch in Schwächephasen zu investieren. Je schneller und heftiger Rückschläge in der Aufbauphase auftreten, desto rascher sollte das Geld investiert sein. Das größte Risiko dabei ist, dass in einer lang andauernden Hausse, die kaum von Rückschlägen unterbrochen wird, die weiteren Aufbauschritte zu höheren Kursen erfolgen könnten. Dieses Risiko nehmen die allermeisten Investoren aber erfahrungsgemäß sehr gerne in Kauf, denn es ist ihnen wichtig, die eigene Leidensfähigkeit respektive Wettertauglichkeit in zwischenzeitlichen Börsengewittern vorsichtig abzutasten und das Portfolio mit Umsicht und möglichst antizyklisch aufzubauen. Darüber hinaus ist bedeutsam zu wissen, dass während einer Aufbauperiode von sechs bis 18 Monaten in aller Regel mindestens einmal ein Rückschlag von 10 oder 15 Prozent eintritt, der zu weiteren Aufbauschritten respektive Käufen genutzt werden kann. Wichtig ist in der gestaffelten Aufbauphase, Marktrückschläge *konsequent* zu nutzen. Die Hoffnung auf das perfekte Timing ist reine Spekulation.

TEIL VI

DIE VERFLIXTE SUCHE NACH DEM GUTEN UND VERTRAUENSWÜRDIGEN VERMÖGENSVERWALTER – UNABHÄNGIGKEIT ALS ERFOLGSMODELL

48
Unabhängigkeit: Das Wohl des Kunden steht im Zentrum aller Bemühungen

Der ehemalige Chef von McKinsey (Schweiz), der Bankenexperte Dr. Christian Casal, brachte anlässlich einer Anlegertagung einmal auf den Punkt, was sich sonst wohl kaum ein hochrangiger Vertreter seiner Zunft zu sagen traut: »Ich bin noch nie einem CEO begegnet, der in ein Vermögensverwaltungsmandat der eigenen Bank investiert hat.«[1] Peng! Der höchstrangige Schweizer Partner des wohl renommiertesten Beratungsunternehmens der Welt muss es wissen. Seine mutige und ehrliche Aussage spricht nicht gerade für die Glaubwürdigkeit der Kader auf den Teppich-Etagen der Banken. Sie lässt vermuten, dass viele Frontleute zu reinen Verkäufern mutiert sind und für sich selbst eine andere Anlagestrategie verfolgen als für ihre Kunden. Natürlich kommt dies einer Bankrotterklärung des Vermögensverwalters respektive des Bankkundenberaters in Banken gleich. Was sind nun eigentlich die wichtigsten Kriterien, die einen kundenorientierten und erfolgreichen Vermögensverwalter auszeichnen?

Schenken Sie einem Vermögensverwalter Ihr Vertrauen, der zu 100 Prozent unabhängig ist. Wer nicht unabhängig ist von Produktanbietern oder vom Verkaufsdruck seiner Chefs, ist im Kopf nicht frei und wird im Zweifel Entscheidungen zugunsten seiner Bank und zuungunsten seiner Kunden treffen. Ein wirklich unabhängiger Vermögensverwalter lebt *einzig* vom Honorar seiner Kunden – er vereinnahmt weder Vertriebsentschädigungen auf Produkte noch Retrozessionen auf Börsentransaktionen noch Bestandsprovisionen auf Fonds und nimmt auch keine Finder's Fees für Gelder, die der Kunde auf seinen Rat hin zu einer bestimmten Bank bringt. Bietet die Bank oder der Vermögensverwalter eigene Produkte an, dann sollten diese gegenüber den Kunden mit einem Vermögensverwaltungsmandat zu Selbstkosten angeboten werden. Es kann nicht sein, dass der Kunde für die gleiche Leistung doppelt bezahlt – erstens über den Vermögensverwaltungsvertrag und zweitens über die im Portfolio liegenden Produkte.

Unabhängigkeit ist ein Erfolgsmodell, welches das Wohl des Kunden in den Mittelpunkt stellt. Sie bietet dem Anleger fantastische Perspektiven, was langfristig auch dem Wohl des unabhängigen Vermögensverwalters dient, weil zufriedene Kunden die beste Werbung für diesen sind. Wer unabhängig ist, empfiehlt seinen Kunden die geeigneten Depotbanken und setzt dank seiner Stärke äußerst kompetitive Depot- und Transaktionsgebühren durch. Weil alle Arten von Produkten zusätzliche Gebühren verursachen und damit die Performance belasten, setzt der unabhängige Vermögensverwalter vor allem auf Direktanlagen in die transparenten Originale – Aktien und Anleihen. Mit dieser Politik übernimmt er die volle Verantwortung für sein Handeln und delegiert diese nicht an »anonyme« Fondsmanager – ein Verstecken hinter Produktmanagern, die der Kunde gar nicht kennt, darf es nicht geben. Wenn der Vermögensverwalter oder Berater nicht konsequent seine Überzeugungen umsetzen kann, sondern vom Verkaufsdruck seiner Chefs und den entsprechenden Produkte-Artisten indoktriniert wird, die sich keinem einzigen Kunden verpflichtet fühlen, so wird das Ergebnis für den Kunden sowohl bezüglich Performance als auch Transparenz immer suboptimal sein. Der Stolz auf das, was ein Unabhängiger tut, beruht auch auf dem, was er nicht tut. Klar: Ein wirklich unabhängiger Vermögensverwalter muss sich diese Politik leisten können, denn seine durchschnittliche Marge dürfte wesentlich tiefer liegen als bei Anbietern, die sich mit lukrativen Produktverkäufen eine goldene Nase verdienen. Deshalb muss ein unabhängiger Vermögensverwalter gerade in Zeiten zunehmender Regulierung, die dessen Kosten in die Höhe treiben, eine gewisse Größe haben. Gemäß Schätzungen gab es im Jahr 2020 allein in der Schweiz gegen 3.000 sogenannte »unabhängige« Vermögensverwalter. Etwa die Hälfte davon soll über weniger als 100 Millionen Schweizer Franken an verwalteten Geldern verfügen. Viele kleine Vermögensverwalter sehen sich deshalb gezwungen, verdeckte Zusatzeinnahmen zu generieren, weil sie die kritische Größe nicht erreichen. Faktisch sind sie damit alles andere als unabhängig.

Für mich ist die Unabhängigkeit unverhandelbar, selbst im Umgang mit Kunden. Ich erinnere mich an eine Generalversammlung des Nahrungsmittelkonzerns Hero in Lenzburg, an welcher der Mehrheitsaktionär Dr. Arend Oetker in einem für die Kleinaktionäre äußerst ungünstigen Zeitpunkt – exakt am Tiefpunkt der New-Economy-9/11-Krise im Frühjahr 2003 – die Privatisierung (*going private*) der Hero-Aktie bekannt gab. Die *NZZ am Sonntag* vom 23. März 2003 kommentierte: »Going Private mit Nebengeräuschen über fairen Preis«. Zu meinen geschätzten Kunden zählte damals auch ein hochrangiger Chefangestellter des deutschen Industriellen Oetker. Trotzdem machte ich mich auch auf den Weg nach Lenzburg, um mich an der Versammlung für meine Kunden und Tausende von Kleinaktionären starkzumachen – ich taxierte den Übernahmepreis als Affront gegenüber allen Minderheitsaktionären. Meine engagierte Rede führte zwar zu einem tobenden Applaus im Saal, aber wie erwartet nicht zu einem Meinungsumschwung des Mehrheitsaktionärs Oetker. Er beließ den Übernahmepreis auf einem für die Minderheitsaktionäre äußerst unbefriedigenden Niveau. Der betreffende Chefangestellte des deutschen Industriellen kündigte aus Loyalität zu seinem Boss umgehend sein Mandat bei uns. Ich habe das nie bereut. Es war mir meine Unabhängigkeit zugunsten meiner Kunden wert.

> »Nicht viele leisten sich den größten Luxus, den es auf Erden gibt: eine eigene Meinung.«
>
> **Sir Alec Guinness**, britischer Schauspieler (1914 – 2000)

Ein unabhängiger Vermögensverwalter ändert seine bewährte Politik auch in stürmischen Zeiten nicht und lässt sich von Modeströmungen sowie dem Herdentrieb der Anleger nicht aus der Ruhe bringen. Ein Geldmanager, der je nach Stimmung an den Märkten seine Strategie ändert, kann auf Dauer nicht erfolgreich sein. Gelebte Unabhängigkeit bedeutet auch, den Anlegern gegenüber ehrlich zu sein, was die eigene Prognose(un)fähigkeit anbelangt. Erfolgreich gelebte Unabhängigkeit zieht schließlich nicht nur die treusten Kundinnen und Kunden an, sondern auch die besten und treusten Mitarbeiterinnen und Mitarbeiter. In einem Umfeld, das frei von Angst und Verkaufsdruck ist, fühlen sich Kundenbetreuer und Teammitglieder wohl. Das sorgt für Kontinuität in der Kundenbetreuung. Unabhängig denkende und handelnde Vermögensverwalter sind Unternehmer, die ihren Kunden auf Augenhöhe begegnen. Demgegenüber stehen viele Banker unter Druck, weil sie regelmäßig mit Umstrukturierungen und Stellenwechseln konfrontiert sind. Es ist doch klar: Wenn Ihr Berater bei Ihrer Hausbank alle paar Jahre ausgewechselt wird, beginnt Ihre Beziehung immer wieder bei null, und das Vertrauen zwischen Ihnen und Ihrem Berater muss neu aufgebaut werden. Dazu kommt, dass es Ihnen kaum Spaß macht, Ihre Geschichte über Ihren beruflichen Werdegang, Ihre familiären Verhältnisse, Ihre Hobbys, Ihre Ecken und Kanten, Ihre Wünsche, Sonderwünsche und Abneigungen immer wieder aufs Neue zu wiederholen. Im Gegensatz zu Angestellten einer Bank sind unabhängige Vermögensverwalter näher bei ihren Kunden und fühlen sich diesen gegenüber direkt verantwortlich. Ein tiefes und sehr persönliches Vertrauensverhältnis zwischen einem unternehmerisch denkenden, unabhängigen Vermögensverwalter und seinen Kunden sorgt dafür, dass deren Vermögen oft generationenübergreifend verwaltet werden – und so das Erfolgsmodell »Unabhängigkeit« in die Zukunft getragen wird.

49
Seriös, integer und mit Charakter

Wollen Sie Ihr Geld einer Bank respektive einem Finanzinstitut anvertrauen, das wegen Verfehlungen, Klagen, Geldwäscherei, Manipulationen des Libor-Zinssatzes, der Devisenkurse oder des Goldpreises ständig in den Schlagzeilen steht? Eine Bank, die wegen gerügter Mängel im Geldwäschereidispositiv jahrelang einen Aufpasser der Aufsichtsbehörde im eigenen Haus gewärtigen muss? Schauen Sie sich einmal den Geschäftsbericht einer größeren Bank an, welche sich dauerhaft mit unzähligen, teilweise Tausenden von Klagen konfrontiert sieht und schon Milliardenbußen bezahlt hat – atemberaubend. Atemberaubend ist aus meiner Sicht dabei ganz besonders, dass diese Schlagzeilen mittlerweile zum Alltag gehören. Zeitungsleser und Kunden der entsprechenden Banken haben sich längst daran gewöhnt. Stellen Sie sich einmal vor, ein bisher unbescholtener unabhängiger Vermögensverwalter wäre ein- oder zweimal wegen ähnlichen Verstößen Thema in einer Lokalzeitung – er müsste sein Geschäft wohl umgehend einstellen. Ich möchte Ihnen eine saloppe Frage stellen: »Würden Sie Ihrem Metzger die Treue halten, nachdem er zum zehnten Mal nach Qualitätskontrollen verurteilt und bestraft worden ist?« Wohl kaum. Im Wissen, dass es in vielen Bankinstituten unzählige hoch anständige und qualifizierte Mitarbeiterinnen und Mitarbeiter gibt: Ein solches Institut kommt für mich im Grundsatz nicht infrage, mein vertrauenswürdiger Partner zu sein, um mein Vermögen zu verwalten.[1]

> »Es braucht 20 Jahre, um eine gute Reputation aufzubauen, und 5 Minuten, um sie zu zerstören.«
>
> **Warren Buffett**, amerikanische Anlegerlegende und Orakel von Omaha, Nebraska

Der Vermögensverwalter Ihres Vertrauens sollte charakterstark und integer sein. Seien Sie schonungslos, wenn es darum geht, die Seriosität eines Unternehmens zu erfragen. Ihr Gesprächspartner soll offen und ehrlich über anhängige Prozesse, Verurteilungen und Bußen informieren. In diesem Zusammenhang habe ich nie verstanden, warum die führenden Consultants bei der Suche nach geeigneten Vermögensverwaltern oder Banken für das Management von Pensionskassengeldern beispielsweise wissen wollen, wie viele Analysten diese beschäftigen, nicht aber, ob die entsprechende Bank oder der betreffende Vermögensverwalter schon einmal rechtskräftig verurteilt wurde. Weil Anstand, Moral und Vertrauen extrem wichtige Voraussetzungen für eine seriöse und erfolgreiche Anlagetätigkeit sind, glaube ich auch, dass menschliche Berater niemals durch Roboter respektive robotergesteuerte Maschinen (Robo Advice) ersetzt werden können. Denn Roboter haben definitiv keine Moral, kennen ihre Kunden nur ungenügend und können diesen auch nicht ausreichend erklären, was sich an den Börsen abspielt.

50
Die historische Performance eines Vermögensverwalters – Achtung Falle!

Zu Recht erwarten Anleger von ihrem Vermögensverwalter langfristig eine überdurchschnittliche Anlageleistung respektive Performance. Diese ist schließlich das Resultat einer erfolgreichen Anlagetätigkeit. Ohne eine überzeugende Performance wird jeder Anlageexperte über kurz oder lang bei seinen Kunden einen schweren Stand haben. Wer nun aber glaubt, ein guter und vertrauenswürdiger Vermögensverwalter sei in erster Linie aufgrund seines Performance-Ausweises auszuwählen, dem möchte ich entschieden entgegentreten. Dies primär deshalb, weil in dieser Branche, was die in der Vergangenheit erzielte Performance anbelangt, häufig geblufft, getrickst und gelogen wird, dass sich dabei die Balken biegen.

Gerne lade ich Sie ein, folgendes Experiment durchzuführen: Treffen Sie zehn Banker und ebenso viele unabhängige Vermögensverwalter zu einem Gespräch, und bekunden Sie diesen gegenüber Ihr Interesse an einem Vermögensverwaltungsmandat. Wetten, dass Sie kaum *einen* Anbieter treffen werden, der von sich behauptet, in der Vergangenheit *keine* überdurchschnittliche Performance erzielt zu haben? Jede und jeder behauptet, den »Markt«, irgendeine gewählte Benchmark oder die Konkurrenz über eine bestimmte Zeitspanne geschlagen zu haben. Was ich diesbezüglich in meiner Berufslaufbahn erfahren habe, ist schlicht abenteuerlich. Regelmäßig frage ich mich: Wenn jeder Geldmanager überdurchschnittlich gut ist, wo in der Welt sind dann eigentlich die zweifellos vorhandenen 50 Prozent Anbieter, die unterdurchschnittlich schlecht abgeschnitten haben?

Wie gesagt: Es wird oft geblufft, getrickst, manipuliert und gelogen. Resultate werden so zurechtgebogen, dass sie das zeigen, was die Interessenten hören wollen. Wie wollen Sie als potenzielle Kundin oder potenzieller Kunde in der Lage sein, die kolportierten Renditen des Akquisiteurs zu überprüfen? Chancenlos. Sie können die Aussagen glauben, oder eben auch nicht. Genau aus diesem Grund bin ich der Meinung, dass die historische Rendite eines Anbieters höchstens *ein* Kriterium zur Selektion eines vertrauensvollen Anlageverantwortlichen sein soll – wer der Performance alles unterordnet, wird mutmaßlich in eine Falle tappen. Ein ehrlicher und langfristig erfolgreicher Vermögensverwalter wird zugeben, dass er auch einmal Perioden zu durchleben hat, in denen er unterdurchschnittliche Renditen erzielt. Dazu kommt, dass Vergangenheitsrenditen ohnehin nur in beschränktem Maß Hinweise auf die Zukunft geben können.

> »Ich kann Ihnen nicht sagen, wie man schnell reich wird, ich kann Ihnen aber sagen, wie man schnell arm wird: Indem man versucht, schnell reich zu werden.«
>
> **André Kostolany**, ungarischer Autor und Börsenlegende (1908 – 1999)

Viel wichtiger als die Frage nach der Rendite ist es, Ihrem potenziellen Banker oder Ihrem Vermögensverwalter die richtigen Fragen zu seiner Unabhängigkeit, zur Seriosität seines Unternehmens, zur Ausbildung der verantwortlichen Manager, zu den herrschenden Anreizstrukturen, zu Interessenskonflikten, zu den Gebühren, zur Unternehmenskultur, zur Anlagephilosophie, zur Qualität der zu tätigenden Anlagen sowie zum Risikomanagement zu stellen.[1] Eine transparente und ehrliche Vermögensstruktur, die auch für Laien nachvollziehbar ist, wirkt wie eine Dopingkontrolle von Hochleistungssportlern. Wenn Sie auf Ihre kritischen Fragen gut verständliche und überzeugende Antworten erhalten, dann wird die entsprechende Vermögensverwalterin oder der Vermögensverwalter Ihr Vertrauen gewinnen. Renditen fallen nicht vom Himmel und sind nicht das Ergebnis noch so schlauer Finanzexperten, sondern die logische *Konsequenz* einer soliden, transparenten und qualitativ hochwertigen Anlagepolitik. Eine überzeugende Performance ist somit das *Resultat* der erfolgreichen Selektion eines Vermögensverwalters, nicht aber das hauptsächliche *Kriterium* zu seiner Selektion. Ein seriöser Vermögensverwalter sollte weniger nach den höchsten Renditen jagen, sondern vor allem die unzähligen Fehler und Dummheiten verhindern, die vermeidbar sind. Schließlich wollen Sie Ihr Geld *investieren* und nicht mit diesem *spekulieren.*

51
Die Wahl des Vermögensverwalters – weniger kann mehr sein!

Ob Sie einen oder mehrere Vermögensverwalter beauftragen, Ihr Geld zu verwalten, darüber lässt sich trefflich streiten. Mein Rat ist der folgende: Wenn Sie eine Art »horse race« veranstalten wollen, bei dem Sie die Renditen verschiedener Experten kompetitiv vergleichen können, setzen Sie auf mehrere Vermögensverwalter. Das mag zwar spannend und bei wirklich großen Vermögen vielleicht auch gewünscht sein, hat aber neben dem harten Wettbewerb um die beste Rendite nicht nur Vorteile. Einerseits wird die Verwaltung durch die Aufteilung der Vermögenswerte insgesamt teurer und auch aufwendiger in der Überwachung. Andererseits besteht eine gewisse Gefahr, dass ein Vermögensverwalter beispielsweise die Aktienquote abbaut oder gewisse Aktien ganz verkauft, während ein anderer genau das Gegenteil macht. »Außer Spesen nichts gewesen« ist dann das ernüchternde Resultat dieses sich gegenseitig zerstörenden Geschäfts.

Dazu kommt, dass das Klumpenrisiko besonders groß ist, wenn mehrere Vermögensverwalter im Einsatz sind. Wenn alle Geldmanager im Sinne einer Herde in dieselbe Richtung rennen und beispielsweise stark auf Technologiewerte setzen, passiert nämlich genau das, was man mit der Verteilung des Gesamtvermögens auf verschiedene Anbieter eigentlich vermeiden wollte: Es entstehen ungewollte Klumpenrisiken – dumm nur, dass keiner der Mandatsträger dies merkt, weil keiner weiß, wie seine Mitbewerber aufgestellt sind. Institutionelle Investoren verhindern dies, indem sie die Kontrolle behalten und Spezialmandate pro Anlagekategorie an verschiedene Experten in aller Welt erteilen. Zudem verbinden sie damit die Hoffnung, dass ein Banker oder Vermögensverwalter, der seinen Sitz in Hongkong, Singapur oder Tokio hat, für das Management eines Asienmandats besonders prädestiniert sei, weil er die Anlagen vor Ort besonders gut beurteilen könne. Das dürfte ein Irrtum sein. In einer globalisierten und äußerst effizienten Anlagewelt spielt es nämlich weder eine Rolle, ob Sie sich über das Elektronikunternehmen Sony aus Hoffenheim oder Tokio informieren, noch, ob Sie die Aktie Sony von Ihrem Standort in Zürich oder Tokio aus kaufen. Ich bin immer wieder erstaunt darüber, wie weltumspannend Pensionskassen oder Versicherungen ihre Anlageverantwortlichen beauftragen. Ich habe meine Zweifel, ob dies unter dem Strich vorteilhaft ist. Mit Sicherheit führt dies aber zu höheren Gebühren und zu attraktiven Aufträgen für die Consultants der Branche, die ihre Kunden bei der Suche und Kontrolle der »besten« Vermögensverwalter unterstützen. Einige Pensionskassen- und Versicherungsmanager freuen sich bei einer international ausgerichteten Mandatsstruktur vielleicht auch über ein paar schöne Reisen, die sie sich auf Kosten der Destinatäre gönnen, um die verantwortlichen Geldmanager in aller Welt regelmäßig zu besuchen.

Wenn Sie die Komplexität und Ihre Gebühren im Kontext Ihrer Anlagen radikal minimieren wollen, setzen Sie langfristig auf einen einzigen Vermögensverwalter. Er muss unabhängig sein und darf keine Interessenskonflikte haben. Entscheidend ist, dass Sie diese Vertrauensperson auf Herz und Nieren sowie mit kritischem Menschenverstand prüfen. Ansonsten riskieren Sie, dass dieser Vermögensverwalter zu einem explosiven Klumpenrisiko wird, wenn er nicht hält, was er verspricht. Holen Sie Referenzen von langjährigen Kunden ein, und überlassen Sie Ihrem Vermögensverwalter zu Beginn der Zusammenarbeit nur einen Teil Ihres Vermögens. Sie sollten restlos davon überzeugt sein, dass er seine Anlagephilosophie konsequent pflegt – in Hausse- wie auch in Baissezeiten. Wenn Sie keinen Zweifel mehr haben, dass Ihr Vermögensverwalter Ihr Geld genau so verwaltet, wie wenn es sein eigenes wäre, verdient er Ihr uneingeschränktes Vertrauen.

ANHANG

Pirmin Hotz

Geboren im Jahr 1960 und aufgewachsen in Baar (Zug), entdeckte ich meine Leidenschaft für das Anlegen und die Kapitalmärkte während meiner Zeit als Wirtschaftsgymnasiast.

1981 begann ich mein Studium der Betriebswirtschaft an der Hochschule St. Gallen (HSG), das ich vier Jahre später mit dem Lizenziat erfolgreich abschloss. An der HSG (die heutige Universität St. Gallen) verfasste ich in der Folge meine Dissertation auf dem Gebiet der modernen Vermögensanalyse. Den Abschluss zum Dr. oec. HSG erlangte ich im Frühjahr 1989.

Parallel zu meinem Doktorandenstudium gründete ich 1986 gemeinsam mit einem Kommilitonen meine erste Firma, die Investment Consulting St. Gallen. In unserer Wohngemeinschaft im vierten Stock der Rorschacherstrasse 126 befindet sich der Ursprung meiner unternehmerischen Selbstständigkeit, die sich auf die Beratung von Banken und die Vermögensverwaltung diskretionärer Mandate fokussierte. Im Laufe der Jahre berieten und schulten wir in der Schweiz, in Deutschland und in Österreich über 10.000 Bank- und Finanzexperten auf dem Gebiet des Modernen Portfoliomanagements sowie der innovativen Finanzinstrumente. Zahlreiche Groß-, Privat- und Kantonalbanken gehörten zu unserem Kundenkreis. Zu Beginn des Jahres 1993 brachte ich das Bankberatungsgeschäft in die eigenständige Dr. Pirmin Hotz & Partner AG und sämtliche Anlagekunden in die neu gegründete Dr. Pirmin Hotz Vermögensverwaltungen AG ein.

Ab dem Jahr 1993 pflegte ich eine intensive sechsjährige Beratertätigkeit für das führende Privatbankhaus Deutschlands, Trinkaus & Burkhardt, Düsseldorf (heute der HSBC-Bankengruppe angehörend), wurde zwei Jahre später Mitglied im Verwaltungsrat der Bank Trinkaus & Burkhardt (Schweiz) AG und sammelte auf diese Weise wertvolle Erfahrungen und Kontakte im privaten und institutionellen Kundengeschäft. Parallel erfolgte der rasche Ausbau der sich im Familienbesitz befindlichen Dr. Pirmin Hotz Vermögensverwaltungen AG. Im Jahr 2020 betreuten wir über 700 private und institutionelle Vermögensverwaltungskunden, die ihren Wohnsitz zum größten Teil in den Ländern Schweiz und Deutschland haben. Dank einem herausragenden Team stehen wir im Ruf, der führende unabhängige Vermögensverwalter der Schweiz zu sein.

Persönlich verstehe ich mich als Vollblutunternehmer mit hoher Affinität zur akademischen Forschung. Die Publikation von unabhängigen und kritischen Beiträgen zu aktuellen Geschehnissen an den Kapitalmärkten in renommierten Zeitungen und Fachzeitschriften ist seit vielen Jahren meine große Passion. Meine große Liebe sind meine drei wunderbaren Kinder Florian, Victoria und Désirée.

Anmerkungen

Meine erste Aktie: Flop mit Eastman Kodak

1 Die Schweizer Äquivalente zu Patenonkel und Patentante.

2 Im Februar 1976 wurde diese an die Schweizerische Volksbank verkauft, welche ihrerseits 1993 von der Credit Suisse übernommen wurde.

1. Meine schicksalshafte Begegnung mit dem Broker von Merrill Lynch

1 In der Praxis erfolgt dies bei Indexprodukten nicht über die Lieferung von Aktien, sondern über einen Barausgleich.

2. Stock Picking mit Staranleger Heiko Thieme von der Wall Street

1 Pirmin Hotz, *Das Capital Asset Pricing Model und die Markteffizienzhypothese unter besonderer Berücksichtigung der empirisch beobachteten »Anomalien« in den amerikanischen und anderen internationalen Aktienmärkten*, 1989.

2 Dieser wurde im Jahr 1998 mit der Schweizerischen Bankgesellschaft zur heutigen UBS fusioniert.

3 Diese ist heute Teil der Commerzbank.

4 Die Fachzeitschrift *Mutual Fund* kürte den American Heritage Fund zum erfolgreichsten Fonds der USA für die Periode 1991 – 1993, zum erfolglosesten für 1995 und wiederum zum erfolgreichsten für 1997.

4. Die Charttechnik: Nichts als ein Placebo-Effekt

1 Die Benchmark entspricht einem passiv mit Aktienindizes zusammengesetzten Portfolio, welches als Richtwert für die Messung der Anlageleistung eines Portfoliomanagers dient.

2 Das Setzen eines Stop Loss hat zum Ziel, ein Wertpapier bei einer bestimmten Limite zu verkaufen und die Verluste zu begrenzen. Siehe dazu auch Kapitel 44.

3 Videoplattform Fintool vom 13. April 2017, Prof. Dr. Erwin Heri. Heri analysierte den Schweizer Aktienmarkt über die Periode 1926 bis 2016. Während Aktien mit einem »Buy and Hold« jährlich 7,8 Prozent abwarfen, betrug die entsprechende Rendite mit Einsatz des Gleitenden Durchschnitts 5,8 Prozent pro Jahr. Zwar konnten die größten Börseneinbrüche abgefedert werden, doch verpasste man ebenso einen großen Teil der Hausse-Perioden.

4 Schneidet die 50-Tage-Linie umgekehrt die 200-Tage-Linie von unten nach oben, entsteht gemäß Chartisten ein Kaufsignal, welches als »Goldenes Kreuz« bezeichnet wird.

5 Derselbe Journalist hat am 19. September 2018 erneut berichtet, dass etliche Hindenburg-Omen sowie andere technische Warnsignale eine anstehende Korrektur signalisieren würden. Diese trat dann im vierten Quartal 2018 ein.

5. Fundamentalanalyse: Die Entzauberung der Prognosegurus durch die Wissenschaft

1 Die dritte respektive starke Form der Markteffizienz untersucht schließlich die Frage, ob Anleger mittels Insiderinformationen in der Lage sind, systematisch den Markt zu schlagen. Selbstverständlich ist diese Form der Markteffizienz *nicht* gegeben. Echte Insider schlagen den Markt systematisch. Deshalb sind Insidergeschäfte unter Androhung von Strafe verboten. Insbesondere in den USA sind die Bußen drakonisch.

2 Auf globaler Basis hat sich zwischen 2009 und 2019 die Staatsschuld um rund 40 Prozent erhöht. In Europa war die Zunahme sogar überproportional.

3 Selbstverständlich lässt sich das Vertrauen der Anleger auch nicht mit der Charttechnik vorhersagen.

4 *Bilanz*, Ausgabe 22/2005, Seite 15.

6. Ob Affen oder Menschen Geld anlegen: Der Random Walk gilt!

1 In der Realität gibt es im Casino zumindest die »Null«, allenfalls sogar noch eine »Doppel-Null«. Diese Tatsache vermindert selbstverständlich Ihre Wahrscheinlichkeit, einen Gewinn zu realisieren.

2 Siehe auch Kapitel 18. Diese Rendite setzt sich zusammen aus Dividenden und langfristigen Kursgewinnen.

3 Die »Null« und allenfalls auch noch die »Doppel-Null« haben für Sie als Spielerin oder Spieler die fatale Konsequenz, dass die Wahrscheinlichkeit für einen Gewinn von 50,0 auf 48,6 respektive sogar 47,4 Prozent fällt. Je länger Sie demnach spielen, desto kleiner wird Ihre Wahrscheinlichkeit, als Gewinnerin oder Gewinner aus dem Casino zu gehen. Von dieser ungleichen Wahrscheinlichkeitsverteilung leben schließlich die Casinos. Mein Tipp für Casino-Gänger lautet deshalb: Setzen Sie sich ein Verlustlimit, spielen Sie möglichst kurz und verlassen Sie konsequent das Casino, wenn Sie ein nicht allzu hoch angesetztes Gewinnziel erreicht haben. Es spielt keine Rolle, wie hoch schließlich der Gewinn ist – Hauptsache Sie haben gewonnen und Sie haben mit einem tollen Gefühl als einer der ganz wenigen im Saal das Casino »geschlagen«.

4 Wenn Sie Lotto oder EuroMillions spielen, sieht die Chancenverteilung für Sie noch viel übler aus als im Casino, denn rund 50 Prozent der Einsätze werden bei diesen Glücksspielen gar nie ausbezahlt, sondern vor allem sozialen Institutionen zugewendet. Der Erwartungswert der Rendite liegt deshalb für jeden einbezahlten Euro

oder Schweizer Franken bei -50 Prozent. Das ist, ökonomisch betrachtet, ein katastrophales »Geschäft«.

7. Die Portfolio-Theorie von Harry Markowitz in der Praxis: Ein »free lunch«!

1 Liquide Kapitalmärkte charakterisieren sich dadurch, dass das Handelsvolumen sehr hoch ist. Das ist beispielsweise bei Aktien multinationaler Unternehmen der Fall.

2 Nachfolgend verwenden wir dafür den repräsentativen Swiss Performance Index SPI, welcher kapitalisierungsgewichtet berechnet wird und die Dividenden reinvestiert. Er enthält die rund 200 größten in der Schweiz kotierten Unternehmen.

3 Sollten Sie tatsächlich über eine systematische Prognosefähigkeit verfügen, können Sie übrigens Arbitrage betreiben, also risikolos Geld verdienen. Sie kaufen ganz einfach diejenigen Aktienpositionen, die in Zukunft besser performen werden als der Gesamtmarkt, und verkaufen gleichzeitig den Gesamtmarkt mit dem Einsatz von Index-Futures. Die Differenz ist Ihr Gewinn. Unabhängig von der Börsenentwicklung werden Sie sodann als Arbitrageur in jeder Marktlage risikolos Geld verdienen. Aber vergessen Sie nicht: Voraussetzung ist, dass Sie systematisch die Fähigkeit besitzen, Aktien zu selektionieren, die besser abschneiden als der Markt. Weil dies so schwer ist, gehört Arbitrage gerade in der heutigen, schnelllebigen Welt wohl für die meisten, wenn nicht sogar für alle von uns ins Reich der Illusionen.

4 Dafür verantwortlich sind die Korrelationseigenschaften zwischen den verschiedenen Aktien. Ein Korrelationskoeffizient von 1 bedeutet eine perfekt synchrone Kursentwicklung, während einer von 0 eine komplett unabhängige Entwicklung beschreibt. Negative Faktoren zwischen 0 und -1 bedeuten, dass der eine Wert systematisch steigt, während der andere fällt. Liegt die Korrelation zwischen Nestlé und dem schweizerischen Aktienmarkt SMI bei 0,7, so bedeutet dies, dass die gegenseitige Abhängigkeit ziemlich hoch ist und 49 Prozent ($0{,}7^2$) der Kursentwicklung von Nestlé durch den Gesamtmarkt erklärt werden können. 51 Prozent ($1 - 0{,}7^2$) der Kursveränderungen von Nestlé sind titelspezifisch. Dieses sogenannte unsystematische Risiko kann durch Diversifikation kostenfrei eliminiert werden.

5 Selbstverständlich gibt es aus einer *Ex-post-Sichtweise* einen Titel mit der höchsten Rendite. Dieser *wäre* der beste von allen gewesen. Aufgrund unserer Prognoseinkompetenz kennen wir diesen Titel aber natürlich erst im Nachhinein.

6 Was ich unter einer intelligenten Diversifikation verstehe, erfahren Sie in den Kapiteln 36 bis 38.

8. Martin Ebner: Wenn Stars für ihren Übermut bestraft werden

1 Anhänger des Shareholder Value beabsichtigen, den Börsenwert eines Unternehmens durch aktivistische Maßnahmen möglichst zu steigern.

2 Ernst war einer meiner Studienfreunde an der Universität St. Gallen. Nach seiner Loslösung von Martin Ebner war er seinerseits als Unternehmer sehr erfolgreich.

Leider stürzte er im Jahr 2000 mit seinem Kleinflugzeug über dem Gotthard ab und verlor sein Leben.

3 Bei einem Leerverkauf respektive einer »Short-Position« werden Aktien in der Hoffnung verkauft, diese später zu einem günstigeren Preis zurückzukaufen.

4 Zwischenzeitlich ist der Investor Martin Ebner gemäß dem Magazin *Bilanz* wieder in die Gilde der Milliardäre aufgestiegen.

9. Alle Jahre wieder: Guru- und Analysten-Prognosen für den Schredder

1 Selbst der heutige Tech-Gigant Amazon verlor in der damaligen Krise vorübergehend 96 Prozent seines Wertes.

2 Felix trat während vieler Jahre an den renommierten Roundtable-Gesprächen von *Barrons* auf.

3 Artikel »Neigen Aktienmärkte zu Überreaktionen?«, *NZZ*, 10. September 2002, Seite 29.

4 Interview in der *NZZ am Sonntag*, 2. Januar 2011, Seite 31.

5 Besonders amüsant ist, wenn Gurus, die früher einmal für Kunden Geld verwalteten und aufgrund von Fehlprognosen und ihrer damit verbundenen Erfolglosigkeit »plötzlich« keine Kunden mehr haben, der Öffentlichkeit mit großem Selbstbewusstsein erzählen, sie würden jetzt halt nur noch ihr eigenes Geld verwalten.

10. Profis im Performance-Test: Was taugen Fondsmanager wirklich?

1 Siehe dazu auch Kapitel 32.

2 S&P Dow Jones Indices 2018 und Artikel von Thorsten Hens »Mit Nichtstun reich werden«, *Finanz und Wirtschaft*, 14. Juli 2018, Seite 22.

12. Das Gedankengut von Harry Markowitz: Aktueller denn je!

1 Diese beiden Banken verkörpern die heutige UBS.

2 Das gilt natürlich nur für den Fall, dass von jeglichen Verwaltungs- und Transaktionsgebühren abgesehen wird. Werden diese realitätskonform einbezogen, so liegt die Wahrscheinlichkeit, den Markt in einem einzelnen Jahr zu übertreffen, unterhalb von 50 Prozent.

3 Die Wahrscheinlichkeit, zwei Jahre hintereinander über dem Markt zu liegen, beträgt $0{,}5 \times 0{,}5 = 0{,}25$ respektive 25 Prozent.

4 Die Wahrscheinlichkeit, zehn Jahre hintereinander rein zufällig den Markt zu schlagen, beträgt 1 zu $2^{10} = 1 : 1.024$.

5 Siehe Kapitel 10.

6 Siehe dazu auch Kapitel 26.

7 Consultants von Pensionskassen empfehlen ihren Kunden häufig, die liquiden Märkte mit passiven Produkten abzubilden, während sie die illiquiden Märkte aktiv

bewirtschaften lassen, weil sie glauben, eine Über-Performance sei dort einfacher zu erzielen (dies entspricht dem sogenannten Core-Satellite-Konzept).

13. Die Wissenschaft und der Traum vom optimalen Portfolio: Bullshit in – Bullshit out

1 Umgekehrt ist es genauso einfach zu errechnen, wie das Portfolio in optimaler Weise zusammengesetzt ist, wenn bei gegebener Renditeerwartung ein minimales Risiko eingegangen wird.

2 Harry M. Markowitz, »Portfolio Selection«, *Journal of Finance*, Vol. 7, 1952, S. 77–91.

3 Capital Asset Pricing Model (CAPM).

4 Dies hat zum Beispiel der im Jahr 2003 mit dem Nobelpreis ausgezeichnete US-amerikanische Wissenschaftler Robert F. Engle in diversen Arbeiten aufgezeigt.

5 Natürlich gibt es Vermögensverwalter wie beispielsweise Warren Buffett, die mich durch ihre unternehmerische Leistung tief beeindrucken. Aber es sind keine Idole, die meine eigenen Prinzipien nachhaltig beeinflusst haben.

14. Antizyklisch handeln: Zum Glück folgen Menschen einem Herdentrieb!

1 Um dies zu »beweisen«, schrieb ich im Januar 2002 in meinem Anlagebrief an meine Kunden: »Die schockartig sinkenden Unternehmensgewinne haben zur Folge, dass die Bewertung der Aktien, gemessen am Kurs/Gewinn-Verhältnis, heute noch ziemlich genau auf demselben Niveau steht wie im Frühjahr 2000, als die Börsenbaisse ihren Anfang nahm. Eine Überbewertung der Aktien im Jahr 2000 wäre demnach zum damaligen Zeitpunkt nur dann offensichtlich erkennbar gewesen, wenn die Annahme auf der Hand lag, dass die Unternehmensgewinne deutlich sinken würden. Wir wissen jedoch, dass es im Jahr 2000 kaum Anzeichen rückläufiger Unternehmensergebnisse gab. Eher das Gegenteil war der Fall, wenn man auf die Analystenmeinungen der renommierten Geldinstitute abstützte.«

2 Hier reden wir ausschließlich vom physischen Kauf und Verkauf von Aktien, unter Ausklammerung von Derivaten.

3 Auf Französisch gibt es das Sprichwort »la baisse amène la baisse« (Kursrückschläge führen zu weiteren Kursrückschlägen), das diesen Teufelskreis treffend beschreibt.

4 Bei einem Einzeltitel ist dann besondere Vorsicht oder sogar ein Verkauf geboten, wenn dieser im Zuge einer kräftigen Börsenerholung, die auf einen Börseneinbruch folgt, weiter sinkt respektive auf Tiefstkursen verharrt. Vielsagend war in diesem Zusammenhang die Reaktion von Warren Buffett auf die Frage eines Journalisten von CNBC Ende Februar 2019, ob er nach dem dramatischen Kursverfall von Kraft Heinz nun verkaufen oder eher zukaufen würde. Buffett »brillierte« erst einmal durch ratloses Schweigen, was in seinem Fall eine Seltenheit ist. Aber nachvollziehbar: Wenn der Kursverfall einer Aktie zu groß und die Risiken zu hoch werden, befindet sich der antizyklische Anleger in einem Dilemma.

5 Siehe dazu auch Kapitel 20.

6 Dies hatte für unser Vermögensverwaltungsunternehmen die angenehme Begleiterscheinung, dass wir ab dem Jahr 2012 bereits wieder Performance-Fees in Rechnung stellen konnten, die immer nur dann fällig werden, wenn neue Höchststände erreicht werden.

7 Zu den prominentesten Vertretern dieser Disziplin gehören die US-amerikanischen Professoren Daniel Kahneman, Vernon Smith (beide erhielten 2002 den Nobelpreis) sowie Richard Thaler (er wurde 2017 mit dem Nobelpreis beehrt), der im Jahr 1985 mit seinem Schüler Werner De Bondt einen aufsehenerregenden Artikel mit dem Titel »Does the Stock Market Overreact?« publizierte.

8 So sank gemäß dem Institut für Banking und Finance der Universität Zürich der Anteil der Schweizer mit Aktienbesitz zwischen den Jahren 2000 und 2010 von 30 auf noch 17 Prozent.

9 Die Risikoprämie bezeichnet die erwartete Mehrrendite von Aktien im Vergleich zu Anleihen. Dass die erwarteten Renditen in Krisenzeiten steigen, ist eine logische Konsequenz der gleichzeitig gestiegenen Risiken. Die höheren Renditen, die antizyklische Anleger in solchen Phasen erwirtschaften, sind deshalb nicht auf eine Marktineffizienz zurückzuführen, sondern auf gestiegene Risikoprämien.

15. Von der Anlagepolitik von Versicherungen und Pensionskassen lernen? Zweifel sind angebracht!

1 Swiss Life hielt im Jahr 2019 eigene Kapitalanlagen in Höhe von über 170 Milliarden Schweizer Franken. Davon waren per Ende 2019 gerade einmal 4,1 Prozent in Aktien investiert. Per Ende März 2020 lag die Aktienquote der Swiss Life noch bei 2 Prozent.

2 Rundschreiben 2016/5 der eidgenössischen Finanzmarktaufsicht Finma; Anlagerichtlinien – Versicherer.

3 *Handelszeitung*, 26. September 2019, Seite 13.

4 Im Kontrast zur Aussage des Anlagechefs der Swiss Life werden natürlich bei einer vollständigen Absicherung von Aktien nicht nur alle Kurschancen eliminiert, sondern auch die Dividenden »vernichtet«. Alles andere wäre ein »free lunch«, denn aus der Absicherung von Aktien resultiert faktisch eine risikolose Geldmarktanlage, welche in Zeiten von Negativzinsen negativ verzinst ist.

5 Vergleiche dazu das Kapitel 24, das die Risiken von Immobilienanlagen beleuchtet.

6 Das risikoärmste Portfolio mit den tiefsten Schwankungsrisiken wird auch als das sogenannte Minimum-Varianz-Portfolio bezeichnet.

7 Die Korrelation zwischen Anleihen- und Aktienkursentwicklung liegt langfristig betrachtet etwa bei + 0.25, ist allerdings im Zeitablauf erheblichen Schwankungen unterworfen. Wenn auch unter Investoren die Überzeugung verbreitet ist, dass sinkende Zinsen zu steigenden Aktienpreisen führen würden und umgekehrt, gibt es in der Praxis viele Perioden, in denen das Gegenteil zutraf. So sind sowohl in der New-Economy-9/11-Krise wie auch in der Finanzkrise die Aktienmärkte trotz erheblicher Zinssenkungen der Notenbanken massiv eingebrochen.

8 Natürlich investieren Versicherungsunternehmen darüber hinaus auch substanziell in Immobilien und alternative Anlagen. Das ändert aber nichts an der hier geäußerten grundsätzlichen Kritik, dass deren Aktienanteile aus langfristiger Sicht viel zu tief sind.

9 Schweizerische Versicherungsunternehmen haben die Möglichkeit, Anleihen, die aufgrund eines starken Zinsanstiegs Wertverluste erleiden und deutlich unter dem Anschaffungswert notieren, in die Kategorie »Held to Maturity« (Halten bis zur Endfälligkeit) zu mutieren. Damit wird vermieden, dass zwischenzeitliche Kursverluste zu bilanziellen Wertkorrekturen führen. Werden die Anleihen bis zur Endfälligkeit gehalten, können Versicherungen diese Wertpapiere dauerhaft zum Anschaffungswert bilanzieren, sodass faktisch alle zwischenzeitlichen Kursschwankungen ausgeblendet werden. Das führt zwangsläufig zu einer Bevorzugung von Anleihen gegenüber Aktien, bei denen zwischenzeitliche Verluste bilanzwirksam verbucht werden müssen.

10 Gemäß Pensionskassenindex 2019 der Credit Suisse.

11 Im Unterschied zu Versicherungsunternehmen ist es Pensionskassen erlaubt, in Krisenzeiten temporär eine Unterdeckung – die Verpflichtungen übersteigen in diesem Fall die Guthaben – aufzuweisen. Dies erhöht die Risikofähigkeit von Pensionskassen. Bei einem Versicherungsunternehmen führt eine Unterdeckung zwangsläufig zu einer Existenzbedrohung.

12 Dies ist eine Pensionskasse, die über einen hohen Deckungsgrad respektive über genügend Schwankungsreserven verfügt.

13 Robin Matthias, Sirus Ramezani und Felix Wenger, *Making up lost ground: How Switzerland's second-pillar pension funds can improve their investment performance*, McKinsey, 1. März 2020.

14 Das restliche Vermögen sollte schließlich überwiegend in sichere Anleihen und Liquidität angelegt werden, um den laufenden Auszahlungsverpflichtungen jederzeit nachkommen zu können.

15 *NZZ*, 13. Mai 2020, Seite 19.

16 *NZZ*, 11. Juli 2020, Seite 18.

17 *NZZ*, 6. Juli 2020, Seite 18.

18 Im Umgang mit Consultants habe ich auch schon Kurioses erlebt. Als in einer Börsenkrise der Deckungsgrad einer öffentlichen Kasse unter 100 fiel, rieten die Berater aufgrund der gesunkenen Risikofähigkeit zu einer Reduktion der Aktienquote. Nachdem die Aktienkurse und der Deckungsgrad weiter erodierten, wechselten die Berater die Fronten und rieten plötzlich zu einer Erhöhung der Aktienquote. Begründet wurde dies mit einem eigentlichen Risikozwang. Nur so hätte die betreffende Kasse überhaupt noch eine Chance, sich zu erholen.

16. Warum Sie nicht in langweilige Indexanlagen investieren sollten – ein Plädoyer für aktives Anlegen

1 Mittlerweile gibt es neben den einfachen und transparenten ETF-Produkten, die einen Markt passiv abdecken, ein geradezu ausuferndes Angebot an komplexen Produkten, welche nach unterschiedlichsten Kriterien zusammengesetzt sind. Dazu gehören zum Beispiel ETFs, die in Anbieter von Marihuana, Cyber Security oder in Momentum-Strategien investieren. Was diese hoch aktiven Strategien am Ende noch mit der ursprünglichen Idee der ETFs, dem passiven Investieren, zu tun hat, ist mir schleierhaft.

2 Diese wird durch die individuelle Risikofähigkeit und die subjektive Risikotoleranz des Anlegers definiert, wobei dessen Anlagehorizont eine wichtige Rolle spielt.

3 MSCI World.

4 Nicht wenige Banker haben ihren Kunden sogar im großen Stil hochriskante Optionsscheine respektive Warrants schmackhaft gemacht, um die Portfoliochancen und damit natürlich auch die Risiken in luftige Sphären zu hebeln.

5 Sandoz und Ciba Geigy haben sich im März 1996 zur heutigen Novartis zusammengeschlossen.

6 Der Pictet 40 Index enthält 40 Prozent Aktien. Davon sind 15 Prozent in der Schweiz und 25 Prozent im Ausland alloziert.

7 Die Duration bezeichnet das in der Finanzindustrie verwendete Maß für die Zinssensitivität der Anleihen. Liegen die Zinsen nahe bei null, liegt die Duration einer Anleihe sehr nahe bei ihrer Restlaufzeit.

8 Dieses Energie-Beteiligungsunternehmen mit Sitz im Kanton Zug ist nicht zu verwechseln mit dem gleichnamigen amerikanischen Private-Equity-Unternehmen.

9 Bei der Wertpapierleihe werden Ihre Aktien für eine bestimmte Zeit gegen eine Gebühr an Ihre Depotbank ausgeliehen. Durch diese in der Regel sehr geringe Entschädigung kann die Performance leicht erhöht werden.

10 Im vorliegenden Fall handelte es sich um ein sogenanntes Strukturiertes Produkt, welches von der Luzerner Kantonalbank vertrieben und von Lehman garantiert wurde.

11 Eine menschliche Tragödie ist dabei ganz besonders, dass sich der operative Leiter von Olivant, Kirk Stephenson, nach Bekanntwerden dieses Flops in London vor den Zug warf.

12 Was viele Investoren nicht wissen: Ein Gegenparteirisiko existiert auch bei Strukturierten Produkten sowie bei vielen Geldmarkt- und Anlagefonds.

17. Fokus auf die wichtigen Anlageentscheidungen, nicht auf die irrelevanten Details

1 Inkonsequent wie wir Menschen manchmal sind, unterhielt ich mich etwa Mitte der 1990er Jahre in einer Kaffeepause mit meinen Büropartnern darüber, welches Unternehmen jeder kaufen würde, wenn er sich auf ein einziges beschränken müsste.

Meinerseits fiel die Entscheidung auf die Aktie von Nestlé – ein multinationaler Konzern mit Strahlkraft und Beständigkeit. Speis und Trank benötigt der Mensch wohl immer, solange es ihn gibt, war mein Argument. Mein Ein-Aktien-Portfolio hätte seit dieser Kaffeepausendiskussion über all die Jahre gar nicht so übel abgeschnitten und wohl die allermeisten Vergleichsindizes klar geschlagen.

18. Renditen und Risiken von Aktien, Anleihen und Cash im Langzeitvergleich: Alles spricht für Aktien!

1 Das von Dimson, Marsh und Staunton berechnete Weltmarktportfolio ist kapitalisierungsgewichtet und wird jedes Jahr der neuen Gewichtung angepasst.

2 Alle Renditen sind »Total Return« (sowohl Kursveränderungen als auch Dividendenerträge sind berücksichtigt), inflationsbereinigt und als geometrisches Mittel berechnet. Quelle: Elroy Dimson, Paul Marsh und Mike Staunton, *Credit Suisse Global Investment Returns Yearbook*, 2020.

3 Teuerungsbereinigt entsprechen die ursprünglich investierten 1.000 US-Dollar nach 120 Jahren einem Gegenwert von rund 62.000 US-Dollar, das heißt $1.000 \times 1{,}035^{120}$.

4 In der Realität reicht dieses Vermögen natürlich sogar für die Ewigkeit aus, um eine Familie zu ernähren, denn das stattliche Aktienvermögen wird in Zukunft allein eine Dividendenrendite von jährlich über einer halben Million Schweizer Franken abwerfen (unter Annahme einer Dividendenrendite von 3 Prozent) und langfristig weiter wachsen.

5 Die Renditeberechnung erfolgt jeweils brutto, also vor Steuern und Abgaben. In der Schweiz werden Anleihenszinsen und Dividendenerträge von Aktien bei Privatinvestoren steuerlich erfasst, während Kapitalgewinne auf Aktien in aller Regel steuerfrei sind. Steuerbereinigt fällt der Unterschied der Renditen von Aktien im Vergleich zu Anleihen deshalb noch größer aus als hier dargelegt.

6 Da im langfristigen Kontext eine hohe Korrelation zwischen den schweizerischen und den global wichtigsten Aktien- sowie Anleihenmärkten beobachtet werden kann, gelten die hier gewonnenen Kernerkenntnisse auch für viele andere Märkte der Welt.

7 Die von Pictet errechnete Risikoprämie deckt sich damit ziemlich genau mit den Berechnungen von Dimson, Marsh und Staunton.

8 Pictet verwendet hier das arithmetische Mittel von 9,73 Prozent als durchschnittliche Rendite eines Jahres. Das für längere Betrachtungsperioden relevante geometrische Mittel beträgt hingegen 7,87 Prozent.

9 Das Problem vieler konservativer Anleger ist oft, dass sie aus Risikogründen zwar keine Aktien haben, nicht aber auf deren Renditen verzichten wollen – das führt dann regelmäßig in ein Fiasko, wie Sie in diesem Buch noch erfahren werden.

10 Diese Aussage gilt natürlich nur unter der Voraussetzung, dass es sich bei den Anleihen um qualitativ exzellente Papiere handelt. Wenn hingegen Junk Bonds gekauft

werden, können die kurzfristigen Risiken von Anleihen deutlich höher ausfallen oder sogar aktienähnlich sein.

19. Sind Aktien wirklich risikoreicher als Anleihen?

1 Diese basieren auf der jährlichen Durchschnittsrendite von 9,7 Prozent für Aktien (Volatilität 20,2 Prozent) und der jährlichen Durchschnittsrendite von 4,3 Prozent für Anleihen (Volatilität 3,7 Prozent). Der Einfachheit halber sind die Daten jeweils auf eine Kommastelle gerundet.

2 In Anlehnung an die Daten von Pictet gehen wir davon aus, dass ausschließlich in erstklassige Anleihen investiert wird, sodass Bonitätsrisiken keine Relevanz haben. Wer sein Geld in Ramschanleihen investiert, hat natürlich nicht nur eine höhere Renditeerwartung, sondern auch ein deutlich höheres Ausfallrisiko.

3 Es stellt sich die Frage, ob bei einem so kurzen Anlagehorizont eine Mindestrenditeerwartung von 4 oder 6 Prozent überhaupt vernünftig erscheint – ich würde dies stark bezweifeln.

4 Investoren, die zum Ende des Jahres 1999 investiert haben und in den folgenden zehn Jahren zwei große Krisen durchliefen, haben dies erlebt.

5 Das wäre nur möglich, wenn die Zinsen kurz- und mittelfristig dramatisch ansteigen würden – dieser Zinsanstieg würde allerdings zuerst zu heftigen Verwerfungen und Verlusten an den Anleihenmärkten führen, bevor Anleger vom höheren Zinsniveau profitieren könnten.

6 Der Einfachheit halber nehmen wir an, dass die Volatilität der Aktien auch in Zukunft 20,2 Prozent, diejenige der Anleihen weiterhin 3,7 Prozent beträgt. Dies ist damit zu begründen, dass sich die Volatilitäten im Zeitablauf als wesentlich stabiler erweisen als die Renditen.

7 Diese Aussage gilt beispielsweise für Pensionskassen in der Schweiz oder in Deutschland. In Ländern wie den USA, wo die Inflation höher liegt, dürften auch die Renditeerwartungen höher liegen.

8 Erst wenn wir die geforderte Minimalrendite auf -2 oder -4 Prozent absenken, werden Anleihen risikoärmer als Aktien. Aber wer erwartet schon eine negative Minimalrendite? Ich verzichte deshalb auf eine weitere Analyse dieser Szenarien.

9 Dazu müssten selbstverständlich die regulatorischen Restriktionen abgebaut werden.

20. Die größten Börseneinbrüche seit dem Zweiten Weltkrieg – und wenn mich die großen Aktien-Crashs erfassen?

1 Die nachstehend berechneten Renditen sind in Schweizer Franken ausgewiesen.

2 Bezogen auf Schweizer Dividendenpapiere gab es seit 1926 für die Aktionäre nur gerade eine Periode mit einer noch längeren Durststrecke: In der Zeit der Großen Depression von 1928 bis 1940 gab es für Aktionäre während zwölf Jahren nichts zu verdienen.

3 Das Original erschien 2007 im Verlag Random House, New York.

4 Da die Renditen nicht perfekt normalverteilt sind, sondern sogenannte »fat tails«, also dicke Enden aufweisen, kommen Extremereignisse häufiger vor, als sie gemäß Normalverteilung zu erwarten wären. Diese Beobachtung ist im Grunde unstrittig. Allerdings kursieren bezüglich der Eintretenswahrscheinlichkeit von Börsencrashs oft falsche Vorstellungen. So beruft sich die *NZZ* vom 18. Februar 2019, Seite 24, in einem Artikel zu Anlagestrategien auf eine Berechnung der Deutschen Bank, nach der ein Börsensturz wie derjenige der Finanzkrise nach traditionellen Rechenmodellen eigentlich nur alle 371.178 Jahre eintreten dürfte. Das ist natürlich dummes Zeug und entbehrt jeder vernünftigen Grundlage. Extremereignisse hat es in der Geschichte immer wieder gegeben. Wer etwas anderes behauptet, muss wohl seine Modelle infrage stellen.

21. Die Mär von der längsten Aktienhausse der Geschichte – wann ist denn eigentlich Hausse, wann Baisse?

1 *NZZ*, 24. Februar 2011, Seite 31.

2 Wenn nicht auf die Tagesschlusskurse geschaut wird, sondern auch die Höchst- und Tiefstkurse *innerhalb* eines Handelstages berücksichtigt werden, gab es übrigens bereits zwischen April und Oktober 2011 eine Korrektur von mehr als 20 Prozent beim S&P 500. So gesehen wäre die »längste Hausse der Geschichte« genau genommen schon gut zwei Jahre nach der Finanzkrise wieder beendet gewesen.

22. Liquidität und Anleihen als Ruhekissen für das tägliche Leben

1 Irrational wird die Diskussion allerdings dann, wenn ein Anleger zwar die Risiken von Aktien nicht tragen will, aber mit möglichst tiefen Risiken eine Rendite erwartet, die aktienähnlich hoch ist. Oft »verirren« sich diese Anleger in gefährlichen Produkten, die ich ab Kapitel 26 beschreiben werde.

23. Und wenn die Welt zusammenbricht? Hände weg von Anleihen und Cash!

1 Carmen M. Reinhart und Kenneth S. Rogoff, *Dieses Mal ist alles anders – Acht Jahrhunderte Finanzkrisen*, FinanzBuch Verlag, 2. Auflage 2010, Seiten 168 bis 170; eigene Berechnungen.

2 In der New-Economy-9/11-Krise mussten die großen Schweizer Versicherer Zurich Insurance und Swiss Life mit Kapitalinfusionen mehrfach revitalisiert werden, während in der Finanzkrise international zahlreiche Banken, darunter auch die UBS, staatlich gerettet werden mussten.

3 Die japanische Verschuldung betrug im Jahr 2020 über 240 Prozent des Bruttoinlandprodukts BIP.

24. Immobilien – interessantes Realkapital, oft überschätzt

1 Es sind dies die Länder Australien, Belgien, Dänemark, Finnland, Frankreich, Niederlande, Norwegen, Schweden, Schweiz, Großbritannien und USA.

2 Die Immobilienbranche verwendet für die Berechnung respektive Schätzung der Immobilienpreise sogenannte Diskontierungsmodelle. Sinkende Zinsen bedeuten in der Folge steigende Preise.

3 In meiner Tätigkeit als Vermögensverwalter stelle ich bei immobilienaffinen Kunden gelegentlich fest, dass sie die Aufwendungen für die Sanierung ihrer Renditeliegenschaften nicht etwa aus den laufenden Mieteinnahmen nehmen können, sondern auf ihre Wertpapierbestände zurückgreifen müssen. Sie unterschätzen offensichtlich die Kosten für Erneuerung und Unterhalt.

4 Hypothekenlandschaft Schweiz, Comparis, März 2006.

5 Erschienen im FinanzBuch Verlag. Das Original in englischer Sprache erschien im Jahr 2009.

6 Fredy Müller hat mir freundlicherweise seine Einwilligung gegeben, diese Geschichte trotz unserer vertraglichen Vertraulichkeitsvereinbarung veröffentlichen zu dürfen.

25. Gold für notorische Untergangs-Apologeten

1 Quellen: Nadeshda Demidova-Menzel und Thomas Heidorn, »Gold in the investment portfolio«, Frankfurt School of Finance and Management, Working Paper Nr. 87, 2007; *NZZ am Sonntag*, 21. April 2013, Seite 28.

2 Während die Volatilität von Gold (in Schweizer Franken) in der Periode von 1974 bis 2019 hohe 18 Prozent betrug, lag diese für Schweizer Aktien bei vergleichsweise tieferen 15 Prozent.

26. Bei Hedgefonds und Absolute-Return-Produkten sind nicht nur die Namen Rohrkrepierer: Von Stars wie John Meriwether oder John Paulson

1 Siehe zum Beispiel das Wirtschaftsmagazin *Bilanz*, September 2003, Seite 16.

2 Auch prominente Politiker sind auf Dieter Behring hereingefallen. So kam die Behindertenstiftung Pro Facile, in welcher die Basler Ständerätin Anita Fetz und Solothurns Regierungsrat Roberto Zanetti als verantwortliche Stiftungsräte zeichneten, unter die Räder und in die landesweiten Schlagzeilen.

3 *Frankfurter Allgemeine Zeitung online*. 14. Juni 2012 (20.39 Uhr).

4 *NZZ am Sonntag*, 2. November 2003, Seite 57. Die Canary-Leute warteten die nachbörslichen Informationen wie etwa Quartalsergebnisse von Unternehmen oder Ankündigungen von Übernahmen ab. In der Folge handelten sie bis zu fünf Stunden nach Börsenschluss mit Fondsanteilen zu den offiziellen Schlusskursen, die diese Informationen noch nicht enthielten. Dieses Insider-Trading erfolgte zum Schaden der Fondsanleger.

5 UBS ETF(IE) HFRX Global Hedge Fund Index SF UCITS ETF (ISIN: IE00B5280Y01).

6 Erwähnenswert und nicht unproblematisch ist, dass die Credit Suisse zu diesem Zeitpunkt am Hedgefonds-Datenlieferanten CSFB/Tremont mit 75 Prozent beteiligt war.

7 *NZZ*, 26. November 2012, Seite 57.

8 Gemäß *NZZ* vom 12. August 2020, Seite 23, ist es Standard, dass im Rahmen eines Mandats Lombard Odier 10 Prozent und Pictet 15 Prozent der Kundengelder in Hedgefonds investieren. Die *NZZ am Sonntag*, 17. November 2019, Sonderbeilage »Anlagen & Vorsorgen«, Seite 5, berichtet, dass die UBS ihren Kunden je nach individuellem Risikoprofil einen Hedgefonds-Anteil von zwischen 14 und 18 Prozent empfiehlt.

9 *NZZ*, 9. Mai 2008, Seite 31. Zu erwähnen ist, dass der Lehrstuhl von Peter Meier von Banken, die über eigene Hedgefonds-Abteilungen verfügen, gesponsert wurde.

10 Quelle: Bloomberg.

11 Pikant dabei ist, dass John Paulson gemäß der amerikanischen Aufsichtsbehörde SEC für Goldman Sachs ein Produkt mit Hypothekarkrediten kreieren durfte, auf das er wiederum mit seinem eigenen Geld auf einen Zusammenbruch wettete. Das ist etwa so, wie wenn der Trainer einer Fußballnationalmannschaft nicht nur die eigene, sondern auch gleich noch die gegnerische Mannschaft zusammenstellen kann. Nachdem dieses Hypothekenprodukt von Goldman Sachs tatsächlich einstürzte und faktisch wertlos wurde, verdiente John Paulson Milliarden. Die SEC reichte Betrugsklage gegen Goldman Sachs ein und auch das moralische Ansehen von John Paulson erlitt einen großen Schaden.

12 Bloomberg, 7. Januar 2020. Auch Ray Dalios Durchschnittsrendite von jährlich 4 Prozent seit dem Jahr 2012 ist ziemlich bescheiden.

13 Der renommierte amerikanische Finanzprofessor Burton Malkiel sagt im Interview mit der *Bilanz* 15/2012 zur Performance von Soros: »Er kann keinen konsistenten Erfolgsausweis vorlegen.« Auf die Frage, was er von Hedgefonds-Managern hält, antwortet er: »Oh, die machen fabelhafte Präsentationen.«

14 *Handelsblatt online*, 17. November 2009.

15 René Steiner, Leiter UBS Hedge Fund Solutions, *Bilanz* 08/2018, Seite 98.

16 *NZZ am Sonntag*, 30. Oktober 2005, Seite 35.

17 Das ist nur eine kleine Auswahl von Beispielen, die sich noch beliebig erweitern ließe.

18 Siehe auch das Buch von Roger Lowenstein, *When Genius Failed: The Rise and Fall of Long-Term Capital Management*, HarperCollins, 2014.

19 Die zeitgewichtete Rendite (*time weighted return*) gewichtet jede Zeitperiode gleich stark. Somit ergibt sich folgende Berechnung: $1{,}0 \times 1{,}5 \times 0{,}8 = 1{,}2$. Daraus ergibt sich eine kumulierte Rendite von 20 Prozent, welche einer jährlichen Rendite von 9,5 Prozent entspricht.

20 Die hier errechnete kumulierte Rendite von 20 Prozent, respektive 9,5 Prozent auf Jahresbasis, entspricht der sogenannten zeitgewichteten Rendite (time weighted return). Dabei bleiben Zahlungsströme unberücksichtigt. Da in unserem Beispiel

nach einem Jahr aber ein großer Neugeldzufluss in den Fonds zu verzeichnen war, wäre eigentlich eine geldgewichtete Renditeberechnung (*money weighted return*) angezeigt, welche neben dem Anlageergebnis auch die Zahlungsströme berücksichtigt. Die geldgewichtete Renditeberechnung ist ein Äquivalent zur Internal Rate of Return (IRR) und berechnet sich wie folgt: PVo = PV I = CFo + CF1 / (1 + IRR) + CF2 / $(1 + IRR)^2$ + ... + CFn / $(1 + IRR)^n$, wobei in diesem Fall: PV = Present Value, CFo = -10 Mio., CF1 = -185 Mio. und CF2 = 160 Mio. Dies ergibt in unserem Beispiel eine jährliche Rendite (IRR: interner Zinsfuß) von -17,2 %.

21 Der Artikel »Schwierige Suche nach neuen Hedge funds«, *Finanz und Wirtschaft* vom 25. September 2004, Seite 17, berichtet gar von einer jährlichen Sterberate von 25 Prozent.

22 Siehe zum Beispiel: »Hedge-Funds – es ist nicht alles Gold, was glänzt«, Prof. Rolf Banz und Renaud de Planta, *NZZ*, 24. Oktober 2002, Seite 31.

23 SwissBanking, Der 3. Beitragszahler der beruflichen Vorsorge – Impulse zur Optimierung. Eine Studie der Arbeitsgruppe »Berufliche Vorsorge« der SBVg und der Asset Management Plattform, Februar 2017.

24 Siehe zum Beispiel www.risk.net; Februar 2014.

25 *NZZ*, 12. September 2015, Seite 37.

26 Renommierte Großinvestoren wie die staatliche kalifornische Pensionskasse Calpers, der norwegische Staatsfonds oder die Beamtenversicherungspensionskasse des Kantons Zürich (BVK) verzichten deshalb auf den Einsatz von Hedgefonds oder sind nach negativen Erfahrungen aus diesen ausgestiegen.

27. Private Equity zwischen Anspruch und Wirklichkeit

1 Die Rendite gemäß IRR errechnet sich aus folgender Gleichung: NPV = CF1 / (1 + IRR) + CF2 / $(1 + IRR)^2$ + ... + CFn / $(1 + r)^n$ - Co, wobei NPV = Nettobarwert, CFt = Cash Flows in den Jahren 1 bis n, IRR = interner Zinsfuß respektive interne Rendite, Co = Initiale Investition.

2 Ludovic Phalippou, *An Inconvenient Fact: Private Equity Returns & The Billionaire Factory*, University of Oxford Said Business School, Juni 2020.

3 Vergessen Sie nicht: Ein Portfolio, das 35 Prozent an Wert verliert, muss etwa 50 Prozent zulegen, um wieder zum Ausgangswert zurückzukehren. Verliert es 50 Prozent, muss es um 100 Prozent zulegen. Verliert es jedoch 70 Prozent an Wert, braucht es anschließend einen Anstieg von über 230 Prozent, um die Verluste wettzumachen.

4 Interview mit Peter Friedli in der *Handelszeitung* vom 4. November 2009, Seite 35.

5 *Bilanz*, Juni 2018, Seite 101 ff.; er bezieht sich dabei auf die Total Expense Ratio (TER), welche entgegen ihres Namens nicht alle Kosten abdeckt. Siehe dazu auch Kapitel 31 und 32.

6 Beitrag von Dr. Hansruedi Scherer in der *Finanz und Wirtschaft*, Sonderbund Institutionelles Anlegen, Oktober 2017, Seite 11.

7 Oliver F. Gottschalg und Ludovic Phalippou, »The Truth about Private Equity Performance«, *Harvard Business Review*, Dezember 2007.

8 Ähnliche Gebührenhöhen bestätigen auch andere Quellen. So hat die *Finanz und Wirtschaft* in der Ausgabe vom 5. Dezember 2018 berichtet, dass alleine die offen ausgewiesenen Gebühren eines Private-Equity-Fonds, welcher die Credit Suisse für Pensionskassen aufgelegt hat und von der Partners Group verwaltet wird, jährlich 5,1 Prozent betragen würden. Gemäß der Medienmitteilung hat die Credit Suisse diese Gebühr, nachdem sich offenbar einige Vertreter von Pensionskassen beschwert haben, auf »bescheidenere« 4,6 Prozent reduziert.

9 Wären die Verantwortlichen der Private-Equity-Fonds überzeugt, dass die viel höheren NAVs tatsächlich der marktwirtschaftlichen Realität entsprechen, würden sie wohl die nach ihrer Meinung viel zu günstigen Fondsanteile respektive Aktien an der Börse mit 40 Prozent »Rabatt« zurückkaufen, um anschließend die sich darin befindlichen Beteiligungen zum NAV am Markt zu verkaufen. Es entstünde ein satter Gewinn, der fast schon als risikoloses Arbitrage-Geschäft bezeichnet werden könnte. Da sie dies in der Regel nicht machen, gehe ich davon aus, dass selbst viele Private-Equity-Manager von kotierten Fonds nicht davon überzeugt sind, dass sich ihre hohen NAVs auch tatsächlich am Markt realisieren lassen.

10 Im Zusammenhang mit dem Börsengang eines der weltweit führenden Private-Equity-Anbieters, der Partners Group, stellte der Journalist Arno Schmocker dem CEO, Alfred Gantner, im Frühjahr 2006 die Frage: »Kunden und Geschäftspartner werden im IPO bevorzugt behandelt. Werden damit nicht heikle Abhängigkeiten geschaffen?« Interview in der *Finanz und Wirtschaft*, 15. März 2006, Seite 21.

11 Insbesondere Vertreter institutioneller Kunden wie Pensionskassen, Versicherungen oder Staatsfonds würden mich wohl bei Meinungsverschiedenheiten eher mit Samthandschuhen anfassen. Zu viel Kritik könnte nämlich bei solchen Verflechtungen und Abhängigkeiten am Ende auf sie selbst zurückfallen und Probleme mit ihren Chefs und Aufsichtsgremien auslösen.

12 *Bilanz*, 11/2019, Seite 101.

13 An dieser Stelle sei erwähnt, dass die Stiftung von Harvard während der Finanzkrise aufgrund ihres hohen Anteils illiquider Anlagen knapp am Kollaps vorbeischlitterte und mit Notkrediten gestützt werden musste. In dieser Phase musste die damalige Anlagechefin, Jane Mendillo, illiquide Anlagen mit schmerzhaften Einschlägen von bis zu 50 Prozent gegenüber dem NAV verkaufen, um die laufenden Verpflichtungen der Harvard-Stiftung zu decken.

28. »Augen zu und durch« bei Infrastrukturanlagen

1 So waren, wie Grafik 51 zeigt, die Verluste des UBS-Produkts während der Finanzkrise deutlich größer als diejenigen von Schweizer Aktien.

2 Pressemitteilung der Allianz vom 8. Juni 2011.

29. »Strukis« als Komplexitätsbeschleuniger in intransparenten Portfolios

1 Siehe dazu Kapitel 31.

2 Wer dieses Risiko nicht tragen will, kauft pfandgesicherte »Strukis«, sogenannte COSI-Produkte (Collateral Secured Instruments). Der Haken bei diesen Produkten ist, dass die Besicherung Kosten verursacht, die auf die Rendite drücken. Deshalb sind die meisten »Strukis« nicht pfandgesichert.

3 *Finanz und Wirtschaft*, Sonderbeilage, Januar 2015, Seiten 16/17.

31. Warum Unabhängigkeit alles ist: Interessenskonflikte und Kick Backs in der Finanzindustrie

1 So erfolgte das erste, bahnbrechende Bundesgerichtsurteil mit Entscheid vom 22. März 2006, BGE 132 III 460. Ein weiteres Bundesgerichtsurteil wurde mit BGer 4A_127/2012 und 4A_141/2012 sechs Jahre später gefällt.

2 Die diesbezüglichen Bestimmungen im EU-Raum sind gemäß MiFID II restriktiver als in der Schweiz. In Großbritannien und in den USA sind Kick Backs grundsätzlich verboten.

3 *NZZ*, 14. Oktober 2019, Seite 21.

4 UBS, AGB vom Januar 2020. Es ist ein Zufall, dass ich hier die AGB der UBS zitiere, denn bei vielen anderen Banken sehen diese Bestimmungen sehr ähnlich aus.

5 »Pensionskassenberatung im Interessenskonflikt«, *NZZ*, 14. Januar 2010, Seite 29.

6 Complementa ist eine führende Pensionskassenberaterin in der Schweiz.

32. Was darf eine gute Vermögensverwaltung kosten?

1 Annahme: Das Portfolio weist ein mittleres Risiko auf und ist zu einem hohen Anteil in bankeigenen und fremden Anlageprodukten investiert. Eingesetzt werden unter anderem aktiv gemanagte Aktienfonds, Anleihenfonds, Immobilienfonds, Hedgefonds, Private Equity und auch »Strukis«.

2 *NZZ*, 9. September 2014, Seite 29. Prof. Lutz Johanning ist Inhaber des Lehrstuhls für empirische Kapitalmarktforschung der WHU – Otto Beisheim School of Management in Vallendar (D), Wolfram Klingler ist Managing Partner der Beratungsgesellschaft XTP in Pfäffikon (Schwyz).

3 Gemäß Florian Schubiger vom Beratungsunternehmen »Vermögenspartner« kosten teure Anlagedepots insgesamt oft 3 Prozent des angelegten Kapitals pro Jahr oder sogar mehr. Siehe *NZZ*, 6. August 2020, Seite 21.

4 Natürlich sind mir die noblen Bankadressen bestens bekannt, die ihre reiche Klientel mit teuren Produkten abspeist, um sie anschließend nach Monaco zu einem Formel-1-Rennen oder zum Helikopter-Skiing nach St. Moritz einzuladen. Hier möchte ich mich aber, nicht zuletzt auch aus rechtlichen Gründen, zurückhalten. Ich nenne diese Banken deshalb stellvertretend einfach »Wellness-Privatbanken«.

5 Sollten Sie ein Erfolgshonorar vereinbart haben, kann die Gesamtgebühr in einzelnen Jahren auch höher sein.

6 C-alm, Beiträge zur sozialen Sicherheit, Vermögensverwaltungskosten der 2. Säule, Forschungsbericht Nr. 3/11 und *NZZ*, 31. Mai 2011, Seite 27.

7 Da die Kunden meines Unternehmens von den kompetitiv verhandelten Transaktions- und Depotbankgebühren, die sie selber niemals erhalten würden, voll profitieren, ist ein Teil der an uns zu bezahlenden Vermögensverwaltungsgebühr im Grunde schon »bezahlt«.

8 Interview mit Urs Rohner in *Die Weltwoche*, 30. März 2017, Seite 36.

33. Ihre optimale Vermögensaufteilung – konzentrieren Sie sich auf die transparenten Originale und setzen Sie vor allem auf Aktien

1 Wie in Kapitel 16 aufgezeigt, kommen selbstverständlich auch *passiv-indexierte* Anleger nicht darum herum, über ihre strukturelle Vermögensaufteilung *aktiv* zu entscheiden.

2 *NZZ am Sonntag*, 22. Dezember 2019, Seite 32.

3 Fintool, Videobotschaft von Prof. Thorsten Hens, 18. Juni 2019.

34. Verfallen Sie nicht vollmundigen Renditeversprechen

1 Thomas Straubhaar, »Börsen und Makroökonomie«, *Finanz und Wirtschaft*, 12. Januar 2019, Seite 3.

35. Seien Sie vorsichtig bei Performance-Vergleichen

1 Siehe dazu auch Kapitel 21.

2 Siehe auch Kapitel 21.

3 Die Swissair-Maschine auf dem Flug von New York nach Genf stürzte an diesem Tag über Halifax (Kanada) ab.

4 In seinem Fall wäre er von den Aktionären der Berkshire Hathaway abgesetzt worden. Die Performance von Buffetts Beteiligungsvehikel betrug beispielsweise im Jahr 2019 magere 11 Prozent, während der Vergleichsindex S&P 500 um 28,9 Prozent vorgeprescht ist.

36. Diversifizieren Sie mit qualitativ hochwertigen Direktanlagen – intelligent, antizyklisch und langfristig

1 William F. Sharpe, »A Simplified Model for Portfolio Analysis«, *Management Science*, vol. 9, no. 2, 1963, p. 277-293.

2 Siehe beispielsweise DeMiguel Victor et al.: Optimal versus naive diversification – how efficient is the 1/N portfolio strategy? *The Review of Financial Studies*, Vol. 22, Issue 5, p. 1915-1953, 2009.

3 Meinen Kunden empfehle ich aus Vorsichtsgründen, nicht mehr als 5 Prozent des Wertpapiervermögens in einen einzigen Schuldner zu investieren.

4 *NZZ*, 8. Mai 2019, Seite 29.

37. Investieren Sie nach Branchen, nicht nach Ländern

1 »So unschweizerisch sind die SMI-Konzerne«, *NZZ*, 16. Oktober 2015, Seite 31.

2 Zu den öffentlichkeitswirksamen Geldwäschereifällen zählen unter anderem die Betrugsfälle des malaysischen Staatsfonds 1MDB, des staatlichen venezolanischen Ölkonzerns PDVSA, des brasilianischen Erdölkonzerns Petrobras und des Weltfußballverbands Fifa.

3 Mitarbeiter einer Bank, die ein Millionengehalt kassieren, werden auch als sogenannte Key Risk Takers bezeichnet. Der Begriff »Key Loss Takers« passt wohl eher zur Rolle der Aktionäre.

4 Geschäftsberichte von Credit Suisse, Novartis, Roche und UBS.

5 Im Vergleich zu europäischen Banken sind US-amerikanische wesentlich profitabler. Das liegt meines Erachtens auch daran, dass der Durchschnittslohn der Angestellten in amerikanischen Banken deutlich tiefer liegt als zum Beispiel in schweizerischen.

6 Die renommierte amerikanische Wissenschaftlerin Anat R. Admati, Professorin für Finanzen und Wirtschaft an der Universität Stanford in Kalifornien, fordert von den Großbanken sogar eine harte Eigenmittelquote von 20 bis 30 Prozent, um Systemkrisen zu verhindern. Dieselbe Meinung vertreten der frühere Direktor des Max-Planck-Instituts, Professor Martin Hellwig, sowie Simon Johnson, Wirtschaftswissenschaftler am MIT.

7 Siehe zum Beispiel die Zeitschrift *Die Welt online*, 26. Mai 2009.

8 Beispielsweise vermeldete der Versicherungskonzern Zurich Insurance für das erste Halbjahr 2020 einen Gewinn von 1,2 Milliarden US-Dollar. Das ausgewiesene Eigenkapital sank aber in derselben Zeit von 35,0 auf 33,2 Milliarden US-Dollar (*Finanz und Wirtschaft*, 15. August 2020, Seite 10). Faktisch wurde aus Sicht der Aktionäre somit nicht etwa Geld verdient, sondern Geld vernichtet. Damit stellt sich aus meiner Sicht die Frage der Sinnhaftigkeit der ausgewiesenen Eigenkapitalrendite von 8,1 Prozent. Unter Einschluss der direkt über das Eigenkapital abgebuchten Verluste würde die Eigenmittelrendite nämlich tiefrot ausfallen.

9 Carmen M. Reinhart und Kenneth S. Rogoff, *Dieses Mal ist alles anders – Acht Jahrhunderte Finanzkrisen*, FinanzBuch Verlag, 2. Auflage 2010, Seiten 232 und 233.

10 Lucas White, Jeremy Grantham, *An Investment Only a Mother Could Love: The Case for Natural Resource Equities*, GMO White Papers, 7. September 2016.

38. Brauchen Sie Schwellenmarktaktien?

1 Dimson, E., Marsh, P. & Staunton, M., *Credit Suisse Global Investment Returns Yearbook*, 2019, Seite 11.

2 Aufgrund der logarithmischen Darstellung in Grafik 58 sieht dieser Absturz harmloser aus, als er tatsächlich war. Es sei an dieser Stelle daran erinnert, dass ein Markt, der 80 Prozent verliert, sich anschließend verfünffachen muss, um den Ausgangswert wieder zu erreichen, währenddessen nach einem Verlust von 50 Prozent »nur« eine Verdoppelung nötig ist.

3 Interview in der *Finanz und Wirtschaft*, 22. Juni 2019, Seite 15.

39. Machen Sie auch bei Anleihen keine Qualitätskompromisse

1 So hat die SNB seit der Finanzkrise Hunderte von Milliarden an Schweizer Franken verkauft und dagegen Euros erworben.

2 Diese sogenannte Methusalem-Anleihe wird mit jährlich 7,125 Prozent verzinst und (zumindest auf dem Papier) im Jahr 2117 zur Rückzahlung fällig.

3 Per Ende Juni 2020 notierte die Anleihe auf einem Niveau von gerade noch 38 Prozent.

4 Solche Anleihen werden auch als »Cocos« bezeichnet (Contingent Convertible Bond).

5 Carmen M. Reinhart und Kenneth S. Rogoff, *Dieses Mal ist alles anders – Acht Jahrhunderte Finanzkrisen*, FinanzBuch Verlag, 2. Auflage 2010, u. a. Seite 335.

6 Ein Schweizer Privatanleger, der in den 1990er Jahren Anleihen mit einer optisch attraktiven Rendite von 5 Prozent kaufte und darauf 30 Prozent Steuern abzuliefern hatte, erzielte eine steuerbereinigte Nettorendite von 3,5 Prozent. Unter Berücksichtigung der damaligen Teuerung von 4 Prozent resultierte eine Realrendite von -0,5 Prozent. Wer hingegen im Jahr 2020 Geld unverzinst auf dem Konto oder in qualitativ erstklassigen Anleihen hielt, fuhr real sogar besser: Da die Inflation bei -0,7 Prozent lag, ließ sich auf diese Weise eine positive Realrendite erzielen.

40. Welcher Anlagestil ist erfolgreich? Bleiben Sie pragmatisch

1 Rolf W. Banz, »The relationship between return and market value of common stocks«, *Journal of Financial Economics*, vol. 9(1), 1981, Seiten 3-18.

2 Jeremy J. Siegel, *Aktien für die Ewigkeit*, FinanzBuch Verlag, 2016, Seite 176.

3 Bloomberg und Unternehmensdaten.

4 Pirmin Hotz, *Das Capital Asset Pricing Model und die Markteffizienzhypothese unter besonderer Berücksichtigung der empirisch beobachteten »Anomalien« in den amerikanischen und anderen internationalen Aktienmärkten*, 1989. Die überdurchschnittliche Performance im Monat Januar dürfte wohl auf Liquiditätszuflüsse institutioneller Anleger zu Beginn eines Jahres zurückzuführen sein.

41. Megatrends – die Berater sind zu Verkäufern mutiert

1 Siehe dazu die Kapitel 36 und 40.

2 Siehe dazu Kapitel 38.

3 *NZZ*, 28. Oktober 2019, Seite 21; Morningstar.

4 Allein die ausgewiesene TER beträgt 2 Prozent. Mit den zusätzlichen Kosten, die nicht in der TER enthalten sind, dürften die Gesamtkosten nach meiner Schätzung um die 3 Prozent erreichen.

5 *NZZ*, 26. Januar 2017, Seite 4 der Sonderbeilage Anlagefonds.

42. Kaufen Sie nur, was Sie selber verstehen, und nehmen Sie möglichst keine Kredite auf

1 Es war dies der 5. Februar 2018.

2 CNBC News, 14. Februar 2018.

3 Greg Smith, bis im März 2012 hochrangiger Investmentbanking-Kadermann von Goldman Sachs, nannte die Kunden der Bank in einer internen E-Mail einmal »muppets«, also Trottel, an denen es sich zu bereichern gelte.

4 Consultants suchen für jeden Kunden immer wieder aufs Neue und mit großem Aufwand nach den besten Geldverwaltern. Es stellt sich die Frage, warum dies nötig ist, denn eigentlich müssten den Consultants die besten Manager der Zunft längst bekannt sein.

5 Website der Migros Bank.

6 Nachricht von Bloomberg, 6. November 2019; »Spiel's noch einmal, Iqbal«, *Finanz und Wirtschaft*, 30. November 2019, Seite 6.

7 Online-Zeitung *The Market*, 16. März 2020.

43. Nachhaltigkeit in der Vermögensanlage – ein Muss oder quasireligiöser Modeschlager?

1 *NZZ*, 31. Januar 2020, Seite 29.

46. Wie soll mit Fremdwährungsrisiken umgegangen werden?

1 Teilweise werden diese Geschäfte auch als »Zinsarbitrage« bezeichnet, was irreführend ist. Mit risikolosem Geldverdienen hat das gar nichts zu tun.

2 Videoplattform Fintool, Beitrag von Finanzprofessor Thorsten Hens zum Thema »Carry als Anlagestil: Wie geht das?«, 12. Februar 2019.

3 Auf der Homepage der Universität Zürich, www.uzh.ch, ist einsehbar, dass die P & K Pühringer Gemeinnützige Stiftung im Jahr 2018 für ein »Portfolio Management Programm« einen Gesamtbetrag von 174.000 Schweizer Franken an das Institut von Thorsten Hens entrichtet hat. Auch die Credit Suisse und die UBS sponsern Lehrstühle an Universitäten. Das ist nach meiner Überzeugung nicht unproblematisch, denn es besteht so eine latente Gefahr, dass wissenschaftliche Lehrstühle zu »Leerstühlen« mutieren.

4 *NZZ online*, 8. Juli 2010.

5 In Deutschland spielen diese Überlegungen bei Privatpersonen kaum eine Rolle, da das Steuersystem die Abzugsfähigkeit von Kapitalverlusten vorsieht.

6 Zu beachten gilt, dass es in der Praxis verschiedene Berechnungsmethoden zur Kaufkraftparität gibt. Ich ziehe deshalb mehrere dieser Berechnungsmethoden bei, um daraus einen Mittelwert abzuleiten.

47. Vermeiden Sie unnötiges Trading und investieren Sie gestaffelt und antizyklisch – gutes Timing ist Glücksache

1 Dass die UBS solche Rechenmodelle einsetzt, erstaunt, denn die Bank ist bekanntlich in der Finanzkrise beim Kauf von Subprime-Hypotheken über die eigenen Risikomodelle gestolpert.

2 Richard H. Thaler, *Misbehaving: The Making of Behavioral Economics*, Norton, 2015.

3 Aswath Damodaran, *Investment Philosophies: Successful Strategies and the Investors Who Made Them Work*, Wiley, 2003.

4 JP Morgan Asset Management, *Guide to Retirement*, 2020 Edition: Impact of being out of the market.

5 Viele Banken und Vermögensverwalter haben ein Interesse an einem raschen Aufbau der Portfolios, denn auf diese Weise können sie ihre Fees von Anfang an auf den gesamten Portfoliowert berechnen. Bei einem gestaffelten Aufbau erfolgt hingegen auch die Abrechnung der Gebühren schrittweise. Auch Consultants dürften ein Interesse haben, dass Neugelder ihrer beratenen Mandanten umgehend investiert werden, weil dies die Messbarkeit der Portfolioergebnisse erleichtert.

48. Unabhängigkeit: Das Wohl des Kunden steht im Zentrum aller Bemühungen

1 Referat von Dr. Christian Casal anlässlich des 5. Swiss Asset Management Day, Pfäffikon (Schwyz), 7. April 2016.

49. Seriös, integer und mit Charakter

1 Solche Finanzinstitute respektive Banken stehen für mich deshalb primär als Depotbanken zur Disposition.

50. Die historische Performance eines Vermögensverwalters – Achtung Falle!

1 Dies hat auch eine Untersuchung von Bradford Cornwell, Jason Hsu und David Nanigian, *Journal of Portfolio Management*, 2018, bestätigt.